멀티미디어 시대 방송과 뉴스

김문환 (SBS 보도본부 기자) 지음

다인미디어

서 문

그 동안 '방송, TV, 뉴스…' 라는 단어는 문화적인 성격으로 받아들였다. 다시 말해 방송사는 수용자에게 무엇을 전달할 것인가. 그리고 수용자는 방송에서 무엇을 얻을 것인가에 관심을 모았다. 정보나 지식, 사상을 전달하는 언론으로 인식했다. 그러나 어느 순간부터인가 이런 공식에서 벗어나 방송이나 TV가 산업의 개념으로 다가왔다. 현재 방송계에서 벌어지고 있는 눈부신 변화는 큰 틀에서 산업의 구도 아래 있다. 문화에서 산업으로 변화의 원동력은 방송기술의 발전이다. 하루가 다르게 빠른 속도로 방송기술과 방송을 둘러싼 환경이 바뀌고 있다. 변화의 핵심은 디지털과 인터넷이다.

1998년부터 영국과 미국은 디지털TV를 시작했다. 우리 나라도 2001년 수도권지역부터 디지털 방송을 실시한다. 정부는 디지털산업을 전략산업으로 육성한다는 방침이다. 앞으로의 산업은 디지털산업에 달려있기 때문이다. 디지털TV로 가면서 고품위TV 즉 HDTV는 자동으로 해결할 수 있다. 디지털HDTV로의 전환이다. 이 뿐만이 아니다. 방송기술의 발전으로 전파의 이용범위가 넓어지면서 방송채널의 수가 큰 폭으로 늘어 다매체, 다채널 시대를 맞았다. 기술적으로 위성과 케이블TV는 1,000~2,000개의 채널이 가능하다.

인터넷은 어떤가? 불과 몇 년 전까지 이름마저 생소하던 인터넷이 인간생활 전체를 규정하고 있다. 인터넷만으로 생활한다는 생존게임까지 벌어지고 있다. 'Web Life Style' 이란 말이 나올 정도다. 인터넷은 방송과 뉴스영역까지 거침없이 파고들었다. 세계의 각 방송사는 인터넷에 앞으로의 운명을 걸어야 할 상황을 맞고 있다. 앞다퉈 인터넷 방송 확충에 나선다. 인터넷 뉴스와 방송의 관계가 새천년의 화두로 떠올랐다. 인터넷은 새로운 방송, 새로운 뉴스전달 매체로 이미 자리를 잡아가고 있다. 신문이나 방송의 모든 언론사가 앞으로는 실시간으로 뉴스와 정보를 제공하는 시대가 열릴 것이다. 지금은 통신사만이 그랬다. 이제 모든 미디어는 인터넷을 통한 실시간 정보제공수단으로 바뀐다.

디지털과 인터넷이 가져온 가장 큰 변화는 방송의 세계화, 뉴스의 세계화다. 위성을 방송에 활용하면서 국가간의 영역은 사라지고 있다. 안테나만 달면 우리 나라 하늘에서 300~500개의 방송을 시청할 수 있다. 고급채널부터 유럽의 값싼 포르노채널까지 다양하다. 심지어 북한까지 위성방송을 시작했다. 인터넷은 컴퓨터를 접속할 수 있는 곳이면 공간의 장애를 받지 않고 전세계를 연결한다. 무선 인터넷기술의 발전으로 이미 컴퓨터 접속 없이 인터넷의 바다로 뛰어들 수 있다. 이런 세계화는 필연적으로 생존을 건 치열한 경쟁을 불러온다. 안정된 구도란 없다. 인터넷과 디지털은 만인 미디어시대를 열었다. 전통적인 매스미디어와 멀티미디어환경의 새로운 미디어가 펼치는 뉴스경쟁은 살벌하기까지 하다. 이런 상황 속에 우리는 지금 제 역할을 다하고 있는지 늘 점검이 필요하다. 세계의 방송계는 뛰고 나는데 우리 방송은 안방에 틀어박혀 문고리만 붙들고 있는 것은 아닌지. 특히 방송 기술 발전과 매체 환경 변화가 뉴스에 어떤 영향을 줄 것인지. 정확한 현실인식은 생존을 위한 필요조건이다. 뉴스의 모습이 구체적으로 현장에서 어떻게 바뀔지 또 바뀌고 있는지 꼼꼼히 살펴야 한다. 그래야 방송, 언론인들이 올바른 좌표를 구할 수 있다.

이 책은 내용을 크게 4가지로 분류했다.

첫째 방송기술의 발전에 따른 미디어 진화, 둘째 미디어 진화에 발맞춘 새로운 방송환경의 조성, 셋째 달라진 방송환경 속에 나타난 새로운 뉴스미디어, 넷째 이들 뉴스미디어가 담아내는 뉴스의 변화다.

새로운 이론의 탐구가 아니다. 현상의 종합적인 정리다. 멀티미디어환경의 방송과 방송 뉴스에 대한 개괄서로 이해하면 좋다. 방송종사자나 뉴스에 관심 있는 수용자 모두 쉽게 접근할 수 있도록 하기 위해서다.

기회를 준 SBS 문화재단, 존경하는 방송계 선·후배, 그리고 사랑하는 가족에게 감사드린다.

프랑스 뉴스탐구를 위한 유학을 앞두고.
2000년 5월 17일
김문환

제1부 방송미디어 발전

제2부 방송환경의 변화

제3부 새로운 뉴스미디어

제4부 뉴스의 변화

제1부

방송미디어 발전

1

올드미디어

　인간의 감정이나 의사 또는 정보를 전달하는 행위를 커뮤니케이션 (Communication)이라고 한다. 그리고 이 커뮤니케이션의 통로나 수단을 미디어(Media)라고 한다. 사냥을 위해 원시인이 동료에게 보내는 괴성부터 석기시대 인류의 동굴 벽화, B. C. 4천년 전의 점토판이나 파피루스, 갑골문이 적힌 거북뼈, 조선시대 봉화, 신문, 라디오, TV, 인터넷까지 모두 커뮤니케이션의 수단 즉 미디어다.

　올드미디어(Old media)나 뉴미디어(New media)란 무엇인가? 오래된 미디어, 새로운 미디어란 뜻인데 참 불분명한 표현이다. 절대적인 개념이 아니라 상대적인 개념이다. 특정 시점을 잡아야만 그 시간대를 기준으로 앞선 미디어를 올드미디어(Old media), 후대의 미디어를 뉴미디어(New media)라고 구분할 수 있다. 따라서 뉴미디어의 등장 시점이 중요하다. 뉴미디어가 나오면서 기존의 미디어가 올드미디어로 바뀌기 때문이다.

　1970년대까지 미디어는 신문, 라디오, TV가 고작이었다. TV 역시 전통적인 지상파TV가 전부였다. 이후 새로운 기술을 적용한 미디어가 얼굴을 내밀었다. 위성을 활용한 TV, 고선명TV, 쌍방향TV… 1980년대 들어 이런 개념을 기존의 미디어와 구분해 막연히 '뉴미디어'로 지칭했다. 결국, 기존의 올드미디어(Old media)는 POBS(Plain Old Broadcasting System)로 중파, 단파의 AM, FM라디오 UHF, VHF 지상파TV 같은 매체를 가리킨다. 뉴미디어는 케이블, 위성통신, 직접위성방송이 등장한 이후의 미디어다.[1]

---

1) Sydney W. Head, Christopher H. Sterling, 『Broadcasting In America, A Survey Of Electronic Media』, p. 4.

1. 방송기술의 기초

1. 전파(電波, Radio Wave)

전자기파(電磁氣坡, Electromagnetic Wave)의 일종. 전자기장이 공간을 통해 퍼져 가는 현상을 전자기파라고 한다. 전자가 급속하게 진동하거나 전류가 진동적으로 변화할 때 생긴다. 통로에 해당하는 공간에 전기 작용을 일으키면서 빛과 같은 속도인 1초에 30만㎞로 움직인다.

역사적으로는 암페어가 1820년 전류의 자기작용을 처음 발견했다. 이어 1864년 영국의 물리학자 J. C. 맥스웰이 전자기장의 수학적 이론에서 전파의 가능성을 예견했다. 이어 1871년 빛도 전자기파의 일종일 것이라는 빛의 전자기파설이 나왔다. 이어 1888년 독일의 물리학자 H. R. 헤르쯔가 전파의 존재를 확인했다. 헤르쯔는 불꽃 간극이 있는 전기진동회로로부터 전자기파를 발생시키는 방법을 이용했다. 헤르쯔는 전파가 빛과 같은 성질이며 발생방식이 다른 많은 종류가 있다는 사실도 밝혀냈다. 비교적 파장이 긴 (주파수가 낮은) 범위의 전자기파는 적당한 전원과 진동회로를 사용할 경우 전동전류를 일으킨다. 이를 안테나에 흐르게 함으로써 일정한 파장을 지속적으로 유지할 수 있다. 이 같은 파장범위에 있는 전자기파를 전파(電波, Radio Wave)라고 부른다. 전파의 영역에서 파장이 길어질수록 소리의 성질을 갖는다. X-레이나 γ-레이처럼 파장이 짧을수록 빛의 성질을 갖는다. 전파는 통상적으로 3000㎓ 이하 주파수의 전자파로 규정한다.

자연계에서도 전파가 발생한다. 구름과 구름의 충돌로 방전현상이 일어난다. 이때 넓은 주파수 대역의 전파가 발생해 파장이 긴 전파의 활동을 방해한다. 태양도 내부고온에서 전자가 극렬하게 운동해 전파를 발생시킨다. 전파망원경을 태양 쪽으로 향해 놓으면 1cm에서 1m의 전파잡음이 수신된다. 전파망원경으로는 또 은하에서 오는 수많은 전파도 관측할 수 있다.

2. 주파수

주파수(周波數, Frequency)는 주기적으로 변동하는 상황에서 전류가 1초 동안 바꾸는 방향의 회수(回數)를 나타낸다. 전파를 발견한 독일의 물리학자 헤르츠를 따서 단위는 Hz(헤르츠)를 사용한다. Hz의 1000배면 ㎑, 백만배면 ㎒가 된다. 다시 1000을 곱해 10억이면 ㎓다. 전파를 주파수로 분류할 때 유사한 성질을 나타내는 주파수 범위를 일괄해 주파수대(Frequency Band)라고 부른다.

전파의 속도는 1초에 30만㎞이다. 따라서 구분을 3의 배수로 한다. 주파수와 파장의 곱이 전파의 속도라는 점에서 파장을 10배마다 구분한다. 편의상 30㎑로 한다.

3. 전파이용상황

전파는 유한하고 희소하다. 무한정으로 쓸 수 있는 자원이 아니다. 인류가 전파를 통신에 사용한 것은 100년이 조금 넘는다. 그러나 지금은 일상생활에 전파가 필요 불가결한 존재다.

전파는 각 주파수대별로 특성이 다르고, 특성에 따라 이용한다. 기술의 발달에 따라 점차로 낮은 주파수 대역의 전파에서 높은 주파수 대역의 전파로 활용 수준을 높여 왔다. 전자기파의 종류에는 무엇이 있고, 전자기파의 일부인 전파에는 어떤 종류가 있어 활용되는지 알아본다. 전자기파는 0.003㎒(3㎑)에서 10^{18}㎒까지 층이 있다.

1) 전자기 스펙트럼(Electromagnetic Spectrum)

전자기파 스펙트럼은 다음과 같다.

단 위	MHz	단 위	MHz
우주선(Cosmic Rays)	10^{18}	적외선(Infrared Rays)	10^{7}
r감마선(Gamma Rays)	10^{16}	전파(Radio Waves)	
X선 (X-Rays)	10^{13}	EHF	300,000
자외선(Ultraviolet Rays)	10^{11}	SHF	
광선(Visible Light)		UHF	
보라색 (Violet)		VHF	
남색(Indigo)		Short	
파랑(Blue)		Medium	
녹색(Green)	10^{8}	Long	0.003
노랑(Yellow)		Electrical energy	
주황(Orange)			
빨강(Red)			

<표 1> 전자기 스펙트럼

(출전 : J. Dominick, B. L. Sherman, G. Copeland, 『BROADCASTING/CABLE AND BEYOMD AN INTRODUCTION TO MODERN ELECTRONIC MEDIA』, p. 283.)

2) 전파의 종류와 활용

전자기파 스펙트럼에서 전파(Radio Waves)에 해당하는 부분은 국제적으로 크게 8개 영역으로 나눈다. 주파수 대역별로 나누는 이유는 다른 전파로부터 방해받지 않고 전파자원을 활용하기 위해서다.

※ 서브 밀리파 - 이론적으로만 가능하고 장래 연구대상이 되는 영역이다. 300~3,000 ㎓대의 전파다. 파장은 0.1~1mm. 우주 통신에 사용될 전망이며 이를 제외한 8개 영역은 다음과 같다. ITU(International Telecommunication Union)에 가맹한 130개 국가가 특정한 목적에 활용하기 위해 국제적으로 약속한 내용이다.

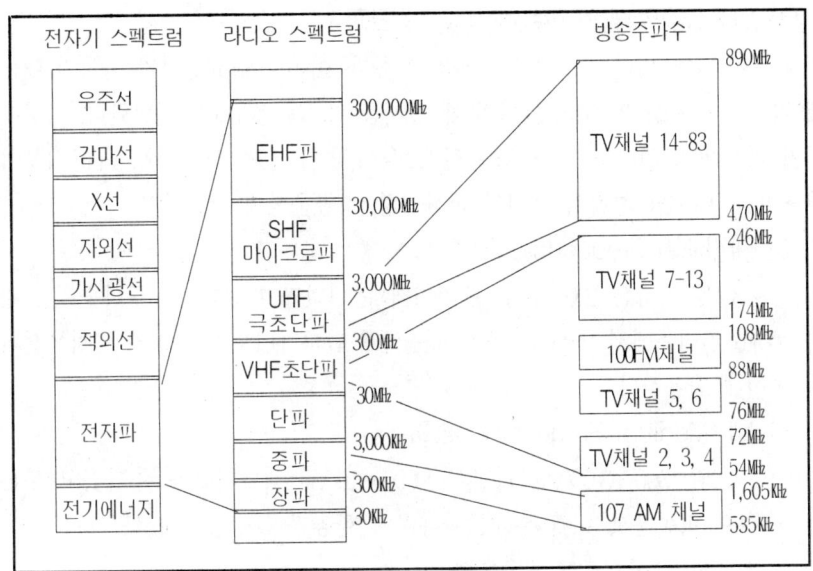

전자기 스펙트럼　　라디오 스펙트럼　　　　　　　방송주파수

전자기 스펙트럼:
- 우주선
- 감마선
- X선
- 자외선
- 가시광선
- 적외선
- 전자파
- 전기에너지

라디오 스펙트럼:
- EHF파 — 300,000㎒
- SHF 마이크로파 — 30,000㎒
- UHF 극초단파 — 3,000㎒
- VHF초단파 — 300㎒
- 단파 — 30㎒
- 중파 — 3,000㎑
- 장파 — 300㎑, 30㎑

방송주파수:
- TV채널 14-83 — 890㎒ ~ 470㎒
- TV채널 7-13 — 246㎒ ~ 174㎒
- 100FM채널 — 108㎒ ~ 88㎒
- TV채널 5, 6 — 76㎒
- TV채널 2, 3, 4 — 72㎒ ~ 54㎒
- 107 AM 채널 — 1,605㎑ ~ 535㎑

<그림 1> 주파수와 주파수 명칭

(1) EHF(Extreme High Frequency) 밀리파

30,000 ↔ 300,000㎒.(30~300㎓). 파장은 10~1㎜. 밀리미터파라고도 한다. 일부의 고해상도를 가진 레이더에 사용한다. 대기 속의 물방울 등에 의한 산란 감쇠가 생겨 멀리까지 도달하지 못하는 단점이 있다. 아직 연구단계이다.

(2) SHF(Super High Frequency) 마이크로파

3,000 ↔ 30,000㎒.(3~30㎓.). 파장은 10~1㎝. 센티미터파라고도 한다. 전화 중계와 방송국 간 프로그램 송수신에 이용한다. 또 레이더와 위성통신에 주로 사용한다. 앞으로는 TV 방송에도 이용할 전망이다.

(3) UHF(Ultra High Frequency) 극초단파

300 ↔ 3,000㎒. 파장이 1~0.1m. 데시미터파라고도 한다. 이 주파수대에서는 전파의 송신이나 증폭발진 등의 어려움이 갑자기 커져서 송수신에 고도의 기술이 필요하다. 경찰이나 택시의 레이더로 사용한다. 기상위성도 활용. 레이더, 마이크로 웨이브 오븐에서도 활용.

(4) VHF(Very High Frequency) 초단파

30 ↔ 300㎒ 미터파 또는 초단파라고 한다. 이온층에서 반사가 약하기 때문에 가시범위(지상 약 50m 높이일 때 반지름 약 50㎞)내에만 도달한다. 파장이 짧기 때문에 안테나도 소형이고 복사효율이 좋다. FM 라디오와 VHF TV에 사용한다. 택시와 경찰의 무선과 군사위성, 항공운항에 활용한다.

(5) HF(High Frequency) 단파

3 ↔ 30㎒. 파장은 100~10m. 데카미터파, 단파라고 한다. 이 주파수대는 지상 200㎞ 전리층에서 반사돼 돌아온다. 국제 단파라디오와 장거리 군사통신과 햄 통신에 활용한다.

(6) MF(Medium Frequency) 중파

0.3 ↔ 3㎒. 300~3,000㎑. 파장이 1,000~100m. 헥토미터파, 중파라고 부른다. 라디오 방송용으로 각국에서 활용하며 항공과 해상통신에서도 사용한다. 햄 통신과 SOS 신호로도 활용한다.

(7) LF(Low Frequency) 장파

0.03 ↔ 0.3㎒. 30~300㎑. 파장이 10~1㎞. 장파라고 한다. 간단한 장치로 멀리까지 교신할 수 있어 1930년대까지 라디오 방송에서 쓰였다. 현재는 일부 선박이나 항공기의 항로위치 안내용으로 사용할 뿐이다.

(8) VLF(Very Low Frequency) 초장파

0.003 ↔ 0.03㎒. 주파수가 3~30㎑. 파장은 100~10㎞. 장거리 군사통신에 사용된다. 대양의 선박위치를 알려주는 원거리 무선항해 원조시스템의 하나인 오메가 항법에도 활용한다.[2]

※ 전파의 특성.
장파에서 단파, 초단파 등으로 갈수록 ① 직진성이 강하고, ② 폭넓은 지역보다는 특정방향으로 사용할 수 있으며, ③ 전송할 수 있는 정보의 양이 많아진다.

---

2) Elizabeth Shimer Czech-Beckerman, 『Managing Electronic Media』, p. 11.

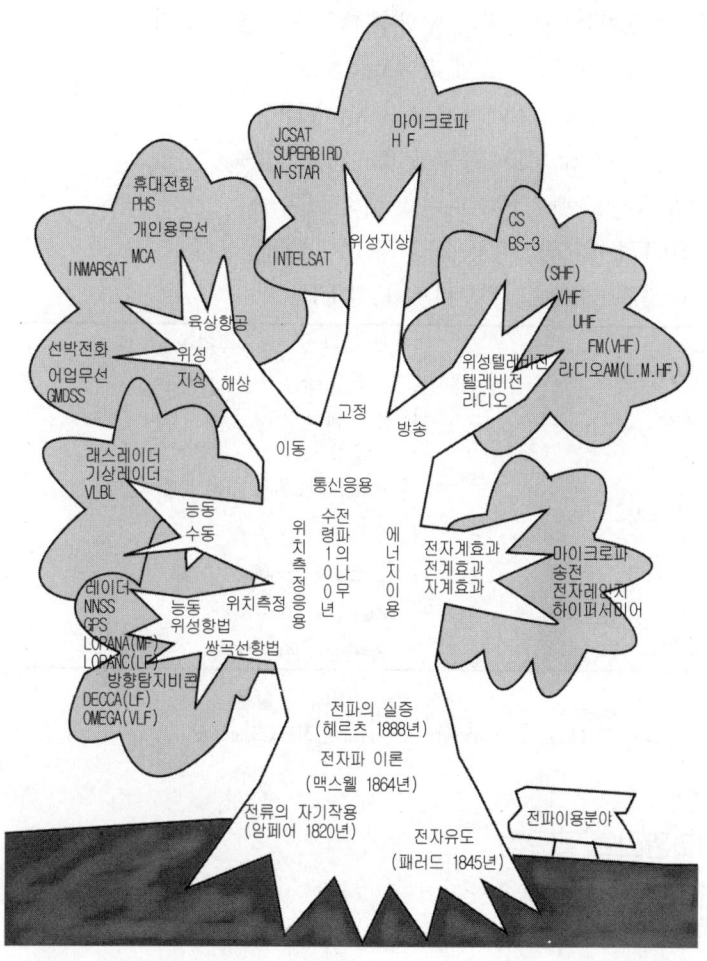

<그림 2> 전파의 나무
(전파자원의 유효한 활용방법에 관한 간담회 編, 노주현 역, 『日本 郵政省』, p. 16.)

3) 전파의 방송활용

방송용으로 할당한 전파의 주파수 대역은 다음과 같다.

    (1) 535~1605㎑ : AM 라디오

    (2) 54~72㎒ : TV 채널 2, 3, 4 / VHF

    (3) 76~88㎒ : TV 채널 5, 6 / VHF

    (4) 88~108㎒ : FM 라디오 채널

    (5) 174~216㎒ : TV 채널 7~13 / VHF

    (6) 470~890㎒ : TV 14~83 / UHF

STV	UHF(14-83) / 스크램블
LPTV	VHF, UHF
MMDS	2,500㎒ = 2.5㎓
DBS	12㎓
Satellite Band	L-Band 1~2㎓ 이동 서비스
	S-Band 2~4㎓
	C-Band 4~6㎓
	Ku-Band 10~18㎓
	Ka-Band 20~300㎓

<표 2> 뉴미디어 활용

(Sydney W. Head, Christopher H. Sterling, 『Broadcasting In America』, p. 162.)

4. 전파관리의 필요성

1) 효율적인 사용

전파를 적절하게 사용하지 않을 경우 주변 전파에 영향을 줘 다른 나라에 나쁜 영향을 끼칠 수 있다. 그래서 국제적인 전파관리가 필요하다. 국제적으로는 국제전기통신기구(ITU ; International Telecommunication Union)가 사용

가능한 대역과 이용 방법을 정한다. 또 국내적으로는 사용목적에 맞게 각국 정부가 주파수를 할당한다. 전파는 기술의 발전과 미디어, 통신수단의 발전에 따라 응용분야가 크게 늘고 있다. 그러나 앞에서도 살폈듯이 전파는 유한한 자원이다. 따라서 사용하려는 수요는 많고 또 늘고 있지만 제공 즉 공급에는 한계가 있어 국제적으로나 국내적으로도 효율적인 분배가 관건이다.

2) 분배

(1) 국제분배

전파는 인류가 갖고 있는 공동의 재산이다. 국가나 민족의 구애를 받지 않고 공평하게 분배해서 인류복지증진에 기여할 수 있도록 해야한다. 전파의 국제적인 분배는 ITU(International Telecommunication Union)가 담당한다. 각 나라별로 활용할 수 있는 주파수 대역과 위성의 궤도 등을 1983년 국제적으로 지정했다.

(2) 국내분배

국제적으로 할당된 주파수 대역을 방송과 통신영역으로 나눠 국내의 정부가 민간 등을 대상으로 분배한다. 분배의 방식은 ① 사용료를 많이 내는 사업자에게 분배하는 경매방식, ② 신청을 받은 뒤 심사를 통해 선정하는 비교심사 방식, ③ 추첨방식의 3가지로 크게 나뉜다. 어떤 방식이든 민주적인 분배방식으로 특혜의 소지가 없어야 한다.

또 국부(國富)를 증진하는 방향으로 전개돼야 한다. 이를 위해 미국과 영국, 호주, 뉴질랜드 등에서는 주파수 대역별로 사용 신청자가 많을 경우 경매를 통해 높은 가격을 써내는 개인이나 사업자에게 주파수를 할당하는 방식을 늘려가고 있다. 민주적이면서도 특혜의 의혹을 없앨 수 있기 때문이다. 그러나 아직 우리 나라는 정부가 업체들로부터 신청을 받아 서류 심사를 거쳐 선정한다. 정부의 인위적인 잣대로 재단할 여지가 크다.

(3) 각국의 분배방법

▪ 미국의 주파수 분배 방법

미국의 경우 지난 95년 12월 광대역 PCS 사업 주파수대역 경매에 모두 254 업체가 신청했다. 이 가운데 89개 업체가 경매에서 낙찰 받았다. 총 낙찰금액은 102억 천만 달러. 이 가운데 뉴욕의 면허가 9억 9천 4백만 달러로 최고를 기록했다. Next Wave Personal Communication사가 56개 면허를 받았고, 금액은 모두 42억 달러였다. 이 기업은 한국과 일본의 유력기업에도 출자를 하고 있다.

미국의 FCC는 지상파 방송도 경매를 붙일 계획이다. 기존의 방송사업자가 디지털 방송용 주파수를 받은 뒤 반납하는 아날로그 방송용 주파수를 이동통신 등의 서비스를 위해 경매에 부칠 계획인 것으로 알려지고 있다.

▪ 영국의 주파수 분배 방법

영국은 1991년부터 방송 주파수 분배에 경매제도를 도입했다. 지금까지 영국은 독립방송 감독청(IBA)이 방송사업면허를 부여하고 방송내용과 편성을 감독해 왔다. 그러나 방송 프로그램 제작회사의 선정이 자의적이고 불투명해 IBA를 개조한 독립텔레비전위원회(ITC)를 만들어 면허를 부여하도록 했다.

이때 공정한 절차의 확보와 공공자원을 통해 얻는 사업이익의 사회환원을 위해 경매제도를 도입했다. 그렇다고 돈 많은 자에게 무조건 방송을 허가하는 것은 아니다. 프로그램 공급 계획서, 재정상태 등 각종 자료를 받아 일정 기준을 통과한 업자를 상대로 경매를 붙여 최고액을 쓴 업자에게 허가하는 방식이다. 자격을 갖춘 자에게 준다는 정의로운 취시를 살리고 또 최고액을 쓴 자에게 줌으로써 경제적인 이익도 얻는다. 민주적이면서 경제적인 방법으로 평가할 수 있다.

▪ 한국

정보통신부는 2000년 말로 예정된 차세대 이동통신 IMT2000의 사업자 선정에서 당초 주파수 경매제를 도입하려고 했다. 그러나 국회의 반대로 무산됐다. 국회 과학정보통신위원회가 IMT2000 사업자 선정을 위한 '가격경쟁체제' 일명 '주파수 경매제'의 심의를 보류했기 때문이다. 국회 과학 정보통신위원회가 주파수 경매제를 보류한 것은 "가격경쟁 방식을 도입할 경우 사업자들이 서로 가격 경쟁을 하느라 초기 투자비용이 많이 늘어난다"는 이유 때문이다. 그동안 통신업계 저변에서는 통신업체들이 초기투자가 많은 경매제를 무산시키기 위해 로비를 벌였다는 의혹이 제기돼 왔다.

5. 전기(Electricity)

전기현상은 고대 그리스 시대부터 발견된 것으로 보인다. 기원전 600년 그리스의 철학자 탈레스는 장식용 호박을 천으로 문지를 경우 털이나 먼지 같은 가벼운 물체를 잡아당긴다는 사실을 발견했다. 이는 전기현상에 대한 발견이었다. Electricity는 그리스어로 호박을 뜻하는 말에서 나왔다고 한다.

전기에 대한 실험은 17, 18세기에 유럽과 미국에서 급속히 번진다. 전기를 일으키는 기전기를 발명하고, 미국의 프랭클린은 피뢰침도 만들어냈다. '볼트(V)'의 기원이 된 프랑스의 볼타(Volta)는 나폴레옹 시대 전지를 만들어 나폴레옹을 기쁘게 했다. 이어 '암페어(A)'를 발견한 프랑스의 앙페르(Ampaire), 전기 저항단위 '옴'을 발견한 독일의 옴 등을 거쳐 1831년 패러데이는 자기가 전류를 일으키는 사실을 발견해냈다. 이를 '전자기 유도'라고 하는데 오늘날 전기공업의 모태다.

6. 유선 전신(Telegraphy)

1) 자침 전신기

프랑스의 앙페르는 60개의 전선과 30개의 자침으로 정보를 보내는 방법을 구상했다. 이를 실행에 옮긴 것은 러시아의 실링 칸슈타트. 전류의 방향전환으로 자침이 흔들리는 원리를 이용해 문자를 읽을 수 있도록 했다. 1832년 마침내 자침전신기를 발명했다. 유럽에서 모스전신기가 보급될 때까지 사용했다. 이후 실용적인 유선전신기는 영국의 쿡과 휘트스톤이 발명했다. 독일유학시절 자침전신기를 접한 쿡은 영국에 돌아와 휘트스톤과 함께 발명에 나서, 1837년 실용적인 유선전신기를 발명했다. 그리고 1년 뒤 1838년 런던과 웨스트 트레이든 사이 21㎞를 전신으로 연결해 유선전신을 시작했다.

2) 모스 전신기

미국인 S. F. B. 모스(Morse)는 원래 화가였다. 프랑스와 이탈리아에서 그림 공부를 마치고 1832년 미국으로 돌아와 전신기를 고안했다. 모스는 영국에서 먼저 시작한 자침전신기와 달리 전류를 보내거나 끊는 것으로 메시지를 전달할 수 있다는 사실을 알아냈다. 문자나 숫자 기호 등을 부호로 바꾸고 이를 전류로 바꾼다. 전류의 없음, 있음, 약함 등을 활용해 송신하고 수신측에서 이를 받아 원래 약속한 부호로 환원해 해독한다. 자침기에 비해 무척 편리하고 정확한 방법이다. 1837년 모스는 대학구내에서 실험에 성공하고, 철공장 주인의 자금지원으로 실용적인 전신기를 개발한다. 그리고 모스부호를 고안했다. 커뮤니케이션에 전류가 등장한 획기적인 사건이다. 단점(· , dot)과 단점의 3배 크기인 장점(- , dash)을 기본으로 한다. 드디어 1843년 모스는 미국의회의 자금지원을 받았다. 이 돈으로 모스는 자기가 발명한 부호와 전신기를 이용해 1844년 5월 24일 워싱턴과 볼티모어 간에 처음으로 선을 깔고 전신에 성공했다. "하나님이 만드신 것" 이라는 메시지를 전달했다. 비둘기나 조랑말을 이용하던 통신에 종지부를 찍고, 새로운 역사를 창조했다.

모스부호는 1999년 미국에서 상업차원으로는 완전히 자취를 감췄다. 미국에서 유일하게 모스부호를 이용하던 민간 해양전파 방송국 'Glove Wireless'가 1999년 7월 모스부호 송신기 작동을 중단했다. 국제해사기구(IMO)가 1999년 2월 조난신고시 모스부호의 사용을 단계적으로 줄이고 새로운 첨단시스템을 활용한다고 발표한 뒤 차례로 모스부호 사용을 중단하다 마침내 마지막 문을 내린 것이다. 1999년 7월 첫 주 샌프란시스코에 정박 중이던 2차대전 당시의 수송선 제레마이어 오브라이언호가 모스부호 종료를 알리는 메시지를 전신의 발상지인 워싱턴의 클린턴 대통령에게 타전했다. 그러나 많은 아마추어들은 모스부호를 아직 사용하고 있다. 또 경제적으로 곤란한 많은 나라에서도 아직 활용하고 있다.

7. 무선 통신

이탈리아의 마르코니가 헤르츠의 이론에 흥미를 갖고 연구를 지속하다가 마침내 전파를 활용한 무선전신을 발명했다. 마르코니는 발진기(發進器)의 한쪽 끝에서 구리선을 대지에 연결하면 전자기파가 복사되는 사실을 알아냈다. 마르코니는 발진기의 전기에너지를 전자기파로 바꾸기 위해 수직안테나를 고안했다. 1895년의 일이다. 무선통신을 전기신호로 전환하는 마이크로폰 장치를 개발한 것이다. 이것이 성공하자 마르코니는 곧바로 무선전신공사를 세웠다. 당시 유선전신이 널리 사용되고 있었지만 무선전신은 편리할 뿐 아니라 항해 중인 선박에서는 유일한 통신도구로 자리잡았다. 1912년 초호화 여객선 타이타닉호가 침몰할 때 무선통신으로 구조요청을 해와 근처를 지나던 선박 S. S. Olympic호가 승객 700여명의 생명을 구할 수 있었다. 이때 샤노프는 21살로 뉴욕에서 마르코니 전신회사의 무선기사로 활동하고 있었다. Olympic호로부터 타이타닉의 침몰소식을 접하고 이틀간이나 쉬지 않고 교신해, 무선통신의 무한한 가능성을 입증했다.

2. 올드미디어 탄생

1. 라디오

1) 기술의 태동

1895년 마이크로폰이 나온 뒤 1899년 영불해협 340마일을 무선통신으로 연결하는데 성공했다. 이후 안테나를 더 높게 하고, 주파수를 길게 하면서 장파를 사용했다. 목소리를 최초로 전한 것은 1901년 캐나다의 페세덴(R. Fesseden)이라는 게 정설이다. 페세덴이 고주파 변조기를 발명해 목소리를 전했다. 그후 1905년에는 플레밍이(J. A. Fleming) 검파용 2극관을 발명했다. 이를 발전시켜 1906년에는 미국의 드 포리스트(Lee. de Forest)가 3극진공관을 발명해 라디오방송에 획기적인 전기를 마련한다. 그리고 1908년 자신이 발명한 진공관을 이용해 에펠탑에서 실험방송을 성공리에 마쳤다.

1909년에는 뉴욕의 메트로폴리탄 오페라하우스가 전설의 테너 '카루소'의 노래를 방송하는데 성공해 라디오방송의 발전을 부추겼다. 1912년 미국의회는 무선통신의 혼선 방지를 위한 라디오 면허법을 통과시키기까지 했다. 1차 세계대전은 무선통신과 라디오 발전의 디딤돌이었다. 각국은 초보적인 수준의 라디오로 전쟁에서 큰 효과를 봤다. 미국은 1918년 윌슨 대통령의 메시지를 독일 국민들에게 전달했다. 전쟁이 라디오 발전을 자극한 셈이다.

1915년에는 샌프란시스코에서 KQW라고 부르던 실험방송국이 하루 8시간씩 실험방송을 했고, 1920년 1월 미국 워싱턴의 해군 비행장에서 군악대 연주를 방송했다. 1920년 11월 2일 미국의 웨스팅하우스사는 피츠버그에 KDKA라는 호출부호로 방송국을 설립하고 라디오방송을 본격적으로 시작했다. 당시 무선통신은 송신과 수신지점을 정해놓고 하는 Point to Point 방식이었다. 그러나 1920년을 기점으로 라디오는 Point to Mass로 방송매체의 역사를 시작한다.

영국에서는 1920년 마르코니 무선회사가 실험방송을 시작했다. 영국은 특히, 1차 세계대전 기간동안 심리전 등에서 큰 효과를 보고 국가관리로 방송을 시작했다. 상업적으로 다양하게 개발한 미국과 다르다. 1922년 BBC가 공식 출범한다. 프랑스는 1921년 라디오방송을 시작했다. 또 독일과 일본은 1923년 우리나라도 1927년 일본제국주의 NHK의 주도아래 라디오방송을 시작했다. 아직까지도 라디오가 없는 나라는 2개국이다. 유럽의 소국인 산마리노와 리히텐슈타인. 그러나 산마리노는 이탈리아 방송을, 리히텐슈타인은 스위스 방송을 수신한다.

2) 방송 분류와 방송 방식

(1) 방송 분류

라디오방송은 기술적인 특성, 즉 어떤 전파를 사용하느냐에 따라 3종류로 분류한다.

· **중파방송**

3백~3천㎑의 중파를 사용한다. 세계적으로 535에서 1,605㎑대의 전파를 사용한다. 전세계 어디든지 AM라디오는 이 주파수대를 쓴다. 우리 나라도 AM라디오의 주파수가 모두 이 범위 안에 있다. 낮에는 지상 100㎞ 상공에서 나오는 전리층에 흡수된다. 따라서 멀리가지 못하고 특정지역을 중심으로 하는 방송에 적합하다. 밤에는 2~400㎞의 전리층에 반사돼 수천㎞를 가기도 한다.

· **단파방송**

3~30㎒대의 단파를 사용한다. 지표파가 급속히 감소해 특정지역을 대상으로 하는 방송엔 적합하지 않다. 그러나 전리층에 흡수되지 않고 멀리까지 잘 간다. 따라서 해외방송에 적합하다. 세계각국이 실시하는 해외방송은 모두 단파를 활용한다. '보이스 오브 아메리카' 등 세계각국의 해외선전용이나 자국 교포용 방송은 단파를 쓴다. 우리 나라도 해외 단파방송 시설을 꾸준히 늘려 12

개 언어로 해외 단파방송을 한다. 물론 우리가 지금 갖고 있는 중파(AM 용)와 초단파(FM 용) 라디오로는 청취할 수 없고, 단파수신 라디오가 따로 있어야한다.

- 초단파방송

30~300㎒대의 초단파를 사용한다. 우리가 듣는 FM방송이 초단파방송이다. TV와 겹치기도 한다. FM 라디오방송에 할당된 주파수는 88~108㎒ 범위다. 우리 나라 FM방송의 주파수 역시 모두 이 범위 안에 있다.

(2) 방송 방식

방송의 방식에는 변조신호가 아날로그인가 디지털인가에 따라 아날로그, 디지털 변조방식 2가지로 나뉜다. 디지털라디오는 우리 나라에서 아직 보급되지 않고 있다. 아날로그 음성변조 방식 역시 2가지 종류가 있다.

- 진폭 변조 방식(AM방식, Amplitude Modulation)

진폭변조, 다시 말해 전파인 반송파(搬送波, Carrier Wave)의 진폭이나 강도를 변조시켜 송출하는 방식이다. 중파나, 단파의 음성방송에 주로 사용한다.

우리가 흔히 듣는 AM라디오에 해당한다. 전파의 점유 대역폭이 좁은 대신 주파수 이용률은 좋다. 이런 방식을 미국에서는 표준방송, 유럽에서는 중파방송이라고 부른다. 이론적으로 10㎑마다 107개의 채널이 가능하지만 채널간섭이 일어나 30㎑마다 27개의 채널을 쓸 수 있다.

- 주파수 변조 방식(FM방식, Frequency Modulation)

전기에너지를 변조하기 위해 주파수 자체를 변조하는 방식이다. 고주파에 저주파를 실어서 고주파의 주파수만을 변조시킨다. 넓은 주파수 대역을 필요로 하기 때문에 VHF 이상의 고주파 대에서 사용한다.

우리가 흔히 듣는 FM라디오가 이에 해당한다. 혼선이나 잡음이 적어 양질의 방송을 구현할 수 있다. 방송국간 할당에도 문제가 없다. AM은 간섭이 생겨 채널마다 일정한 간격을 두지만 FM은 그럴 필요가 없다.

2. 지상파 TV

1) 기술발전과 TV

TV(Television)는 Tele(멀리) + Vision(보다)의 합성어로 멀리 떨어져 있는 것을 본다는 것이다. 영화는 필름에 촬영된 모습을 스크린에 영사해 본다. 1895년 프랑스의 뤼미에르 형제가 처음 영화를 시작했다. TV는 이미지를 전기적인 빛으로 분해해 멀리 전송한 뒤 재생해 보는 것으로 영화와는 기술적으로 다르다. 이런 의미에서 1817년 스웨덴의 화학자 베르젤리우스(J. Berzelius)가 발견한 새로운 금속이 중요한 의미를 갖는다. 셀레늄(selenium)이다. 빛에너지를 전기에너지로 전환시키는 성질이 있는 중금속이다. 이런 광전(光電)효과는 화면전송이론을 가능하게 해준다. 멀리 떨어져 있는 화면을 전송하는 TV기술의 기본이다.

(1) 기계식 TV

1884년 독일의 니프코프(P. Nipcow)는 화면을 전송할 수 있는 주사원판(scanning disk)을 개발해 영상송신에 관한 기본원리를 입증했다. 주사원판은 물체의 이미지를 셀레늄 광전지를 통해 전기신호로 바꿔주는 장치다. 1926년 영국의 베어드(J. L. Baird)는 이 주사디스크를 발전시켜 기계식 TV 실험을 했다. 그러나 기계식 TV기술은 화면이 깨끗하지 못해 곧 사라지고, 전자식 TV가 등장한다.

(2) 전자식 TV

1897년 브라운(F. Brown)은 음극선관(cathode ray tube)을 발명한다. 브라운관이라 이름 붙인 관이다. 이 음극선관을 1907년 러시아의 로징(B. Rosing)이 전자화면기로 발전시킨다. 이어 1923년 조리킨(Zworykin)이 아이노스코프(inoscope) 카메라를 개발했다. 이 카메라를 주사디스크 대신 채택해 기존 기계식 TV의 결점을 보완했다. 이어 듀몽이 1930년대 화상처리기술 (Display Technology)을 발전시켜 전자식 TV는 1930년대 중반 접어들면서 미국과 유럽각국에서 현대적인 TV로 발전한다.

2) 2차 세계대전과 TV

(1) TV 발전
영국은 세계 최초로 1936년 정규 TV방송을 시작했다. 주사선 405개로 시작했다. 대관식을 생중계하기도 했다. 독일에서 나찌는 1933년 방송을 국유화하고 장악한다. 1935년부터 TV방송을 간헐적으로 실시한다. TV는 나찌의 선전도구로만 활용했다. 1936년 베를린올림픽을 중계하면서 독일의 위세를 세계에 과시했다. 손기정 선수가 마라톤에서 달리는 장면을 우리가 지금 볼 수 있는 것은 나찌의 선전전 덕분이다. 소련은 1938년 레닌그라드에서, 1939년 모스크바에서 TV방송을 시작했다. 미국은 1936년 RCA사가 텔레비전 현장실험을 실시하고, 1939년 상업 텔레비전을 허가했다. 1940년 선거 개표를 TV로 중계한 미국은 1941년 주사선 525개의 흑백TV 표준방식을 확정하는 등 빠르게 TV산업을 발전시켜 나갔다.

(2) 2차 세계대전
TV는 2차 세계대전 기간동안 침체기를 맞아야 했다. 1차 세계대전으로 라디오가 발전한 것과 다른 면모다. 영국은 1939년 9월 독일에 선전포고를 한 뒤, 막 시작한 BBC의 TV방영을 중단했다. 국방상의 이유로 좋지 않다는 뜻에서다. 독일의 침공을 받은 프랑스도 페탕 내각이 1940년 6월 프랑스 영내에서의 TV방영을 중단했다. 소련도 1941년 TV방영을 중지했다. 미국 역시 TV가 시련을 겪었다. 다른 유럽의 나라들처럼 TV자체를 금지하지는 않았다. 그러나 미국은 1941년 상업TV NBC와 CBS의 논설방송을 금지시켰다. 또 1942년 방송자율 검열체제를 확립하고, 민간용 수신기 생산을 금지했다. 국방상의 기밀이 노출된다는 이유였다. 국가 정보 누출을 염려해 지도의 대외반출을 금지한 이유와 같다. 걸음마를 떼기 시작한 TV는 2차대전의 시련기를 겪어야 했다.

(3) 전후 TV 발전

2차대전이 끝나자 각국은 본격적으로 TV방송에 나선다. 1945년 5월 소련은 독일이 항복하자 즉시 TV방송을 재개했다. 같은 해 10월 프랑스는 국영 RTF를 출범시켰다. 영국은 이듬해인 1946년 6월 BBC가 TV방송을 재개했다. 미국에선 NBC와 CBS가 방송에 전력투구하는 한편 1948년 ABC도 출범했다.

전승국들이 차례로 TV방송을 재건한데 이어 패전국들도 충격에서 벗어나, TV재개에 나섰다. 나찌의 선전 수단으로 1935년부터 방송을 시작했던 독일은 1952년 서독이 TV를 재개했다. 일본은 1953년부터 공영 NHK가 민영 NTV와 함께 처음으로 TV를 시작했다. 1954년 이탈리아도 TV를 시작했다. 우리 나라는 1956년이다. 전후 TV는 냉전구도를 공고히 하는 이데올로기 수단으로 작동하기도 했다.

3) 공영과 민영

미국은 50년대 말부터, 유럽은 60년대부터 컬러TV시대로 접어들었다. 또 70년대 등장한 ENG 카메라는 기존의 16mm필름을 대신해 빠르게 현장을 취재 전달함으로써 TV를 정보매체로 확고부동한 위치에 올려놓는다.

여기에 특기할만한 사실이 하나 있다. 바로 철저한 상업 민영구조와 공영구조다.

(1) 공영구조

영국을 비롯해 대부분 유럽의 국가는 방송을 국영이나 공영으로 출범했다. 전쟁을 겪으며 국경이 밀집한 유럽에서 전파의 활용이 국가안보와 밀접한 관련이 있다는 사실을 철저히 깨달았기 때문이다. 알권리와 복리증진에 기여하는 매체로 방송을 발전시켜온 것이다. 국민들이 내는 시청료로 안정적인 재정 기반을 마련해주고 올바른 방송을 주문했다. 그러나 매체기술의 발달로 서서히 지상파TV 이외의 대안을 모색하면서 전파의 희소가치가 떨어졌다. 또 경쟁이 심화되면서 공영구조의 경직성으로는 뒤쳐진다는 자각으로 1990년대 들어 각국은 대폭적으로 방송법을 손질했다. 민영부분의 확대와 경쟁유도, 매체간 통폐합을 법적으로 뒷받침하고 있다. 민영의 경쟁논리를 수용했다는 점에서 민영구조의 승리라고도 보는 측이 있다. 그러나 공영성은 그대로 유지하면서 뉴미디어분야, 민영분야의 경쟁을 강화하고 있는 것으로 보는 게 타당하다.

(2) 민영구조

미국은 출발부터 방송에 국가가 개입하지 않았다. 전화의 경우 초창기 육군성 등에서 개입했지만 라디오와 TV는 민영업자간의 철저한 경쟁과 타협으로 발전했다. NBC, CBS, ABC 3대 네트워크가 1948년 이후 정립했다. 그러나 미국의회는 1960년대 후반 어린이를 위한 교육프로그램 등을 강화할 목적으로 1967년 공영방송법을 통과시켰다. 이어 1969년 공영채널인 PBS(Public Broadcasting System)가 출범했다. 미국은 민영구조인 만큼 시청료가 없고 상업 채널들이 모두 광고료에 의존해 방송한다. 막강한 국력과 자본 탓인지, 철저한 경쟁에서 살아남은 경쟁력 덕분인지, 미국의 방송이 세계시장을 장악하고 있다. 이제 세계방송계가 미국식으로 경쟁제도를 도입해가고 있다.

4) 사용전파와 전송방식

(1) 사용전파

• VHF(Very High Frequency) 초단파

30 ↔ 300 ㎒. 미터파 또는 초단파라고 한다. 이온층에서 반사가 약하기 때문에 가시범위(지상 약 50m 높이일 때 반지름 약 50㎞)내에만 도달한다. 파장이 짧기 때문에 안테나도 소형이고 복사효율이 좋다. 그러나 가용채널이 적다.

우리 나라의 경우 VHF는 채널이 2, 5, 6, 7, 9, 11, 13번 등 7개 정도밖에 없다. 2번은 미군이 AFKN으로 쓰다가 반납했다. 5번은 공석이고, 6은 SBS, 7은 KBS2가 9는 KBS1이 11은 MBC, 13은 교육방송이 쓰고 있다.

- UHF(Ultra High Frequency) 극초단파

300 ↔ 3,000 ㎒. 파장이 1~0.1m. 채널수를 많이 할 수 있다. 우리 나라의 경우 UHF는 지역적으로 50개의 채널이 가능하다. 최근 지상파들은 새로 만드는 송신소에서 UHF로 송신한다. 남산이외에 관악산이나 용문산 등 전국에 있는 크고 작은 송신소들이 UHF로 송출한다. 단 지역 중계유선 등이 기존 공중파의 VHF채널인지도를 감안해 다양한 UHF신호를 받아 6, 7, 9, 11번 등으로 재송신해 주는 것이다. 인천방송도 21번 UHF이고 VHF를 반납한 AFKN도 전국 13개 송신소 가운데 부산과 진해를 제외하고는 모두 UHF로 송신한다.

(2) 주사(注射, Scanning)

카메라 감광면에 이미지가 나타나고, 이미지가 전기 에너지의 잔상을 만들면 화면이 생긴다. 화면은 작은 화소로 분해돼, 각각의 화상정보를 차례로 전기신호로 바꿔 송신한다. 전송된 전기신호는 브라운관에서 화상으로 재생된다. 이처럼 2차원의 화상정보를 1차원 정보로 변환해 각 선(Line)별로 읽어내는 것을 주사(注射, Scanning)라고 한다. TV화면은 주사선으로 구성돼 있고, 주사선은 다시 수많은 화소로 이뤄져 있다.

(3) 전송방식

전 세계가 하나의 TV문화권에 있는 것 같지만 컬러TV의 방식은 지역에 따라 다르다. 유럽이나 오세아니아 물론 북한도 우리 나라와 전송방식이 다르다. 컬러TV의 전송방식은 크게 3가지다.

- NTSC(National Television System Committee)

NTSC, 즉 미국 TV시스템위원회란 뜻의 준말이다. 말에서부터 우선 미국의

TV 전송방식임을 알 수 있다. NTSC가 미국의 통일방식을 정했다. 주파수 특성에 따라 색에 대한 눈의 지각도가 다른 것을 이용해 색을 분해하고 혼합하는 특성을 갖는다. 흑백TV와 마찬가지로 525 주사선에 60필드, 30프레임. 채널폭은 6㎒이다. 미국에 이어 이웃 나라인 캐나다와 멕시코, 일본, 한국, 필리핀 등 미국의 정치적인 영향권 아래 있는 국가들이 초창기 주로 채택했다.

NTSC	한국, 미국, 일본, 대만, 필리핀, 미얀마, 미크로네시아, 캄보디아, 쿠바, 과타말라, 코스타리카, 콜롬비아, 칠레, 트리니다드 토바고, 도미니카 공화국, 니카라과, 아이티, 파나마, 바하마, 버뮤다, 푸에르토리코, 베네수엘라, 온두라스, 멕시코
PAL	홍콩, 북한, 중국, 인도, 인도네시아, 싱가포르, 말레이시아, 부르나이, 스리랑카, 타이, 파키스탄, 방글라데시, 아프카니스탄, 몰디브, 호주, 뉴질랜드, 독일, 이탈리아, 오스트리아, 네덜란드, 스위스, 스웨덴, 덴마크, 노르웨이, 핀란드, 스페인, 포르투칼, 벨기에, 영국, 아일랜드, 아랍에미리트, 이스라엘, 쿠웨이트, 터키, 브라질, 아르헨티나, 우루과이, 알제리, 우간다, 가나, 케냐, 잠비아, 수단, 나이지리아
SECAM	그리스, 러시아, 체코, 스로바키아, 헝가리, 불가리아, 폴란드, 프랑스, 모나코, 룩샘부르크, 뉴카레도니아, 몽고, 타이티, 이란, 이라크, 사우디아라비아, 레바논, 이집트, 튀니지, 모로코, 리비아, 모리셔스 등

<표 3> 컬러TV 전송방식

· SECAM(Sequential Couleur Amemoire)

1958년 프랑스의 앙리(Henri)가 고안해 시작한 방식이다. 색 신호를 선순차(線順次)로 전송하여 메모리기술로 복원하는 방식이다. 색상이 변하지 않고 수상기의 색조정이 필요없다. 수상기의 값이 다른 방식보다 비싼 단점이 있다. 주사선 625. 50필드, 25프레임. 개발국인 프랑스를 비롯해 러시아, 폴란드, 헝가리 등 동유럽과 이집트, 이란, 이라크 등 중동권에서 쓴다.

- PAL(Phase Alternation BY LINE)

1963년 독일에서 개발한 방식. NTSC를 조금 변용. NTSC의 결점인 장거리 중계회선 중에 생기는 색상 일그러짐을 줄였다. 50필드, 25프레임. 독일, 스위스, 이탈리아 등 대부분의 서유럽국가와 뉴질랜드, 호주 등 오세아니아, 그리고 동남아시아, 북한도 이 방식을 쓰고 있다. NTSC에 비해 SECAM, PAL은 필드와 프레임이 적어 너풀거림 현상이 화면에 나타난다. 그러나 주사선수가 많아서, 어느 쪽이 화질이 더 좋은지 구분하기는 어렵다. 디지털TV시대에는 컬러TV의 신호방식 차이는 사라진다.

2 뉴미디어

뉴미디어 편은 크게 5부분으로 나눴다. 먼저 유선을 사용하지 않고 무선으로 정보를 전하는 무선계 뉴미디어와 둘째, 유선계 뉴미디어다. 셋째는 통신계 뉴미디어. 넷째, 컴퓨터와 끝으로 최근 방송과 통신분야를 넘어 미디어의 새로운 맹주로 떠오른 인터넷을 다룬다.

1. 무선계 미디어

1. 위성TV

1) 인공위성

(1) 인공위성 구상

1940년대까지 원거리 통신은 단파대(帶)의 무선통신이 주류였다. 이때 발상의 전환으로 인공위성을 이용하면 전세계를 연결하는 TV 중계가 가능하다고 제안한 놀랄만한 선구자가 영국에서 나왔다. SF 작가이기도 한 아더 C. 클라크이다. 클라크는 1945년 잡지「Wireless WORLD」지에 'Extra-Terrestrial Relays - Can Rocket Stations Give Worldwide Radio Coverage?' 라는 당시로서는 파격적인 논문을 실었다. 클라크는 적도상공의 정지궤도에 3개의 위성을 동경 30도, 동경 150도, 서경 90도에 1개씩 쏘아 세계방송을 실현할 수 있다고 봤다. 당시 로켓은 인공위성 발사속도 8km/s의 반 정도에 이를 정도까지 발전해 실현을 예고하고 있었다.

- 역사적 고찰
- 뉴턴의 개념

인공위성의 개념은 일반적으로 생각하는 것보다 아주 오래됐다. 역사적으로 확인할 수 있는 것은 17세기 천체물리학자 뉴턴이다. 1687년 뉴턴은 그의 저서에서 '관성에 따라 지구의 주위를 날 수 있는 인공천체의 제작에 관한 이론적 근거'를 제시했다.

- 1900년대 초

이후 1800년대는 잠잠하다가 20세기 들어 러시아인 K. E. 초르코프스키가 나타났다. 초르코프스키는 1903년 대기권 밖에서 달과 같이 영원히 지구둘레를 도는 우주비행체의 가능성을 입증했다. 그는 또 액체수소와 액체산소를 추진액으로 하는 로켓의 개념도 생각해 냈다. 이외에도 20세기 들어 여러 나라의 많은 학자들이 협회를 조직해 우주비행에 관한 다수의 논문을 발표했다.[3]

(2) 인공위성의 탄생

1945년 영국의 클라크가 인공위성을 들고 나온 지 12년만에 뜻밖에도 구소련이 세계를 놀라게 하는 소식을 전했다. 일명 '스푸트니크 충격'으로 알려진 소련의 인공위성 발사소식이다. 소련은 1957년 10월 4일 중량 83.6kg, 직경 58cm의 구형 인공위성 스푸트니크 1호를 발사했다. 스푸트니크의 궤도는 원지점 947km, 근지점 227km의 타원궤도였다. 하루 15번 지구를 돌았다. 그리고 송신기를 탑재해 20MHz와 40MHz의 전파를 지구로 송신했다. 안테나의 길이는 2.4m에서 2.9m 짜리 4개였다. 스푸트니크 1호는 세계인의 가슴을 우주로 향하게 만든 위대한 업적을 남긴 뒤 3달 만인 1958년 1월 4일 대기권에서 불타 최후를 마쳤다. 소련은 스푸트니크 1호에 이어 1달 만인 1957년 11월 3일 스푸트니크 2호를 발사했다. 무게는 1호보다 6배나 무거운 508.3kg이었고 궤도도 한층 높아졌다. 실험용 개까지 태워 생물이 탑승한 최초의 인공위성 기록을 세웠다. 유인위성의

---

3) 遠藤敬二/泉 武博, 『改訂 放送衛星の基礎知識』, 1.宇宙開發と實利用, p. 11.

가능성을 제시한 스푸트니크 2호는 2달 반 뒤인 1958년 1월 14일 불탔다.

미국의 충격은 대단했다. 1958년 12월까지 관측용 위성을 띄우려던 계획을 느긋하게 추진하다 소련에 덜미를 잡힌 것이다. 미 육군은 개발에 박차를 가해 소련이 쏘아 올린 이듬해인 1958년 1월 31일 익스플러로호를 발사했다. 무게 8.3kg에 4개의 안테나와 108㎒대의 대역폭을 갖는 2대의 송신기를 탑재했다. 이 위성은 2달 반 동안 기능하면서 방사능대인 밴알렌대(Van Allen Belt)를 발견하는 성과를 올렸다. 이후 1958년 미국의 아이젠하워 대통령은 새로운 사명을 띤 정부기관의 설립을 요청하는 교서를 의회에 보냈다. NASA법이라 불리는 '국가우주 항공법(National Aeronautics & Space Act)'을 1958년 7월 29일 제정했다. 이후 미국의 위성문제는 국방성에서 NASA로 이관됐다.

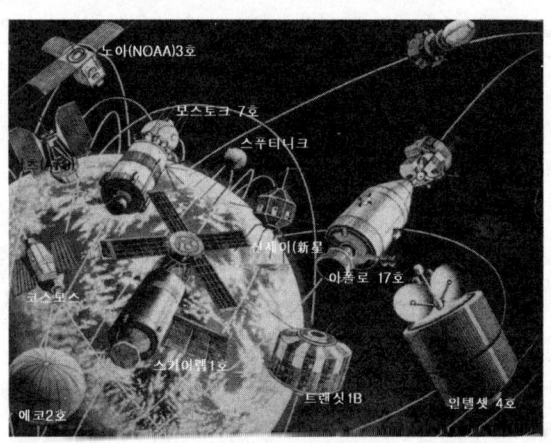

<사진 1> 스푸트니크호 이후의 다양한 위성

2) 위성통신

(1) 최초의 통신위성

1960년 8월 미국은 수동형 저궤도 위성 에코 1호를 발사했다. 여기서 최초의 통신이 이뤄졌다. 64년에는 에코 2호를 발사했다. 이들 위성은 통신용으로 쏘아 올려 많은 실험을 했지만 능동형이 개발되면서 무대에서 사라졌다.

(2) 능동형 통신위성

1962년 7월 텔스타 1호와 12월 릴레이 1호가 능동형으로 전화와 TV통신 실험에 성공했다.

(3) 최초 상용 통신위성

1964년 8월 미국과 캐나다, 일본 등 11개 선진국은 세계 상업 통신위성 조직의 실현을 위해 인텔샛(INTELSAT ; International Telecommunications Satellite Consortium)을 발족했다. 이 조직은 이듬해인 1965년 4월 6일 대서양에 Early Bird 호, 즉 인텔샛 1호를 발사했다. C-밴드 중계기 2대를 탑재했다. 양방향 전화 230회선과 TV 1채널 통신용량을 갖추고 대서양 상업통신에 이용했다. 1966년 이후 인텔샛 2, 3호가 잇따라 태평양과 인도양 상공으로 올라가 전 세계가 국제통신위성 체제에 들어갔다. 인텔샛은 1973년 International Telecommunication Satellite Organization으로 명칭이 변경됐다. 이후 다양한 종류의 통신위성이 발달해 지구촌 통신시대를 확장하고 있다.

(4) 정지 궤도 위성(Geostationary Satellite)

위성은 끊임없이 지구 둘레를 돈다. 그러나 위성이 정지한 것처럼 보이는 궤도가 있다. 정지궤도라고 한다. 위성이 정지궤도에 있으면 멈춰있는 효과를 갖는다. 이를 위해 몇 가지 조건이 필요하다.

① 위성이 지구의 자전방향과 같은 방향으로 회전해야 한다.

② 위성의 공전주기가 지구의 자전주기와 같아야 한다.

③ 위성이 지구상공 3만5천 786㎞에 있어야 한다. 위성의 공전주기가 지구로부터 멀어질수록 길어진다. 3만5천 786㎞ 상공에 있을 때 지구의 자전 주기인 24시간과 같은 위성의 공전주기가 나온다.

④ 위성이 적도상공에 위치해야 한다. 위성의 위치가 적도상공에 있지 않으면 지구가 자전함에 따라 위성이 위아래로 흔들리기 때문이다. 세계최초의 정지궤도 위성은 미국의 통신위성 'Syncom 3호'다. 1964년 8월 19일 발사돼 같은 해 10월 동경 올림픽을 중계하는데 사용했다.

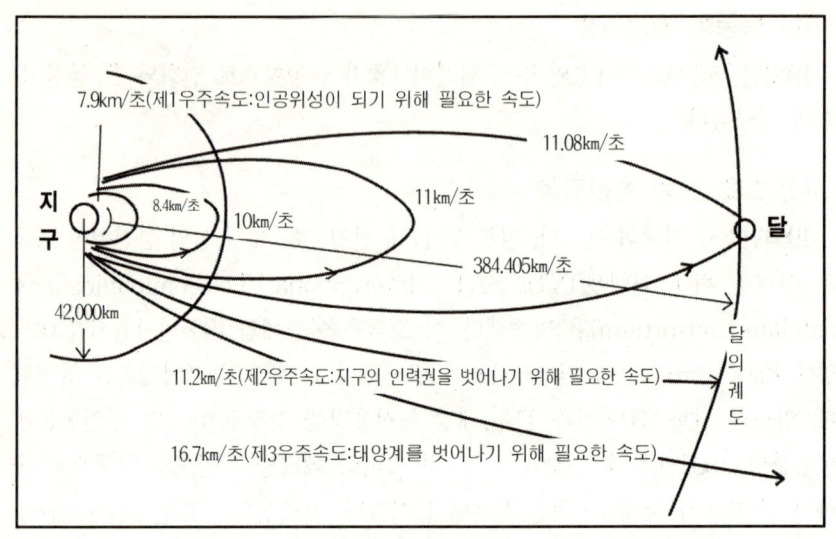

7.9km/초(제1우주속도:인공위성이 되기 위해 필요한 속도)

11.08km/초

지구

8.4km/초 10km/초 11km/초

384.405km/초

42,000km

달

달의궤도

11.2km/초(제2우주속도:지구의 인력권을 벗어나기 위해 필요한 속도)

16.7km/초(제3우주속도:태양계를 벗어나기 위해 필요한 속도)

<그림 3> 우주속도

(遠藤敬二/泉 武博, 『改訂 放送衛星の基礎知識』, 1.宇宙開發と實利用, p. 11.)

정지위성은 고도의 기술적인 신뢰도가 필수적이다. 방송위성은 정지궤도상에 있는 일종의 방송국이다. 지상에 있는 방송국과는 우선, 환경이 다르다. 지상에서 쏘아 올릴 때 진동, 온도변화 등이 위성에 큰 영향을 준다. 정지궤도상에서 각종 우주선(宇宙線)의 피폭과 자전에 따른 햇볕의 유무가 전혀 다른 환경을 만들어 낸다. 둘째, 운영도 다르다. 태양과 지구, 달의 영향으로 위치가 바뀌게 돼 징기직으로 위치를 제어해 수어야한다. 또 고장날 경우 부품을 바꾸거나 수리할 수 없어 지상의 어떤 제품보다 정밀성과 신뢰성이 요구된다.4) 우리나라 최초의 방송위성 무궁화 1호가 예정수명 10년을 채우지 못하고 5년만에 기능을 다하고 말았다. 데이콤이 발사했던 오라리온 위성은 발사 후 폭발했다. 기술적으로 방송위성의 성공이 얼마나 힘든 것인지 보여주는 예이다.

정지궤도 위성의 장점은 ① 안정성-지구에서 볼 때 위성의 위치가 바뀌지

---

4) 石田順一等 共著, 『放送と ニュ―メディア』, 電子・精報通信編, p. 126.

않기 때문에 안테나의 위치를 바꾸지 않고도 언제나 안정된 송수신을 할 수 있다. ② 고품질-전파는 대기권을 거치면 수증기, 비 등을 통과하면서 송수신 정보의 질이 떨어진다. 그러나 위성에서 사용하는 전파는 고주파수 대역이어서 양각으로 대기권을 통과해 양질의 정보를 거의 방해받지 않고 전달할 수 있다.

고도(km)	속도(km/초)	주 기
200	7.79	1시간 28분 20초
500	7.62	1시간 34분 27초
1,000	7.35	1시간 44분 57초
2,000	6.90	2시간 07분 12초
3,000	6.52	2시간 30분 27초
5,000	5.92	3시간 21분 06초
10,000	4.94	5시간 47분 24초
20,000	3.89	11시간 50분 36초
35,786*	3.07	23시간 56분 04초

<표 4> 위성의 고도와 속도
(한국방송협회, 『위성 통신』, p. 30.)

(5) 기타 궤도 위성

정지궤도는 위치가 높은 고궤도이다. 이 고궤도 이외에 중·저궤도에 위성을 띄울 수 있다. 지금은 파산한 위성전화 이리듐은 1990년 모토로라사가 중·저궤도 상에 위성을 다수 띄워 이동위성 통신시스템을 구축한 예이다. 셀룰러폰, PCS, 음성, 팩스, 호출, 위치정보 등의 다양한 서비스를 제공할 수 있다. 정지위성 궤도는 고궤도지만 비정지 위성들은 중·저궤도 상에 있다. 분류방식은 미국과 유럽에 차이가 있다.

· 유럽전기통신 표준기구(ETSI)

LEO(Low Earth Orbit) - 고도 2,000km 이하, 궤도주기 80~130분

MEO(Medium Earth Orbit) - 고도 2,000~8,500km, 궤도주기 130~300분

HEO(High Earth Orbit) - 고도 8,500km이상, 궤도주기 300분 이상

• 미국의 FCC

Big LEO(1㎓ 이상의 주파수대 사용)와 Little LEO(1㎓ 이하의 주파수대 사용)로 나눈다.

궤 도	특 징	위성 예
정지위성 (GEO)	고도 : 약 36,000㎞ 적도상의 원궤도로서 주기가 지구의 자전과 같은 것으로, 지구에서 보면 한 점에 정지되어 있는 것처럼 보인다. 북극, 남극지역에서는 서비스 곤란.	인텔샛 CS-3 BS-3
저고도궤도 (LEO)	고도 : 약 500~수천㎞(대부분은 1,000㎞부근) 주기 : 약 1시간 45분(고도 1,000㎞의 경우) 위성가시(假視)시간 : 12분 정도(고도 1,000㎞의 경우) 지구전체에 서비스 가능하나, 연속 서비스를 하기 위해서는 수십 개의 위성이 필요	이리듐 글로벌스타 오브콤
중고도궤도 (MEO)	고도 : 수천~20,000㎞정도 주기 : 5~6시간(고도 10,000㎞의 경우) 전 지구에 서비스는 가능하나 연속 서비스를 하기 위해서는 십수개의 위성이 필요	오딧세이 INMARSAT-P
장타원궤도 (HEO)	고도 : 약 40,000㎞(원지점) 주기 : 12~24시간 원지점(遠地点) 부근에서 서비스를 행한다. 특히 고위도 지역 서비스에 적합하다. 연속 서비스를 위해서는 최저 2~3개가 필요	모르니야 아르키메데스

<표 5> 위성궤도의 특성

(한국방송협회, 『위성통신』, p. 34.)

(6) 위성 발사체

위성을 정지궤도상의 22,300마일(35,786㎞) 상공으로 쏘아 올리는 데는 막대한 에너지가 필요하다. 이 기술은 군사로켓 개발연구에서 비롯됐다. 발사는 크게 2단계로 나뉜다. 발사와 궤도진입의 2단계다. 발사단계는 지상에서 100마일(160㎞) 상공까지의 전이궤도다. 여기까지는 운반체, 즉 로켓에 실려 이동한다. 전이궤도에서 정지궤도까지는 위성 안에 내장된 자체동력으로 움직인다. 로켓은 1회용 발사 로켓을 사용하는 경우와 왕복 우주선(스페이스 셔틀)을 활용하는 경우 2가지가 있다. 발사로켓을 쓸 경우 수천 파운드의 액체, 고체 연료에서 추진력을 얻어 막대한 양의 연기와 굉음을 내며 위성을 싣고 올라간다. 이어 100마일의 전이궤도에서 발사로켓의 임무는 끝나 떨어져 나간다. 우주왕복선을 쓸 경우에는 전이궤도까지 발사로켓과 같은 역할을 수행하지만 그 뒤 왕복선은 폐기되지 않고 자신의 나머지 임무를 수행하고 돌아온다. 위성은 왕복선에서 분리돼 자신의 추진력으로 정지궤도까지 간다.[5]

3) 위성중계방송

(1) 통신위성을 통한 중계방송

앞에서 살펴본 바와 같이 위성을 통신용으로 이용하기 위해 쏘아 올린 위성이 통신위성이다. TV화면용으로 활용하기 위해 영상을 위성 전송하는 경우다. 영상의 송수신은 위성과 교신하는 지구국(地球局)을 거친다. 지구국이란 궤도상의 위성과 방송내용을 주고받을 수 있는 지구상의 송수신국이라는 뜻이다. 오래 전 초등학교 교과서에 수십 미터 짜리 흰색 원형 안테나를 갖춘 위성 지구국 사진을 봤던 기억이 있을 것이다. 초대형 안테나를 설치해야 했기 때문에 위성과 송수신하기 좋은 한적한 장소에 설치했다.

방송과정을 살펴보자. 방송국이나 스포츠 경기장에서 특정상황을 촬영해 해당국가의 위성 지구국을 거쳐 통신위성으로 쏘아 올리면 통신위성이 이를 받아 다른 특정 국가나 지역의 위성 지구국으로 쏜다. 수신한 위성 지구국은 영상을 자국이나 자기 지역의 방송국으로 전송해주고, 이를 받은 방송국이 지상파로 송출해 가정에서 TV를 시청할 수 있도록 한다. 이것이 통신위성을 활용한 TV 중계방송이다. 스포츠 중계나 실황중계 등에서 자주 활용한다. 통신위성을 활용한 지구국 대 지구국의 교신이다.

(2) 시작

1962년 당시 위성의 목적은 통신이었다. 텔스타 위성을 통해 전화통신 실험을 할 때만해도 가정에서 위성신호를 받아 TV를 본다는 개념은 상상할 수 없었다. 그러다가 1964년 동경올림픽을 통신위성을 통해 미국으로 생중계해 통

---

5) 『Satellite Technology』, An Introduction, Andrew E. Inglis, 11 p.

신위성을 통한 중계방송의 신기원을 열었다. 1972년 FCC는 소출력 C-밴드(3.7~4.2㎓)와 중출력 Ku-밴드(11.7~12.2㎓)를 통신 중계위성으로 할당했다.

	위성의 규모		지구국의 규모 안테나의 크기	위성통신 서비스와 이용자
	중량	발생전력		
1960년대	수십~300kg	수십~300W	20~30㎡ø	공중(公衆)통신 서비스, 공공기관, 기업 등 ↘ 전용통신서비스, 기업, 방송사업자, 중소사용자 등 ↘ 퍼스널통신서비스, 개인사용자 등
1970년대	300~800kg	300~800W	10~20㎡ø	
1980(전반) (후반)	600kg~1t 1~1.5t	600~1.5KW 1~2KW	3~10㎡ø 1~3㎡ø	
1990년대	1.5t이상	2KW 이상	수십㎝~1m	
2000년 이후	저고도궤도 위성시스템 정지(靜止)플랫폼		궁극적으로는 손목시계크기	

<표 6> 통신위성과 지구국 규모
(한국방송협회, 『위성통신』, p. 20)

4) 직접위성방송(DBS : Direct Broadcasting by Satellite)

(1) 개념

위성을 매개로 지구국과 지구국의 방송용 영상을 주고받는 단계에서 벗어나 위성에서 바로 가정으로 전파를 발사하는 시대를 맞았다. 직접위성방송이다.

특정 위성방송사가 자신의 방송 내용을 지구국을 거쳐 위성으로 쏘아 올리고 위성이 이를 증폭해 지상으로 쏘아주면 각 가정에서 수신안테나를 달아 받아보는 형식이다. 수신하는 지구국이 없어지고 가정에서 바로 위성수신 지구국이 된 셈이다. 이는 기술발전으로 가능했다. 초기 지구국의 안테나 크기는 수십 미터에 이르렀다. 가정에서는 사용할 수 없는 크기였다. 전파를 잡아내는 기술이 커지면서 불과 몇 십㎝로 줄이면서 가정에 직접 안테나를 설치하는 직접위성방송 시대를 열 수 있었다.

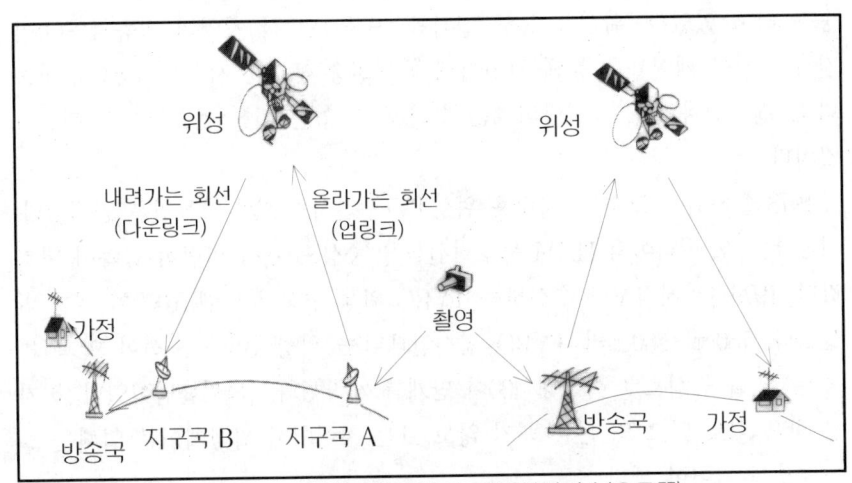

<그림 4> 위성중계(왼쪽)와 직접위성방송(오른쪽)
(한국방송협회, 『위성통신』, p. 21.)

(2) 시작

공동안테나나 가정용 안테나로 위성방송을 직접 수신하는 시도는 1970년대 중반부터 본격화됐다. 첫 시도는 인도에서 있었다. 인도는 1975년 미국의 로켓에 실어 직접위성방송용 위성을 쏘아 올렸다. 인도는 성인대상의 교육프로그램을 4개의 다른 언어로 인도양 상공의 위성에서 송출했다. 결과는 성공이었다. 이 실험을 계기로 인도는 직접위성방송에 박차를 가한다. 일본은 1978년 오로지 방송만을 목적으로 한 최초의 직접위성방송을 실험했다. 방송위성 '유리(Yuri)'를 발사해 직접위성방송을 실험하는데 성공했다. 일본은 이어 1982년 NHK방송전파를 직접위성에서 받아볼 수 있는 서비스를 시작했다.[6]

직접위성방송이 미국에서 출발한 배경은 아주 우연이었다. 1975년 스탠포드대 엔지니어 교수 하워드(T. Howard)는 자신이 고안한 임시 위성시스템으로 케이블TV인 HBO를 수신했다(당시 HBO는 위성을 이용해 케이블 방

---

6) Sydney W. Head, 『World Broadcasting Systems, A Comparative Analysis』, p. 44~46.

송을 하고 있었다. 위성을 통해 전파를 송출하면 각 지역의 방송국(SO)이 전파를 잡아 케이블을 통해 가입자에게 재전송 해주는 시스템이었다). 저출력 C-밴드전파였다. 개인장비로는 수신할 수 없는 일을 기술적으로 해결한 것이다.

1978년 하워드 교수는 '저비용 위성TV 수신시스템'의 작동법을 공개했다. 이후 비디오 매니아와 HAM 동호회원들을 중심으로 이 비법이 급속히 번져 갔다. 1979년까지 TV만 수신하는 TVRO 위성 수신 시스템 5,000여 개를 만들었다. 180㎝~360㎝의 TVRO 접시안테나는 위성케이블 수신이 안 되는 농촌시골을 중심으로 확산돼 400여 만개를 제작했다. 물론 불법이었다. 허가를 받은 적도 없고 또 돈을 내지 않고 보는 것이어서 위성케이블 업체는 스크램블을 걸어야 했다.

(3) 발전

1980년대 들어 일부 기업가들은 중출력의 Ku-밴드를 가입자에게 직접 방송하는 위성TV대역으로 전환한다. Ku-밴드의 통신위성에서 사용하지 않는 나머지 주파수를 활용한 것이다. 여기서 본격적인 DTH(Direct To Home) 위성방송의 개념이 생겨났다. DBS(Direct Broadcasting by Satellite)는 지구국의 중계를 거치지 않고 위성에서 수신자로 직접 방송된다는 방송시스템상의 용어다(위성방송 사업자의 의도와 상관없이). 이에 반해 DTH는 수신자가 가정에서 위성을 직접 수신한다는 서비스 개념이다(가정으로 의노석인 배달을 하는 것이다). 직접위성방송을 위해 가정용의 아주 작은 접시 안테나가 등장했다.

(4) 초기 답보상태

80년대 초반 직접위성방송은 널리 보급되지 못했다. 송수신상의 기술적인 문제는 해결됐지만 다른 걸림돌이 있었다.

먼저 ① 가입비가 1,000~1,500달러로 너무 비쌌다. ② 비나 눈 등 기상장애를 극복하고 전파를 안전하게 송수신하는 기술이 덜 발달됐다. ③ 케이블보다

채널수가 적었다. 아날로그여서 많은 채널을 확보할 수 없었기 때문이다. ④ 채널을 메울 다양한 프로그램을 확보하는데 어려움을 겪었다.[7]

(5) 방송위성(Broadcasting Satellite) 등장

국제전기통신연합(ITU)은 고출력(High-power) Ku-밴드(12.2㎓~12.7㎓)를 할당해줬다. 이는 지금까지 통신위성을 활용하던 차원에서 벗어나 양질의 방송위성을 갖게 된 것을 의미한다.

1983년 ITU는 각국의 위성궤도와 주파수대역을 결정했다. 미국의 FCC는 서경 30도에서 175도 사이에 위성궤도 8개를 설정했다. 더 많은 숫자를 할당할 경우 위성간에 전파방해 현상이 일어날 수 있기 때문이다. 위성 1개당 아날로그 32개 채널, 전체 256채널이 확보됐다(디지털로 가면서 더 많아짐). 1983년 1차 접수를 받았다가 흐지부지 되고, 1989년 2차 접수를 받아 업체에 분배했다. 이후 다툼이 심했던 케이블TV 업계와의 프로그램 공급권 문제가 공평하게 해결되고 디지털 압축기술의 발달 등에 힘입어 방송위성을 활용한 직접위성방송이 본격화된다. 1990년 케이블 네트워크사들은 미국의 위성제조업체 제너럴 일렉트로닉사(General Electronic American Communications)와 합작으로 프라임스타를 설립하고, 1994년 휴즈사가 전액 출자해 Direct TV를 세우면서 직접위성방송 서비스를 시작했다.

(6) 직접위성방송의 2종류

• 개념

직접위성방송은 CS(Communication Satellite) 통신위성을 활용한 직접위성방송과 BS(Broadcasting Satellite) 방송위성을 활용한 직접위성방송의 2종류다. 통신위성(CS)에 방송용 중계기를 달아 직접위성방송을 하는 경우가 CS방송이다. 한국통신의 무궁화위성을 활용한 위성방송이 이 경우이다. 또 우리에게 널리 알

---

7) August E. Grant & Jennifer Harman Meadows, 『Communication Technology Update』, 6th Edition, 1998, p. 39.

려진 홍콩의 STAR-TV 역시 마찬가지다.

다른 하나는 아예 방송용으로만 제작한 방송용 위성(BS)을 띄워 통신용 없이 방송용으로만 활용하는 위성방송이다. 일본의 NHK와 WowWow가 그 예이다.

· BS와 CS의 구분은 무의미

그러나 CS와 BS의 구분은 사실상 무의미해졌다. 우리가 NHK나 무궁화위성의 KBS위성 1, 2를 보면서 별다른 차이를 느끼지 못하듯이 말이다. 그 동안 통신용으로는 C-밴드 중계기를 사용했다. C-밴드는 전파도달범위가 광범위하지만 출력이 약해 전파를 수신하기 위해서는 대용량의 안테나가 필요했다. 그러나 기술 발달로 C-밴드 중계기들도 고출력 송신이 가능해졌다. 또 수신안테나 역시 성능이 좋아져 직경 2m 안팎의 작은 안테나로도 수신할 수 있다. 그래서 CS나 BS라는 용어 구분이 모호해졌다. 원래 1965년 INTELSAT이 시작됐을 때 Ku-밴드 4㎓만 썼고 이때 안테나 크기는 직경이 무려 30m였다. 지금의 직접위성방송을 수신하는 안테나는 직경이 40cm보다 작은 빈대떡 크기다. 프로그램 전송을 위한 통신위성과 방송위성의 차이는 노이즈 간섭 제거기술의 발달과 안테나의 소형화로 구별이 점점 어려워지고 있다.[8]

(7) 직접위성방송의 특성

지상파 방송에 비해 다음과 같은 특징을 갖는다.

① 재중계 없이 단일 방송파로 광범위한 지역을 동일 서비스권으로 묶는다.

② 산악이나 고층빌딩에 의한 방해가 적어 난시청 해소와 도심부의 고스트 현상을 방지.

③ 고선명, CD 수준의 음질.

④ 지상파보다 넓은 주파수 대역을 갖고 있어 현행 TV방송 외에 HDTV나 PCM(Pulse Code Modulation) 음악방송, 정지화상방송, 다중방송 등 다양한 서비스가 가능하다.

---

8) P. Dambache, 『Digital Broadcasting』, Sound and TV Broadcasting media, p. 31.

⑤ 재난시에도 이동형 지구국으로 계속적인 방송이 가능하다.

5) 한국의 위성개발

(1) 발사체냐, 위성이냐

위성의 개발은 2가지로 분류할 수 있다. 위성 본체와 위성을 궤도로 쏘아 올리는 발사체다. 우선 발사체 개발은 요원하다. 아직 사거리 150km 미만의 미사일만 개발하는 우리 실정에선 장거리 대륙간 탄도탄인 ICBM의 개발까지 멀었기 때문에 위성을 우리 힘으로 쏘아 올리는 발사로켓의 개발은 생각하기 어렵다. 북한은 98년 인공위성을 자체 로켓으로 발사했다고 주장하고 있다. 일본이나 미국은 사거리 1,500km급의 중장거리 미사일로 보고 있다. 군사적인 이유로 미사일 개발이 미국에 봉쇄돼 있는 우리 나라는 발사체보다 위성개발에 주력하고 있다.

(2) 우리별

우리 나라 무궁화위성은 자체개발 위성이 아니다. 외국의 제작회사가 만든 것을 돈주고 샀다. 아직 복잡한 방송용 위성을 만들기에는 기술력이 미약하다. 우리가 개발한 위성은 소형인 실험용위성 '우리별'이다. 1992년 영국 써큐리 대학에서 위성기술을 전수 받아 외제 부품을 결합해 '우리별 1호'를 처음 외국의 로켓에 실어 발사했다. 이어 93년에도 외국 부품을 들여 '우리별 2호'를 발사했다. 한국과학기술원(KAIST)은 94년부터 80억원의 예산을 들여 5년 만인 99년 '우리별 3호'를 개발했다. 설계와 부품제작, 조립까지 전 과정을 국내 기술진이 시행했다. 순수한 의미의 국산 위성인 셈이다. 무게 110kg, 크기가 가로 60.4cm, 세로 49.5cm, 높이 85.2cm이다. 해상도는 지상 위에 있는 15m 크기 물체까지 식별할 수 있다. '우리별 1호'와 '우리별 2호'의 해상도가 각각 400m와 200m였던 점에 비춰 크게 개선된 위성이다. 지상 720km 상공에서 실험활동을 한다. 발사는 인도의 로켓 PSLV를 활용했다. 2002년에는 '우리별 4호'를 발사할 계획으로 있다. 한국과학기술원(KAIST) 인공위성연구센터(소장 성단근, KAIST 교수)의 과학실험위성 '우리별 3호'는 발사 18분 후 로켓에서 분리돼, 724~732㎞ 상공에 성공적으로 진입했다. 하루에 지구를 14바퀴 돌며 지구관측과 실험활동을 한다. 수명은 3년이다. 주요 장비는 별, 태양, 지구의 3축 자세제어센서, 위성용 컴퓨터 전력제어시스템, 축전지, 태양전지 판전계, 고속데이터 송신시스템, 국산반도체소자를 이용한 대용량 기억장치, 지상의 15m 크기 물체까지 촬영할 수 있는 고체촬영소자(CCD)카메라, 전원공급시스템, 위성용 컴퓨터 소프트웨어 등으로 모두 국내 기술의 개가이다.

미국의 북미우주방위사령부(NORAD)는 우주에서의 위성충돌 등을 막기 위해 위성의 궤도와 위치를 파악해 번호를 부여한다. '우리별 3호'의 국제 식별코드는 '99029B'로 결정됐다. 99년의 29번째 발사체인 인도의 'PSLV 로켓'에서 2번째로 분리된 위성이란 뜻이다.

※ 인도의 발사체를 선택한 이유

소형위성은 발사체 자리를 얻기 쉽지 않다. 중국 및 우크라이나와 접촉했으나 그쪽 사정이 여의치 않았다. 인도는 핵무기 기술이나 로켓위성 등 우주기술은 매우 발달해 있다. 중국, 일본, 인도 등은 미국과 유럽(프랑스 중심)으로 양분되어 있는 발사체 시장을 잠식하기 위해 치열한 경쟁을 벌이고 있다.

(3) 아리랑 1호

국내최초의 다목적 위성이다. 1999년 12월 미국 캘리포니아 반덴버그 공군 기지에서 발사됐다. 아리랑 1호는 전자지도 제작과 해양관측 등 다목적으로 활용한다. 항공우주연구소가 관리한다. 중량이 470kg, 높이 235cm, 길이 690cm, 너비 134cm다. 우리별이 순수한 우리기술인데 반해 아리랑은 외국에서 제작하면서 한국과학기술원과 전자통신연구소 등이 제작에 참여했다. 소형실험위성의 자주적인 제작, 다목적 실험위성 제작 참여 등의 경험을 살려 위성 국산화에 한발씩 다가서고 있다.

2. HDTV(High Density Television)

1) 개념

HDTV란 화면의 해상도 선명도가 뛰어난 고해상도, 고선명도 TV를 말한다. 이는 ATV(Advanced Television)의 특별한 유형이다. ATV란 기존의 TV보다 발전된 TV를 뜻한다. 선명도나 음질이 좋아진(일반명사 성격인) ATV의 특수한(고유명사) 형태가 HDTV다. 기술사적으로 살펴볼 필요가 있다. 1920년대 처음 TV실험을 할 때 주사선은 60개에 불과했다. 아주 많이 깜빡거려서 제대로 된 영상을 보기 어려웠다. 그후 1930년대 주사선이 343개까지 늘어나 화질을 개선했다. 1941년 미국에선 525개의 주사선을 표준방식으로 채택했다.

흑백에서 주사선수의 증가와 함께 획기적인 발전은 컬러TV다. 컬러TV가 나온 것은 1954년. 미국에서 NTSC을 개발했고, 주사선은 525개였다. 유럽에선 주사선 625개의 PAL, SECAM방식의 컬러TV가 자리를 잡았다. 이후의 기술 발전이 ATV다. ATV는 미국에서는 IDTV(Improved Definition Television)와 EDTV(Enhanced or Extended Definition Television), 그리고 SDTV(Standard Definition Television)와 HDTV로 나뉜다. IDTV와 EDTV는 기존의 NTSC컬러TV보다 개선된 TV이기는 하다. 그러나 아날로그 방식이기 때문에 그 의미를 잃고 있다. 따라서 주목을 받는 것은 SDTV와 HDTV. 이 가운데 HDTV다. 기존의 컬러TV보다 주사선이 배 가까이 많아 해상도가 아주 뛰어나다. 기술발전의 새로운 전기를 이룬 것이다.

TV의 경우 ① 아날로그의 흑백에서 ② 아날로그의 컬러로 ③ 아날로그 HDTV에서(일본에서의 Hi-Vision은 아날로그의 HDTV이다) ④ 디지털 HDTV로 발전하고 있다.9)

---

9) J. Dominick, B. L. Sherman, G. Copeland, 『BROADCASTING/CABLE AND BEYOMD AN INTRODUCTION TO MODERN ELECTRONIC MEDIA』, p. 452.

※ SDTV - HDTV의 대안개념.

디지털이기는 하지만 HDTV보다 해상도가 떨어진다. 그러나 화면비가 유동적이어서 NTSC나 HDTV 규격 모두에 쓸 수 있다. 디지털이기 때문에 NTSC보다 해상도가 뛰어나다. 따라서 기존 NTSC 시설을 살리면서 적은 비용으로 HDTV로 갈 수 있다. HDTV의 경우 NTSC에서 모든 시설을 교체해야하기 때문에 막대한 예산이 소요된다. SDTV로 갈 경우 그렇게 뛰어난 화질을 요구하지 않는 낮 시간대의 Soap Opera나 어린이 프로그램, 스포츠 중계, 지방 뉴스 채널 등은 SDTV로 쓴다. 그리고 저녁시간 프라임 타임대는 HDTV로 갈 수 있다.

항목	HDTV방식	NTSC방식	PAL/SECAM	HDTV의 장점
주사선수	1,125	525	625	해상도 향상
어스베스트비율 가로:세로 화면비	16 : 9	4 : 3	4 : 3	영화스크린
시청거리 모니터대각선길이	3배	6~7배	7배	기존 TV와는 달리 3배의 거리에서도 선명한 화면을 제공한다.
시청각도	30도	10도	10도	사실감과 현장감의 향상
음질	3차원사운드	모노, 스테레오		CD나 Digital Audio Tape와 흡사한 음질
필드주파수	60Hz	59.9Hz	60Hz	
음성신호	PCM:20KHz	FM:10KHz	FM:10KHz	

<표 7> HDTV와 NTSC, PAL, SECAM
(임종한, 『전기통신 개론』, p. 427.)

2) 특징

(1) 고선명도

HDTV는 35mm 영화 수준의 해상도. 기존 TV보다 2배의 해상도를 갖는다. 화면비는 16:9(1.78:1)다. NTSC는 12:9(1.85:1). NTSC보다 더 가까이서 볼 수 있다. 다시 말해 선명하다. 또 화면각이 넓어져 더 실감이 난다. 주사선수는 처음 개발한 일본과 뒤늦게 뛰어든 유럽, 또 막차를 탄 미국의 양식이 서로 다르다. 가장 늦게 시작한 미국은 주사선수가 1025개이다. 이어 일본은 1125개, 유럽은 1250개의 주사선을 갖는다.

<그림 5> 화면 크기 비교
(K. Blair Benson/Donald G. Fink, 『HDTV, Advanced Television for the 1990s』, 3.8 HDTV, Figure 4.)

(2) 다양한 기능

위에서 설명한 대로 HDTV는 대량의 화상정보를 고속으로 다룰 수 있다. 광학 내지 화학적으로 처리하던 영화나 인쇄 등의 화상시스템을 전자적인 처리를 기초해서 구성할 수 있다. 인간의 시각이나 청각에 기초한 TV여서 기존 컬러TV와 달리 박진감 넘치는 화면을 갖는다.

① 대화면 : 넓은 화면으로 확대가 가능하면서도 화질이 섬세하고 뛰어나다.

② 심리효과 증대 : 화면을 보는 각도가 현행 TV보다 커서 박진감 등 시각적인 전달효과가 크다.

③ 고음질 : 디지털 음성으로 CD를 듣는 듯한 고음질을 낸다.

④ 다용용 : TV 이외에 일반 화상시스템으로도 다양한 응용이 가능하다.

HDTV는 시뮬레이션 실험을 거쳐 인간의 시각적, 심리적 특성에 맞게 각종 규격을 찾아냈다. 기본적으로 화면 각도가 30도 이상이면 시청자가 화면 속으로 빨려 들어가는 느낌을 받는다. 또 화면의 크기가 8,000㎠ 이상이면 입체감과 박진감을 갖는다. 화면과 시청자의 거리는 화면높이의 3배 정도로 하면 주사선의 구조를 화면에서 없앨 수 있다. 또 주사선수는 1,000개를 넘어야 화질 방해를 막을 수 있다. 지금의 TV는 주사선의 화면방해 때문에 화면높이의 6~7배 거리에서 봐야 그나마 화면의 섬세도를 유지할 수 있다.

3) 개발역사

(1) 일본 Hi-Vision : 기술정치(Techno-Politics)의 희생양.

HDTV 개발은 1960년대 일본에서 시작됐다. 1964년 동경올림픽을 성공적으로 마친 일본은 NHK 중심으로 올림픽의 열기를 이어 '차세대 TV' 연구에 나섰다. 연구의 결실은 1972년 Hi-Vision이라는 아날로그 HDTV로 맺어졌다(일본의 Hi-Vision은 1989년부터 아침 7시에서 자정까지 17시간 방송하고 있다. 2007년 완전 종영한다. 디지털로 가면서 디지털 HDTV로 대체한다).

일본은 1972년 국제전기통신연합(ITU) 산하 국제무선통신자문회의(CCIR)에 HDTV 개발계획을 상정했다. 'TV화상을 잡지의 컬러사진 수준으로 끌어올리겠다'는 야심찬 계획으로 35mm 영화 이상의 화질로 성공을 거뒀다. 그러나 각국에 기술의 우수성을 인정하고도 따라주지 않았다.

기술적으로 일본에 종속되지 않으려는 유럽국가들의 거부감이 우수한 Hi-Vision의 운명에 비수를 꽂았다. 기술정치 측면의 희생양이었다. 일본의 HDTV기술이 세계표준이 돼, 세계를 지배하는 것을 못 보겠다는 유럽의 계산이 었다. 다급해진 일본이 보급을 위해 프랑스, 이탈리아 등에 투자해 영화를 촬영해 보급하려 했지만 실패했다. 미국만큼의 소프트웨어 산업이 없었기 때문이다. 외국에 의뢰해 영화 몇 편 찍는 것 갖고는 보급에 영향을 주지 못한다. 할리우드라는 막강한 소프트웨어 배후를 갖고 있는 미국이었다면 보급에 성공했을 것이란 지적은 이 때문에 나온 말이다.

(2) MUSE

일본은 섬과 산악지대가 많아 지상파 방송에 장애가 컸다. 방송용 위성을 만들어 방송한다. 1984년 세계에서 처음으로 방송위성을 실용화했다. 16:9의 화면비율의 하이비젼은 이론적으로 30㎒대역의 주파수가 필요했다. 지상파 방송은 6㎒에 불과하다. 방송위성으로 이를 해결했다. 이렇게 해서 84년에 하이비 전용으로 개발된 시스템이 'MUSE'다. 인공위성을 활용하는 HDTV다.

미국에서는 위성방송으로 전국을 커버해야 한다. 미국은 국토가 넓어 지상파 방송으로는 한계가 있다. 일본이 미국의 구미에 맞게 위성용으로 개발했다. 1985년 실험방송까지 성공한다. 그러나 역시 미국에서 발을 붙이지 못했다.

(3) 유럽 HD-MAC

일본은 앞에서도 설명했듯이 자신들이 개발한 방식으로 표준화를 원했다. 기존의 컬러TV가 NTSC, PAL, SECAM의 3방식으로 나뉘어 지역마다 통일이 안돼 불편함을 겪고 있는 현실을 개선해보자는 취지에서다.

1986년에는 미국, 캐나다와 손잡고 'MUSE Hi-Vision안(案)'의 국제화를 다시 한번 추진했다. 스위스 제네바에서 국제무선통신자문회의 CCIR에서다. 주사선 1125/60프레임 HDTV 방식이다. 그러나 표준화 지정을 위해 열렸던 회의는 HDTV 표준화 선언을 연기하고 만다. 유럽대표들이 로비를 했기 때문이다. 유럽의 전자업계나 정부는 당시 막 일본의 VCR공세에서 벗어나려던 참이었다. 따라서 HDTV마저 일본표준으로 가면 유럽은 다시 큰 혼돈과 침체에 빠진다고 여긴 것이다. 2달 뒤 유럽은 '유레카' 계획을 세워 별도의 HDTV로 나간다. 그래서 유럽은 일본과는 다른 독자적인 길을 가겠다고 선언하고 별도의 HD-MAC 시스템을 개발했다. 1992년 바르셀로나 하계올림픽과 프랑스 알베르빌 동계올림픽은 이 유럽의 표준으로 시험 전송했다. 1250 주사선에 25프레임.

(4) 미국 ATSC DTV

미국은 1987년 ACATS(Advisory Committee on Advanced Television Service)를 만든다. 그리고 88서울올림픽 개막직전인 1988년 9월 1일 미국 연방통신위원회 FCC가 "일본의 뮤즈방식은 현행 방식의 수상기와 호환성이 없어 채택할 수 없다"고 공식 선언했다. 일본에게는 청천벽력이었다. 미일(美日) 하이테크마찰이 원인이었다.

이후 미국은 위성으로 HDTV를 실현하는 일본의 MUSE 방식 대신에 지상파에서도 HDTV를 실현할 수 있는 '디지털(Digital)'로 방향을 선회한다. 이후 미국은 디지털 개발에 주력했다.10) 늦었지만 꾸준한 연구 끝에 1993년 개발에 참여하는 회사들을 하나의 연합체로 묶고 기술개발에 박차를 가한다. FCC는 SDTV대신 기존 NTSC와 완전 별개인 HDTV로 방향을 잡았다. 모든 방송의 제작, 송수신 체제를 근본부터 바꿔야하는 방식을 택한 것이다. 2007년까지 모든 NTSC 방식을 없애겠다는 계획을 세웠다. 이어, 1996년 ATSC(Advanced Television Service Committee)가 권하는 ATSCD(Advanced Television Service Committee Digital) TV를 표준으로 택했다. 가장 늦게 출발했지만 막대한 시장수요 때문에 결국 주요한 한 축으로 자리잡게 될 것이다.

애써 아날로그 HDTV를 개발한 일본은 수십 년간의 노력이 물거품된 채 완전히 주도권을 상실했다. 유럽이 일본의 주도를 방해한 탓이다. 일본과 유럽이 다투고 있는 사이 이를 방관하던 미국이 디지털로의 전환을 선언했다. 디지털이라는 새 영역에서 미국과 일본, 유럽, 그리고 우리 나라가 새로운 한판 경쟁을 벌이고 있다.

4) HDTV 방송추진

(1) 미국

미국에서 HDTV로 정규방송을 처음 송출한 것은 1999년 4월 26일이다. NBC의 인기 토크쇼 '투나잇쇼(Tonight Show)'다. 이 시험방송에서 사회자 J. 레노는 특유의 익살스런 방송으로 HDTV의 미래를 밝게 했다. 이에 앞서 4월 20일 뉴욕 양키즈 스타디움에서 야구중계를 메디슨 스퀘어 방송 MSG가

---

10) 青木貞伸,『多チャンネル時代と ロカル民放』, 月刊 民放, 1999. 2月號, p. 5.

HDTV로 중계했다. 해질녘 환상적인 노을과 푸른 잔디의 야구경기는 HDTV의 선명한 영상으로 시청자들을 들뜨게 했다. 카메라와 방송장비는 SONY사가 제공한 것이었다. 미국 CBS는 99년 가을부터 프라임 시간대 방송의 50%이상을 디지털 HDTV로 방송한다는 방침을 세우고 추진했다. 일본의 미쯔비시 일렉트로닉스 아메리카(MDEA)가 단독 협찬해 이뤄지는 것으로 알려졌다. 현재 HDTV 판매가 부진한 점에 비춰 대형 방송사가 프라임 시간대 프로를 HDTV로 방송할 경우 관련 TV 판매가 크게 늘어날 전망이다. HDTV의 가격은 TV 수상기와 튜너를 합해 수천달러에 이른다. 현재 미국의 방송국 수는 1500여 개. 이 가운데 HDTV 방영을 시작했거나, 준비중으로 방영을 신청한 방송국은 60여 군데. 아직 전체의 4%에 불과하다.

(2) 일본

1970년대 이미 아날로그 기술의 HDTV '하이비젼'을 개발했던 일본은 2007년 하이비젼 방송의 문을 닫는다. 아날로그식 HDTV인 하이비젼은 1988년 서울올림픽을 중계했다. 1989년 하루 한 시간씩 시험방송한 뒤 1990년 TV수상기를 판매했다. 현재도 방송을 하고 있다. 그리고 디지털 방식으로 새롭게 HDTV를 준비하고 있다. 일본은 NHK가 뉴스의 HDTV화를 위한 실험방송을 마쳤다. 디지털 방송 시작과 함께 HDTV 뉴스를 시작하겠다는 전략이다.

NHK는 1999년 말까지 동경에서 촬영하는 뉴스의 3분의1을 하이비젼화했다. HDTV로 가는 중간단계다. 'HDW 700'이라는 카메라가 쓰인다. 기존의 베타캄과 거의 사용이 비슷하다. 가격은 650만 엔(한화 6천500만 원), 베타의 1.3배 가격이다. HDTV로의 제작비는 기존보다 15%정도 더 들어가는 것으로 밝혀지고 있다. NHK뿐만 아니라 TBS등 민방들도 HDTV 제작을 시작했다. 특히 민방들은 2000년 BS 출범과 함께 50%정도 HDTV 작업을 진행한 것과 마찬가지다.

(3) 한국의 기술 개발

우리 나라는 기술 정치적인 측면의 고려가 컸다. 가장 큰 우리의 수출시장인 미국을 고려해 결국 표준을 미국식대로 ATSC식을 취했다. 그리고 기술개발에 나서 이미 LG와 삼성이 디지털 HDTV 개발에 성공했다. 실험방송까지 성공적으로 마쳤다. LG와 삼성이 개발한 디지털 HDTV는 1세대 주문형 반도체 칩을 사용했다. 천788억 원을 투입해 수년간 연구한끝에 1998년 11월 개발한 것이다. 국내개발 된 1세대 칩은 미국 ATSC(Advanced Television System Committee)규정을 통과했다. 산업자원부는 성능을 개량한 2세대 칩 개발에 나서기로 하고 1999년 5월 주관사업자인 전자부품연구원과 계약까지 체결했다.

이 디지털 HDTV용 2세대 칩은 각 블록별로 2~3개 칩으로 된 1세대 칩과 달리 이를 하나의 칩에 담는다. 디지털 HDTV는 앞으로 막대한 시장을 형성할 것으로 추정된다. 산업자원부는 2010년까지 10년 동안 세계적으로 5천억 달러의 시장을 형성할 것으로 전망하고 있다. 이 가운데 20%를 장악하겠다는 게 산업자원부의 목표다. 그러나 시장전망을 그렇게 단기적으로 쉽게 낙관하기는 쉽지 않다는 분석도 있다. 앞으로 HDTV 발전을 지탱할 주요 동인은 현재 서비스에 대한 시장의 성숙도이다. 1954년 처음 컬러TV를 시작했다. 1960년대가 돼서야 컬러TV 관련산업이 활기를 띠었다. 그리고 전세계의 중심으로 자리잡은 것은 30년이 지나서였다. 1989년 겨우 전세계 TV 가운데 54%가 컬러TV로 대체됐을 뿐이다.11)

3. 디지털TV

1) 디지털과 아날로그

(1) 디지털(Digital)
디지트(Digit)는 사람의 손가락이나 동물의 발가락이라는 뜻에서 유래했다.

---

11) K. Blair Benson/Donald G. Fink, 『HDTV, Advanced Television for the 1990s』, Fink 1. 2 The market for HDTV

모든 정보를 수치로 바꾸어 처리하거나 숫자로 나타낸다. 임의의 시간에서 값
이 최고값의 정수배이고, 그 이외의 중간값을 취하지 않는다.

구체적인 예로 시계를 들면 시계가 바늘로 연속 표시되면 아날로그이다. 그
러나 디지털은 시, 분, 초를 구획하여 문자로 표시한다. 구획된 사이의 중간값
은 없다. 데이터를 한자리씩 끊어서 다룬다는 뜻이다. 디지털 신호는 모든 정
보를 0과 1, 두 숫자에 대응시켜 표현한다.

(2) 아날로그(Analog)

그리스어 아날로기아(Analogia = 닮음)에서 유래했다. 정보를 연속적으로 즉
크기와 양이 변화하는 대로 표현하는 방식이다.

디지털이 모든 정보를 0과 1로 나누는데 반해 있는 물리량의 변화값을 그대로
쓴다. 물리량의 변화가 눈금의 움직임을 통해 측정값으로 나타난다. 전자기파의
진폭과 빈도를 변화시켜 눈에 보이는 있는 그대로의 모습과 부호를 전달한다. 이
처럼 아날로그는 물리량이 연속적이어서 특정 지점에서의 값이 존재한다.

(3) 디지털과 아날로그 차이

아날로그 신호	디지털 신호
연속값	0과 1로 끊음.
미세한 특정부분까지 표현하는 장점.	미세한 특정부분 표현 안됨.
그만큼 잡음이 끼어드는 단점.	잡음 없음.
신호송신에 많은 힘 필요.	작은 힘으로 송신.

<표 8> 아날로그와 디지털 차이

2) 디지털TV 기술적 특성

기호나 문자, 음성, 화상 등 모든 정보를 0과 1의 2개 숫자, 2진법으로 표현
하는 기술이 디지털 기술이다. 이 디지털 기술을 방송에 접목할 경우 아날로그

TV와 다른 우수한 TV를 구현할 수 있다. 가장 큰 차이점은 다중화 (Multiplex). 정보를 0과 1로 끊어 필요한 부분만 보내는 압축이 가능하다. 압축 신호를 받아 필요한 부분만 재생하기 때문에 1채널에 많은 프로를 보내는 다중화를 실현할 수 있다.

(1) 비디오 압축

영상 이미지는 1초에 9천200만 비트의 정보가 필요하다. 그러나 기존의 구리전화선은 1초에 만9천 비트밖에 처리하지 못한다. 비디오 압축기술이 없다면 전화선을 통한 화상전달은 불가능할 것이다. 압축기술은 그래서 필요하다. 화면에서 현재화면과 이전화면사이에 물체의 움직임이 없어 변화가 없는 화면도 있고 움직임이 있어 변화가 있는 화면도 있다. 변화가 없는 부분은 원래의 화소를 모두 보내지 말고 이전과 현재의 차이값이 '0'인 상태의 데이터만 전송한다. 그 뒤 수신 쪽에서 받아 원래대로 영상데이터를 재생한다. 움직임이 있는 경우는 움직임의 예측 알고리듬을 적용해 이동량과 이동값을 구한 뒤 현재화면의 원화소 데이터 차이값을 함께 전송한다. 그러면 수신 쪽에서 역으로 계산해 영상신호를 복원할 수 있다. 이처럼 ① 시간적인 상관성을 이용해 압축하는 외에 ② 공간적인 상관성 ③ 통계적인 상관성을 이용해 영상자료를 압축, 전송, 복원할 수 있다.

(2) 부호화
• 디지털 방송 부호화

실시간 처리가 가능하고 부호화 효율이 높은 MPEG-2를 채택해 5~10Mbps의 전송속도로 영상과 음성을 부호화하고 이들을 다중화한다.

• 소재전송과 부호화

방송사내의 스튜디오간이나 방송사간, 스튜디오에서 송신국 또는 송신국에서 수상기로 프로그램을 전용규격에 맞게 부호화한 뒤 전송한다.

- 방송제작 부호화

편집 등 제작에서도 디지털화에 따른 부호화를 적용해 응용하고 있다.[12]

3) 디지털TV 효과

(1) 고화질 고음질

화상을 분해해서 필요한 부분만 전송한 뒤 재생하거나 저장한 뒤 다시 재생하기 때문에 촬영한 영상의 화질이 기존 아날로그와는 비교할 수 없을 정도로 선명하다. 음질 역시 CD와 같은 수준이다.

(2) 다채널화

디지털 방송은 정보 압축이 가능해 아날로그보다 동일한 주파수 대역 내에서 다수의 프로그램을 동시에 방송할 수 있다. 따라서 동일한 주파수 자원을 갖고도 다채널이 가능하다. 아날로그 채널에 비해 정보를 분해해 필요한 것만 보내기 때문에 같은 주파수 대역폭을 갖고도 많은 전송이 가능하다.

이는 다채널로 이어져 기존 아날로그보다 4~5배의 채널을 더 만들 수 있다. 다시 말해 기존의 SBS 6번 채널 하나에 채널을 3~4개 더 만들 수 있다는 얘기다. 6번 채널에 하나의 방송 신호만을 보낼 수 있었는데 보내는 방송신호를 압축해 서로 다른 여러 방송내용을 송출해 결국, 채널을 늘리 수 있다. 지금 4개인(SBS, MBC, KBS 1, 2) 지상파TV 채널이 이론적으로 12~16개로 늘어날 수 있다.

(3) 쌍방향화

디지털 방송의 중요한 특징 가운데 하나는 방송사와 시청자 사이의 상호연결이 가능한 점이다. 프로그램을 시청하다가 시청자가 좀 더 자세한 정보를 원

---

12) 『디지털 방송에 따른 기술 및 산업의 파급효과』, 한국방송개발원, 1998년 12월, 40~57 p.

할 경우 방송사에 필요한 정보를 더 요구해 볼 수 있다. 퀴즈방송에서 시청자 답변이 TV를 통해 가능하다. 쇼핑방송에서 전화를 거는 게 아니라 TV를 통해 시청자의 주문이 가능해진다. 이런 대화형 TV는 케이블TV 서비스에서 발전 했다. VOD(Video on Demand), NOD(News on Demand) 등이다. 여기서 홈서 버(Home Server)기술은 핵심과제다. 홈서버는 시청자의 기호에 맞게 프로그 램을 자동녹화 해주고 보고싶은 프로를 언제라도 꺼내 볼 수 있게 해준다. 여 기에 쌍방대화형으로 시청자가 방송국에 요구할 수 있도록 하는 기능도 함께 갖춘다. 홈서버 서비스는 크게 다음의 3가지다.

- 일괄 자동수신

방송사가 멀티미디어 뉴스, 프로그램 정보 등을 임의의 시간에 일괄적으로 송신한다. 이를 홈서버가 인식하여 일괄적으로 수신해 저장한다. 시청자가 언 제든 원하는 시간에 원하는 프로를 꺼내 시청한다.

- 일정시간 간격 자동갱신

일정시간 간격으로 방송되는 뉴스, 일기예보 등을 계속 홈서버에 저장해둔다.

- 지적선택

흥미있는 장르, 테마, 출연자 등을 메뉴로 저장해두면 해당프로를 자동으로 저장한다.

(4) 멀티미디어화

컴퓨터, 방송, 네트워크를 하나로 연결할 수 있다. TV의 컴퓨터화와 컴퓨터 의 TV화가 빠르게 진행된다. 이미 단말기 하나로 TV와 인터넷을 함께 할 수 있다. TV를 보다가 바로 인터넷을 연결해 홈쇼핑을 할 수도 있다. 컴퓨터 작업 을 하면서 동시에 TV도 볼 수 있다. 컴퓨터와 TV가정의 모든 전자제품을 연 결해 집밖에서도 모든 기기를 원격통제, 이용할 수 있다. 홈시큐러티 기능도 가능하다.

	디지털TV(HDTV)	아날로그TV(Hi-Vision 제외)
주사선수	1,125	525,625
화면비	16 : 9	4 : 3
음향	돌비사운드, 고음질	돌비 불가능
부가기능	인터넷 검색, 전자우편 등 쌍방향	문자다중방송
장애	혼신, 기상, 지리상 장애	장애가 많음
다채널	다채널	다채널 안됨
다중화	한 주파수대에 다 프로	한 주파수대에 한 프로
송신출력, 소비전력	적 음	많 음

<표 9> 디지털TV와 아날로그TV 비교

4) 디지털TV 개발역사

디지털 방송은 일본이 아날로그형 HDTV를 개발한 뒤 세계보급에 열을 올리고 있는 동안 미국이 추구한 결과로 나타났다(HDTV 설명 참조). 미국 SMPTE(The Society of Motion Picture and Television Engineers)는 디지털TV 개발에서 아주 중요한 역할을 수행했다. 이 기구는 1972년 디지털 실험탐구를 시작했다. 1972년부터 1979년까지 대부분의 디지털 작업은 미국에서 사용되는 TV기술의 인코딩화에 기술개발의 초점을 맞췄다. 그러나 1979년 세계적으로 통용할 수 있는 기술개발로 방향을 바꾼다. 1981년 HDTV의 특징을 규정한 샌프란시스코회의에서 SMPTE는 웨스팅하우스사의 도움으로 디지털 기술로 꾸민 스튜디오를 시험가동 했다. HDTV기술보다 더 힘들다는 것을 깨달았다. 그러나 시간의 흐름과 사용회수에 구애받지 않고 질적 수준이 그대로 유지되는 디지털 기술에 더욱 열광하게 됐다. SMPTE는 마침내 1982년 디지털 방송기술의 기본에 관한 국제적 합의를 이끌어냈다. 1990년대 중반 다양한 종류의 디지털TV 수상기가 개발됐다.13)

---

13) Lynne Schafer Gross, 『The New Television Technologies』, p. 197.

5) 각국의 디지털TV 추진

(1) 미국의 디지털TV
- 디지털 지상파 방송 일정

1998년 10월부터 미국에서 디지털 HDTV 판매를 시작하고 11월 1일부터 방송을 시작했다. 뉴욕, 로스앤젤레스, 시카고 등 전국의 주요 10대 도시에서 26개 TV방송사가 역사적인 디지털TV 일정을 잡았다. 1999년 6월까지 29개 주요도시에서 66개 방송국이 디지털 방송을 시작했다. 전체 미국가구수의 48%가 디지털 수상기를 구입하면 수신할 수 있다는 것을 의미한다. 1999년 말까지 75개국이 새롭게 디지털 방송을 시작할 경우 60%를 커버한다. 그러나 디지털 방송을 시작했지만 일부프로그램에서 조금씩 HDTV 제작을 할뿐 아직 전체프로그램을 모두 디지털 HDTV로 볼 수 있는 것은 아니다.

① 1999. 5. 1. 개시 - 10대 TV 시장(약 210개의 TV 시장이 있는데 순위는 수상기 보유대수에 의해 결정된다. 보유대수 전체의 6.9%를 차지하는 뉴욕이 1위)에 소재한 4대 네트워크(NBC, ABC, CBS, FOX)에 가맹한 TV방송사.

② 1999. 11. 1.개시 - 상위 30위까지의 시장에 소재한 4대 네트워크에 가맹한 방송사.

③ 2002. 5. 1. 개시 - 나머지 모든 상업TV 방송사

④ 2003. 5. 1. 개시 - 나머지 모든 비상업 방송사

⑤ 2006. 12. 31 - 모든 아날로그 방송 송출 중단.

- 미국 지상파 방송국의 일정

현재 디지털 HDTV는 3파전의 양상을 보이고 있다. 미국의 3개 네트워크들이 세계 HDTV의 기술의 선봉이었던 일본의 가전사들과 손잡고 방송에 나섰다.

① CBS와 미쓰비시

1998년 10월 29일 우주왕복선 발사를 시작으로 주사선 1080의 방식으로 디지털 HDTV를 의욕적으로 실시하고 있다. CBS는 ABC의 주사선 720이 HDTV의 특성을 살리지 못한 방송방식이라며 비난하고 있다. 1999년 6월 CBS

와 미쓰비시가 계약을 맺었다. 하루 10~15시간분량의 디지털 HDTV 프로그램을 만드는데 장비지원과 비용을 전액 미쓰비시가 지원한다. 계약기간인 2년 동안 대략 500만 달러에 이를 전망이다. 주시청시간대 드라마가 우선 대상이다. 뉴스는 제외했다. 남는 주파수 대역은 데이터 통신으로 활용한다. 아날로그 프로그램도 주사선 1080으로 바꿔 방송해주고 있다.

② ABC와 파나소닉

CBS와 마찬가지로 HDTV에 적극적이다. 그러나 TV와 컴퓨터의 융합에 대비해 주사선 720를 채택하고 있다. 1998년 11월 1일 자회사 디즈니사(社)가 만든 '101마리의 달마시안'을 방송하고 주 1회씩 디즈니사의 영화를 디지털 HDTV로 방송하고 있다. 5월에는 마쓰시다 계열의 파나소닉이 ABC와 제휴를 맺었다. ABC에 대한 파나소닉의 지원은 1천만 달러에 이를 전망이다.

③ NBC와 소니

다른 두 방송사보다 늦게 1999년 4월에야 출범했다. 주사선 1080을 채택했다. 4월 26일 'Tonight Show'에서 사회자 J. 레노는 처음 HDTV로 시작하는 날 메릴깁슨의 사진을 들고 나와 디지털 HDTV로 방송되는 자신의 모습이라고 익살을 떨며 방송개시를 축하했다. 4월에 NBC는 SONY와 계약을 체결했다.

④ FOX

아직 디지털 방송에 과한 프로그램 계획을 발표하지 않고 있다. 아주 소극적이다. 디지털 방송을 시작한 계열국을 위해 아날로그 프로그램을 주사선 720로 바꿔 방송해주고 있다. 고화질보다는 다채널에 관심을 쏟고 있다.

⑤ PBS

공영 PBS는 주사선 1080를 채택했다. 전체 디지털 전환예산의 4분의1을 국가가, 나머지는 주정부에서 그리고 기업과 개인의 기부금으로 추진하고 있다.

디지털 방송에 대한 시청자들의 반응이 시원치 않아 미국 방송계가 고민에 빠져있다. CBS의 엔터테인먼트 회장인 낸시 텔럼은 "HDTV프로에 대한 시청자의 반응이 눈에 띄지 않는다" 면서 "스포츠 중계만 긍정적인 반응을 얻을 뿐 통상적인 프라임타임대 프로는 거의 기대 이하" 라고 말하고 있다.

- 미국 위성방송의 일정

미국 위성방송의 디지털화는 1994년 디렉TV가 먼저 시작했다. 그 뒤 다채널
과 양질의 화면을 앞세워 케이블TV시장을 공략하고 있다. 알래스카와 하와이
를 제외한 전국이 디지털 위성방송권역에 들어있다. 위성방송의 수위자리를 지
키고 있는 디렉TV는 1998년 10월부터 30분 짜리 1080i방식의 HDTV 프로그램
을 만들어 판촉용으로 쓰고 있다. 1999년 3월부터 HDTV 채널을 2개로 늘렸다.

- 미국 디지털 고물 우려

그러나 최근 미국의 디지털 시설이 고물로 전락할 수 있다는 우려의 소리가
나왔다. 미국 전역에 59개 방송국을 운영하고 있는 '싱클레어 브로드캐스트' 그
룹이 "현재 미국 디지털의 방송포맷인 ATSC(Advanced Television Systems
Committee)가 도심에서 잡음이 심한 결함을 안고 있다" 면서 방송포맷을 바꿀
것을 주장했다.14) 출범 9개월을 맞은 미국 디지털 방송에 찬물을 끼얹는 발언
이다. 싱클레어 그룹은 정부관리들이 참석한 가운데 유럽의 디지털 방송포맷
과 비교했는데 미국의 경우 도심에서 안테나의 위치가 정확하지 않을 경우 화
면전송이 안됐고, 차가 지나갈 경우 화면전송이 끊겼다고 밝혔다. 싱클레어 측
의 주장대로 포맷을 바꾼다면 기존에 미국에서 팔린 디지털TV는 무용지물이
된다. 비디오가 처음 나왔을 때 베타형 VCR을 산사람은 VHS형이 채택되는
바람에 가정에서 쓸 수 없게 된 것과 마찬가지 사태를 맞을 수 있다. 그러나 미
국형 포맷으로 송출장비를 개발한 세니스 일렉트로닉스사는 "이미 문제점을
개선해 아무런 문제가 없다"고 밝히고 있다.

(2) 영국의 디지털TV

영국은 유럽에서 가장 먼저 지상파 디지털TV를 도입했다. 1998년 9월 23일
BBC가 세계최초로 지상파 디지털 방송을 시작했다. 이어 10월에는 BSkyB의

---

14) 『New York Times』 1999. 7. 12.

'Sky Digital'이 출범했다. Sky Digital은 현재 60여만 명의 가입자를 확보하고 있다. 연말까지 100만 명의 가입자를 확보한다는 방침이다. 2002년까지 아날로그 방송을 모두 디지털로 바꿀 계획이다. 그리고 ONdigital사가 디지털 방송을 시작했다. Sky Digital과 ONdigital은 가입자 확보를 위해 셋톱박스의 무료제공과 가입비인하 등의 출혈경쟁을 벌이고 있다. Sky Digital이 이런 정책을 내놓은 것은 영국 최대의 케이블TV인 'Cable & Wireless Communication'이 200개의 채널로 쌍방향 서비스를 시작하겠다고 발표하자 이에 맞서기 위해서였다. BBC는 디지털 가입자에 대한 시청료를 일반 연간 101파운드보다 많은 130~135파운드를 물리기로 했다. 디지털 온라인망 확충을 위해서다.

전국적인 규모의 지상파 디지털 방송과 위성방송을 동시에 시작한 최초의 나라가 됐다. 영국의 방송 디지털화에 대해 민영방송 규제 기구인 ITC (Independent Television Commission)는 영국 방송계의 첨예한 논쟁이던 최소 전송규정을 폐지했다. 최소 전송규정은 시청자들이 기본적으로 누려야할 채널들을 채널운영자들이 공급하도록 한다는 취지였다. 그러나 기본 채널수만 늘려 쓸데없이 기본사용료만 늘리고 유료 채널의 보급을 그만큼 저지시킬 수 있다는 우려에서 폐지했다. 이는 당분간 BSkyB와 같은 거대 위성 디지털 방송사업자에 유리하게 작용할 것으로 보인다. ITC는 채널허가권으로 이를 막겠다는 계산이다.

(3) 일본의 디지털TV

- 지상파 정책 방향

지금까지 일본은 아날로그 방식으로 개발한 고화질 하이비젼(Hi-Vision)에 매달려 디지털 방송 개발이 다소 늦어진 게 사실이다. 그러나 일본 우정성은 위성방송이나 지상파 방송의 경우 위성통신을 포함하여 모두 디지털TV 수상기를 공용화하도록 하고 있다. 현재 방송중인 하이비젼을 종료하고 디지털로 간다는 구상이다. 우정성은 NHK와 민방 5개사 등 수도권 방송사업자에 우선 주파수를 할당하고 2006년까지 전국적인 방송을 실현한다는 방침이다. 전기통신기술 심의위원회는 1998년 9월 지상파 디지털TV 방식의 표준을 정했다. 승인한 방식의 특징은 다음과 같다.

① HDTV가 가능할 것.

② HDTV가 아닐 경우에는 SDTV(Standard Definition TV)가 가능할 것.

③ 이동서비스가 가능할 것(일본은 대부분의 택시와 관광버스에 TV를 달고 있다. 이동서비스가 가능하도록 한 이유다).

④ 다중경로와 페이딩에도 잘 견딜 것.

⑤ 디지털 음성방송과의 상호 공통성이 있을 것.

⑥ SFN(Single Frequency Network)이 가능할 것(1개의 주파수를 많은 중계국에서 사용할 수 있어야 한다).

· 지상파 일정

1998년 우정성이 발표한 지상파 디지털TV 계획은 다음과 같다.

① 관동지역에서 2000년부터 시행할 디지털 시험방송을 위해 빠른 시일 안에 일정을 명확히 한다.

② 아날로그 방송의 종료는 2010년을 목표로 정한다. 그러나 정확한 종료시기는 3년마다 디지털 방송 실시 지역의 TV 보급실태를 점검해 재검토한다. 재검토 조건은 디지털 수상기 보급률이 85%를 넘을 것. 아날로그 서비스 지역을 디지털이 100%커버할 수 있을 것.

당초 이렇게 계획을 세웠지만 일본은 정책을 바꿨다. 상당기간 디지털 방송의 실현이 지연될 전망이다. 2000년 시험방송의 일정을 1년 반 늦춘다고 우정성이 1999년 6월 28일 갑자기 밝혔다. 협소한 주파수 대역의 분할 조정이 끝나지 않아 그대로 시행할 경우 아날로그 이용자들이 큰 피해를 입게 되는데 보상비가 무려 1조2천억엔 수준이어서 이를 감수하며 시행하기가 곤란하다는 입장이다. 우정성이 당초 예상한 금액의 3배에 달한다. 디지털 방송의 연기로 일본의 관련기기산업이 경제적으로 타격을 입을 것으로 전망된다. 2002년이나 돼야 지상파의 디지털TV 시험방송이 가능할 전망이다.[15)]

---

15) 『日本經濟新聞』, 1999. 6. 29일자

(4) 기타 각국의 디지털 방송

99년 3월 멕시코를 시작으로 스웨덴, 스페인, 아일랜드가 99년에 디지털 방송을 시작했다. 독일, 네덜란드, 이탈리아는 2000년, 프랑스와 호주는 2001년에 시작한다. 호주는 2001년부터 시작해 2004년까지는 전국 어디서나 디지털 방송을 볼 수 있도록 의무화했다. 5개 TV방송국은 이를 지켜야한다.

국가 및 표준 구분	미 국	영 국	일 본	한 국
	ATSC	DVB-T	DVB-T	ASTC
주파수 대역(MHz)	6	8	6	6
디지털 변조 방식	8-VSB	COFDM (2000캐리어)	COFDM -BST	8-VSB
SFN 가능성 여부	없음	지역적	전국적	없음

<표 10> 각국의 디지털 방식

(단위 : 백만대)

구분	1999	2000	2001	2002	2003	2004	2005	2006	누계
미국	2.5	5	12	17.5	21	25	27	29	139.0
유럽	0.01	0.5	1 1.5	2	4	4	6	10	25.0
일본	0	0.1	0.8	1.4	3	5	6	8	24.3
국내	0	0	0.4	0.76	1.22	1.73	2.3	2.74	9.2
합계	2.51	5.6	15.7	21.66	29.22	35.73	41.3	49.74	197.5

<표 11> 세계 디지털TV 시장 전망
(조문재, 『방송과 시청자』, '한국적 디지털화가 살길'.)

한편, 유럽과 일본의 4개 전자회사들(일본의 미쯔비시, 소니, 네덜란드의 필립스, 핀란드의 노키아)은 디지털 방송의 포맷을 단일화하기로 했다. 영국의 BBC와 독일의 RTL방송도 참여할 것으로 알려졌다. 서로 다른 디지털TV 시스템이면서도 온라인서비스를 공동으로 사용할 수 있다.

6) 한국 디지털TV 추진

(1) 디지털 방송 추진 현황

방송개혁위원회는 향후 ① 2000년 디지털 시험 방송 ② 2001년 본방송 ③ 2002년 수도권 ④ 2003년 광역시 ⑤ 2004년 도청소재지 ⑥ 2005년 전국의 시·군으로 보급을 시작해 ⑦ 2010년까지 디지털 본방송을 전국으로 확대한다는 일정을 짜 놓고 있다.

정부는 1999년 7월 기존보다 일년정도 앞당겨 이 같은 일정을 확정했다. 컬러TV 방송을 1980년 시작한 배경은 수출만 하던 컬러TV를 국내시장에 판매해 전자산업의 활성화를 꾀하기 위해서였다. 디지털TV 일정을 앞당기는 이유 역시 국내 전자산업의 발전과 활성화라는 측면을 무시할 수 없다. 새로운 수요를 창출해줌으로써 세계 선도산업으로 발전할 기회를 준다고 볼 수 있다. 무조건 국민들이 좋은 화질의 TV를 보게 해준다는 순진한 생각은 과거의 경험을 볼 때 버리는 게 좋다. 어쨌든 산업발전을 위해 한다는데 반대할 수는 없고, 고가 디지털TV의 판매와 방송과정에 국민들이 치러야할 부작용을 최소화하는 대책마련이 이뤄져야하는 이유는 여기에 있다.

한국은 미국의 디지털 HDTV와 같은 방식을 채택했다. 주파수 대역을 6㎒대로 잡았다. 국가표준은 이 주파수 대역에서 쓸 수 있는 ATSC 방식이다. 디지털 변조 방식은 8-VSB를 채택했다. 비디오 방식은 MPEG-2, 오디오는 돌비 AC-3 이다. 디지털TV 수상기와 수신용 셋톱빅스의 개발노 끝났다. 각 방송국은 디지털 장비 갖추기에 적극 나서고 있는데 지상파TV 3사의 투자비가 2조5천억 원에 이를 전망이다. 라디오와 HDTV는 제외하고도 말이다. KBS가 1조3천억 원, MBC가 7천500억 원, SBS가 2천억 원이다. 정부는 예산 지원을 위해 일본에서 들여오는 '미야자와 플랜'의 자금 일부를 연리 2%의 저리로 융자해 방송사의 투자 부담을 줄이고 디지털화를 앞당긴다는 계획을 세웠던 것으로 알려지고 있다.

또 정부는 대부분의 장비를 수입해야 하는 현실을 고려해 세금 감면을 고려하고 있다. 규모가 워낙 커서 예상되는 세금 감면 액수만도 수천억 원에 이를 것으로 보인다. 그러나 한편에선 국가에서 수입하는 물건도 관세를 매기는데 방송사 구입장비에 감세 혜택을 주기는 곤란하다는 입장도 있다. 특히 이 경우 '조세감면에 관한 특별법'을 고쳐야 하는 부담을 안게 된다. 또 한가지 WTO와의 통상 마찰이다. WTO가 특정방송사에 대한 조세감면을 용인하지 않을 것이란 우려다.

(2) 기술개발 현황

• 디지털 수상기

삼성전자와 LG전자는 KBS와 공동으로 1998년 9월 2일부터 4일까지 3일간 공동으로 디지털 HDTV 시연방송을 무궁화위성을 통해 실시했다. 가전사들이 자체 개발한 디지털 HDTV 완제품을 설치하여 수행했다. 이 완제품은 미국에서 방송중인 HDTV 시판용으로 디지털 셋톱박스를 내장한 55인치와 64인치 대형 TV 2세트였다. 삼성이 개발해 1999년 하반기부터 시판하는 디지털 HDTV 의 수상기 가격은 200만~천500만 원대에 이른다. 이와 별도로 삼성전자는 1998년 7월 27일 업계 최초로 미국에서 디지털TV 수상기 필드 테스트를 마쳤다. 테스트에서 삼성전자는 미국 판매용으로 제작한 양산 모델인 55인치급 제품이 수신감도, 잡음 테스트, 아날로그TV 간섭 배제능력 등에서 우수한 평가를 받았다. 특히 디지털TV의 수신감도가 아날로그 방식인 NTSC에 비해 20배 이상이나 높았고, 도심지역 빌딩 등에서도 수신장애가 없었던 것으로 평가됐다.

• 아날로그 디지털 겸용수상기

삼성전자는 기존에 개발된 디지털TV와 다른 새로운 디지털TV를 개발했다. 디지털 방송이 시작될 때까지는 기존의 아날로그 방송을 시청할 수 있고, 나중에 디지털이 본격화되면 셋톱박스를 달아 디지털 시청이 가능하도록 한 제품이다. 셋톱박스가 내장된 일체형 디지털TV와 같은 1080 주사선으로 해상도가 같다. 그러나 가격은 보급형의 경우 일체형 디지털TV가 1만 달러인데 비해 3분의1 수준인 3천 달러가 될 전망이다.

LG전자도 1999년 8월 아날로그 방송은 물론 셋톱박스를 연결해 디지털 방송을 할 수 있는 겸용수상기를 개발했다. 순차주사방식을 채택했다. LG의 아날로그, 디지털 겸용수상기는 1999년 9월부터 판매가 시작됐다. 43인치와 60인치는 400만 원대와 700만 원대, 52인치는 500만 원대이다.

- 디지털 송수신기술

멀티미디어 시스템을 위한 위성대화형 TV 개발도 추진하고 있다. 2002년까지는 이를 상용화할 예정이다. 이를 위해 KBS는 LG정보통신과 공동으로 디지털TV 송신기를 개발하기로 합의했다.

LG정보통신은 1999년 말까지 북미 디지털 방송 표준방식(ATSC)의 디지털 TV 송신기를 KBS와 공동개발했다. 디지털TV의 송신기를 개발한 뒤에는 필드테스트를 실시하고 2001년부터 KBS의 디지털 방송에 본격적으로 사용할 예정이다. 디지털TV 송신기의 처리 속도 19.3Mbps이며, MPEG-2 비디오의 신호 압축 기법을 사용하고, AC3의 오디오 압축 방식을 사용할 수 있도록 했다. 이 시스템의 특징은 VHF와 UHF 채널을 통해 1090, 1080의 해상도를 갖는 디지털 HDTV 1개 채널과 NTSC방식의 TV 3개 채널 이상을 수용할 수 있는 것이 특징이다.

삼성전자는 MBC와 한국형 디지털TV 송수신기와 부가서비스 공동개발에 나섰다. 삼성전자는 디지털TV 수신기술과 수신기를 MBC는 디지털 방송 송출기술과 부가서비스 기술개발을 담당한다.

(3) 해외 수출

1998년 영국의 BSkyB는 일본의 도시바, 파나소닉, 샤프, 독일의 그룬디히, 한국의 LG전자와 디지털TV 공급계약을 맺었다. 그러나 LG전자만이 세계 최대의 셋톱박스 공급업체인 페이스사와 제휴, 위성방송 수신용 셋톱박스 내장 디지털TV를 생산 공급하는데 성공했다. 따라서 1999년 영국시장에 공급할 수 있는 업체는 LG전자뿐이었다. 위성디지털 방송사인 BSkyB를 보기 위해서는 LG전자 디지털TV만이 가능했다. LG는 1999년 2만대를 독점적으로 판매한 것으로 추정된다. 영국은 앞으로 10년 내에 아날로그를 중단하게 돼 6천800만 대의 위성디지털TV 수요가 발생할 것으로 보인다. LG는 영국에 이어 미국에도 1999년 7월부터 64인치 디지털TV 수출을 시작했다. 가격은 7천999 달러(한화 1천 만원). 이와 함께 디지털 수신용 칩의 미국 수출계약을 맺었다. 일반 TV나 PC로 표준화질(스탠다드급) 디지털TV를 시청할 수 있다. 미국의 18개 디지털 방송포맷을 모두 해독할 수 있다.

삼성전자는 가정용 디지털TV 셋톱박스를 1999년 7월부터 미국시장에 수출했다. 신호를 암호화해서 보내는데 이를 가정에서 받아 해독해 가정에서 수신할 수 있도록 해주는 장치다. 1대에 2천 달러 수준으로 올 공급목표는 1만 여대. 지난해 컬러TV시장은 1억천800만 대에 590억 달러. 세계 디지털 시장의 가전관련 제품시장은 2010년까지 1540억 달러에 이를 것으로 전망된다.

우리 나라는 현재 TV수상기의 시장의 20%를 장악하고 있다. 선진업체들이 흑백생산을 중단하고 디지털, HDTV등 신기술 개발에 주력하는 동안 2류이면서도 기존시장을 장악할 수 있었다. 디지털 시장에서 5%만 장악해도 2010년 수조 원의 수출효과를 유발한다. 문제는 수상기의 높은 가격. 현재 1천만 원대에 이르는 가격이 보급형으로 바뀔 경우 흑백이 컬러TV로 바뀌었듯이 컬러TV가 디지털TV로 바뀌는 시기가 올 것으로 보인다. 미국, 영국, 독일 등은 이미 1930년대 TV수상기를 제작했다. 1950년대에는 컬러TV 생산을 시작했다. 우리 나라가 흑백 TV를 조립생산이라도 시작한 것은 1966년. 선진국에 비해 흑백은 30년 뒤졌다. 컬러TV는 1970년대 중반 주력 수출상품으로 자리를 잡았다. 선진국에 비해 20년 뒤졌다. 지금까지 TV 역사에서 우리 나라는 항상 늦었고, 그러다 보니 시장에서 2류에 머물렀다. 디지털TV에서 우리 나라는 방송에서 영국이나 미국에 3년 정도 뒤진다. TV수상기는 출발에선 늦었지만 개발, 생산에선 선진국과 같은 지점에 서있다.

(4) 방송사 실험방송
· 방송사 준비
한국은 지난 98년 9월 무궁화위성을 통해 3일간 디지털 HDTV 시연방송을 성공리에 마쳤다. 한국방송공사(KBS)가 무궁화위성을 활용해 실시했다. KBS는 이어 1999년 5월 18일 2차 디지털 HDTV 2차 실험방송을 실시했다. 이날 행사는 정·재계 주요 인사 등이 모여 성황을 이루며 디지털TV에 대한 관심을 반영했다. KBS는 앞으로 10년 동안 모두 1조 원을 투입해 모든 제작, 송신장비를 디지털화해 전국의 디지털 방송 시청을 가능하게 할 계획이다. KBS 측은 1999년 6월부터는 일부 프로그램의 정규 디지털 방송 실험에 나섰다.

MBC는 준비과정이 KBS보다 크게 늦어졌다. KBS보다 늦은 1999년 6월 10~12일까지 3일 동안 관악산 송신소에서 송신하는 디지털 전파를 삼성동의 코엑스 전시관에서 고선명 HDTV로 수신하는 실험을 계속했다. MBC는 이에 앞서 정보통신부 산하 전자통신 연구소와 공동으로 관악산 송신소에 디지털 관련 장비 일체를 설치했다. MBC는 2000년 2월 국내 방송사로는 처음으로 디지털 HDTV용 프로그램을 방송했다. 제작부터 HDTV용이었던 것이다. 기존 아날로그보다 6배 이상 많은 200만 개의 화소를 가진 SDTV급 프로그램이었다. 영화로 치면 16mm급 수준이다. 진정한 HDTV는 35mm영화 수준의 화질이다.

SBS는 1999년 하반기부터 본격 준비에 나섰다. 두 공영방송에 비해 출발이 다소 늦은 셈이다. 일단 5개년 계획으로 1999년 하반기부터 2003년까지 디지털 계획을 마무리 짓는다는 계획이다. 1999년 9월 디지털 실험방송국을 세웠다. 2000년 1월부터 KBS, MBC와 공동으로 디지털 전파 합동수신실험에 착수하고 2000년 9월부터 시험방송을 시작한다. 예산은 최저 526억 원에서 최대 973억 원까지 소요될 것으로 추정했다. 1999년 하반기 44억 원을 쓰고 2000년 209억 원, 2001년 273억 원, 2002년 206억 원, 2003년 241억 원이다(973억 원 기준).

• 정부 지원

정보통신부는 실험방송에 필요한 122억 원의 예산가운데 54억 원을 확보해 KBS, MBC, SBS, EBS 4개 방송사에 50억 원, 한국전자통신 연구원에 4억 원을 지원했다. 지원금 중 장비구매 금액은 지상파 3사가 25%씩 갖고 EBS가 8%, 나머지 18%는 공동 사용한다. 실험방송은 방송사만이 실시하고 시청자는 볼 수 없다.

(5) 시험방송

실험방송을 마친 각방송사는 2000년 하반기부터 시험방송에 들어간다. 시험방송에 발맞춰 각종 장비구입과 시설을 확충하고 있다. 인력교육도 병행하고 있다. 수도권지역 본방송을 시작하는 시기는 2001년이다. 1년 전부터는 지속적인 시험방송을 하며 부족한 점을 보완해 나가겠다는 전략이다.

4. 저출력TV

1) 개념

저출력TV(LPTV, Low Power TV). 지상파TV와 같은 원리지만 전파의 출력을 낮게 해 송출하는 방송을 말한다. 저출력TV는 일반 지상파TV의 1000분의1 출력크기로도 방송할 수 있다. 미국은 VHF의 경우 10와트, UHF의 경우 1,000와트 정도의 소규모로 송출한다. 따라서 시청권이 좁아 채널할당문제가 크게 부각되지 않는다. 지역별로 일반 지상파TV가 사용하지 않는 채널을 이용하면 되기 때문이다. 일반 지상파에 비해 소규모로 운영돼 비용도 저렴하다. 이런 규모의 방송은 15~25마일 이상을 전파가 넘지 못한다. 기존 지상파 채널을 방해하지도 않는다.16) 우리 식의 거리, 지역개념으로 따지면 군(郡)경계 정도다. LPTV는 비용을 크게 걱정하지 않아도 된다. 기부금이나 광고 그 밖의 수익성 있는 사업으로 충당할 수 있다. VHF로 할 경우 약 5만 달러, UHF로 할 경우 8만 달러면 방송을 할 수 있다. 일반 지상파 2백만 달러에 비해 아주 적은 금액이다. 물론 지상파TV의 이 금액은 스튜디오 값을 고려하지 않은 금액으로 실제는 훨씬 늘어난다. LPTV는 스튜디오 없이도 운영할 수 있다. 모두 사전 녹화로 하면 되기 때문이다. 스튜디오나 트랜스미터 같은 장비를 구입하

---

16) J. Dominick, B. L. Sherman, G. Copeland, 『BROADCASTING/CABLE AND BEYOMD AN INTRODUCTION TO MODERN ELECTRONIC MEDIA』, p. 39~40.

려면 적어도 50만달러 이상을 줘야 한다. 운영비는 어떤 프로그램을 내보내느냐에 따라 천차만별일 수 있다. 한 달 운영비는 초기투자비의 2분의1 정도 드는 것으로 알려져 있다.

2) 역사와 전망

케이블TV와 유사한 역사적 출발점을 갖는다. 케이블TV는 기존 지상파 방송의 난시청을 해소하기 위해 특정지역에서 공시청 안테나로 전파를 잡아 유선으로 증폭, 재전송해 지상파TV를 볼 수 있도록 한 것이다. 저출력TV는 유선을 거치지 않고 특정지역에서 지상파TV 프로를 저출력으로 다시 한 번 송출해준다. 중앙방송국으로부터 멀리 떨어져 전파가 도달하기 어려운 지역을 대상으로 그 지역에서 소규모 방송국을 만들어 다시 재전송하는 것으로 시작했다. 유선을 사용하는 케이블과 달리 공중파로 다시 한 번 재전송해 일반 지상파의 난시청문제를 해결하려는 의도다. 발전과정도 케이블TV와 유사하다. 케이블TV가 유선을 통한 단순 재전송에서 자체 프로 제작으로 나섰듯이 저출력TV도 단순 지상파 재전송에서 자체 프로를 제작하면서 독립된 미디어로서의 영역을 개척했다.

미국은 1980년 연방통신위원회가 저출력TV 독자 프로그램 기준을 마련한 뒤 1981년 4월 방송국 운영 접수를 받아 사업자를 선정하고 1981년 12월 미네소티주 배미지에서 서비스를 시작했다. 첫 서비스를 시작한 사람은 73세의 퇴역 방송인으로 지역뉴스와 스포츠 유료영화 등을 내보냈다. 이후 꾸준한 성장세를 지속해 1985년 300개였던 방송국이 1995년 1,590개로 늘어났다. 미국은 당초 저출력TV가 특정지역의 소수 시청자를 상대하는 만큼 소수계층이 저출력TV를 운영할 수 있도록 정책적인 배려를 했다. 소수민족이나 여성 등이 지역에서 공익적으로 활용할 수 있도록 하기 위해서다.

FCC는 면허 부여과정에서 특혜를 주었으나 운영상의 미숙으로 결국 기업에 되파는 형태가 나타났다. 지금 소수계층의 운영현황은 크게 낮아졌다. 당초

FCC는 1990년대 중반 LPTV가 4,000개까지 늘어날 것으로 기대했으나 이에 미치지 못하는 점도 이런 이유들 때문이다. 알래스카 같은 오지에 많다. 저출력TV가 확산되면서 지방색이 강한 프로그램을 상당수 개발했다. 또 Channel America, International Television Network 등의 저출력TV 네트워크도 출현해 일반 지상파TV 프로나 자체 제작 프로를 방영하고 있다.17) 저출력TV는 필연적으로 케이블TV와 경쟁관계다. 특정 지역에서 지역광고로 케이블과 경쟁하며 수익성을 맞춰나가기란 쉬운 일이 아니다. 디지털 직접위성의 여파도 생존을 위협한다. 값싼 소형 수신장치 개발로 각 가정에서 마음껏 화질이 우수한 디지털 위성방송 프로를 볼 수 있어 저출력TV의 설 땅이 점차 좁아지고 있다.

5. MMDS

1) 개념

MMDS(Multi-channel Multi-point Distribution System)는 글자그대로 말하자면 '다채널 다지점 전송시스템'이다. 제한된 특정지역을 상대로 한다는 점에서 출발의 개념은 케이블TV나 저출력TV와 궤를 같이 한다. 케이블과 저출력 양쪽의 유사한 특성을 갖고 있다. 저출력TV처럼 지상파 방송을 활용한다. 그러나 케이블TV처럼 복수의 채널을 갖는다. 파장이 1mm이하인 극초단파를 사용한다는 점에서 '다채널 마이크로 웨이브 방송'이라고도 한다. 또 다채널인 점을 고려해 '무선 케이블'이라고도 부른다.

MMDS는 전송시스템, 안테나, 다운 컨버터, 케이블로 나뉜다.

① 전송시스템

방송사에서 2~2.7GHz대의 주파수 대역을 이용해 전송한다. 주파수 분할 다중

---

17) Lynne Schafer Gross, 『The New Television Technologies』, p. 105~111.

송신(FDM)을 통해 다수채널로 전송한다. 45~870㎒를 사용하는 기존 방송보다 고주파수다.

② 안테나

따라서 2~2.7㎓대의 전파를 받을 수 있는 특별한 안테나를 설치한다.

③ 다운 컨버터

안테나에 도착한 신호는 다운 컨버터(Down converter)로 보낸다. 이 다운 컨버터가 고주파 신호를 일반 TV수상기 화면에 재현할 수 있는 낮은 주파수 대역으로 바꿔준다.

④ 케이블

다운컨버터와 TV수상기는 유선으로 연결돼 있어 가입자들은 TV수상기를 통해 시청할 수 있다.[18]

MMDS는 일반 지상파인 UHF나 VHF에 비해 가시청범위가 크게 좁아 저출력TV와 마찬가지로 15~25마일이 고작이다. MMDS는 MDS(Multi-point Distribution Service)에서 비롯됐다. 한 개의 채널 서비스를 다지점으로 제공하는데서 출발했다. 1963년 FCC가 마이크로 웨이브 스펙트럼 일부를(2.150~2.162㎓) MDS업자에게 할당했다. 비용도 저렴했다. 개발 초기에는 수익성이 의심돼 발전하지 못했다. 많은 채널을 확보하고 있는 케이블에 비해 경쟁력이 없었기 때문이다. MDS업자들은 인접채널을 요구했다. 2.500~2.680㎓대역이다. 그러나 이 대역은 ITFS와 OFS의 몫이었다. ITFS는 비상업용 교육채널이고 OFS는 정부기관용이었다.

1983년 FCC는 11개 ITFS와 OFS를 MDS에 할당했다. 또 할당되지 않은 나머지도 MDS 업자들에게 쉽게 임대할 수 있도록 했다. 다지점 전송에서 채널이 확대돼 다채널이 된 이때부터 MMDS라 불렀다. MMDS업자들은 채널을 33개로 대폭 확대했다. 이렇게 해서 MMDS는 케이블TV와 경쟁할 수 있게 했다.

1992년부터는 Cable Television Consumer Protection & Competition Act의 통과로 그 동안 케이블 이외에는 공급받을 수 없던 각종 프로그램을 MMDS도

---

18) Lynne Schafer Gross, 『The New Television Technologies』, p. 113.

똑같이 공급받았다. 거기다 디지털 압축기술의 발달로 더 많은 채널을 확보할 수 있었다. 예를 들어 6㎒ TV 채널 하나에 4개까지의 채널이 가능해졌다. 따라서 33개 채널은 순식간에 무려 132개로 늘어났다. MMDS에 참여하려는 업체들이 줄을 이었다. Bell Atlantic을 비롯해 RBOCs(Regional Bell Operating Companies), NYNEX, Bell South등이다.

2) 발전

그러나 1996년 통신법의 대대적인 손질을 계기로 열기가 식는다. RBOCs들이 MMDS 참여에서 철수로 방향을 바꿨다. Bell Atlantic은 MMDS 업자인 CAI wireless와 관계를 청산했다. SBC Communications와 캘리포니아 사업을 포기했다. 이처럼 RBOCs들이 발을 빼는 첫째 이유는 TeleTV의 해체에 있다. TeleTV는 전화회사들이 MMDS장비 구매와 설치를 위해 만든 회사였다.

TeleTV의 실패가 MMDS에 어두운 그림자를 드리운 것이다. CAI Wireless 등 MMDS업체들은 뒤늦게 자신들이 적자의 늪에 빠져든 것을 알았다. 채권과 주식투자자들도 손을 뗐다. 더 이상 당초 생각했던 장밋빛 미래가 아니란 걸 알았다. 1997년 5월 Pacific Bell은 L. A.에 150개 채널의 MMDS를 시작했지만 완전히 실패했다. 거의 유일하게 Bell South만이 조지아주 일대에서 운영하고 있다.

1997년 MMDS업자들은 FCC에 청원했다. MMDS를 쌍방향 정보통신에 쓸 수 있게 해달라는 것이었다. 지금까지 일방향(One way)비디오나 오디오 송신에 관심을 두던 업자들이 한계를 느끼고 쌍방향 데이터 서비스로 방향을 전환한 것이다. 아직 고속 데이터 서비스가 무선 케이블 업계에서 본격화하기 전 워싱턴, 라스베가스, 플로리다 등에서는 인터넷 서비스를 시작했다. 월스트리트와 산업계의 투자자들은 MMDS의 고속음성데이터 전송서비스가 장차 큰 장점을 지닌 매체가 될 것임을 직감하고 있는 것으로 보인다. 좋은 징조도 나타나고 있다. Spike Technologies사는 벌써 MMDS 시스템을 데이터 서비스

시스템으로 바꾸는 장치를 개발해내는 등 발전을 위한 서곡이 오르고 있다.

저개발 국가의 경우 전망이 밝다. 세계적으로 90개 나라에서 550만명이 MMDS에 가입해 있다. 저개발국가들의 경우 아직 케이블TV가 발전돼 있지 않다. 새롭게 케이블TV를 시작하려면 망을 설치해야 한다. 그러나 망을 설치하는데는 많은 돈이 들어간다. 무선을 이용해 같은 효과를 거둘 수 있는 MMDS가 훨씬 비용도 저렴하고 편리하다. 따라서 저개발 상태에 있고, 아직 케이블이 발달하지 않은 나라들에서는 채택을 늘려가고 있다.

선진국에서는 캐나다의 Manitoba같이 케이블망이 들어가기에는 경제적으로 부담이 큰 시골지역인 경우에서 전망이 있다.

6. LMDS(Local Multipoint Distribution Service)

미국의 MMDS 업계가 시행착오를 겪고 있는 동안 무선분배 업계에서 새로운 현상이 나타났다. LMDS의 등장이다. 28㎓대에서 1.3㎓의 대역이 할당됐다. MMDS가 2.5㎓대에서 0.2㎓대역의 주파수를 쓰는 것에 비해 크게 사용폭이 확대된 것이다. LMDS에 할당된 양은 VHF TV보다 17배나 많은 채널을 확보할 수 있다. LMDS사업자는 가입자들에게 정교한 쌍방향 디지털 비디오, 전화, 데이터 서비스를 할 수 있다. 따라서 LMDS는 MMDS보다 훨씬 경쟁력이 있다. 그렇지민 28㎓내 선파를 쓰려면 재전송할 때 할당된 특정지역에서 쓸 수 있는 신호를 보내는 기술이 필요하다. 따라서 셀룰러폰처럼 3마일 반경 안에서 가입자를 여러 집단으로 묶어 하나의 셀을 만들어 준다. 그러면 가입자들은 6인치 안테나로 신호를 받을 수 있다. LMDS의 전송속도는 1Gb/s로 케이블 모뎀의 10Mb/s 전화모뎀의 56Kb/s에 비해 월등히 우수한 성능을 자랑한다. 따라서 앞으로 LMDS는 케이블TV나 전화에 비해 강력한 경쟁력을 갖추게 될 것으로 보인다. FCC는 미국전역에 걸쳐 LMDS 주파수 1,000개를 경매했다.

2. 유선계 미디어

1. 케이블TV

1) 개념과 특성

(1) 개념

케이블TV(Cable Television)는 방송 프로그램을 지상파TV처럼 무선으로 보내지 않고, 유선(동축케이블이나 광케이블)으로 보내 수신하는 방식을 말한다. 처음에는 지상파TV의 전파가 잘 잡히지 않는 지역의 난시청 해소를 위해 도입했다. 수신이 잘 안 되는 특정지역에 대형 안테나(Master Antenna, Community Antenna)를 세워 공중파 TV전파를 잡은 뒤 이를 유선으로 연결해 각 가정이나 필요한 지점으로 분배 공급하기 위해 시작했다. 그러다가 차츰 기존 TV의 증폭, 재전송에 그치지 않고 공중파 TV와는 별개의 TV 프로그램을 자체 제작해 방송하기 시작했다. 스포츠, 영화, 행사, 지역정보, 뉴스 등을 전문으로 하는 채널이 생겨나면서 공중파 TV와는 다른 전혀 새로운 별개의 방송으로 발전했다.

우리 나라에서는 중계유선이라는 이름으로 난시청 해소를 위해 지역마다 공시청 안테나를 달고 공중파 전파를 받아 가정으로 재전송해주고 있다.

(2) 특징

케이블TV는 크게 4가지 특징을 갖는다.

① 다채널 - 유선이기 때문에 극히 한정된 자원인 전파를 사용하는 지상파 방송보다 많은 채널을 확보할 수 있다.

② 다량의 정보 취급 - 동축케이블이라도 300㎒ 이상의 대역을 갖고 있어 1

개의 케이블로도 많은 프로그램을 송수신 할 수 있다.

③ 선명한 화질 - 유선이므로 건물 등에 의한 전파장애가 없어 화질이 뛰어나다.

④ 쌍방향 - 유선이므로 쌍방향 시스템이 용이하다. 송신자만이 아니라 수신자가 자신의 의사를 전달할 수 있는 여지가 있다

(3) 케이블TV 구성

케이블TV는 크게 3가지 업체가 모여 시스템을 이룬다.

- PP(Program Provider, 프로그램 공급업자)

프로그램을 만드는 채널 소유권자다. 누구든지 프로그램 공급업자가 될 수 있다. 지상파 방송이나 위성방송, 전문 케이블TV방송사…. 방송프로그램을 만드는 공급자는 누구든지 PP다. 우리 나라는 전문 케이블TV 업체로 30개 PP가 허가를 얻어 1995년 출범했다. 영화, 뉴스, 경제뉴스, 영어뉴스, 스포츠, 바둑, 만화 등 실제 분야별로 TV 프로그램을 만드는 TV방송국이다. 2000년 15개를 신규로 허가했다.

- SO(System Operator, 시스템 운영자)

PP가 프로그램을 만들면 이를 받아서 유선으로 각 가정에 공급해주는 회사가 별도로 필요하다. 이를 지역 종합 유선 방송국이라 한다. 이 회사는 각 도시나 지역별로 영업구역을 허가 받는다. PP의 프로를 받아 유선을 통해 공급해주고, 일부 자신의 제작프로(지역뉴스, 지역정보)도 함께 전송한다. 여기에 광고를 유치해 소득을 얻는다.

미국에서는 이를 지역국(Head end)과 허브국(Hub)으로 나눈다.

① 지역국(Head end)

케이블 시스템에서 가장 기본이 되는 단위다. 모든 방송 서비스 정보를 위성이나 기타 방법으로 송수신할 수 있는 시설을 갖춘다. 우선 위성으로부터 전파를 수신하는 안테나를 갖춘다. 또 AM, FM, VHF, UHF 등의 방송전파를 송수

신하는 안테나도 필요하다. 또 마이크로웨이브를 수신할 접시안테나도 있어야 한다.

② 허브국(Hub)

지역이 광범위할 경우 지역국(Head end)에서 일일이 유선으로 가입자를 연결하기가 힘들다. 이럴 때 중간거점에 작은 단위의 지역국 즉, 허브국을 세운다. Head end에서 Hub로 마이크로 웨이브를 통해 방송신호를 송신하고 Hub에서 가입자들에게 유선으로 연결한다.

• NO(Network Operator, 전송망 사업자)

프로그램 전송회선을 설치 운용하는 사업자다. 우리 나라는 한국통신, 한국전력, 데이콤 3사만이 전송망을 설치, 운용할 수 있다. 실질적으로 한국통신과 한국전력이 각각 21개 SO, 56개 SO와 계약을 맺고 전송망 사업을 해왔다. 그러나 한국통신은 정부의 공기업구조 조정에 따라 케이블TV 전송망을 21개 SO에 판매하기로 했다. 망이 SO로 넘어가면 인터넷이나 부가서비스사업에서 SO들이 활발하게 사업을 펼칠 수 있게 된다.

① 케이블(Cable)

케이블이 있어야 한다. Head end에서건 Hub에서건 가입자와 연결되는 수단은 유선망 케이블이다. 처음엔 동축케이블을 썼지만 요즘 광케이블로 망이 업그레이드되고 있다.

② 컨버터(Converter)

케이블을 통해 가입자까지 전달된 방송신호를 수신이 가능한 형태로 바꿔주는 장치가 컨버터다. 다양한 신호를 TV수상기 화면으로 복원해주는 기능을 담당한다.

가입자들은 접수하는 방송내용 전부를 돈을 내고 신청할 수도 있지만 보고 싶지 않은 프로그램도 있다. 컨버터의 기능은 바로 여기에 있다. 요금을 낸 만큼의 프로만 수상기로 재현해 주는 기능이다.[19]

---

19) Lynne Schafer Gross, 『The New Television Technologies』, p. 56~59.

2) 미국 케이블TV 발달과 동향

(1) 역사

미국의 경우 오리건주에서 1948년 시작했다. 1950년에는 펜실베이니아에서 최초로 동축케이블을 활용한 케이블 방송을 선보였다. 당시는 공동수신 안테나(Community Antenna)차원이었다.

미국의 케이블TV 사업이 본격화한 시점은 1951년으로 본다. 해당지역의 지상파TV를 공동안테나로 보던 수준에서 벗어나, 원거리에 있는 다른 지역의 TV 프로그램을 받아 재전송하면서부터다. 이때부터 영리성 있는 사업으로 인식됐고, 1960년대부터는 대기업도 참여하기 시작했다. 그러나 케이블TV가 전성기를 맞기 위해서는 1970년대 중반까지 기다려야했다. 방송기술의 발전, 제도개혁이란 조건의 성숙이 필요했다. 방송기술은 다름 아닌 위성의 케이블 방송 활용이었다. 1975년 당시 별로 알려지지 않았던 유료 케이블TV사인 HBO(Home Box Office)가 통신위성 Satcom 1호기의 중계기를 임대했다. 위성을 활용해 광범위한 지역으로 낮은 가격에 서비스를 할 수 있었고, 이후 케이블TV는 발전의 새로운 전기를 맞았다. 전국을 가시청권으로 삼는 슈퍼 스테이션의 등장이었다. 이후 음악채널 Showtime과 영화채널, 종교채널이 나섰다. ESPN(스포츠), CNN(뉴스), MTV(뮤직비디오) 등도 위성을 활용해 케이블TV의 저변을 확대했다.

규제철폐도 케이블TV의 발전을 촉진했다. FCC는 방송과 케이블의 경쟁을 허용했고, 점차 각 분야 산업간의 자유로운 참여와 경쟁으로 발전을 도모한다는 전략을 세웠다. 1996년에는 1934년 통신법 제정 이후 가장 큰 제도개혁을 단행해 방송과 통신의 장벽을 없애고 완전 자유경쟁을 추진했다. 다양한 자본의 참여가 활성화의 계기를 마련한 것이다. 1990년대부터는 전화업자 등과 경쟁을 벌이며 매체융합현상에 힘입어 새로운 케이블 시대를 맞고 있다.[20)

---

20) J. Dominick, B. L. Sherman, G. Copeland, 『BROADCASTING/CABLE AND BEYOMD AN INTRODUCTION TO MODERN ELECTRONIC MEDIA』, p. 257~258

(2) 현황

1960년대 700개에 불과했던 SO가 1971년 2천750개, 70년대 말에는 5천639개로 늘었고, 최근 1만2천 개 시스템으로 늘었다. 가입자수는 1971년 600만에서 현재 6천600만으로 10배 이상 늘었다. 미국 TV 보유가정의 97%가 케이블TV를 원한다면 볼 수 있다. 1억6천500만의 인구가 케이블TV에 접할 수 있다. 가입자들은 평균 40개 이상의 케이블 채널을 보고 한 달에 27달러를 수신료로 낸다. 또 가입자의 45% 이상은 54개 이상의 채널을 본다. 이제 케이블TV 시스템들은 광고주가 아니라 가입자가 주수입원이다. 지역채널에서 광고료는 30초에 2달러에서 200달러까지 한다. 시스템의 전체 수입에서 광고료는 5%에 불과하다. 시스템의 3분의2는 주요 MSO가 장악하고 있다.

*AT&T의 TCI(Tele-Communications Inc.)합병으로 탄생된 사업자

순위	사 업 자	가입자	기준시점
1	AT&T Broadband & Internet Services*	11,321,400	3/99
2	Time Warner Cable	6,546,900	2/99
3	MediaOne	5,134,548	2/99
4	Time Warner Entertainment-Advance/Newhouse	4,500,000	10/98
5	Comcast	3,894,572	10/98
6	Cox Communications	3,697,749	10/98
7	Cablevision Systems	3,347,975	1/99
8	Adelphia Communications	2,207,429	1/99
9	Jones Intercable	1,493,087	10/98
10	Century Communications	1,462,850	10/98

<표 12> 미국 상위 10개 CATV 사업자
(『CABLE TELEVISION』, 1999, 3, 22일자.)

단일로 가장 큰 단일 시스템은 타임워너 케이블의 뉴욕시스템으로 100만 명의 가입자를 보유하고 있다. 케이블 운영수입은 천천히 그러나 꾸준히 증가하

고 있다. 1991년 250억 달러였던 수입은 1995년 356억 달러로 늘었다. 비용도 만만치 않게 늘고 있다. 1991년 200억 달러에서 1995년 270억 달러로 크게 늘었다. 주로 네트워크를 업그레이드하기 위해서다.

(3) 망의 발전

초기에는 동축케이블을 썼다. 1.2㎝ 두께의 구리전선이 영상신호를 전달했다. 그러나 기술이 발달하면서 동축케이블은 HFC(Hybrid Fiber Coax)로 전환되고 있다. 동축케이블과 광케이블을 결합한 형태다. 이는 동축케이블에 비해 많은 이점을 안겨준다. 주파수 대역폭이 넓어 광대역의 신호전송을 할 수 있다. 또 동축케이블과 달리 증폭할 필요 없이 더 먼 곳까지 신호를 전송할 수 있다. 1997년까지 HFC는 미국에서 400백만 가구에 보급돼 있다.

기존의 동축케이블은 잡음이 생기고, 대역폭이 적어 부가통신이 어렵다. 이에 반해 광동축케이블은 노이즈가 없고, 쌍방향전송과 부가통신 서비스가 가능하며, 한 채널의 대역폭이 6㎒를 넘어 10Mbps의 고속전송이 가능하다. 또한 전화, 고속 인터넷, CATV, VOD 등 멀티미디어 서비스가 가능하다.

(4) 인터넷 관련

최근 케이블TV의 발전 방향은 케이블 모뎀을 활용한 고속 인터넷 접속에 있다.

• 고속접속

HFC망이 깔린 곳에서 케이블 모뎀을 통한 인터넷 접속은 무척 빠르다. HFC는 기존 전화선보다 1,000배, ISDN보다 100배나 빠르다. 미국 케이블 텔레비전 협회(NCTA)에 따르면 5메가바이트의 파일을 전송 받는데 28.8K 모뎀을 써 전화선을 이용하면 23분이 걸린다. 128Kb/s ISDN을 이용하면 5분 걸리고 HFC 케이블 모뎀은 고작 26초만에 해치운다.

빌 게이츠와 MS가 케이블TV 컴캐스트사에 10억 달러를 투자한 것은 바로 인터넷 고속접속을 노린 것이다. 인터넷 서비스가 멀티미디어화하고, 기존의 PSTN(33.6kbps, 56kbps), ISDN(128kbps)으로는 속도에 한계를 느끼면서 케이블 모뎀을 활용한 인터넷이 각광받고 있다.

- 편리한 접속

전화선을 이용할 경우 컴퓨터를 켜서 인터넷에 연결되기까지 복잡한 과정을 거친다. 그러나 케이블 모뎀을 쓰면 이용자가 TV처럼 컴퓨터를 켜는 순간 인터넷을 사용할 수 있다.

- 전화선과 무관

전화선이 아닌 케이블 망을 쓰기 때문에 인터넷을 연결하는 동안 전화통화에 아무런 장애를 일으키지 않는다. 그러다 보니 월정액의 케이블TV 사용료만 내면 돼 전화요금이 추가되지 않는다.

3) 한국 케이블TV 발달

1960년대 공중파의 난시청을 해소하기 위한 중계유선이 시작된 이후 한국의 케이블 방송은 1980년대까지 중계유선이 전부였다. 이후 1990년대 들어 방송 기술발전과 수용자들의 다양한 방송문화 욕구충족 차원에서 본격 케이블 방송 도입논의가 진행됐다. 1991년 신시가지 목동에서 한국통신이 8천 500가구를 대상으로 13개 채널의 시범서비스를 시작했다. 1992년 종합유선법 시행령과 시행규칙이 마련되고, 93년과 94년 프로그램 공급자(PP)와 1차 시스템 오퍼레이터(SO)를 선정했다. 1995년 3월 1일부터 전국 주요도시를 상대로 본격 서비스를 시작했다. 망사업자는 한국전력과 한국통신. 6:4의 비율로 갖고 있다. 한전의 망은 HFC(Hybrid Fiber Coax). 방송국에서 지역의 셀까지 HFC로 돼있다. 한국통신은 동축케이블을 썼다.

그러나 기술 수준이 낮은데다 양질의 프로그램시장이 형성되지 않아 가입자가 늘지 않으면서 케이블은 활성화되지 않고 출발 뒤 바로 침체를 맞았다. '황금알을 낳는 거위'로 표현되던 케이블 사업은 '밑 빠진 독에 물 붓기식'으로 막대한 적자만 안긴 채 일부 PP들은 문을 닫기까지 했다. 1개 PP의 1년 수입은 대략 수신료 10억 원, 광고료 20억 원 등 30억 원에 불과하다. 그런데 지출은 인건비 30억 원, 제작비 50억 원, 경비 15억 원 등 95억 원에 달해 1년에 60억 원의 적자를 냈다. 당연히 경영이 어려워질 수밖에 없다. 1997년 IMF 사태는 케이블TV 업계에 결정적인 타격을 안겼다. 시청가구수가 꾸준히 늘어나다가 큰 폭으로 감소했고, 가입자수도 정체상태에 머물렀다.

그러나 97년 5월 2차 SO가 전국적으로 선정돼, 지역기반을 넓히면서 점차 가입자가 늘고 IMF 구조조정으로 경비를 줄이면서 서서히 회복 조짐을 보이고 있다. 2차 SO는 전국 23개 권역에서 선정됐다. 64개 업체가 신청해 평균 2.7대1의 경쟁을 보였다. 1차 선정 이후 케이블 업계 전체가 어려움을 겪고 있음에도 불구하고 수도권의 인구 밀집지역은 장래성을 보고 많은 업체가 신청해 광역시의 경우 7대1 등의 높은 경쟁률을 나타내기도 했다. 이들은 98년부터 서비스를 시작해 가입자 확보율을 높여가고 있다. 2000년 4월 정부가 15개 PP를 추가로 선정해 케이블TV업계 발전의 기폭제 역할을 할 전망이다.

2. SMA(Satellite Master Antenna) TV

1) 개념

아파트, 콘도, 호텔, 이동형 대형 건물 등에서 자체적으로 위성안테나를 달아 각종 위성방송신호와 기존의 방송신호를 받은 뒤 유선을 통해 각 가정이나 방으로 전달해 TV를 시청하게 하는 시스템. MA TV(Master Antenna TV, 난시청지역 등에서 주안테나를 설치해 방송신호를 잡은 뒤 유선으로 연결해 보내주는 개념)에서 위성안테나를 달아 위성신호를 받는 개념으로 바뀐 것이다. 사적인 케이블(Private Cable)이라고도 한다.

우리 나라의 경우 대형아파트 단지에서 위성안테나를 달아 각 가정으로 연결해주는 경우가 있다. 중계유선을 떠올리면 쉽게 개념을 파악할 수 있다. 각 지역의 중계유선은 지상파TV시청용 공시청 안테나는 물론 KBS나 EBS 위성, CNN, NHK ,STAR-TV 등을 잡아 유선으로 재전송한다. 물론 실정법상으로 이는 불법이다.

2) 역사

FCC는 1979년 위성방송을 수신하기 위해 지상에 시스템을 설치하는데 특별한 허가를 신청하지 않아도 된다고 정했다. 이때부터 법적으로 SMA TV가 가능해진 것이다. SMA TV는 대부분 케이블TV가 가까운 장래에 실현될 것 같지 않은 지역을 중심으로 전파됐다.

3) 전망

SMA TV는 케이블TV와 경쟁관계일 뿐 아니라 많은 견제를 받고 있다. 케이블TV 입장에서 볼 때 아무리 소규모(미국시장의 경우 SMA TV시장이 전체 유료 시장의 1.2%에 불과하다. 이나마 해마다 줄고 있는 실정)라고 하지만 SMA TV가 자신의 가입자들을 빼앗는다고 생각하기 때문이다. SMA TV의 가장 큰 문제는 해적행위가 너무 쉽다는 점이다. 안테나에서 내려오는 선만 연결하면 누구나 신청할 수 있다. 우리 나라에서도 중계유선을 기술적으로 쉽게 도용할 수 있는 것과 마찬가지다. SMA TV가 존립할 수 있는 기반은 대규모 공동주택이다. 이점은 그만큼 SMA TV의 사업영역이 좁다는 것을 의미하고 큰 산업으로 발전할 수 없는 걸림돌이 된다.[21]

4) 한국의 SMA TV

우리 나라는 아직 SMA TV가 도입되지 않았다. 시도는 있었지만 법적으로 허용되지 않았다. 서울에 있는 케이블TV SO인 경동방송이 정보통신부에 SMA TV를 허용해 달라고 신청했다. NO인 한국전력이 아파트 단지내까지 케이블을 깔아주지 않으므로 한국통신의 무궁화위성 통신용 중계기를 활용해 방송을 송출한 뒤 이를 아파트 공시청 안테나로 잡아 단지내 유선분배망을 통해 각 가입자(가정)에 공급한다는 취지였다. 정보통신부는 1999년 3월 25일 이를 허용하는 정책을 냈다. 막대한 케이블 설치작업 예산을 줄일 수 있다는 계산에

---

21) Lynne Schafer Gross, 『The New Television Technologies』, p. 124~126.

서였다. 그러나 기존업자들의 강한 반대에 부딪혔다. 결국 정보통신부는 정책을 철회하기로 했다. 국가적인 예산절감사업이 업자들간의 이해충돌로 좌초된 셈이다.

3. 통신 미디어

1. 전화 (Telephone)

정보화 사회에서 전화망은 특정지점과 지점을 연결해 정보를 전달하는 단순한 구도에서 벗어났다. 통신수단에서 방송영역으로 서비스 수준을 확대하고 있다. 매체 융합 시대를 맞아 업계 차원에서도 전화 회사들의 방송분야 진출이 활발하다.

1) 개발 역사

전류에 음성을 담아 전달하는 현재의 전화방식은 1837년 미국의 페이지가 그 원리를 발견했다. 이 원리에 입각해 1854년 프랑스의 C. 브루쉘이 진동식 구상을 발표했다. 독일의 P. 라이스는 이 진동착상으로 전화발명을 한 걸음 앞당겼다. 전화의 영어 'Telephone'은 그리스어 'Tele(멀리)'와 'Phone(소리)'를 합한 말인데 이 말을 처음 쓴 사람이 바로 라이스이다. 그러나 첫 제품 개발은 미국에서 이뤄졌다. 1874년 A. G. 벨이 이론을 찾아낸 2년 뒤 1876년 음파 진동에 따라 전류를 변화시켜 음성을 전달하는 방식으로 실험에 성공하고 특허를 얻었다. 최초의 실험통화는 조수인 T. A. 왓슨에게 "왓슨군, 용무가 있으니 이리로 와주게" 라는 말이었다. 벨이 특허를 얻는 데는 일화가 있다. 당시 미국 웨스턴 유니온사도 전화개발에 성공해 특허를 신청했다. 그러나 벨의 신청서류가 19시간 빨랐다. 19시간이 전화발명 역사의 주인공을 가른 것이다. 웨스턴 유니온사는 소를 제기했지만 곧 취하했다. AT&T사와 막후 협상이 이뤄졌기 때문이다. 전보는 웨스턴 유니온이 하고 전화는 AT&T가 한다고 합의했다.

처음 전화는 비즈니스의 개념이었다. 통화의 수단이기는 하지만 사업적으로 필요해서 전화를 쓰는 것이지 가정이나 기타 사업 이외의 다른 목적으로 전화를 사용하는 개념이 없었다. 당시 전보를 비즈니스에 사용했기 때문이다. 인간은 처음 발명품을 내놓을 때 기존에 사용하던 사물이나 서비스의 대체품으로 여긴다. 전화는 먼 곳으로 소식을 전한다는 차원에서 전보의 연장선이었다. 당시 전보는 비즈니스차원이었다. 당연히 전화도 마찬가지였다. 1877년 미국에서 세계 최초의 교환국이 생겼을 때도 가입자는 5개 은행이었다. 벨은 처음에 전화의 특허권을 팔려고 생각했다. 10만 달러에 내놨지만 아무도 거들떠보지 않았다. 너무 비싸고, 전화의 사업성이 없다고 생각했기 때문이다. 전보는 기록성이 있다. 그러나 전화는 말만 한 뒤에 없어지니 기록성이 없다. 기록성이 없는 것은 비즈니스 세계에서 실용성이 없다고 판단한 것이다.

2) 전화산업 발전사

1876년 A. G. 벨이 전화특허를 얻은 뒤 벨사는 100년 넘게 미국에서 전화사업을 지배해왔다. AT&T(American Telephone & Telegraph)라는 이름으로. 1893년 특허권이 끝난 뒤 미국에선 전국적으로 6,000개의 전화 회사들이 나타났다. 1910년 Mann Elkins Act 이후 AT&T는 소규모회사들의 인수합병에 나섰다. 지역적으로 블럭을 형성하면서 합병을 가속화했다. 이를 RBOCs (Regional Bell Operating Companies)라고 부른다. 1913년 AT&T에 대한 소송이 잇따르자 AT&T의 킹스베리 회장은 인수합병을 중지한다고 약속하며 사건을 일단락 지었다.

1920년대 초반 방송은 Toll Broadcasting체제였다. 라디오방송시설을 해놓고 필요한 사람들이 와서 임대해 사용하는 개념이었다. 특히 AT&T는 라디오 방송시설을 전화의 연장으로 생각했다. 그러나 RCA 등은 새로운 서비스가 가능한 라디오의 개념으로 봤다. 1923년 AT&T는 방송과 통신분야 중에서 방송을 포기하고 통신사업에만 전념한다. 1934년 FCC는 이 같은 내용을 담은 'The Communication Act'를 발효했다. 1956년 Consent Decree에 따라 AT&T는 통신과 컴퓨터에서 컴퓨터쪽으로 나가지 못하고 통신만 취급했다.

1970년대 위성을 활용한 전화서비스의 수요가 급증했다. 1982년 MFJ 동의
안을 거쳐 1984년 AT&T의 장거리 전화서비스는 'Baby Bells'로 알려진 7개의
RBOCs로 나뉜다. 이들 RBOCs는 1987년 다른 기업이 소유한 정보관련 산업
에 투자할 수 있게 됐고, 1991년에는 스스로의 정보산업체를 세울 수 있었다.
1992년 FCC는 VDT 규정을 두었고, VDT, VOD, Interactive TV 등의 개념을
도입했다.

1995년 AT&T는 3개로 분리된다. 즉, AT&T는 통신서비스, Lucent는 네트
워크(망) 서비스, Global Information Solutions는 컴퓨터 장비를 담당하게됐다.
1996년 Telecommunications Act가 발효된다. 이는 1934년 통신법이 제정된 이
래 최대의 변화였다. 근본 취지는 융합(Convergence)에 기초한 경쟁의 촉진이
다. 통신과 방송의 장벽이 없어졌다. 누구나 자유롭게 각 산업에 참여할 수 있
는 길이 열렸다.

전화사업은 오늘날 방대한 규모로 성장했다. 전화사업자들이 미국내 전체
통신사업재산의 반을 넘을 정도다. 비디오와 정보산업시장에서도 눈부시다. 전
화 회사들은 오락과 정보산업 서비스도 오랜 기간 제공하고 있다. 미국의 통신
산업은 세계적으로 1조 달러를 벌어들이고 미국경제의 6분의1을 차지할 정도
로 성장했다. 인터넷과 방송분야로의 진출은 미디어 유관업체들간 통폐합의
원동력이 되고 있다.[22)]

2. 이동통신

1) 이동통신의 개념

이동통신(Mobile Communication)은 장소를 고정하지 않고 마음대로 정보를

---

22) E. Grant & Jennifer Harman Meadows, 『Communication Technology Updat
e』, 6th Edition 1998. August, p. 204.

주고받을 수 있는 통신을 말한다. 공간적 제약을 극복한 통신이다. 이동통신은 다음과 같은 특징을 갖는다. ① 움직여야 하므로 무선일수 밖에 없다. ② 사용하는 무선 주파수가 한정돼 있으므로 주파수의 효율을 높이는 기술개발이 절실하다. ③ 고정용 통신보다 기계적 구성도 복잡하고 고도기술이 필요하다.

1921년 미국 디트로이트에서 경찰 순찰차에 이동무선서비스(MRS)를 장착하면서 시작된 이동통신은 크게 다음 7가지로 나눌 수 있다. 이동전화, 셀룰러전화, 코드리스전화, 개인휴대통신, 위성이동통신, 무선호출(Radio Paging), 주파수공용통신이다.

2) 기존의 이동통신 종류

(1) 이동전화 (MTS, Mobile Telephone System)

1946년 처음 사용됐다. 이는 무전기와 같다. 쌍방간 동시 대화가 불가능하고 서로 시간대를 나눠 대화한다. 1964년부터는 IMTS(Improved MTS)가 등장했다. 동시대화와 자동접속이 가능하도록 한 것이다. 그러나 둘 다 하나의 기지국만을 두고 서비스를 담당했기 때문에 가입자가 늘어나자 곧 포화상태에 이르러 새로운 대책이 필요했다.

(2) 셀룰러폰(Cellular Phone)

우리가 흔히 핸드폰이라고 부르는 방식이다. MTS에서의 광역을 작은 하나의 단위 셀(Cell)로 나눈다. 그리고 셀별로 별도의 기지국을 만들어 서비스한다. 따라서 가입자 용량을 크게 늘릴 수 있다. 시간이 흐르면서 아날로그 셀룰러폰이 가입자 증가로 한계에 이르자 디지털 셀룰러폰이 나왔다. 디지털은 아날로그보다 채널용량이 10~20배 이상 많을 뿐 아니라 품질도 우수하고 ISDN과 연결할 수도 있다.

셀룰러폰은 무선접속 기술에 따라 '시분할 다중접속방식(TDMA)'과 '코드분할 다중접속방식(CDMA)' 두 종류가 있다. 유럽은 TDMA를 택했으나, 최근 양자를 같이 쓴다. 미국과 한국, 일본 등은 CDMA를 택하고 있다. CDMA는 TDMA에 비해 용량이 많고, 통화품질이 우수한 장점을 갖고 있다. 그러나 전력제어가 부정확해질 경우 오히려 통화의 질이 떨어지는 단점이 있다.

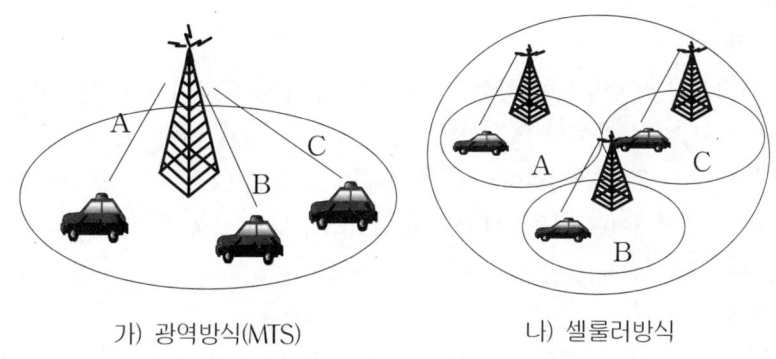

가) 광역방식(MTS)　　　　　나) 셀룰러방식

<그림 6> MTS와 셀룰러 비교
(차동완, 『개념으로 풀어보는 정보통신세계』, p. 249.)

(3) 무선전화(CT, Cordless Telephone)

일반 가정에서 무선전화로 쓰는 무선전화기가 1세대 CT-1. 이를 옥내에서 옥외로 확장한 2세대 CT-2, 이어 3세대 착발신이 가능한 CT-3가 나왔다. 우리 나라는 1997년 3월부터 발신전용 2세대 시티폰을 공급하기 시작했다. 그러나 완전히 실패로 끝났다.

(4) 개인휴대통신

▪ 개념

미국의 FCC는 PCS(Personal Communication System)을 "개인, 상업용 서비스를 제공하며 경쟁적인 여러 망을 통합할 수 있는 이동망과 고정망을 총괄하는 무선통신"이라고 규정하고 있다. 좀더 쉽게 표현하자면 "위성통신을 매개로 하여 셀룰러 형태로 무선호출, 음성수신, 대인 커뮤니케이션을 할 수 있는 무선이동기술의 총체"이다. 즉 셀룰러 전화와는 주파수대를 달리하는 이동전화로 위성을 활용해 음성, 문자, 그래픽까지 전세계를 상대로 통신한다는 개념이다. 셀룰러폰은 800~900㎒대의 주파수를 사용하지만 PCS는 ㎓대의 주파수를 활용한다.

- 전망

PCS서비스는 각국이 다른 양상을 띠며 발전해 왔다. 우리 나라는 PCS지만 일본은 PHS서비스, 유럽의 PCN서비스라고 부른다. 현재 세계적으로 PCS로 정의된 서비스는 TDMA방식이 주를 이루지만 앞으로 CDMA쪽으로 옮겨질 전망이다. 2000년대에 접어들면서 PCS의 서비스가 양과 질적인 측면에서 크게 진전을 이룰 것으로 전망된다.

- 한국

우리 나라는 1996년 PCS사업자를 선정했다. 한국통신과 LG텔레콤, 한솔과 데이콤의 컨소시엄인 한솔텔레콤 3군데다. 이들은 각각 한국통신 프리텔(016), 한솔PCS(018), LG텔레콤(019)번호로 이동전화 서비스를 시작했다. 이들은 기존의 셀룰러폰 업체인 SK텔레콤(011), 신세기통신(017) 양사와 함께 이동전화 시장 5파전을 이루고 있다.

(5) 주파수 공용 통신(TRS)

우리 나라는 1996년 차세대 통신사업자를 선정하면서 주파수공용통신 사업자로 진국통신은 아남텔레콤을 선정했다. 또 한국통신, 데이콤에 이은 국제전화 제3사업자로 8개 업체가 컨소시엄을 형성한 한국글로벌 텔레콤을 선정했다.

(6) 무선호출

무선호출은 점차 설자리를 잃고 있다. 한국에서는 1994, 5년 광적인 삐삐(무선호출) 열풍이 불었다. 그러나 그 뒤 CT폰, 셀룰러폰, 개인휴대통신 등의 확대로 관심권에서 멀어지고 자취를 감추고 있다. 호출기 제조업체들은 대부분 도산했다. 일본의 경우 이런 현상이 더욱 두드러 진다. 가입자가 크게 줄고 있다. 일본 최대의 무선호출 업체인 도쿄텔리메시지(TTM)사가 1999년 5월 25일 도산했다. 1986년 설립된 TTM은 도쿄와 도쿄인근의 가나가와, 치바 등 일본 수도권에서 영업을 해왔다. 95년 가입자수가 135만으로 절정을 이루다가 4년 뒤인 1999년 4월에는 4분의1 수준으로 급격히 줄었다. 이에 따라 98년 매출액이 전년에 비해 53%나 감소한 151억 엔에 그쳤다. 손실은 33억 엔으로 창업 11년만에 처음 적자를 기록했다. 부채총액은 250억 엔인 것으로 알려졌다.

(7) 위성 휴대(이동)통신

- 개념

GMPCS(Global Mobile Personal Communications by Satellite).

위성을 활용해 전세계 어느 곳이라도 지역에 관계없이 통화할 수 있는 시스템. 기존 이동전화는 국가간의 장벽을 넘지 못했다. 이런 단점을 극복해 전세계를 하나의 표준아래 단일 통화권으로 묶어 주는 역할이다. 한국에서 쓰던 단말기(이동전화기)를 들고 세계 어느 지역에 가서도 통화할 수 있다.

- 현황

전세계에서 처음으로 사업을 시작한 곳은 미국의 이리듐(Iridium). 66개 저궤도 위성을 활용해 1998년 11월부터 사업을 시작했다. 세계의 29개 투자자가 참여하고 있다. 1999년 3월 기준으로 가입자는 1만3천명. 그러나 아직 사업실적은 신통치 않다. 이리듐 월드 커뮤니케이션(IRID)사는 98년 12억5천만 달러의 적자를 봤다. 또 99년 1/4분기 5억500만 달러의 손실을 봤다. 결국 파산할 수밖에 없는 운명에 처했다. 이리듐은 1999년 8월 13일 델라웨어주 법원에 채무조정 협의를 위한 파산신청을 냈다. 이에 앞서 11일 이리듐은 15억 달러의 빚을 갚지 못해 파산신청(default)을 선언했다. 자발적 파산신청을 하면 채무상환계획이 마련될 때까지 영업은 계속할 수 있다. 따라서 전세계 위성전화 서비스는 계속된다. 21억 달러를 투자해 주식 18%를 갖고 있는 대주주 모토로라를 비롯한 주주와 채권은행이 채무조정을 벌이고 있다.

이리듐은 위성 66개를 띄운 거대한 사업임에도 위성들이 5~8년 안에 수명을 다하고 새로 바꿔야해 이용료가 지나치게 비싸다는 지적이다. 또 건물이 많은 도심지 등이나 건물 안에서는 전파방해로 통화가 잘 안돼 불편을 겪어왔다. 또 초소형 이동통신(셀룰러폰, PCS)에 익숙해진 사용자들에게 벽돌처럼 둔탁하게 큰 모델이 인기를 얻지 못했다. 단말기 가격을 3천 달러에서 1천 달러로, 이용료를 분당 4~7달러에서 2.94달러로 낮췄지만 별효과가 없었다.

제2위성 휴대전화는 '글로벌 스타'이다. 지상 1,414km의 저궤도에 52개의 위성을 쏘아 올려 2000년부터 서비스한다.

3) 새로운 이동통신

위성이동통신은 위성을 활용한 이동통신이다. 그러나 위성은 단점이 있다. 비용이 너무 비싸다는 점이다. 최근 이리듐 같은 위성이동통신이 파산하면서 저렴한 비용의 대체수단 개발이 새로운 과제로 등장했다. 대용물이 바로 헬리오스라고 부르는 비행체다. 통신용 위성을 하나 제작하는데는 최소 1억 달러가 든다. 그러나 비행체를 만드는 데는 300~500만 달러가 고작이다. 미국 항공우주국(NASA)가 구상하고 있는 비행체는 대기권 위 15~21km 상공을 시속 2

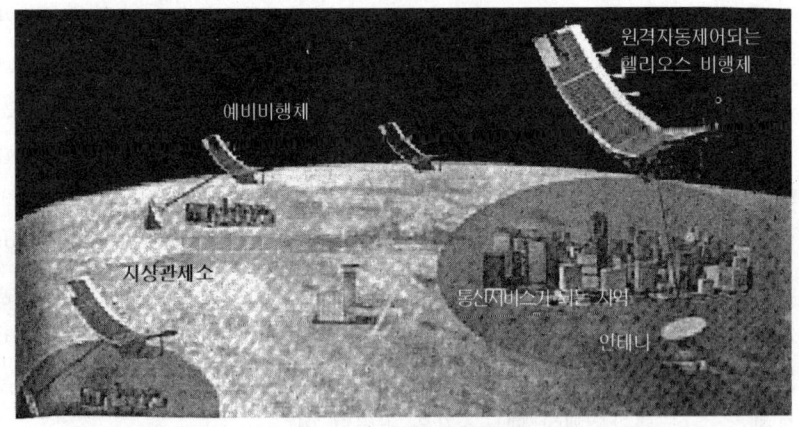

<그림 7> 헬리오스 구상도
(『동아일보』, 1999년 10월 23일자)

7~34km로 비행한다. 연료도 필요 없고, 태양으로부터 공급받는 자체에너지를 사용한다. 한번 이륙해 6개월간 머문다. 대기권 밖이어서 날씨의 영향이나 제트기류의 영향을 받지 않는다. 지구상에 착륙해 수리하거나 성능을 개선해 다시 띄울 수도 있다. 물론 지상에서 원격 무인조정한다. 헬리오스를 제작한 미국 캘리포니아의 에어로 바이론먼트사는 고속무선통신 장비를 싣고 위성을 대체해 헬리오스가 비행할 수 있는 시점을 2003년경으로 잡고 있다.

3. 영상전화 (Video Phone)

1) 개념

전화에 화면을 달아 통화자들끼리 서로 바라보면서 대화하는 전화. 첫 실험은 1927년 있었고, 1933년 시카고 세계 박람회에서도 실험했다. 이어 1964년 뉴욕박람회에서 AT&T사가 'Mod-1'을 선보였고, 2년 뒤인 1966년 개량모델을 내고 시판에 나섰지만 호응이 없어 1972년 시판을 중단했다. 이어 1987년 일본의 미쓰비시사가 'VisiTel'을 선보였는데 이는 일반 전화선을 통해 흑백 이미지를 전달했다.

2) 현황

이후 기술개발이 진행돼 컬러 동영상을 제공한다. AT&T, MCI, 브리티시 텔레콤, 도이치 텔레콤 등이 서비스 제공에 나서고 있다. 그러나 영상전화는 기존의 전화망을 활용하다 보니 화질이 크게 떨어지는 데다 가격마저 비싸 사용자들로부터 큰 호응을 얻지 못하고 있다. 신호를 보내는 주파수 대역이 좁아 양질의 신호를 보내지 못하고 있다. 그러나 앞으로 망의 업그레이드가 이뤄질 경우 양질의 화면 제공이 가능해져 보급이 확대될 것으로 보인다.

4. IMT (International Mobile Telecom)

1) 개념

기존의 이동통신과 영상통신을 합한 개념으로 생각하면 된다. 전세계 어디서나 음성뿐 아니라 영상까지 고속으로 송수신할 수 있는 통신체계다. 이는 최종 단말기인 이동영상 전화의 개발로 기술적인 완성을 본다. 모토로라, 에릭슨, 알카텔 등 세계 통신 업체들은 IMT의 이동영상전화기에 21세기 사운을 걸고 기술개발에 나서고 있다.

2) 일본

일본의 이동통신기기 업체인 교세라는 1999년 5월 세계 최초로 이동영상전화 VP-210을 개발했다. VP-210은 일반 이동전화기 크기로 갖고 다니는데 전혀 불편함이 없다. 내부에 카메라를 장착해 통화자를 촬영해 전송한다. 또 2인치 크기의 컬러 액정화면을 갖춰 통화상대자의 모습을 볼 수 있다. 영상신호는 음성신호와 함께 1초에 2프레임의 속도로 전송한다. 사진은 20장까지 저장이 가능하다. 이 전화기는 인터넷에 연결해 사진이 포함된 e-mail을 주고받을 수도 있다. 이 영상전화기의 쓰임새는 다양할 것으로 전망된다. 원거리에 떨어져 있는 현장을 언제든지 보여줄 수 있기 때문이다. 사건사고 현장에 나가 현장을 비춰주면 방송국이나 신문사의 간부들이 사무실에 앉아 현장을 보며 바로 판단을 내릴 수도 있다. 단말기 가격은 325달러로 그리 비싸지 않을 전망이다.

3) 한국

한국에선 삼성전자가 1999년 10월 IMT-2000의 시스템 장비와 영상 이동전화 단말기 그리고 핵심부품인 반도체 등 IMT-2000시스템의 전분야에 걸친 기술개발을 완료했다고 발표했다. 하나의 업체가 독자적인 기술로 전공정을 모두 소화해 낸 것은 처음이다. 삼성전자의 시스템은 코드분할 다중접속(CDMA)방식으로 셀룰러 800MHz, PCS 1.8GHz이다. 이는 미국의 PCS 주파수 대역인 1.9GHz와

IMT-2000 주파수 대역인 2㎓에 모두 적용할 수 있다. 특히 미국의 퀼컴사가 독점하던 칩에 의존하지 않고 독자기술의 칩을 개발했다. 그러나 삼성의 단말기는 IMT-2000의 전단계인 동기식 144Kbps여서 기술적으로 떨어진다. 삼성전자 외에 SK텔레콤과 LG정보통신도 사활을 걸고 기술개발에 나서고 있다. SK텔레콤은 1천200여 억 원의 기술개발비를 들여 2Mbps급 비동기식 IMT-2000을 개발하고 있다. LG는 이미 삼성보다 앞선 384Kbps를 개발해 놓은 상태다. 기기개발과는 별도로 정부는 2000년 하반기에 IMT-2000 사업자를 선정할 계획이다. IMT의 사업권을 누가 획득하느냐에 따라 통신시장은 새롭게 개편될 전망이다.

5. 인터넷폰

인터넷을 이용한 전화통화 서비스다. 인터넷을 접속할 수 있는 곳이라면 전 세계 어디서든지 전화통화를 할 수 있다. 인터넷 전화서비스를 제공하는 업체의 사이트에 접속한 뒤 최초 가입시 받은 ID와 비밀번호를 눌러 전화를 걸 수 있다. 아직 음질이나 통화상태가 일반 전화나 이동통신수단에 뒤떨어진다. 그러나 기술개발이 빠른 속도로 이뤄져 고도의 안전성과 음질을 갖춘 인터넷폰 시대가 곧 열릴 전망이다. 특히 국제나 국내전화 모두 무료로 이용할 수 있어 보급이 더욱 확대될 것으로 보인다. 국내 코스닥시장에서 돌풍을 일으키며 최고의 황제주가 된 새롬기술은 미국에 현지 법인 '다이얼패드.컴(dialpad.com)' 사를 설립했다. 다이얼 패드사이트에 접속하면 무료로 인터넷 전화를 사용할 수 있다. 1999년 10월부터 미국에서 서비스를 시작해 선풍적인 인기를 모았다. 2000년부터는 국내에서도 무료 인터넷폰 서비스를 시작했다. 서비스를 시작한 지 7개월만에 630만명의 가입자를 확보할 정도로 인기를 모았다. 국내에서는 2000년 5월까지 220만의 가입자를 확보했다. 세계 최대의 인터넷 장비회사인 시스코 시스템스는 별개로 운영하던 인터넷선과 전화선을 통합해 세계 어디서든지 전화번호 하나로 통화할 수 있는 인터넷폰 시스템을 1999년 12월 선보였다. 이를 위해 새로운 전화기도 개발했다. 이를 활용하면 A 국가에서 쓰던 전화번호를 다른 B 국가로 가서도 그대로 사용할 수 있다. 현지국가번호를 사용하지 않고, 본사에서 쓰던 번호 그대로 전화를 받을 수 있다. 인터넷폰은 통신혁명의 새로운 장을 열 것으로 평가된다.

6. 각종 원격 시스템

1) 영상회의(Teleconferencing, Video Conferencing)

(1) 개념

먼 거리에 떨어져 있는 사람들끼리 화면을 통해 서로 바라보면서 회의를 한다. 영상전화가 1대1 대응인 반면 영상회의는 1대 다수(多數)가 가능하다. 동시에 여러 지점을 연결해 회의할 수도 있다. 인공위성을 이용하면 전세계를 연결할 수 있다. 국내일 경우 LAN을 이용하기도 한다. 앞으로 ISDN까지 이용할 경우 더욱 양질의 서비스가 가능하다. 특히, 인터넷과 연결할 경우 특정 지역에 값비싼 영상회의 시설을 갖추지 않고도 영상회의를 개최할 수 있다. 인터넷이 연결된 곳이면 어디서든지 가능하다.

(2) 역사

1962년 벨 연구소에서 영상과 음성의 전송 실험이 이뤄졌고, 1964년 AT&T가 뉴욕 세계 박람회(New York World Fair)에서 첫선을 보였다. 그러나 기술적인 문제 등으로 널리 보급되지 않다가 컴퓨터와 디지털 기술의 발달에 힘입어 발전했다. 특히 PC를 이용한 영상회의 활용은 영상회의 발전에 디딤돌이 됐다. 1996년에는 MS와 INTEL사가 인터넷을 통해 영상회의를 할 수 있도록 인터넷 전화통신 프로그램을 개발해 활용도를 높여가고 있다. 그러나 앞으로도 표준화나 화질개선, 3차원 영상회의 등의 해결해야할 과제가 산적해 있다. 우리 나라는 1994년 「분산사무환경을 위한 데스크톱 영상회의 시스템개발」

을 국책연구과제로 선정했다. 이후 꾸준한 연구 끝에 1995년 PC에 장착하는 영상회의 시스템을 국내기술진이 개발하는 등의 성과가 나오고 있다.

2) 원격교육

(1) 개념

TV를 교실로. 원격교육은 지리, 공간적으로 떨어져 있는 지점의 학습자를 상대로 교육하는 시스템이다. 언제, 어디서, 누구(When, Where, Anyone)라도 원하는 교육을 받을 수 있도록 한다는 개념이다. 우편, 라디오. TV를 이용해 원격교육을 실시한 역사는 오래됐다. 정보를 가공하고 송수신하는 기술이 발달하면서 다양한 형태의 원격교육이 발전하고 있다. 미국은 현재 부모나 교사, 학교당국, 정부관리들이 원격교육에 관심을 갖고 의회 지도자들을 상대로 한 로비 전에 적극 나서고 있는 실정이다.

(2) 기술발전

1970년대 들면서부터 음성, 영상회의 방식을 동원한 원격교육의 개념이 등장했다. 1980년대엔 미국의 대학에서 교수가 강의를 할 때 광케이블을 통해 근처 다른 대학이나 지리적으로 떨어져 있는 곳으로 강의내용을 실시간으로 전송하기 시작했다. 또 위성을 활용해 원격교육을 실시하기도 한다. 최근엔 인터넷을 원격교육에 도입해 성과를 얻고 있다. 인터넷을 이용한 가상대학 같은 인터넷 가상학교(Cyber School)는 빠르게 확산될 전망이다. 공중파뿐 아니라 케이블TV, 극초단파, 광케이블 등 각종 멀티미디어 기술을 활용한 교육의 확대로 이 분야는 새로운 산업으로 자리잡을 전망이다. 특히 미국에서 SONY가 적극적으로 원격교육 실현에 나서고 있다. 아이오와, 노스캐롤라이나, 인디애나 등지에서 멀리 떨어져 있는 수많은 교실들을 연결해 새로운 멀티미디어 시스템을 구현하고 있다. SONY는 미국에서 영상과 관련된 다양한 종류의 기기시장을 장악해 왔다. 원격교육시장도 결국은 기기산업과 관련될 수밖에 없다. SONY는 이점을 간파하고 선두에 서 있는 것이다.

(3) 우리 나라 현황

1996년 인터넷을 이용한 원격 영상학습 시스템을 개발했다. 컴퓨터에 카메라만 장착하면 원격교육을 실시할 수 있는 체계를 마련했다. 학습자가 원하는 시간에 언제든 필요한 교육을 받을 수 있는 주문형 원격교육 프로그램도 선보일 전망이다. 정부는 이와 관련해 1999년 5월 '지식기반 경제발전 종합계획 실무 조정회의'를 열고 다양한 소프트웨어 개발과 소프트웨어 사이버 대학 설립안을 발표했다. 이 안에 따르면 2000년부터 전국 주요 대학에서 SW 개발인력을 집중 육성하기 위해 SW 공학과, SW 경영학과 등 SW 관련학과를 만들고 SW 고등학교도 설립하도록 했다. 정부는 또 48억 원의 예산을 들여서 오는 2002년까지 전국의 초, 중, 고 약 8천 곳에 위성 인터넷 서비스를 받을 수 있는 위성안테나 1만 여 개를 설치하기로 했다. 이렇게 되면 각 학교는 최소 128Kb/s에서 최대 3Mb/s의 고속으로 인터넷 서비스를 이용할 수 있다. 원격교육이 크게 확대될 전망이다. 정부는 2003년까지 모두 7천243억 원의 예산(지방비, 민자 포함)을 들여 학내전산망과 교육전산망 확대구축사업을 추진할 계획이다. 2003년까지 600만 명의 교육수요자가 교육부의 교육정보제공체제(에듀넷)를 이용할 수 있도록 할 예정이다. 2000년부터는 원격 가상대학을 법인으로 설립할 수 있다. 이제 물리적 공간으로의 학교는 의미를 잃고 있다.

3) 원격진료

원격영상을 이용해 낙도나 오지에서 의료서비스를 받을 수 있는 원격진료 체계도 빠르게 성장하고 있다. 각종 영상자료를 광케이블이나 기타 다른 수단을 통해 원거리에 있는 전문의에게 보내고 전문의가 컴퓨터를 통해 진단한 뒤 처방을 내리는 시스템이다. 전쟁터나 다른 나라의 현장에 나가 있는 군인들의 진료를 가정해 보자. 군의관이 파견됐는데 자신이 진단하기 어려운 증상이 있을 때 각종 문자, 화상자료를 인터넷을 통해 본국으로 보낸다. 본국의 전문의들이 컴퓨터에 나타난 자료로 진단을 하고 처방을 내려준다. 일본의 평화유지군이 실제 활용하는 원격진료 시스템이다. 인터넷을 이용한 원격 의료 교육도 가능하다. 서울의 한 성형외과는 1999년 5월 유방확대와 축소시술을 인터넷을 통해 생중계했다. 프랑스의 권위있는 성형외과 전문의를 초청해 약 3시간에 걸쳐 수술하는 장면을 인터넷 생중계했다. 수술에 참관하지 못하는 다른 성형외과 의사들도 선진기술을 받아들일 수 있다.

4) 재택근무(가상일터)

재택근무는 컴퓨터와 전화, 팩스 등을 갖추고 회사에 나오지 않고 집에서 근무하는 근로체제다. 1982년 영국의 제록스사가 처음 도입했다. 텔레커뮤팅 (Telecommuniting). 에너지 절약과 노동력 절감 등에 큰 효과를 얻을 수 있어 관심이 높아지고 있다. 특히 인터넷이 보급, 확대되고 이용이 높아지면서 재택근무의 여건은 더욱 성숙되고 있다. 인터넷에 접속해 회의를 하거나 문서를 작성해 본사나 거래처로 보내고 전세계 어디와도 전자상거래가 가능하기 때문이다. 특히 화상전화기를 갖추면 본사와 연결해 직접 모습을 보면서 보고나 지시를 주고받을 수 있다. MS가 제공하는 '오피스 2000'과 '윈도2000'의 시스템은 언제, 어느 상황에서든 인터넷으로 사무실의 자기 업무와 연결해 계속해서 일할 수 있도록 해주고 있다. 가상일터(Virtual Workplace)는 통신기술의 발전이 가져온 개념이다. 군이 재택근무라고 표현할 것 없이 언제 어떤 장소에서건 회사의 업무를 수행할 수 있는 공간이 제공된다. 이 개념에 따르면 더 이상 특정 근무장소라는 개념은 사라진다. 컴퓨터와 전화모뎀, 이동전화, 화상회의 장치 등을 갖추고, 회사의 컴퓨터를 연결하거나 화상회의에 참여해 업무를 볼 수 있다. 기자들 역시 더 이상 사무실이나 기자실, 브리핑 룸에서 기사를 쓰지 않는다. 노트북 컴퓨터와 이동전화 혹은 위성전화를 갖고 이동하면서 기사를 쓰고 전송할 수 있다.[23)]

---

23) Jim Willis, 『The Age of Multimedia and Turbonews』, p. 213.

4. 컴퓨터

과거 컴퓨터를 처음 개발하던 시절 컴퓨터의 용도는 계산기였다. 이후 워드 기능을 추가했다. 그러나 지금은 연결(Connecting)이다. 지점과 지점, 사람과 사람을 연결해주는 기능으로 바뀌었다. 다시 말해 컴퓨터도 미디어다.

1. 개념과 역사

1) 원리

인간은 모든 정보를 있는 그대로 인식한다. 그러나 컴퓨터는 모든 정보를 0 과 1이라는 2가지 형태로만 인식한다. 이런 ON/OFF 즉 0과 1의 최소 인식단 위를 비트(bit)라고 한다. 8비트가 1바이트(byte)가 된다. 바이트는 단위정보의 최소단위이다. Kb(kilo byte)는 바이트의 1,024배이다. Mb(Mega byte)는 Kb의 1,024배로 약 백만 바이트이다. Gb(Giga byte)는 Mb의 1,024배로 약 10억 바이 트이다. 컴퓨터는 방대한 양의 정보를 신속하게 처리하고 저장, 출력해 준다. 이를 위해선 하드웨어와 운영체계, 응용 프로그램, 사용자 등 4개의 구성요건 을 갖춘다.

2) 역사

(1) 17세기~19세기
- 17세기

최초로 프랑스의 파스칼(B. Pascal)이 톱니바퀴를 응용한 계산기를 고안해 냈다. 파스칼을 컴퓨터의 장을 연 비조로 보는 이유는 여기에 있다. 같은 시기 독일의 라이프니쯔(G. W. von Leibniz)도 계산기의 기초를 생각해냈다.

- 19세기

오늘날 현대 컴퓨터에서 프로그래밍에 해당하는 일련의 명령을 해독하면서 자동으로 계산을 실행하는 현대적 의미의 컴퓨터를 고안해낸 사람은 19세기 영국의 수학자 배비지(C. Babbage)다. 현대 컴퓨터와 똑같은 이론이지만 당시 컴퓨터가 실용화하지 못했다. 이유는 아이디어는 있었지만 이 아이디어를 뒷받침할 제조기술이 발달하지 못했기 때문이다. 같은 19세기에 주목해야 할 또 한 사람은 미국의 홀로리드(H. Hollerith). 홀로리드는 펀칭카드를 활용한 사람이다. 그가 1880년 그 유명한 컴퓨터 업계의 최강자 미국의 IBM(International Business Machine)을 창립했다. 당시는 컴퓨터가 아닌 펀칭 사무용 기계를 만들었다.

(2) 1940년대

컴퓨터의 원리 등이 유럽에서 시작됐지만 실제 모습은 미국에서 처음으로 모습을 드러냈다. 중요한 이유는 많지만 2차 세계대전이 세계의 모든 과학적, 경제적, 학문적 중심을 유럽에서 미국으로 옮겨 놓았기 때문이다.

- Mark I

1944년 미국 하버드대학에서 만든 자동적으로 계산을 실행하는 최초의 기계 장치다.

- ENIAC

1945년 펜실베니아나 대학에서 만든 계산기다. 진공관을 사용한 최초의 계산기다. 19,000개의 진공관을 사용했다.

- 트랜지스터

1947년 트랜지스터가 개발됐다. 트랜지스터가 진공관을 대체하면서 컴퓨터는 소형화가 가능해져 진일보한다. 진공관의 1세대에 이어 트랜지스터를 쓰는 2세대가 등장한 것이다. 트랜지스터에는 일화가 있다. 처음에 트랜지스터의 용도를 몰라 벨 연구소가 연구해 놓고도 활용을 못했다. 이것을 일본의 소니사가 보고 5만 달러에 특허를 사들였다. 소니가 세계최대의 전자제품 회사 가운데 하나로 성장할 수 있는 토대였다.

(3) 1950년대

▪ 트랜지스터 컴퓨터

트랜지스터는 진공관에 비해 값도 싸고 크기도 작은 데다 발열량도 적고 처리 속도도 빨랐다. 그러나 트랜지스터가 컴퓨터에 응용된 것은 1950년대이다. 1954년 벨사(社)가 800개의 트랜지스터를 단 TRADIC을 개발했다.

▪ IBM 등장

펀칭카드를 활용해 사무용기기를 만들던 IBM이 1950년대부터 컴퓨터 시장에 뛰어들었다. IBM650 모델을 개발한 후, 1958년에는 트랜지스터만으로 구성된 컴퓨터를 만들었다.

(4) 1960년대

컴퓨터 붐을 이루던 시기이다. 컴퓨터 제작이나 대여산업이 활기를 띠고 프로그램 기술자들의 수요가 폭증했다. 1964년 IBM은 실리콘 칩을 사용한 컴퓨터를 개발해 본격적으로 집적회로를 사용하는 3세대 컴퓨터를 생산하기 시작했다.

(5) 1970년대

정보사회에 들어선 시기다.

▪ 초집적 회로(VLSI, Very Large Scale Integration)

인텔사가 초집적 회로를 개발했다. 3세대 집적회로가 1,000개의 회로를 내장한데 반해 초집적 회로는 15,000개의 회로를 내장하고 있다. 연산장치가 하나의 칩안에 들어갔다.

▪ PC(Personal Computer, 개인용 컴퓨터)시대

1977년 애플사가 컴퓨터 업계에 뛰어들어 개인용 컴퓨터를 처음 개발했다. 이어 IBM도 1981년부터 PC 시장에 뛰어 들었다. 그러나 이때만 해도 PC는 용도가 없을 것으로 생각했다. 집적회로를 개발한 인텔사도 IBM도 개발 초기 당시에는 컴퓨터를 단순한 계산기로만 생각해 오늘날과 같은 다양한 쓰임새를 생각해내지 못했기 때문이다.

- 인공지능 연구의 시작

(6) 1980년대

멀티미디어와 CDs/CD-ROMs

(7) 1990년대

인터넷

	제1세대	제2세대	제3세대	제4세대	제5세대
시 기	1946~1957	1957~1964	1964~1974	1975~	1990년대~
구성소자	진공관 릴레이	트랜지스터 다이오드	집적회로 (IC)	초집적회로 (VLSI)	극초집적회로 (ULSI)
계산속도	mili sec. (ms)	micro sec.(μs)	nano sec.(ns)	pico sec(ps)	
구조성능	수명 시간이 1,000 ~2,000 시간으로 신뢰성이 떨어지고 부피 큼	소형화, 경량화, 신뢰성이 향상 되고 소비전력 감소	소형화 연산속도 및 기억용량의 증대	극소화 처리용량의 대형화	수치처리중심 에서 지식정보 처리 중심으로 전환
적용분야	일상사무계산 통계집계 (통계형)	과학기술계산 생산원가관리 (관리형)	과학기술계산 예측 의사결정 (경영형)	토털 시스템화 인간보조기능 (범용형)	패턴인식자연어 이해 학습시스템 (지능형)

<표 13> 컴퓨터의 발전 단계

김영석 저, 『멀티미디어와 정보사회』, 나남출판사, p. 60.

2. 컴퓨터 산업 조류

1) Apple의 경쟁사(競爭史)

- 1976년 PC 처음 선보임.
- 1977년 1978년 잇따라 성능개량 PC 출시.
- 1981년 IBM도 PC 생산, Compaq 설립.
- 1984년 Macintosh 선보임.
- 1987년 Mac Ⅱ.

- 1991년 Apple, IBM, Motorola 제휴, Intel에 대항.
- 1992년 Window 3.1
- 1993년 Newton.
- 1997년 G3.
- 1998년 iMac.

2) APPLE이 PC를 먼저 만든 이유

60년대까지만 해도 컴퓨터를 계산기의 연장선에서 생각했다. 오늘날과 같은 워드용, 정보통신용, 인터넷 등 다양한 분야로 컴퓨터가 사용되리라고는 아무도 예측을 하지 못했다. 정확히 100년 전 전화가 처음 나왔을 때 개인통신용 기기라기보다는 산업용 정보교환장치로 생각한 것과 같다. IBM의 경우 1960년대까지 "컴퓨터는 각 나라에 1대 정도면 되지 않겠는가?" 라고 간주할 정도였다. 4세대 컴퓨터 시대를 연 VLSI. 이를 처음 발명한 것은 INTEL사다. 1970년대 들면서 VLSI를 개발하자 직원들이 컴퓨터 생산을 제의했다. 그러나 당시 G. 무어 사장은 홈컴퓨터를 만들자는 제의를 거절했다. 무어는 "홈컴퓨터에서 어떤 유용한 것을 찾아볼 수 없다" 면서 "우리는 홈컴퓨터를 만들거나 하는 다른 생각을 하지 않을 것"이라고 잘라 말했다.[24] 무어의 회고담을 들으면 당시의 퍼스컴이나 노트북에 대한 인식이 어떠했는가를 알 수 있다. 상전벽해의 변화다. 아무도 나서지 않자 1977년 APPLE이 VLSI를 활용해 홈컴퓨터인 PC를 개발하게 됐다.

3) IBM이 PC에서 APPLE을 이긴 이유

(1) 호환성

APPLE이 PC를 만든 것은 1977년, IBM이 만든 것은 1981년, 4년 차이가

---

24) 『The Technology Paradox』, 1995. 3. 6, p. 76~84.

나는데 IBM이 승자가 된 이유는 어디에 있을까? APPLE은 하드웨어와 운영체계, 응용 프로그램 등을 모두 표준화해 자사제품으로 채웠다. APPLE은 1984년 '매킨토시' 시리즈를 내놓으며 선두를 달렸다. 그러나 기술 표준을 다른 컴퓨터회사가 공유하지 못하게 함으로써 가격이 비싸졌고, 충분한 수요를 감당하지 못했다. 반면 IBM은 마케팅에 주의를 기울였다. IBM은 하드웨어를 공급하는 일에 전력을 기울였다. 일단 하드웨어를 널리 공급해 하드웨어 부분을 IBM 기종으로 장악하면 하드웨어의 통일과 일종의 표준화가 생긴다고 보았다. 하드웨어에 담는 소프트웨어 공략은 다음 단계로 하드웨어만 잡으면 쉽게 잡히는 것으로 전망했다. 하드웨어를 독점하지 않고 유관기업과 전략적 제휴 형태로 운영했다. 연산장치는 인텔사 제품, 운영체계는 마이크로 소프트(MS)사를 채용했다. IBM 호환기종은 1990년대 들어 APPLE사를 누르고 컴퓨터 시장의 선두에 나섰으며 오늘날 전세계시장의 90%를 IBM사가 장악하게 됐다.

비슷한 예가 비디오 카세트 레코더 분야. 1970년대 후반 소니와 마쓰시다는 VCR을 개발해 놓고 치열한 경쟁을 벌였다. 기술적으로는 소니가 앞선다는 평가를 받았다. 소니의 베타맥스가 마쓰시다의 VHS방식보다 화질 등 모든 면에서 앞서는 것으로 결론났다. 소니의 비디오 테이프는 자사의 VCR에서만 볼 수 있었다. 당시 미국인중 소니의 VCR을 갖고 있는 사람이 얼마나 됐겠는가? 마쓰시다는 다른 회사 VCR과 호환성이 있게 테이프를 만들었기 때문에 성공할 수 있었다. 히다찌, RCA 등이 마쓰시다의 손을 들어 협력한 것은 당연한 결과다. 제품은 소니의 베타맥스가 앞섰지만 대량공급에서 여러 회사와 제휴가 가능해진 마쓰시다가 시장을 장악했다. 소비자들이 지금의 장치로도 활용할 수 있는 즉 쉽게 접근할 수 있는 제품을 만들어야 성공한다는 교훈을 안겨줬다.

이후 소니의 베타맥스는 가전시장에서 도태돼, 방송기기 시장에만 남았다. 일본이 이미 1970년대 초반 고선명 TV인 Hi-Vision을 개발해 놓고도 일본의 시장잠식을 두려워한 유럽과 미국의 견제로 시장을 장악하지 못한 예도 기술보다 마케팅이란 교훈을 던져준다.

(2) 영업맨 전략

IBM은 또 마케팅 전략에서 기술자들이 아닌 영업맨들이 제품을 팔 때 제품의 강점만을 소개했다. 단점은 아예 언급을 안 해버린 것이다. 시시콜콜 솔직한데 단점까지 기술자들이 밝힌 APPLE의 패배는 바로 이런 앞선 기술만 믿고 마케팅을 소홀히 한 결과다.

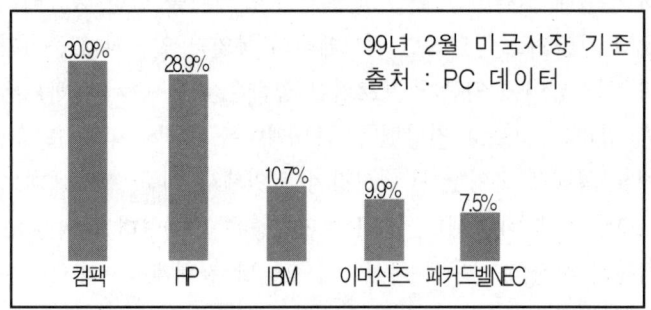

<그림 8> PC 시장점유율
(『정보통신 신문』, 1999. 5. 31.일자)

4) MS가 컴퓨터 시장을 주도하게 된 이유

IBM은 IBM 호환기종의 전 세계적인 장악에도 불구하고 컴퓨터 산업의 주도권을 잃었다. MS에게 넘겨준 것이다. IBM은 운영체계를 MS에 넘기면서 자신의 독점권을 내세우지 않았다. 이에 따라 다른 컴퓨터회사들이 MS의 운영체계를 활용한 시스템을 독자적으로 개발할 수 있게 됐다. 따라서 IBM 호환기종의 기술표준에 대한 힘이 IBM에서 MS로 넘어갔다. MS의 MS-DOS는 컴퓨터 시장의 독보적인 존재로 등극했다.

(1) MS와 다른 회사들

MS는 모든 종류의 정보산업체와 경쟁 내지 유관관계를 갖는다.
· 쌍방향TV - TCI, Rogers Cable, SBC, NTT, DT, Tele-TV, Telstra

- 셋톱박스 - HP, NEC, GI, Sony
- 비디오 서비스 - Compaq, NEC, Sony
- 온라인 서비스 - TCI, AT&T, Sprint, BT, Unitel, Unet
- 뱅킹서비스 - First National, Chase, US Bank
- 전자 결제 - Visa, First Financial Management
- 오락 - NBC, Hollywood Online
- 무선데이터 - Mtel, Metricom/Pager Services

(2) MS와 Sony

소형 전자산업의 총아 Sony와 컴퓨터산업의 기린아 MS는 인터넷 정보사회를 어떻게 대비하고 있을까? 간단히 정리해보자.

	소니 (Sony)	마이크로 소프트 (MS)
정책	PC 이후시대 (Post PC Era)	PC 연장 (PC Plus Era)
기기	PC 없이 다른 기기와 망연결	다른 기기 연결에 PC
장점	SW에 브랜드네임 산업디자인 이용	소비자 산업에 PC 산업의 사업모델활용
OS	Aerios	Window CE
호환성	No Legacy	Compatibility
능력	100Kbytes	300Kbytes

<표 14> Sony와 MS의 전략
(G. J. Han, 1999, Washington D. C. Howard Univ.)

이 같은 차이에도 불구하고 SONY와 MS는 PC와 TV의 융합에 대비해 다각적인 제휴에 들어갔다. MS는 '윈도우즈 CE'로 불리는 정보단말용 기본 소프트웨어(OS)를 소니에 전달하고, 소니는 가정내 정보네트워크에 필요한 '홈네트워킹 모듈' 기술을 MS에 제공한다. 또 양 회사는 디지털 가전제품 시장에도 함께 나선다. 디지털 가전이란 DVD(Digital Video Disk), 디지털 비디오 카메라, HDTV 등 첨단 AV 기기를 가정내 컴퓨터와 연계시켜 인터넷 접속 등의 네트워킹을 해주는 분야다. 미래 컴퓨터, 가전분야의 핵심으로 떠올라 업계의 판도변화에도 큰 영향을 줄 것으로 보인다.[25]

(3) MS는 어떤 회사

미국 시애틀에 본사를 두고 있는 세계 최고의 소프트웨어 제조회사이다. 정규직 8천명 등 1만5천명이 시애틀 본사에 근무한다. 박사급 연구원만 350명이 근무하고 전세계 30여 군데 연구소가 있다. 인도, 대만, 동남아시아 각국 등 비선진국 우수인력을 스카웃해 적극 활용한다. 빌 게이츠가 1997년 'DNS(Digital Nerves System, 디지털 신경체계)'를 제창한 뒤로 1999년 6월 통합사무자동화 '오피스 2000'을 출시했고, 같은 해 10월 '윈도 2000'을 출시했다 MS는 'PC플러스 시대(멀티미디어, 인터넷 시대에도 PC가 사라지지 않고 계속 중요 역할을 수행할 것)'를 외친다. 앞에서도 설명했듯이 MS는 PC용 OS(운용체계)를 주수입원으로 하고 있기 때문이다. 바로 이 'PC 플러스 시대'에 필요한 것이 MS로서는 DNS다. DNS시대의 핵심요소는 2가지다. '지식노동자(Knowledge Worker)'와 '디지털 대시보드(Digital Dash Board)'. 창조적 아이디어를 가진 지식인이 디지털 대시보드를 통해 때와 장소에 구애받지 않고 인터넷으로 자신의 작업을 찾아 들어가 일할 수 있는 시스템을 말한다. 물론 '오피스 2000'과 '윈도우 2000'을 통해서다. 이렇게 2000년을 준비하는 MS가 과연 목표대로 잘 사업을 추진해 나갈 것인가? 이를 비관적으로 보는 시각과 낙관적으로 보는 시각 2가지를 소개헌디.

① 비관론

「BiII Gates의 왕국이 망할 수밖에 없는 83가지 이유」 라는 글이 1998년 12월 6일 Wired(http://www.wired.com/wired/archive)에 실렸다. MS가 없는 PC를 상상할 수 있을까? MS가 무적이 아니라는 83가지 이유를 소상히 밝히고 있다.

---

25) 『Private Cable & Wireless Cable』, 1999. 5.

② 낙관론

MS사를 비관적으로 보는 전망이 나온 지 두 달 만에 비즈니스위크는 MS가 변신을 꾀하기 위한 노력을 기울이고 있다고 낙관적인 전망을 펴고 있다. 비즈니스위크는 변신 노력의 한 가운데 스티븐 발머 사장이 있다고 보았다. 비관적인 전망에서는 빌 게이츠와 스티븐 발머의 역할분담이 분명치 않다면서 관계설정에 문제가 있음을 지적했다. 그러나 비즈니스위크는 두 사람이 원만하게 역할분담을 해 새시대를 대비하고 있다고 봤다. 스티븐 발머 사장이 내세우는 신 경영전략을 '비전버전(Vision Version)2'라고 소개했다. '비전버전2'는 한마디로 '고객경영 중심'이라고 요약할 수 있다.

(4) MS분할

2000년 4월 미국 연방법원은 MS사가 독점금지법을 위반했다고 판결했다. MS사의 분할이 유력시된다. 미국사회의 독특한 생존 방식이다. 미국은 자유방임을 내세우면서도 특정한 하나의 존재에 의한 다수의 지배를 인정하지 않는다. 독점을 죄악시한다. MS만이 아니다. 과거에도 특정 기업이 독점의 우려가 있을 때는 가차없이 칼을 대서 독점을 방지해왔다. 1984년 AT&T의 분할도 마찬가지다. 장거리 통신을 담당하는 AT&T를 7개 지역회사로 쪼갠바 있다. 통신업계에서 공룡처럼 독점적 지위를 키워가자 법원이 나서 강제 분할한 것이다.

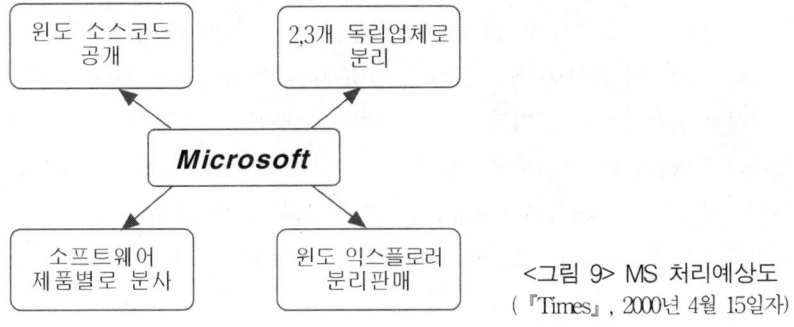

<그림 9> MS 처리예상도
(『Times』, 2000년 4월 15일자)

5. 인터넷

야후의 창립자 제리 양은 야후가 단순한 검색사이트가 아니라 미디어라고 말했다. 1998년 시카고에서 열린 인터넷 위원회에 라이코스, 인포시크, 알타비스타 등 6개 검색회사 최고경영자(CEO)들이 모였다. 사회자가 스스로를 미디어기업이라고 생각하는 사람만 손을 들라고 주문했다. 6명 모두 손을 들었다.26) 인터넷은 미디어다.

1. 인터넷(Internet) 개념

1) 웹 라이프 스타일(Web Life Style)

전기(Electricity). 전기라고 하는 Infrastructure를 갖춰 가능했던 삶의 방식을 Electric Life Style라고 부른다. 지나간 100년 20세기의 인류생활은 전기를 바탕으로 한 것이었다. 새로운 21세기는 하나가 더 추가된다. 앞으로 전기만큼 강력한 영향력으로 우리 삶을 바꿔놓을 또 다른 인프라스트럭쳐는 인터넷이다.

1970년대 이후 미국에서부터 정보화 사회라는 붐이 일었다. 탈산업화시대에는 정보가 우리 삶을 규정한다는 내용이었다. 미래학자들이 예견했던 정보화 사회를 실질적으로 실현시켜주고 있는 동력이 바로 인터넷(Internet)이다. 지구촌 누구라도 접근이 가능한 정보의 바다, 인터넷이야말로 정보화 시대 우리 삶을 규정하고 변화시켜 나갈 가장 큰 원동력이라는데 이의를 달 사람은 많지 않을 것이다. Electric Life Style에 해당하는 Web Life Style이 새롭게 펼쳐진다. 인터넷이 있어야 가능해지는 새로운 일들이 무수히 생겨나고 우리의 삶을 지배할 것이다. 이미 만들어 가고 있다. 미래의 주택은 인터넷과 연결돼 모든 일

---

26) 『동아일보』, 2000년 3월 4일 야노 나오키(矢野直明) 인터뷰 중에서.

이 가능하다. 집안의 모든 전자제품은 인터넷으로 끄고 켠다. 사무실에 앉아서도 집안의 각종 가구와 전자제품을 조종할 수 있다. 미래의 일만도 아니다. 한 국계로 세계적인 인터넷 황제가 된 손정의 사장 집에는 PC가 50대 있다고 한다.

"이들 PC는 집안의 전자레인지, TV, 자동차 등 모든 전자 제품과 연결돼있다. 뉴욕의 호텔에서도 이들 자동차와 전자기기를 작동할 수 있다."고 손사장은 말했다.[27] 인터넷 황제답게 실생활에서도 인터넷으로 모든 것을 해결하고 있다.

아르바이트로 시작해 미국 휴렛 팩커드사의 최고경영자(CEO)에 오른 여성 사장 칼리 피오리나는 인터넷을 수도에 비유했다. 피오리나 사장은 "앞으로 인터넷은 수도와 전기처럼 어디서나 틀어 쓸 수 있는 환경이 될 것"이라면서 "PC에 의존하고 있는 인터넷 접속환경을 일상생활 속으로 확대시켜 아주 친근한 정보도구로 발전시킬 수 있을 것"이라고 전망했다.[28] 이를 반영하듯이 국내 아파트 건설업체들은 초고속 인터넷 서비스 설비를 갖춘 아파트를 속속 등장시키고 있다. TV와 인터넷을 동시에 하는 것은 물론 리모콘으로 인터넷 홈쇼핑을 하고, 주문형 비디오를 본다. 옆집과는 화상대화, 음악은 MP3로 다운 받는다. 이런 아파트들이 2000년 하반기부터 시민들 곁으로 다가가고 있다.

웨스트 플로리다 대학의 커뮤니케이션 학부 오터(P. J. Auter) 교수의 지적은 이 새로운 미디어를 한마디로 정의해 준다. "진실로 인터넷은 90년대 후반을 지나 2000년대를 맞으면서 인간 커뮤니케이션(의사소통과정)의 모든 형태를 통틀어 새로운 채널이 됐다고 주장해도 지나치지 않다."[29] 꿈이 아닌 현실로 다가오는 만큼 인터넷에 대한 기초적인 이해는 꼭 필요하다.

---

27) 1999년 12월 21일 서울 롯데호텔 초청강연
28) 1999년 11월 27일 서울 신라호텔 강연
29) August, E. Grant & Jennifer Harman Meadows, 『Communication Technology Update 6th Edition』, 1998, p. 109.

주방

좋은 아침! 커피 메이커❶가 주인의 스케줄을 확인한 다음 6시에 커피를 끓이기 시작한다. 다행스럽게 냉장고❷가 우유팩의 유통기한이 됐음을 알고 추가주문❸했다. 전자오븐❹이 머핀빵을 감지해 적당한 시간동안 굽는다. 주인이 잠을 자는 동안 식기세척기❺는 새로운 종류의 세제를 감지해 제조사의 전자우편을 보낸다. 제조사는 세척기의 소프트웨어를 원격 업그레이드해 새 세제에 맞게 세척 사이클을 조절한다.

거실

아들이 소파에 앉아 팜톱 컨트롤 장치❻를 이용해 웹❼, 오디오❽, 비디오게임❾을 넘나들며 즐긴다. 잠시 후 전등❿이 자동으로 켜진다. 아들은 애완견 클라이드⓫의 위치를 확인한다(인터넷은 컴퓨터 칩을 내장한 목줄로 개를 인식한다). 수조⓬는 수온을 알맞게 유지하며 pH수치를 모니터 한다.

사무실

그날 아침 아버지가 디지털 서판⓭으로 신문을 스캔하는 동안 비서가 원격조종으로 파일을 프린드⓮한다. 아버지는 그 파일에 컴퓨터 호치키스⓯를 꽂는다. 컴퓨터 호치키스는 프린트된 파일을 컴퓨터⓰의 문서에 연결시켜준다. 아버지는 팜톱 컴퓨터⓱로 스캐줄을 확인한 후 약속을 기입한다. 변경사항이 그날 입을 상의⓲에 부착된 소형 컴퓨터에 동시 기록된다. 비디오 카메라⓳가 아버지의 불안한 정서를 감지하고 여흥을 제공한다. 아들이 거실에서 보고 있는 것과 같은 스포츠 경기 중계다.

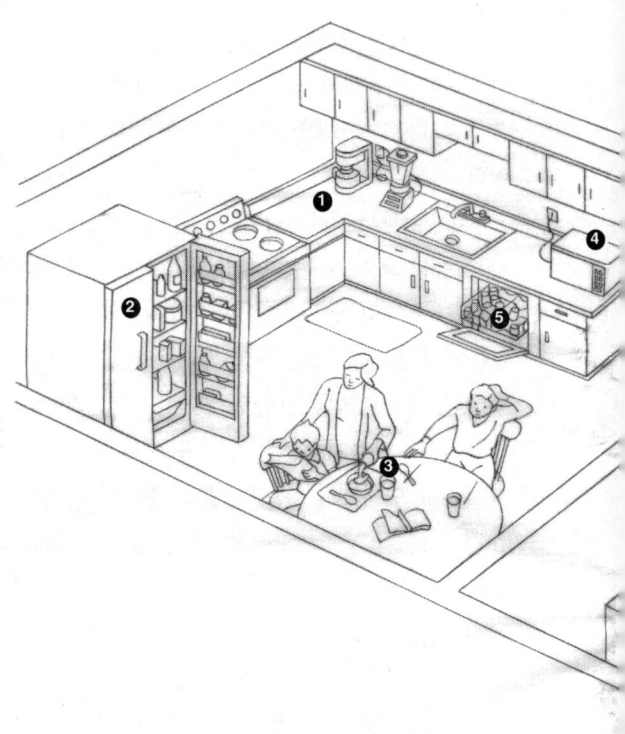

욕실

어머니가 양치질하는 동안 세면대 위에 걸린 거울⓴에 조간의 헤드라인이 뜬다.
변기㉑는 화학적 표본조사를 통해 가족의 건강을 체크한다.
의료함㉒이 생체 인식을 통해 아버지를 확인하고 상복약을 내주는 한편 아이들의 접근을 막는다.

아버지가 약속장소로 가기 위해 차를 타자 차에 장착
된 컴퓨터가 상의의 소형 컴퓨터에서 목적지를 내려받
아 인터넷에서 위치를 확인한 후 교통상황을 모니터하
며 운전 중인 아버지에게 방향을 알려준다❹. 자동차
는 문제가 발생하자마자 정비소에 통보한다.

2) 인터넷의 개념

(1) 배경

미·소 냉전이 첨예하던 1960년대 미소간에 대규모 전쟁이 일어났을 때 컴퓨터 시스템이 사용불능에 빠지는 것을 막고, 전쟁을 계속 수행할 수 있도록 하기 위해 고안했다. 1957년 소련이 인공위성을 쏘아 올려 미국을 앞서가자 미국은 1958년 군사분야 활용가능 과학기술 연구를 지원하는 ARPA(Advanced Research Project Agency)를 설립했다. 여기서는 컴퓨터끼리 통신하는 기술을 연구했다. 미국의 중요정보를 지역별 컴퓨터에 분산하고 각 시스템을 네트워크로 원격관리해 한 지역이 파괴돼도 다른 지역에서 모든 것을 관리한다는 구상이다. 조선시대 정부 공식문서 실록을 정부가 있는 한성뿐만 아니라 전국의 주요 4대 사고에 나눠 보관했다. 전쟁을 의식해 정보를 효율적으로 나눠 통합관리하려던 60년대 미국방성 관리들의 의도와 일치한다. 여기서 성공한 기술이 ARPANET이다. 인터넷 역시 군사목적으로 생각해 낸 것이다. 오늘날 통신위성, 방송위성 서비스가 모두 과거 스타워즈 계획에 따라 군사위성계획을 수립했다가 냉전해체로 수요가 없어진 위성의 활용방안에서 나온 것과 마찬가지다.

(2) 발전과정

1969년 스탠포드 대학 등 4개 대학을 ARPANET으로 처음 연결했다. 1969년 9월 2일 UCLA 렌 클라인록 교수 연구실에 모인 학생들은 당시 덩치 큰 컴퓨터 앞에 앉아 'LOG'라는 글자를 스탠포드 대학의 컴퓨터로 보냈다. 전화로 글자가 전송됐는지 확인했다. 컴퓨터를 통한 전송이 처음 시작된 순간이다. 전송속도는 50Kbps였다. 다른 대학과 기업들도 자료전송과 이용을 위해 이 ARPANET에 가입해 1972년 연결 컴퓨터가 23개로 늘었다. 70년대 서로 종류가 다른 컴퓨터끼리의 자료전송을 위한 규약을 만들었다. 1974년엔 오늘날 쓰이는 인터넷 규약 TCP/IP이 탄생했다. 인터넷이라는 이름도 나왔다. 인터넷의 기원을 이때로 보는 사람도 많다. 종류가 다른 컴퓨터끼리의 연결을 실현했기 때문이다. 1976년엔 111대. 1981년엔 213대로 늘었다. 1983년 INTERNET이라는 이름을 정식으로 사용하기 시작했다. 국제인터넷 통신규약(TCP/IP)을 정식 채택한 것이다. 일부에선 이날을 인터넷의 출발로 보기도 한다. 이듬해인 1984년에는 인터넷 주소를 할당하는데 쓰는 '도메인 네임 어드레싱 시스템'도 만들었다. 1986년에는 미국국립과학재단이 미국내 슈퍼컴퓨터를 연결한 NSFNET (National Science Foundation Network)를 만들었다. 1990년 전송속도가 1.544Mbps로 빨라졌다. 90년 이후 전송속도와 연결컴퓨터의 발전은 널리 아는 대로다. 1990년대부터는 인터넷이 정부와 교육기관 주도에서 산업적 목적으로 급속히 전환됐다.

1993년 미국정부가 초고속 정보통신망 정책을 발표하고 이후 94년부터 인터넷이 급부상했다. 미국에선 업자들이 망을 무료로 업그레이드 해주고 1995년부터 본격상용화를 시작했다. 전송속도는 155Mbps까지 빨라졌다. 접속컴퓨터는 91년 61만대, 93년 200만대, 95년 600만대, 96년 1천500만대로 늘었다. 이제는 컴퓨터 없이도 접속이 가능하다. 아직도 UCLA에 근무 중인 클라인록 교수는 "지금은 흥분된 순간" 이라면서 "이제 인터넷의 구석기 시대를 빠져나오기 시작했다"고 인터넷 30주년을 맞은 1999년 9월 2일 말했다.[30]

(3) 개념

인터넷은 수많은 근거리 통신망(LAN, Local Area Network)들을 전세계 규모로 연결해 하나의 데이터 베이스화한 통신망을 말한다. '네트워크의 네트워크'로 세계 규모의 네트워크 집합체다. 네트워크 안에서는 통신이 자유로웠다. 그러나 이차원을 넘어 네트워크와 네트워크 사이에도 아무런 장애없이 연결할 수 있도록 한 것이다. 컴퓨터의 사양에 따라 운영체계가 다르지만 표준통신규약 TCP/IP(Transmission Control Protocol/Internet Protocol)을 사용해 정보의 원활한 유통을 가능하게 한다. 그러나 인터넷을 단순한 컴퓨터, 네트워크의 집합체로 볼 수는 없다. 정보의 교환 그 자체로 볼 수 있다. 각각의 개별 네트워

---

30) AP, 1999. 9. 2.

크는 개인, 기업, 정부, 교육기관, 사적인 집단 등이 개별적으로 유지관리, 운영한다. 과거 무료이던 인터넷은 상업화와 급성장에 따라 많은 사이트가 유료화되고 있고, 적어도 광고를 포함하고 있다.

(4) 인터넷 구성

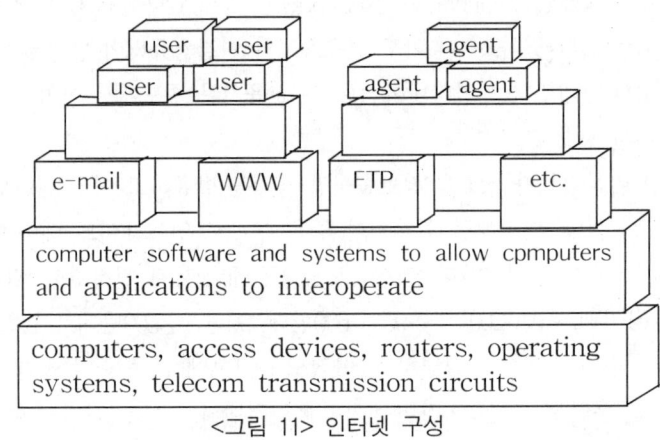

<그림 11> 인터넷 구성
(K. W. Han, Howard Univ. 1999.)

3) 인터넷 주소(도메인)

(1) 주소의 개념

인터넷에 연결된 모든 컴퓨터는 자기 고유한 주소를 갖고 있다. 주소가 있어야 하는 이유는 간단하다. 특정 컴퓨터가 인터넷을 통해 다른 컴퓨터로 연결돼야 정보를 검색하고 교환할 수 있다. 그렇다면 컴퓨터가 다른 컴퓨터를 인식할 수 있는 근거, 표시가 있어야 한다. 우편배달부가 주소를 보고 특정인의 집을 찾아가 편지를 전달하듯, 컴퓨터도 다른 컴퓨터의 주소를 보고 그 주소지 즉 필요한 컴퓨터를 찾아가 접속한다. 그러나 이 주소는 숫자로 복잡하게 돼있어 외우기가 쉽지 않다. 그래서 주소마다 도메인이라고 불리는 이름을 부여한다.

컴퓨터 특정번호가 인터넷 주소이고 이를 알기 쉽게 정한 이름을 도메인이라고 한다. 따라서, 인터넷 주소를 도메인 이름으로 볼 수 있다.

(2) 도메인 이름 작성

도메인 이름 작성은 아무렇게나 정하는 게 아니라 '도메인 시스템(DNS, Domain Name System)'이라는 주소부여체계에 따른다. 인터넷 서비스를 제공하는 수많은 기관들은 이 체계에 따라 도메인 네임을 제정, 관리한다. 도메인의 명명체계는 해당 도메인의 국적, 기관종류, 기관명에 따라 결정한다.

- 국적

인터넷을 시작한 미국은 국적이 없다. 그리고 다른 나라들은 도메인의 가장 오른쪽에 나라 이름을 약어로 표시한다. 한국은 'kr', 일본은 'jp', 중국은 'cn', 호주는 'au', 프랑스는 'fr' 등이다.

- 기관 종류

도메인 기관 종류를 약어로 표시한다. 정부는 'go'나 'gov', 단체는 'or' 혹은 'org', 민간기업은 'com'이나 'co', 학교는 'ac', 'edu' 등이다. 군대는 'mil' 등이다.

- 해당 기관명

국적과 기관종류 다음에 구체적인 해당 기관명이 영문약자로 등장한다. 서울방송의 경우 'sbs'이다. 그리고 이들 국가, 기관종류, 기관명 사이에는 '.(dot, 점)'을 찍어 구분해준다. 예를 들어 서울방송 도메인 이름은 'sbs.co.kr'이 된다.

(3) e-mail주소

인터넷 가입 컴퓨터의 주소 도메인 이름을 정했다면 그 다음엔 인터넷을 이용하는 컴퓨터 사용자들이 각자 자신의 주소(이름)를 가져야 전자메일(e-mail)의 교환이 가능하다. 이용자 개인의 e-mail 이름은 이용자가 가입돼 있는 네트워크의 도메인 이름 왼쪽에 8자 이하의 알파벳이나 숫자로 자신을 나타내는 영어약어를 적어 넣으면 된다. 그리고 도메인명과 개인의 e-mail이름 사이에는 흔히 골뱅이 표시라는 '@'를 넣는다. at 또는 address의 약자라고도 한다. 저자의 e-mail 이름을 예로 들면 'KIM34@sbs.co.kr'이 된다.

(4) 주소 규제

자기와 전혀 관련 없는 기업이나 제품의 상표에 대해 인터넷에 먼저 주소 (도메인)를 정해놓고 비싼 값에 해당기업에 파는 행위가 건전한 인터넷 문화육성에 장애요인이 돼왔다. 인터넷상의 무단 주소점유자(사이버 스쿼터)를 규제하기 위한 노력이 구체적으로 진행되고 있다. 세계지적재산권보호(WIPO)의 인터넷위원회는 1999년 5월 보고서를 통해 '등록상표의 소유주만이 인터넷에 해당상표를 도메인에 등록할 수 있도록' 보고했다. 또 남의 도메인네임을 갖고 있는 이들 사이버 스쿼터에게 도메인을 양도하도록 강제하는 안을 마련하도록 촉구했다.

2. 이용실태

1) 세계

전세계적으로 인터넷 사용자수는 기하급수적으로 늘고 있다. 1998년 9월 Nua Internet이 조사한 자료는 전세계 인터넷 인구가 1억4천8백만 명이었다. 그리고 2000년에는 2억5천만 명으로 늘 것으로 추정했다.[31] 그러나 1년 뒤 미국의 시장 조사업체인 앵거스 레이드(ARG)가 조사한 결과 1999년 12월말 기준으로 전세계 인터넷 인구는 4억 5천만 명으로 늘었다고 발표했다. 1999년 11월과 12월 전세계 34개국 2만8천명을 상대로 조사한 결과다. 2005년에는 10억 명에 이를 것으로 전망했다. 특히 이 보고서는 '인터넷이 TV처럼 보급되기 위해서는 미국식으로 PC형 보급을 추진할게 아니라 유럽형처럼 휴대전화기나 카페 등 여러 사람이 모이는 장소에서 접하는 형태로 발전해야할 것'이라고 주장했다.

미국은 인터넷이 시작된 나라이다. 인터넷은 그만큼 미국에서 가장 활발하

---

31) R. Davis(Chairman of Lycos Network), 「인터넷 산업발전에 따른 정부 정책 방향」, Hotel Lotte. Seoul. 1999. 5. 25.

미국	10,810 (단위:만명)	
일본	3,240	
독일	1,810	
영국	1,410	
캐나다	1,250	
한국	1,100	
프랑스	880	
이탈리아	670	
호주	650	
브라질	520	

<그림 12> 주요국 인터넷
이용 성인수
(앵거스 레이드 그룹(ARG),
1999. 12, 한국은 2000. 3.)

게 이용하고 있다. 그래서 지금은 미국이 유럽에 비해 인터넷 인구나 전자상거
래 등 인터넷 각 분야에서 앞서 있다. 현재 유럽연합 15개 국가의 인터넷 이용
자수는 5천만명에 이른다. 미국의 2분의1에도 못 미친다. 그러나 유럽에서 인
터넷 열기가 불기 시작해 2003년에는 미국과 유럽연합의 인터넷 인구가 같은
수에 이를 것으로 전망된다. 사회주의 중국도 인터넷 인구가 급증하고 있다.
중국에서는 인터넷을 후롄왕(互聯網), 서로 연결하는 망이라고 부른다. 1994년
미국과 중국이 인터넷 가입에 합의한 뒤로 늘기 시작한 인터넷 인구는 1998년
210만명에 불과했지만 1999년엔 890만명에 이르렀다. 워낙 인구가 많아 2001
년에는 4천만명, 2002년엔 6천100만명이 인터넷을 이용할 전망이다. 2005년에
는 미국을 앞지른 세계 최대의 인터넷 이용국이 될 것이라고 미국의 정보기술
조사회사 양키그룹이 1999년 8월 보고서에서 전망했다. 중국은 우려와 기대가
엇갈리는 속에 인터넷 시대를 맞고 있다. 도메인 인수는 97년 4천여개에서 99
년 4만8천개로 늘었다. 중국은 현재 상당수의 사이트 접속을 제한하고 있다.
미국의 CNN은 물론 주요신문의 사이트가 모두 금지돼 있다. 그러나 WTO체

제에 가입하게 되면 인터넷 접속 서비스인 ISP는 몰라도 인터넷 코텐츠를 제공하는 ICP업은 개방할 것으로 보인다.

2) 한국

우리 나라에 인터넷이 처음 들어온 것은 1982년 서울대와 구미간의 시스템 구축이 이뤄지면서부터다. 그러나 전문가나 학교에서 주로 이용할 뿐 일반에는 보급되지 않았다. 1990년대 들어 서서히 보급되기 시작해 1996년을 넘으면서 열풍이 몰아쳤다. 1999년 8월 520만 명을 돌파했다. 2000년 3월 기준으로 7개월만에 2배 이상 늘어난 1천100만 명을 기록하고 있다. 폭발적인 신장세다. 지난 94년만 해도 국내에서 인터넷 이용자는 13만7천명에 불과했다. 그러던 것이 95년 36만6천 명, 96년 말에는 73만1천명으로 배나 늘었다. 97년에는 163만 명으로 다시 배 이상 늘었다. 98년 310만 명으로 늘었다. 정보통신부는 오는 2003년 이용자수가 1천600만 명에 이를 것으로 전망하고 있다.

도메인수도 크게 늘고 있다. 인터넷 초창기인 93년 말 국내에 있는 도메인은 (kr.domain) 불과 61개에 그쳤다. 1년 뒤인 94년 292개로 늘었다. 95년에는 579개. 96년에는 인터넷붐과 함께 2천664 개로 크게 늘었다. 97년에는 8천45개로 96년에 비해 3배나 증가했다. 1998년에는 2만6천166 개. 1999년 5월에는 5만4천95 개로 폭증했다. 1999년 6월 30일 정보통신부는 세계에서 처음으로 개인도메인을 허용했다. 접수를 시작하자마자 한꺼번에 신청이 폭주해 접수가 중단되기까지 했다. 30일 당일 2천 개, 둘째 날에는 2만개, 셋째 날에는 4천 개가 접수됐다. 1999년 9월 1일자로 12만4천 개가 됐다. 미국에 이어 독일이 39만6천개 영국이 36만8천 개이고 호주와 우리 나라가 12만4천 개로 같은 수준이다. 1999년 11월 1일 기준으로는 16만개로 늘었다.

이색적인 이름을 보면 최초로 개인도메인 등록을 한 조미숙씨의 '4989.pe.kr' 앞으로 인터넷 쇼핑시대 크게 각광받을 것으로 보인다. 'job'도 있어 직장 구하기와 무관하지 않을 것으로 보인다. 'ilovekorea', 'korea' 같은 애국적인 이름도 보이지만 'master', 'lotte', 'jesus' 같이 문제의 소지가 있어 보이는 이름도 있다. 'gongzza(공짜)', 'cha-cha-cha(차차차)', 'dalmuri(달무리)', 'agizagi(아기자기)', 'alzza(알짜)', 'jinjjaro(진짜로)' 등 재치있는 이름도 등록됐다. 숫자를 이용한 '4you', '594989'도 있다. 한발 더나가 'iloveyou' 'lovegirl' 'koreagirl' 'agassi' '33girl' 등 어떤 방향으로 쓰일지 쉽게 예측이 가능한 이름도 들어있다.

3. 기술발전

인터넷의 기술변화는 눈부시다. 무엇보다 이용자가 폭증하면서 고속, 무선 인터넷 접속방법이 당면과제로 떠오르고 있다.

1) 제2 인터넷

지금의 인터넷은 당초 1970년대 중반 대학과 연구소 등에서 쓰기 위해 설계된 것이다. 따라서 1990년대 중반이후 이용자가 폭증하고 있는 현상황에서는 인터넷망이 불충분할 수밖에 없다. 그래서 기존의 인터넷을 벗어나는 새로운 인터넷의 논의가 자연스럽게 나왔다. 1996년 시작된 제2인터넷 논의는 기존의 인터넷을 대체하려는 시도라기보다는 기존의 초고속망을 더욱 확대, 발전시키려는 것이다.[32] 차세대 인터넷 연구 프로그램에는 이미 1백50여 개 대학과 AT&T, 시스코 등 통신 및 네트워크 장비 개발업체 15개사가 참여해 산학 협력 형태로 연구가 이뤄지고 있다. 여기에 1999년 5월 세계 최대의 컴퓨터 소프트웨어 업체인 MS가 '인터넷2' 연구에 참여하기로 했다. '인터넷2'로 명명된 차세대 인터넷은 현재 기업과 대학에서 사용하는 가장 빠른 회선보다 1천배 이상 빠른 속도로 자료를 전송할 수 있다.

---

32) Forbes, 1999. 5. 13. Tele. Com 1999. 3. 22. 33 p.

2) PC없는 인터넷 연결

초기 인터넷은 컴퓨터를 통해서만 가능했다. 일반 이용자들은 PC를 구입해 PC를 통해서 인터넷과 접속했다. 그러나 기술발달에 힘입어 PC를 거치지 않고 바로 인터넷에 접속할 수 있다. 우선 TV다. TV에 연결해 인터넷과 접속하는 Web TV가 그 전형이다. 이어 무선호출기능으로 접속하는 방법도 나타났다. 셋톱박스만 있으면 언제나 PC 없이도 연결할 수 있게 된 것이다. 인터넷에 곧바로 접속해 e-mail을 점검하고 웹페이지를 찾아볼 수 있는 기능을 갖춘 스크린폰이나 일반 사전 크기로 소형화된 인터넷 접속장치 등이 나왔다. 스크린폰은 일반 전화기와 같은 크기로 작은 키보드와 스크린이 장착돼 있어 거실이나 주방 등에 설치할 수 있다. 일반 컴퓨터처럼 부팅과정을 거치지 않고 곧 바로 인터넷에 연결되기 때문에 e-mail 점검이나 간단한 정보검색 등에 유용하다. 앞으로는 PC를 벗어나 개인이 지니고 다니면서 사용할 수 있는 개인휴대정보 단말기(PDA)에서 통신업계의 경쟁이 집중될 전망이다. 포스트 PC 시대라는 말이다. "2001년에서 2002년 사이 PDA가 PC처럼 널리 보급될 것"이라고 미국의 시장조사 전문기관인 IDC사는 전망하고 있다. 무선 인터넷 접속인구를 잡는 업체가 정보통신시장을 주름잡게 될 것이란 주장이다.

프랑스에서는 초기 형태의 스크린폰인 '미니텔'이 인터넷 이용자들 사이에서 큰 인기를 얻고 있다. AOL은 미니텔을 개발한 프랑스의 알카텔사와 합작으로 스크린폰을 개발했다. 그러나 스크린폰이나 사전크기의 접속장치 등은 이직 e-mail 점검이나 온라인 주식거래 등 잠깐씩 인터넷에 접속하는데 이용될 뿐이다. 온라인 대화나 장시간에 걸친 정보검색 등에서는 아직 PC를 따라잡지 못하고 있다. 따라서 아직은 PC의 대체물이 되지는 못할 것으로 전망된다. 그러나 기술개발속도가 워낙 빨라 PC기능을 대체할 날도 그리 멀지 않은 장래에 실현될 전망이다.

미국의 팜톱(손바닥 크기 컴퓨터) 컴퓨터 개발업체인 3Com이 무선으로 인터넷에 연결할 수 있는 '팜 VII'을 99년 5월 출시했다. 팜VII의 등장이 인터넷을 사무실 안에서 해방시켜 자동차안이나 야외 등 전화선이 없는 곳에서의 접속을 가능하게 만들었다. 팜VII은 미 전역의 주요 도시를 연결하고 있는 벨 사우스사의 무선 데이터 네트워크를 이용하게 된다. 3Com의 기기와 체제는 MS사가 팜톱과 PDA시장을 겨냥해 내놓은 윈도우 CE체계를 앞서는 것으로 나타나 있다. 사이버노트사는 옷처럼 입고 선글라스 식으로 쓰는 모니터를 개발해 시판하고 있다. 퀄컴사는 휴대전화와 개인휴대정보단말기를 합한 스마트폰 PdQ를 선보였다.

3) 고속 접속

인터넷상에서 각종 멀티미디어 응용이 늘어나고 이에 따른 이용자가 폭증하면서 고속접속의 필요성이 강하게 대두되고 있다. 기존에는 유선으로 컴퓨터 모뎀을 사용했다. 이어 ISDN, X-DSL, 케이블 모뎀도 활용했다. 무선상으로의 접속도 증가한다. 지상파는 물론이고 GEO/LEO의 위성을 사용하기도 한다. MMDS와 LMDS도 대안으로 떠오른다.

4. 한국의 기술발전

1) 무선 인터넷

(1) 위성인터넷

한국통신은 전국 어디에서나 무궁화위성을 이용해 고속 인터넷을 이용하고 위성방송까지 수신할 수 있는 위성 인터넷 서비스를 99년 5월부터 제공하기 시작했다. 위성인터넷 서비스의 속도는 평균 128Kbps로 최대 1Mbps까지 가능하며 기존 전화선보다 20배 이상 빠르기 때문에 ISDN(종합정보통신망)급 이하의 지상망에서는 제공할 수 없는 실시간 동영상 서비스 제공이 가능하다. 파라볼라 안테나를 달면 직접 수신도 가능하다. 위성인터넷 서비스는 다지점 영상서비스, 특정지점에 원격 음성교육이나 음악방송 등이 가능한 다지점 오디오 서비스 등 위성멀티미디어 서비스가 가능하다.

(2) 이동전화 인터넷

지금까지 CDMA(다중분할 코드접속)를 이용한 이동전화는 음성위주의 전화기능이었다. 그러나 인터넷 발달로 음성에서 인터넷 접속을 위한 데이터 전송으로 사용방향이 확산되고 있다.

• 삼성전자

우리 나라에서는 삼성전자가 1999년 6월부터 무선 인터넷 서비스를 국내 개발 기술로 처음 시작했다. 자사가 개발한 스마트폰을 이용해 주식거래와 은행업무는 물론이고 예약과 전자메일을 가능하게 한다. 특히 뉴스와 정보검색도 가능하다. 삼성은 이를 위해 중소벤처기업 에이아이넷과 '무선인터넷 서비스 애니웹'을 개발했다.

• LG텔레콤

LG텔레콤도 무선 인터넷 서비스를 시작했다. LG정보통신이 생산하는 스마트폰을 통해서다. 그러나 이는 미국의 UP사가 개발한 웹을 이용한다.

• 한국통신, SK텔레콤 사업협력

한국통신과 SK텔레콤은 삼성전자의 방식에 참여하지 않고 양사가 협력해 독자적인 길을 가기로 했다. 011셀룰러 사업자인 SK텔레콤과 016 PCS(개인휴대통신) 사업자인 한국통신프리텔은 무선인터넷 사업에서 협력키로 하고 1999년 5월 합의했다. 이에 따라 양사는 CDMA(코드분할다중접속)망을 이용한 무선인터넷 서비스를 활성화시키기 위해 국제기술규격에 맞는 사업자 기술표준 제정 및 관련 기술 개발을 공동으로 추진했다.

• 신세기통신

삼성전자가 국내 개발해 구축한 무선인터넷망을 이용하지 않고 독자적인 웹 브라우저를 갖기로 했다.

(3) 이동전화 + 노트북 컴퓨터

노트북 컴퓨터에 이동전화를 연결해 인터넷에 접속한다. 전용선에 연결된 컴퓨터처럼 인터넷을 자유자재로 하고 동영상을 받아 TV도 시청할 수 있다. 이동전화의 규격을 IS-95A에서 IS-95B로 승격시켰기 때문이다. 전송속도가 14.4kbps에서 115kbps로 빨라졌다. 따라서 동영상의 전송이 자유롭다. SK텔레콤은 011 가입자들에게 이 서비스를 1999년 9월부터 시작했는데 단말기가 미국 퀄컴사 MSM-3000칩이 내장돼 있어야한다. 노트북에는 무선데이터통신용 프로그램을 깔아야한다.

한통프리텔 016과 한솔 PCS 018도 보급에 들어갔다. 또 곧 IS-95C로 승격시킬 예정이어서 성능은 더욱 좋아질 전망이다.

(4) 무선 노트북 연결

이동전화와 노트북을 연결하는 케이블이 있어야 했다. 그러나 2000년 6월부터는 이동전화와 노트북을 케이블로 연결하지 않고 노트북에 카드만 집어넣을 경우 어디서든 인터넷을 연결할 수 있는 장치를 개발했다. 한국통신프리텔이 서비스를 시작했다. 노트북을 많이 사용하는 영업사원들이나 기자들에게 큰 도움을 줄 전망이다.

2) 다양한 유선접속

(1) 케이블망 활용

최근 가장 주목받는 인터넷 서비스로 자리잡고 있다. 케이블TV의 망을 사용한다. 케이블 가입자만이 사용할 수 있다. 우리 나라에서는 한국전력이 운영하는 케이블망만 가능하다. 1999년까지 전국 6대도시, 2000년까지는 전국으로 확대된다. 10Mb/s~256Kb/s의 속도로 서비스를 제공. 하나로통신과 두루넷이 한국전력이 보유한 케이블망을 이용해 서비스한다. 서울, 수도권을 시작으로 전국으로 확대하고 있다.

(2) ISDN 고속 서비스

ISDN(Integrated Services Digital Network, 고속정보통신망. - 문자, 영상, 음성 등을 하나의 망으로 연결하는 서비스). 일반전화선을 사용할 수 있다. 하나의 전화선으로 인터넷 연결과 전화사용이 동시에 가능하다. ISDN은 협대역(Narrow Band) ISDN과 광대역(Broad Band) ISDN 2종류가 있다. 전화국에서 반경 4㎞안에 있어야하고 전화번호를 바꿔야한다. 64-128Kb/s의 속도로 전화와 인터넷 서비스.

(3) xDSL

각 전화국과 가입자사이에 데이터를 송수신할 수 있는 DSL(Digital Subscriber Line) 모뎀이 필요하다. 이 DSL 모뎀을 이용한 전송기술을 말한다. DSL은 디지털 가입자회선이라는 뜻으로 미국의 벨연구소가 처음 개발해 지은 이름이다. xDSL은 전송속도와 거리 등에 따라 여러 가지로 분류된다.

DSL(Digital Subscriber Line), HDSL(High-Bit-rate Digital Subscriber Line), SDSL(Single-line Digital Subscriber Line), ADSL(Asymmetric Digital Suscriber Line). 기존의 구리전화선을 그대로 쓴다. 아파트나 대형 건물까지 광케이블로 연결한다. ADSL(비대칭 디지털 가입자망)을 통하면 8Mb/s~384Kb/s의 속도로 인터넷에 연결해준다. ADSL 모뎀과 LAN 카드만 있으면 가능하다. 일반전화보다 100배 속도가 빠르다. 하나로통신이 1999년 4월, 한국통신이 1999년 6월부터 서비스에 들어갔다. VDSL(Very High-speed Digital Subscriber Line).

종류	전송속도	최대전송거리	응용분야
DSL	양방향 180Kbps	5.4km	ISDN 서비스, 음성 및 데이터 통신
HDSL	양방향 1.544Mbps 또는 2.048Mbps	3.6km	T1/E1 서비스 Feeder설비, WAN 및 LAN 서버 접속
SDSL	양방향 1.544Mbps 또는 2.048Mbps	3km	HDSL 응용분야

종류	전송속도	최대전송거리	응용분야
ADSL	상향 1.5~9Mbps 하향 16~640Kbps	5.4km	인터넷 접속, VOD, 단방향 라디오, LAN접속, 양방향멀티미디어
VDSL	상향 13~52Mbps 하향 1.5~2.3Mbps	300m~1.5km	ADSL 응용분야 + HDTV

<표 15> xDSL 기술비교
(『인터넷 방송』, 6장 인터넷 방송의 미래, p. 212.)

업체명	서비스종류	최고통신속도	이용요금
한국통신 ADSL은 기존 전화 가입자기준	ADSL	830Mbps	· 월 이용료 5만원(장비임대료 1만원 포함) · 가입설치비 3만원
	ISDN-II	128kbps	· 월 기본료 8,900원 + 전화요금 · 가입설치비 10만7,800원
	위성인터넷	1.5Mbps	· 월 3만3,900원 + 전화요금 · 위성수신장비 구입비 43만원 · 가입설치비 15만원
하나로통신 ADSL과 ISDN은 음성전화 1회선포함	ADSL 프로	8Mbps	· 월 이용료 4만4,000원(장비임대료 5,000원 포함) · 가입설치비 10만원
	ADSL 라이트	1Mbps	· 월 이용료 3만4,000원(장비임대료 5,000원 포함) · 가입설치비 10만원
	광(光)ISDN	128kbps	· 월 기본료 8,000원 + 이용요금(기본형) (정액형은 월 1만8,000원~2만3,000원) · 가입설치비 9만원(모뎀임대시 월 3,000원 추가)
	케이블TV 인터넷	10Mbps	· 월 이용료 3만9,000원(장비임대료 5,000원 포함) · 가입설치비 6만원
두루넷	케이블TV 인터넷	10Mbps	· 월 이용료 4만8,000~5만8,000원 (장비임대료 1만~2만원포함, 2년 이상 약정시 월1만원) · 가입설치비 7만원

업체명	서비스종류	최고통신속도	이용요금
드림라인 중계유선 방송망과 HDSL 통합	드림라인	10Mbps	· 월 이용료 3만8,000~4만8,000원 　(장비임대료 0~1만원포함, 2년 약정시 무료) · 가입설치비 9만원
	드림라인 라이트	1Mbps	· 월 이용료 2만9,000~3만9,000원 　(장비임대료 0~1만원포함, 2년 약정시 무료) · 가입설치비 9만원
삼성SDS	위성인터넷	1.2Mbps	· 월 이용료 5만원+전화요금 · 위성수신장비 구입비 50만원 　(임대시 월1만~2만원부담) · 가입설치비 10만원

<표 16> 업체별 서비스 요금

5. 인터넷 과제

1) 지적소유권

　정보의 바다 인터넷은 그만큼 정보를 놓고 지적소유권 분쟁을 빚기 쉽다. 대표적인 분야가 음반이다. 음악을 불법으로 마구 복제해 판매하기 때문이다. BMG, EMI, 소니뮤직, 유니버설 뮤직, 워너뮤직 등 국제 음반 제작사 단체인 디지털 음악 보호구상(SDMI)은 음반불법복제 때문에 골머리를 앓고 있다. 이를 막기 위해 디지털 음반플레이어의 새 제작기준을 1999년 7월 마련하기까지 했다. 'MP3 파일'이 나온 뒤로 이런 문제는 더욱 심각해지고 있다. 'MP3 파일'은 통신망을 통한 음악전송 파일이다. MPEG Audio Layer-3의 약어이다. 오디오 신호를 컴퓨터에 저장하고 통신망을 통해 전송할 수 있도록 고안된 디지털 압축방식을 말한다. 음질이 CD 수준으로 좋고, 비용이 저렴해 음악애호가들로부터 선풍적인 인기를 얻고 있다. MP3는 'MP3.com'으로 나스닥시장에 상장까지 해 큰 인기를 얻었고, 관련자들은 막대한 부를 축적했다. 대형음반제작

회사들이 MP3의 해적행위를 차단하기 위해 새로운 기술개발에 나서는 이유는 여기에 있다. 국내도 예외는 아니어서 MP3를 활용한 음악전송을 놓고 저작권자, 인터넷 서비스 제공업자, PC통신업자간에 다툼이 벌어졌다.

2) 해킹

아울러 해킹도 문제다. 국제암호전문가들은 7개월간의 작업 끝에 155자리수의 암호체계를 푸는데 성공했다. 현재 인터넷에서 일반적으로 쓰이는 국제표준 암호체계가 '512비트 암호'인데 안전하지 못하다는 사실이 입증된 것이다. 이 작업에 292대의 컴퓨터가 동원됐지만 정부소유의 대형컴퓨터를 이용하면 1주 내로 해독이 가능하다고 한다. 암호체계가 512비트보다 더 어렵고 난해한 것이 나왔지만 미국정부가 이의 수출을 금지해 전세계 인터넷 전자결재의 95%가 512비트 체계다.[33] 따라서 이론적으로 대부분의 인터넷 결제가 해킹 당할 위기에 있다는 것을 말해준다. 전자 서명법과 전자 상거래법 통과로 인터넷 전자 사인이 일반화됐다. 해킹에 대한 대비가 요구된다. 바이러스에 의한 피해 역시 심각한 문제다. 2000년 5월초 전세계는 e-mail을 통해 전파된 바이러스로 막대한 피해를 입은바 있다.

3) 정보유출(사생활 침해)

인터넷을 통해 국가의 고급정보, 개인신상, 회사기밀과 관련한 정보들이 원치 않는 외부로 유출될 가능성이 더욱 커지고 있다. 실제로 일어나기도 해 문젯거리가 된다. 서울지방검찰청 외사부는 1999년 7월 00벤처기업 관련자 5명을 사법처리했다. 00회사는 이름만 걸어놓고, 국내대기업이나 전문벤처기업이 개발한 기술을 그 회사 직원을 포섭해 빼내온 것으로 밝혀졌다. 포섭대상이 된 회사의 직원들은 일단 포섭되면 근무도중 첨단 기술을 개인용 노트북 컴퓨터에 담아두었다가 00벤처기업에 넘겨줬다. 00기업측은 넘겨받은 기술을 e-mail

---

33) 『New York Times』, 1999. 8. 27.

을 통해 중국으로 빼돌렸다는 것이다. 이와는 별도로 국가정보기관 등이 정식 절차도 밟지 않고 편법으로 인터넷에 들어와 e-mail 내용까지 마구 정보를 뒤지는 것으로 밝혀져 1999년 국회가 시끄러웠던 적이 있다. 전자 상거래시대를 맞아 정보의 유출은 심각한 사회경제적 문제를 일으킬 수 있다. 또 사생활 침해로 이어질 수도 있다.

4) 도메인 네임 문제

business.com은 750만 달러, 85억 원을 받았다. computer.com은 50만 달러에 팔렸다. 전직 실리콘밸리 프로그래머인 케빈 싱클레어(42)는 인터넷이 많이 알려지지 않았던 지난 94년 도메인 네임을 '그저 좋아보여서' 등록했으나 인터넷 비즈니스가 번창하면서 횡재를 했다. 'drug.com'은 1999년 8월 6일 열린 경매에서 82만3천 달러에 팔렸다. 이에 앞서 5월에는 'wallstreet.com'이 1백만 달러에 팔렸다. 'tobacco.com'은 15만 달러, 'slim.com'은 20만 달러에 가격이 오르내리고 있다. 국가적인 차원의 도메인네임 판매도 있다. 지구온난화에 따른 해수면 상승으로 나라가 바닷물에 잠기고 있는 남태평양의 소국 투발루. 인터넷 국명이 '.tv'다. 이 '.tv'를 미국 캘리포니아의 아이디어랩이란 회사가 무려 5천만 달러, 550억 원에 사들였다. TV회사들에게 팔아먹겠다는 계산이다.

국내에서는 청바지 업체 닉스가 'ifree.com'을 3억 원에 사들였다. 이렇게 인터넷 도메인 이름 하나로 횡재하는 일이 늘자 전문적으로 인터넷 도메인 이름을 만들어 등록한 뒤 한 건을 노리는 사람도 늘고 도메인의 매매를 중개하는 업체까지 생겨나고 있다. 미국에선 정기적으로 경매가 열리고, 국내 역시 'bongikimsundal(봉이김선달)'같은 중개업체가 활동하고 있다.

상표권 시비도 있다. 가장 웃지 못할 컴퓨터업계의 황제 빌 게이츠다. 그의 이름 'billgates.co.uk' 즉 영국에서 누군가 빌 게이츠를 앞서 도메인 등록을 하고는 거액을 요구하고 있다. 200만 파운드, 37억 원을 요구하고 있지만 빌 게이츠는 역시 황제답게 단호하다. "도메인 사냥꾼에게는 한 푼도 줄 수 없다"는 입장이다. '라네즈', '마몽드'를 제작 판매하는 화장품회사 태평양. 인터넷에 다른 회사가 먼저 'laneige', 'mamonde'를 등록해 버렸다. 태평양은 이 회사를 고소했다. 세계적인 상표, '샤넬' 향수와 성인용품을 판매하는 다른 사람이 먼저 등록을 해버렸다. 이 바람에 프랑스의 샤넬측은 한국지사에서 이름을 사용할 수 없다면서 역시 소송을 제기했다. 유명회사나 그 회사의 상품 이름을 점거한 채 본래 회사에게 비싼 값에 팔아먹는 '사이버 점거(Cybersquatting)'는 일일이 열거하기 어려울 정도다. 미항공우주국(NASA). 어느 개인이 'nasa.com'을 차려놓았다. 우주과학에 대한 정보를 기대하는 게 무척 어리석은 일이란 것을 접속하면 곧 알게된다. 성인오락으로 가득하기 때문이다. 한술 더 뜨는 사이트도 있다. 'whitehouse.com'. 미국 대통령이 집무하는 세계의 심장부 백악관과는 물론 아무런 관련이 없다. 혹시 고급정보나 백악관에 대한 정보를 기대한다면 바로 색다른 경험을 한다. 클린턴과 힐러리의 온갖 외설스러운 사진으로 가득 채워져 있다. 실제 백악관은 'whitehouse.gov'이다.

이런 가운데 투기행위는 실패라는 지적이 나왔다. 1999년 7월 15일 뉴욕타임즈를 보면 인터넷 투기행위가 대부분 실패로 끝난다고 전하고 있다. 투기꾼들은 야후 등에 수천 여 개의 쓸만한 인터넷주소를 올려놓았다. 그러나 90% 가까이는 사겠다는 사람이 나오지 않는다. 사겠다는 사람이 있거나 입찰이 있어도 대개 초기등록비용 70달러도 못 미치는 가격에 매매가 형성돼 투기꾼들이 울상을 짓고 있다는 소식을 전하고 있다. 일부 개성 있는 주소에만 관심이 모아진다는 것이다. 'porno.com', 'memo.com' 같은 경우만 여기저기서 제의가 들어올 뿐이라고 전한다. 유사품들 예를 들어 윔블던을 흉내낸 'iwimbledon' 등은 누구도 관심을 나타내지 않고 있다.

5) 정보폭증

네티즌들이 주로 정보를 찾는 방법은 검색엔진을 이용하는 것. 검색엔진이 충분하게 정보를 찾을 수 있게 만들어줄까?

1999년 영국의 권위 있는 과학 전문지 '네이처'는 여기에 부정적인 답변을 내놓고 있다. 미국 뉴저지주 프린스턴에 있는 NEC연구소 S. Lorens 박사팀은 인터넷 검색엔진이 전체 정보의 불과 16%만을 검색할 수 있게 해줄 뿐이라는 연구결과를 '네이처'지에 기고했다. 연구팀은 세계각국의 인터넷 서버팀 숫자와 각 서버가 제공하는 정보량을 조사한 뒤 세계적으로 널리 이용되는 11개 대표적인 검색엔진의 성능을 검사했다. 그 결과 월드와이드웹(www)에는 약 280만개의 서버가 있고, 평균 289페이지의 정보를 담고 있는 것으로 나타났다. 전체 정보량은 따라서 8억 920만 페이지. 그러나 가장 성능이 좋은 검색엔진이라도 전체 정보의 16%만을 담고있다. 전체 정보량이 3억2천만 페이지였던 96년 가장 우수한 정보검색엔진이 33%를 검색할 수 있었던 것에 비해 반 이상 낮아진 수치다. 그러나 연구팀은 11개 검색엔진을 동시에 쓸 경우 전체의 43%까지 검색할 수 있어 다행이라고 밝히고 있다. 연구팀은 또 정보의 83%가 상업적인 것이라고 밝혔다. 외설적인 정보는 1.5%, 과학·교육정보는 6%. 음란물이 과학·교육정보의 4분의1이나 된다는 측면에서 음란물이 얼마나 범람하는지 알 수 있다.

6. 인터넷 활용

1999년 7월 1일. 서울 성동구 옥수동 삼성사이버 아파트. 50대에서 20대 후반까지 남녀 7명이 15평 아파트로 들어갔다. 한 쌍의 부부도 있다. 이들은 흰옷으로 갈아입고 각자의 방으로 들어갔다. 지극히 평범한 사람들이다. 인터넷에 관심이 많고, 평소 인터넷을 가까이 한다는 이외에는 보통사람들이다. 아파트 내부에는 컴퓨터 1대만이 있을 뿐이다. 인터넷에 연결된 컴퓨터. 나머지는 세면도구와 휴지가 전부다. 먹을 것도 입을 것도 없다. 아무 것도 없다. 외부와 연락할 아무런 방법이 없다. 이들은 5박6일간 밖으로 나오지 못한다. 100만원이 주어졌다. 그 돈으로 오로지 인터넷만 연결해 살아야 한다. 물건을 구매하

든 책을 사보든 생필품을 사는 일도 오로지 인터넷만으로 한다. 인터넷으로
물건을 사 쓰고, 재료를 구입해서 음식 만들어 먹고, 책이나 음반 같은 기타 문
화용품을 구입해서 보고, 인터넷을 통해 중계되는 TV를 보고, 채팅하고, 필요
한 메시지 보내면서 일상생활과 똑같이 사는 것이다. 아시아에서는 처음 열린
'인터넷 서바이벌 99' 행사였다. 이들의 생활모습은 유니텔을 통해 24시간 생중
계됐다. 5박6일간 모두 무사히 인터넷 생활을 마치고 일상으로 돌아왔다. 아니
이들에겐 5박6일이 일상이었는지도 모른다.

1) 전자 상거래

인터넷을 통해 재화나 용역을 주고받는 행위를 '인터넷 전자상거래'라고 한
다. 인터넷 사용이 폭발적으로 늘어나면서 이 같은 인터넷 전자상거래가 주목
을 받고 있다. 미국 상무부는 98년 4월 「떠오르는 디지털 경제」라는 보고서에
서 다음과 같이 인터넷 사용의 증가를 표현했다. "라디오는 5천만 인구가 청취
하기까지 38년이 걸렸다. TV는 5천만 명이 시청하기까지 13년이 걸렸다. PC
는 다소 늦은 16년이 걸렸다. 인터넷은 5천만 명이 이용하기까지 4년밖에 걸리
지 않았다." 인터넷이 폭발적으로 늘어나는 만큼 인터넷을 통한 상거래도 급속
히 늘어날 전망이다.
미국의 포레스터 리터치사는 99년 미국의 인터넷 상거래 규모가 200억 달러
에 이르렀다고 밝혔다. 2004년엔 1천840억 달러라고 전망했다. 우리 나라의
LG경제연구소는 2002년 세계 전자상거래 규모가 7천900억 달러에 이를 것으
로 내다봤다. 미국의 투자은행 골드먼 삭스는 1999년 7월 21일 아시아 인터넷
사업보고서를 만들면서 아시아의 전자상거래 시장규모가 2003년 320억 달러에
이를 것으로 예측했다. 우리 나라도 97년 63억 원, 99년엔 344억 원, 2000년엔
613억 원으로 매년 2배 이상 큰 폭으로 늘어날 것으로 전망하고 있다. 그러나
아직은 낮은 수준이다. 전국경제인연합회가 1999년 6월 204개 회원사를 상대
로 조사한 결과 21%만이 인터넷거래를 하고 있는 것으로 밝혀졌다. 또 활용중

이라 해도 매출액에서 차지하는 비율은 1%에도 못 미쳤다.

그러나 PC에 이어 이동중 개인휴대단말기 등으로 전자상거래를 할 수 있는 체제가 갖춰지면서 전자상거래는 폭발적으로 늘어날 전망이다. INTEL사의 A. 글로브 회장의 발언은 이와 관련해 시사하는 바가 크다. 인터넷 상거래가 얼마나 중요한가를 보여주는 발언을 했다. 글로브 회장은 1999년 5월 22일 L. A 타임즈 주최로 열린 연례 투자 세미나에서 "앞으로 5년 안에 인터넷과 연계되지 않은 기업은 도태될 수밖에 없다."고 말했다. 그는 "고물 수집상까지 인터넷을 통해 사업을 하는 상황"이라고 향후 기업활동과 인터넷과의 관련성을 강조했다. 인터넷과 인터넷상거래의 중요성을 시사한 대목이다.

2) 업종별 상거래

(1) 증권업

인터넷을 활용한 온라인 증권거래가 폭발적으로 늘어나고 있다. 한국의 경우 1998년 한해동안 선물과 옵션거래를 포함한 온라인 거래액이 22조4천억 원에 불과했다. 그러나 1999년 5월 한달 동안 온라인 규모는 23조9천억 원으로 98년의 전체보다 많아졌다.

삼성, 현대, 대신, LG, 대우 등 5개 상위 증권사의 경우 1999년 상반기 사이버 거래가 1998년에 비해 13배나 늘었다. 세종증권은 사이버 거래를 집중 육성해 거래의 60%를 사이버거래에 의존하고 있다. 인터넷을 통한 증권거래가 붐을 이루는 이유 가운데 하나는 낮은 수수료. 직접 객장을 찾아 거래할 때 수수료는 0.5%. 그러나 온라인으로 의뢰할 경우 수수료는 5분의1인 0.1%다.

객장이 없는 사이버 증권사도 등장했다. 1999년 5월 정부는 자본금 30억 원 이상으로 '자기매매를 하지 않고 위탁매매만 전문으로 하는 증권사'를 세울 수 있도록 법을 개정했다. 데이콤의 자회사 데이콤 인터내셔널은 2000년 서비스를 목표로 인터넷 증권거래를 포함한 인터넷 종합 금융업에 진출한다. 미래에셋 등 많은 업체들이 사이버 증권사 설립에 나서고 있다.

(2) 은행업

전화통 붙잡고 하는 폰뱅킹을 넘어 인터넷을 통해 각종 은행업무를 볼 수 있도록 각 은행이 인터넷 업무 체계를 갖추고 있다. 사이버 증권사처럼 인터넷 은행도 선보이고 있다. 보통예금과 정기예금 등의 예금업무뿐 아니라 외화예금도 하고, 무담보 카드론도 취급한다. 인터넷상의 상품 거래에 대한 대금지급 등도 다룬다. 은행감독기구의 감독도 받고 예금자 보호법도 적용 받는다. 인터넷은행의 최대 강점은 저비용. 점포도 필요 없고, 직원도 적다. 따라서 수수료는 아주 낮게 받고, 이자는 높여준다. 미국에선 이미 업무를 하고 일본에도 2000년에는 선을 보였다. 우리 나라도 사이버 증권회사가 생기는 만큼 곧 인터넷 은행이 생겨날 것으로 보인다.

한국통신은 인터넷 금융사업을 전담하는 사내기업 '한국통신 커머스 솔루션즈'를 설립했다. 지금까지 모두 28개 은행과 가상은행시스템을 공동 개발했다. 'banktown.com' 서비스다. 이를 토대로 17개 은행과 인터넷은행 서비스를 시작했으며 나머지은행들도 곧 인터넷 은행 서비스를 시작한다. 고객들은 전자통장을 개설해야한다.

(3) 음악산업

영국출신의 록스타 데이비드 보위는 1999년 9월 21일 새 앨범을 공개했다. 상점에서의 발매에 앞서 인터넷을 통해 음반판매에 나섰다. 50개의 주요 음악 소매상 사이트에 신곡을 보낸다. 그러면 음악팬들은 이 사이트에 소정의 금액을 지불하고 원하는 곡들을 전송 받는다. 음반가게에서는 10월 5일부터 구입했다. 보름 일찍 인터넷에 공개해 네티즌들을 즐겁게 하고 인터넷을 통한 음악산업부흥을 시도한 결과다.

미국 AT&T와 유니버설 뮤직, 일본 마쓰시타(松下)전기, 독일 BMG 엔터테인먼트사는 인터넷을 통해 디지털 뮤직을 송수신하고 이를 저장, 재생할 수 있는 '전자미디어분배망(EDM, Electronic Media Distribution)'의 개발에 나섰다. 이들 4개사는 EDM이 개인용 컴퓨터를 통해 음향효과가 뛰어난 디지털 뮤직을 수신 받거나 이를 저장, DVD를 비롯한 다른 음향장치를 통해 재생할 수 있도록 할 것이라고 밝히고 있다.

4개사는 이러한 기술을 디지털 뮤직의 보급을 위한 전세계적인 표준인 'SDMI'에 맞춰 개발할 것으로 알려졌다.

인터넷을 통한 디지털 음악 전송 사업은 규모가 얼마나 될까? 매출이 오는 2004년에 전 세계 음반산업 매출의 8%인 40억 달러 규모로 성장할 것이라고 시장조사회사인 MTI사는 전망한다. 영국 일간 파이낸셜 타임스는 MTI 보고서를 인용, 인터넷 디지털 음악 전송 사업이 2010년에는 전체 음반산업 매출의 20%선으로 성장할 것이라고 1999년 5월 26일 보도했다. 인터넷 디지털 음악 전송사업은 미국이 2004년에 22억8천만 달러로 가장 큰 시장을 차지하고 일본이 4억800만 달러, 영국이 2억1천500만 달러, 독일 2억800만 달러, 프랑스가 1억 2천만 달러에 달할 것으로 전망했다.

(4) 인터넷 쇼핑몰

인터넷상에 백화점 즉 쇼핑센터를 세워놓은 것이다. 쇼핑몰을 설치한 업체들은 전시공간이 필요 없다. 인터넷상에 자신이 조달할 수 있는 물품이나 서비스를 소비자가 찾아 구매하기 쉽도록 잘 정리해 놓으면 된다. 가전제품, 생활필수품, 책, 의류… 상가나 쇼핑센터에서 구입할 수 있는 모든 것이 포함된다. 전시공간이 없는 장점 외에 국내외 구분도 없다. 인터넷은 전세계를 연결한 통신망이다. 미국이나 유럽, 지구 어디라도 인터넷만 연결된다면 상품과 서비스를 사고 팔 수 있다. 결국 공간적인, 지리적인 제한을 없애버린 컴퓨터 안의 상품매매행위다. 국내외적으로 다양한 인터넷 쇼핑몰이 존재한다. 개인이 홈페이지를 개설해 할 수도 있다.

3) 국가기관

정부가 갖고 있는 각종 정보나 행정정보를 특별히 안내책자를 만들거나, 인쇄물로 표현해 배포할 필요가 없다. 행정정보 데이터 베이스를 구축해 국민들이 쉽게 인터넷상에서 각종 정보를 얻을 수 있도록 한다. 각종 서류발급 같은 민원업무도 동사무소나 구청에 가지 않고도 발급 받을 수 있다. 세금이나 공과금도 인터넷을 통해 납부할 수 있다. 이밖에 관청내의 모든 결재를 컴퓨터를 통해 할 수 있다. 제주도청은 본청내 모든 서류를 없애고 전자결재 시스템을 구축해 효과를 얻고 있다.

4) 교육

가상대학이나 특정대학의 외국분교설립이 자유로워진다. 해외연수나 유학이 사라질 수도 있다. 특강도 전세계적이다. 국내외 어디서라도 유명연사가 인터넷 중계 속에 특강을 할 수 있다. 취미교실같은 특강도 집에 앉아 편안하게 들을 수 있다. 학교교육 역시 교사들이 칠판에 써가며 직접 가르칠 필요성도 줄어든다. 값비싼 참고도서를 잔뜩 사들일 이유도 사라질 것이다. 인터넷상의 교육방송 채널도 무수히 등장한다. 학위논문 등을 지금까지는 도서관에 가서 일일이 뒤져봐야 했다. 그러나 인터넷에 올릴 경우 손쉽게 집에 앉아 지구촌 곳곳의 훌륭한 논문과 연구서를 접할 수 있다. 인터넷은 엄청난 학술의 보고로 거듭날 수 있다. 국내에서는 제주대학 등이 석·박사 학위논문과 외국의 학술지 등에서 발췌한 연구논문 등을 인터넷에 올려 서비스하고 있다.

5) 문화

인터넷을 통해 영화와 연극을 상영한다. 음악회나 연주회도 인터넷을 통해 접한다. 영화뿐이 아니다. 기타 어떤 종류의 영상작품이든 상영할 수 있다. 위성인터넷을 이용해 영화나 각종 문화작품을 감상할 수도 있다. 한국통신은 자신이 소유한 무궁화위성의 중계기 1대를 활용해 100개의 채널로 동시에 영화나 스포츠중계, 연극 같은 문화작품 중계를 시작했다. 수신안테나를 구입해 서비스에 가입하면 위성을 통한 인터넷 접속은 물론 원하는 문화행사 서비스를 제공받을 수 있다. 인터넷 개인 방송국이 늘면서 소수만이 향유하거나, 지리적 경제적 이유로 다수가 누릴 수 없었던 다양한 문화를 접할 수 있다. 모든 문화 행사는 인터넷을 통해 생중계한다. 미항공우주국(NASA)은 1999년 8월 11일 인터넷을 통해 유럽에서 펼쳐진 20세기 마지막 개기일식을 생중계했다. 우주 비행사가 해설자로 나서 네티즌과 쌍방향 대화도 나눴다. 연예인들의 공연이 나 기자회견도 인터넷 등을 통해 생중계된다. 법원의 재판과정도 생방송 중계 했다. 물론 우리 얘기는 아니고, 미국의 상황이다. 인터넷은 방송사처럼 모든 현장을 생방송 중계할 수 있다. 정치집회 ,사건현장, 문화행사 등 모든 종류의 현장을 TV보다 너무나 손쉽고 저렴한 비용으로 중계한다.

6) 정치

뜨거운 모래바람, 작열하는 태양, 섭씨 45도를 웃도는 폭염. 이런 기후에 야 외에서 연설회를 한다든지 하는 정치집회란 상상하기 어렵다. 집안에서 인터 넷을 통해 정치인의 홈페이지에 들어가 연설을 듣고 e-mail로 대화도 나눈다. 중동의 사막나라 쿠웨이트의 풍경이다. 인터넷을 정치에 활용하는 사례다. 보 수적인 회교국가에서 다른 오락도 없고, 너무 더워 야외활동이 안 되는 상황에 서 젊은이들은 인터넷에 열중한다. 총인구 80만 명의 쿠웨이트. 여름철엔 미국 이나 유럽으로 피서를 간다고 한다. 그러나 280명이나 출마하는 총선이 치러진 1999년 여름은 집에서 인터넷을 통해 정치에 참여했다. 인터넷과 정치의 만남 은 이런 회교국가에게도 퍼졌다.

한국은 2000년 4월 총선을 통해 정치와 인터넷의 만남을 실감했다. 선거관 리위원회는 후보자에 관한 전과기록 등 모든 정보를 인터넷에 띄웠다. 불법 선 거운동 고발도 접수받았다. 정치개혁을 외치는 시민단체들의 낙선자 명단발표 등 모든 선거개혁운동이 인터넷을 통해 이뤄졌다. 인터넷이야말로 시민운동의 진정한 친구가 될 수 있다. 전화료나 웹사이트 개설료만 있으면 누구와도 연결 해 자유롭게 의견을 전하고 발표할 수 있기 때문이다. 선거감시도 인터넷이 하고 있다. 의원들의 행태 등도 감시해 고발할 수 있다. 인터넷을 통해 유권자들의 서명을 받고 특정이슈를 청원도 할 수 있다. 정치인 감시, 선거감시, 여론형성, 정책대안제시… 제한이 없다. 후보자들이 홈페이지를 만들어 유권자와 만나는 일은 이제 기본이 됐다. 인터넷에서 후보자간, 후보자와 유권자간 토론도 가능하다. 연설회도 밖으로 나갈 필요가 없다. 인터넷에서 더 많은 정치관련 정보를 얻을 수 있다.

인터넷을 통해 정치자금을 모집하면 철저하게 자금의 흐름을 추적할 수 있어 투명정치 구현에 유리하다. 2000년 미국대선에서 민주당의 앨고어 부통령과 겨뤘던 브래들리는 하루 7천여 달러씩 모두 77만 달러를 인터넷을 통해 모금했다. 다양한 방법으로 5천만 달러를 모은 공화당의 부시 후보는 기부자 명단을 인터넷에 공개해 투명성을 높였다. 인터넷이 전자민주주의(E-Democracy)의 확산을 가져올 것이라고 1999년 10월 19일자 뉴욕타임즈는 전망했다. 전자투표도 가능하다. 선거에 관심이 없는 젊은 유권자들의 관심을 유도하기 위해 미국의 일부 주들이 도입을 검토하고 있다. 텍사스나 플로리다, 유타주 등은 이미 해외 거주자들에게 인터넷 투표를 허용하고 있다. 민주주의를 확대한다는 지지를 받고 있다. 젊은이들이 열중하는 사이트에 정당이나 정치인들이 광고를 하기도 한다. 사이트별로 주 이용 네티즌의 연령대가 있다.

물론 터무니없고 일방적인 상호비방, 불법선거운동 등의 부작용도 나타나고 있다. 2000년 뉴욕주 상원의원 선거에서 맞붙은 공화당의 줄리아니 뉴욕시장과 미주당의 클린턴 대통령부인 힐러리. 줄리아니가 포문을 열었다. 'rudyyes', 'hillaryno'라는 사이트를 만들어 힐러리에 맹공을 퍼부었다. 그러자, 캘리포니아 지역의 민주당 지지자들이 'yesrudy'라는 사이트를 열었다. 민주당원들이 공화당 후보 사이트를 만든 이유는 쉽게 짐작할 수 있다. 루디의 지지자들은 루디의 사이트인줄 알고 들어갔다. 그러나 거기에는 루디가 과거 아이티의 독재자 듀발리에를 지지한 발언을 입력해 놓는 등 줄리아니 시장을 비난하는 내용으로 가득 차있다.

3 멀티미디어

지금까지 올드미디어(Old Media)와 뉴미디어(New Media)에 관해 살펴봤다. 이제 멀티미디어(Multi Media)에 대해 짚고 넘어갈 때다. 멀티미디어에 앞서 융합(Convergence)이란 무엇인지부터 개념을 정리하는 것이 순서다.

1. 융합 (Convergence)

1. 개념

융합(Convergence)에 대한 개념은 지금은 사망한 미국 MIT 대학의 교수 de Sola Pool의 정의를 고전으로 삼는 게 타당할 듯하다. 영어권에서 융합에 대해 최초로 언급한 것으로 기록할 수 있다. 또 가장 기본적인 내용을 담고 있다고 평가된다. Pool 교수는 융합이란 "종전에는 별개의 다양한 매체를 통하여 전달되던 내용이 하나의 매체로 전달되거나, 한 매체에 의해 전달되던 내용이 다양한 매체를 통해 전달되는 과정이나 현상"이라고 정의했다.[34] 이런 융합을 가져온 원동력을 크게 4가지 분야의 기술발전으로 요약할 수 있다.

① 디지털화 – 디지털화로 처리할 수 있는 정보의 양이 기하급수적으로 늘어났고 이는 많은 정보취급을 요하는 융합의 한 동인이 됐다.

② 소형화 – 처음 컴퓨터가 나왔을 때 초대형 진공관을 사용했다. 점점 기술발전이 이뤄져 트랜지스터로 집적회로(IC, Integrated Circuit)로 점점 초소형화 과정을 밟고 있다.

---

34)「Technologies of Freedom」, MIT Press, 1983 .

③ 네트워크(Network)의 발전도 하나의 동인이다.

④ 교환기술 - 통합한 정보를 수용자에게 쌍방향으로 전달하기 위해서는 ATM같은 교환기술의 발달이 필수적이다.

융합을 말하면서 몇 가지 개념을 명확히 구분할 필요가 있다.

· 멀티미디어(Multimedia) - 기술을 이용해 기기로서 눈앞에 현실화시킨 기계공학적 개념이다.

· 초고속 정보 통신망(Information Superhighway) - 기계공학적으로 구현된 형태로서의 개념이 아니다. 정보사회라는 개념에서 사회간접자본이라는 측면이 강하다.

· 매체 융합(Media Convergence) - 미디어라는 구체적인 형태에서 산업적인 개념이 강하게 밴 개념이다.

2. 종류

융합은 자연상태에서부터 기술/기기차원, 네트워크 차원, 산업/서비스 차원으로 다양하며 어디서든 융합의 결과는 복잡해지고 바빠지고 시끄러워지는 것이다.35)

1) 자연현상

융합을 쉽게 생각할 필요가 있다. 자연발생적으로 또 인간이 활용하기 위해 자연 속에 만들어 놓은 각종 형태의 사회간접자본에도 융합은 있다. 계곡물은 산밑에서 시내를 이루고 작은 시내가 모여 큰 개울을 만든다. 개울은 평야지대로 내려와 서로 만나 강이 된다. 강은 목마른 대지를 적셔준 뒤 바다로 흘러간다. 바다라고 하는 거대한 융합체에서 자연의 모든 것이 하나가 된다. 자연과

---

35) K. J. Han, Howard University, Washington.

인간환경에는 융합이 늘 존재한다. 사람과 사람이 융합하면 무엇이 생기는가? 우정, 다툼… 남자와 여자가 만나면? 사랑, 미움… 사회와 사회, 국가와 국가가 만나면… 모든 자연의 이치는 융합이고 거기서 결과를 낳는다.

2) 기술과 기기

인간기술이 발달하면서 다양한 형태의 융합이 등장한다. 기술을 서로 접목해 새로운 형태나 고안이 등장한다. 연필을 보라. 쓰는 부분과 지우는 부분이 위 아래로 달려 있다. 융합의 원시적이면서도 아주 효율적인 보기이다. 라디오도 처음엔 별개로 존재하다가 AM/FM 겸용이 나왔다. VHF TV와 UHF TV 겸용도 마찬가지다. Boombox(휴대용 카세트 라디오)도 같은 예다. 테이프도 넣어 들을 수 있고 AM/FM 라디오도 나온다. 물론 휴대용이고, 이렇게 기술적으로 정도를 더하다 보면 비록 원리는 간단하지만 최첨단 융합형태가 기기로 등장한다. 프린터와 전화/팩스/복사기 기능을 한번에 갖는 기기도 나온다. PC와 TV를 합한 형태도 선보였다. 화상전화는 물론 최근 선보인 화상이동전화… 모두가 기술 융합의 결과물이다.

3) 산업, 서비스

정보산업과 통신산업이 융합한다. 방송과 통신산업의 융합도 나타난다. 전통적으로 방송과 통신은 서로 구분할 수 있는 뚜렷한 특징을 가졌다. 그러나 이런 전통적인 개념으로 설명할 수 없는 부분이 발생했다. 새로 발생한 영역은 방송과 통신의 전통적인 구분이 무너지는 융합의 범주에서 설명이 가능하다. 이런 산업적 차원의 융합이 인간에게 전달될 때는 서비스의 차원으로 바뀌어 나타난다. 예를 들면 통신산업의 전화와 방송산업의 TV가 연결돼 VOD나 홈쇼핑을 실현시키는 등이다. 사실 방송과 통신의 융합은 새로운 현상이 아니다. 방송과 통신은 한 뿌리에서 나온 2개의 가지이기 때문이다. 같은 토양의 영양을 먹고

자란 가지다. 무선전화 기술이 발전해 라디오가 됐다. TV와 화상전화는 같은 기술적 원리에서 출발한다. 따라서 방송과 통신의 융합은 어쩌면 당연한 일인 지도 모른다.36)

4) 네트워크

디지털화로 Wire Network와 Wireless Network, Public Network와 Private Network의 융합이 나타난다. 전화와 전보, 라디오와 전화, 케이블TV 와 전화, 컴퓨터와 전화도 망을 매개로 한 융합의 결과다. 방송과 통신의 융합 은 망의 공유를 가져온다. 방송망과 통신망이 필요한 자원을 공유한다. 케이블 과 위성은 대표적인 예이다. 망을 공유하면 주파수나, 정지위성 등 한정된 자 원을 차지하기 위한 치열한 경쟁이 나타난다. 궁극적으로 방송망과 통신망의 기능은 하나로 합쳐져 각종 서비스를 공급하고 있다. 방송 사업자 측면에서는 방송용 수신기인 TV만을 통하지 않고 PC나 인터넷 등 다양한 전송로를 이용 해 서비스를 제공할 수 있다. 네트워크의 융합이라고 해서 망 하나에 모든 것 을 다 싣고 다른 망은 없어지는 것을 의미하지는 않는다. 다양한 정보를 제공 하는 기능을 가진 통합된 망이 다수 존재할 것이다. 그리고 그 망들끼리 서로 경쟁한다. 유선망의 경우 광섬유를 사용해 다양한 기능을 한꺼번에 수행할 수 있는 여러 망들끼리 경쟁을 벌일 전망이다.

3. 미디어 융합

매체, 즉 미디어 융합(Media Convergence)은 융합의 여러 종류 가운데 우리 가 살펴봐야 할 가장 중요한 분야다. 매체융합에서 가장 먼저 떠올릴 수 있는 것 몇 개만 살펴보자. 먼저 비디오텍스(Videotex)가 있다. 신문과 전화와 컴퓨

---

36) 『放送と社會』, 「マルチメディア時代の 放送」, 日本民間放連盟, 東洋經齊新聞社, p. 5.

터의 융합결과로 나타났다. 비디오 온 디맨드(Vido on Demand)는 방송과 전화의 융합이다. 인터넷(Internet)은 모든 매체요소의 융합으로 볼 수 있다. TV와 PC의 관계를 중심으로 매체융합을 살펴보자.

1) PC의 TV화

처음 PC를 개발했을 당시 PC의 유용성을 제대로 파악하지 못했다. 컴퓨터를 계산하는 계산기로서의 기능만 생각했기 때문이다. 따라서 보급도 제대로 안되다가 1981년 IBM이 PC 생산에 나서면서 상황이 바뀐다. PC는 3단계 용도의 전환이 이뤄졌다. 우선, 계산의 개념에서 워드프로세서의 기능으로 전환이다. 2단계는 네트워크에 PC가 연결되면서 워드프로세서가 아닌 정보전달 매체, 정보통신수단으로 변화다. 여기서 비약적으로 발전한다. 인터넷은 그 결정판이었다. 1994년 PC의 총매출이 미국에서 TV의 매출액을 능가했다. 3단계는 방송 통신기술의 비약적인 발전에 힘입어 매체융합 현상이 발생하게 돼 PC가 TV의 역할을 겸할 수 있게 된 것이다. 이제 PC는 ① 단순 계산기, ② 워드프로세서, ③ 인터넷의 정보통신 수단에서 ④ TV까지 멀티미디어시대의 방송 통신 종합 매체로 변신을 거듭하게 되는 시점을 맞고 있다. 현재는 탈 PC시대로 덩치가 크고 장소가 고정된 PC를 벗어나 개인휴대 단말기(PDA)의 비중이 점차 커지고 있다.

T V	P C
4-6피트 떨어져, 편안히 몸을 뒤로 제낀 상태로 시청.	50-60cm 떨어져 앞으로 몸을 약간 구부려 불편한 자세로.
어렷이 함께 시청	혼자 사용
수동적인 자세로 시청	능동적인 동작
쿨 미디어	핫 미디어
프라임타임 시청	애니타임 가능

<표 17> TV와 PC비교
(G. J. Han, Howard Univ. 1999. 4.)

2) TV의 PC화

TV입장에서 보면 모든 게 반대다. 독립된 매체로 여겨지던 TV와 PC에 변화가 찾아왔다. 인터넷의 등장이다. 학술적인 차원에서 벗어나 90년대 중반이후 인터넷은 대중화를 선언하고 네티즌 곁으로 다가왔다. PC라는 단말기를 통해서였다. 당연히 색다른 아이디어가 떠올랐다. TV와 인터넷을 하나의 단말기로 할 수 없을까? 해결은 TV/PC(PC/TV)에서 구했다. 간단한 장치를 TV에달아 인터넷에 연결하게 해주는 Web-TV의 등장은 그 결정판이었다. TV를보면서 인터넷을 연결할 수 있다. TV와 인터넷을 동시에. TV의 PC화 선언이었고 양자의 결합이었다. 미디어를 구분 짓던 칸막이는 사라졌다. 서로의 영역을 침범한다는 말이 성립하지 않는다. 신문, 잡지, 방송, 출판, 라디오, 영화 등의 미디어가 혼연일체화하고 있다. 디지털이라는 전달수단으로 이제는 똑같은내용의 결과물을 인터넷에 만들어내고 있다.

4. 융합의 미래

1) 융합이냐 분화냐?

인간은 기본적으로 융합(Convergence)보다는 분화(Divergence)를 선호하는경향이 있다. 변화보다는 지금 것에 집착하는 유지의 본능을 무시할 수 없다.인간은 컴퓨터 칩만큼 빨리 변화하지는 않는다.

아이들을 보자. 복잡한 기능을 가진 하나의 큰 장난감을 선호하는가? 아이를 키워보거나 유심히 지켜본 경험이 있다면 그렇지 않다는 것을 알 수 있다.아이들은 많은 장남감을 원한다. 하나를 갖고 싶어 하다가 조금 내용이 바뀐새로운 것이 나오면 또 그 새것을 원한다. 끝없이 새로운 것을 다양하게 원한다. 상호보완적으로 좋아한다. 만능의 기능을 가진 하나의 것을 원하지 않는다.

미디어융합이 기술적으로 계속 발전할 것이다. 그러나 개발된 기술이 구체적으로 실현돼 우리 곁으로 다가와 보급되는 것과는 별개의 문제일수 있다. TV와 PC의 결합은 물론 미디어의 융합을 같은 맥락에서 생각해 볼 수 있다.

2) 융합의 기술적 과제

이론적으로 가능하고 또 초보적인 단계에서 실현했지만 아직 기술적으로 해결해야 할 과제들은 산적해있다. 쉽게 위성TV를 생각해보자. 현재 직접위성방송으로 수신할 수 있는 채널은 전세계 어디서나 안테나를 갖춘다면 수백 개가 넘는다. 그러나 위성방송회사마다 위성신호를 수신해 수상기에 띄어주는 셋톱박스는 전부 다르다. 직접위성방송사들은 한 회사가 100개 가량의 채널을 운용한다. 수용자가 A방송사 것도 보고 B방송사 것도 보고 싶으면 각 방송사의 셋톱박스를 따로 달아야 한다. 앞으로 직접위성방송사가 늘어날 경우 그만큼 많은 셋톱박스를 주렁주렁 TV옆에 달아야 한다. 이를 통합해 모든 위성방송을 하나의 셋톱박스로 수신할 수 있기 위해서는 기술발전이란 산을 넘어야 한다.

3) 융합의 경제성

융합환경을 조성하기 위해서는 막대한 투자가 이뤄져야 한다. 대용량의 통합 네트워크를 건설하는데 드는 비용을 살펴보자. 일본의 NTT는 FTTH를 실현하기 위해 가입자가정까지 광섬유를 깔 경우 2015년까지 모두 3천600억 달러가 소요돼 이 계획을 일단 포기했다. 투자의 경제성뿐 아니라 이용의 경제성도 따져볼 일이다. VOD를 실현해 가정에서 영화 한 편을 방송국으로 주문해 시청한다고 하자. 이때 전화선이나 기타 다른 네트워크를 통해 전송 받는 비용과 집 앞 비디오 가게에서 빌려보는 값 사이에 어떤 차이가 있겠느냐 하는 점이다. 아무리 좋은 서비스라 할지라도 접근가격이 비싸면 이용이 제한될 수밖에 없다. 접근비용을 낮추려는 끊임없는 노력이 필요하다.

4) 불확실성

이처럼 융합이 무엇인지에 대해서는 그림을 그릴 수 있으면서도 융합의 결과가 앞으로 어떻게 전개될 지에 대해서는 섣부르게 예단하기 어렵다. 기술적으로 가능한가, 경제적으로 무리 없이 접근할 수 있는가, 수용자들이 어떻게 받아들일 것인가 등에 있어 불확실한 측면이 많기 때문이다.

B. 퀸의 표현은 이런 불확실성을 가장 잘 집약해 표현해 주고 있다. "커뮤니케이션 기술의 융합은 히말라야의 설인을 떠올리게 한다. 수용자는 융합을 자신의 주위에서 느낄 수 있다. 또 융합의 결과를 볼 수도 있다. 그러나 설인의 발자국만 보고 누구도 설인을 만난 적이 없는 것과 같다."[37]

---

37) 『TV 2000, CHOICES AND CHALLENGES, EDITED BY DR. ELIZABETH MORE』, Brian Quinn, 「Convergence Of Communication Technologies」, p. 97.

2. 멀티미디어

1. 개념

올드미디어(Old Media)와 뉴미디어(New Media)의 개념구분은 어느 정도 명확하게 윤곽을 잡을 수 있다. 지금까지 살펴본 대로다. 그러나 뉴미디어 (New Media)와 멀티미디어(Multi Media)의 구분은 알 듯 말 듯 생소한 구석이 있다. 뉴미디어란 것이 특정시점을 기준으로 한 상대적인 개념이기 때문이다. 기술발전이 급속히 이뤄지고 융합(Convergence)의 결과로 다양하고 복잡한 미디어가 등장하면서 뉴미디어(New Media)라는 표현이 모호해지기 시작했다. 그래서 나온 표현이 멀티미디어 (Multi Media)다. 어느 순간부터 이 용어를 새롭게 쓰기 시작했다. 컴퓨터 공학에서 쓰던 말을 1990년대 들어 원용해 쓰기 시작한 것이다. 말 그대로 멀티(Multi)가 음성, 영상, 데이터의 다수를 통합한 환경의 미디어란 뜻을 갖는다. 상대적이기보다는 구체적인 절대성의 개념으로 발전됐음을 느낄 수 있다. 특히, 90년대 이후 새로운 미디어를 지칭할 때는 뉴미디어 대신에 멀티미디어를 쓰는 경향이 짙어졌다.

구체적으로 멀티미디어는 "영상, 음성, 데이터 등 다양한 형태의 정보로 이뤄진 메시지 혹은 서비스를 하나의 미디어를 통해서 제공하는 기기를 말한다. 다양한 정보를 처리하는 방식으로 디지털 압축, 전송, 복원기술을 활용한다. 다양한 저장매체와 네트워크 수단을 활용해 미디어와 이용자 혹은 미디어이용자간에 쌍방향적인 정보검색이 가능하도록 한 복합미디어" 라고 정의할 수 있다.

따라서 멀티미디어는 정보의 디지털화(Digitalization), 하나의 단말기를 통한 다양한 정보형태의 통합적 처리(Integration), 정보이용의 쌍방향성, 상호이용성(Interactivity)등의 측면에서 전통미디어와 구분한다. 특히 쌍방향성은 유무선 모두를 포함한다.[38]

---

38) August E. Grant & Jennifer Harman Meadows, 『Communication Technology Update』, 6th Edition, 1998. p. 91.

2. 멀티미디어 사회

1) 미디어 환경

멀티미디어사회의 미디어 환경은 다음과 같은 특성을 갖는다.

(1) 신매체 출현
기존의 상상 속에 그치던 다양한 복합기능의 매체가 선을 보였다. 새로운 미디어가 계속 탄생하고 있다.

(2) 서비스 전문화
새로운 매체가 새로운 내용의 서비스를 만들어 내는 경우는 드물다. 기존에 다양한 방송, 통신기기 등을 통해 제공되던 서비스를 통합된 환경에서 이용할 수 있다는 측면이 크다. 따라서 일단 수용자들은 편리성 측면에서 융합환경을 이해하려 한다. 모든 정보나 서비스가 통합된 하나의 환경으로 들어오니 세분화가 이뤄질 수밖에 없다. 개개의 매체가 많은 것을 전달하기보다는 하나의 매체가 전문화된 다양한 서비스를 제공하는 것이다. 그만큼 양질의 서비스를 편리하게 제공받는 결과를 가져온다.

(3) 세계화
지구를 하나로 묶는 지구적 차원의 지형적인 융합을 가져왔다. 통신위성에서 시작해 90년대 직접 방송위성시대로 넘어 오면서 방송의 국경은 무너졌다. 세계가 하나의 방송권으로 연결됐다. 다양한 뉴스, 정보, 오락프로 등이 전세계 선진국이나 개발도상국할 것 없이 무차별로 똑같이 전파된다. 융합기술의 급속한 발전은 인터넷의 접근을 용이하게 만들어 인터넷의 세계화를 가속화하고 있다.

(4) 표준화
세계화를 실현하기 위한 전제는 역시 표준화다. 다양한 기기나 매체가 각각 자신만의 특성으로 움직인다면 세계화는 불가능하다. 다양한 기술이 하나의 표준으로 묶여가고 있다. 표준화가 이뤄지지 않을 경우 공유할 수 없기 때문이다.

2) 사회생활의 변화

FSN(Full Service Network)이 있다. PC통신, ATM전송, LAN간 접속, 인터넷 접속, 홈쇼핑, 홈시큐러티, 재택 의료, 비디오게임 등을 광케이블이나 ISDN을 통해 모두 서비스할 수 있는 시스템을 말한다. 기존의 방송프로그램 서비스를 기본으로 하고 디지털화에 따른 다채널 서비스까지 포함한다.

미국의 타임워너는 1994년부터 FSN을 시작했다. 플로리다의 올랜도시에 세운 이 네트워크에는 고객들에게 전환 디지털 쌍방향 멀티미디어 서비스(Switched Digital Interactive Multimedia Service)를 제공하고 있다. 이 서비스는 사용한 만큼 지불하는 시스템(Pay as you use)으로 비디오게임, 뉴스, 스포츠, 쇼핑 등을 제공한다. 성공적이지는 않지만 시도는 끊이지 않는다. 현재 나타나고 있는 초기단계를 벗어나, 원숙한 멀티미디어시대가 도래할 경우 나타날 다양한 생활주변에서의 변화는 예측하기란 쉬운 일이 아닐 것이다. 무차별로 막대한 양의 정보가 쏟아지는 멀티미디어시대의 변화상은 크게 다음과 같은 특징을 포함하게 될 것으로 보인다.

(1) 이해 차이 확대

세계각지에서 일어나는 일을 즉시 알 수 있다. 계층이나 관심에 따라 다양한 차이로 받아들여 이해차이가 커진다. 정보격차다. 하드웨어나 전문화, 세분화 서비스를 받아들이기 위해서는 경제적 대가를 지불해야 한다. 자연히 경제적 능력이 있는 수용자가 더 많은 정보를 받아들인다. 시간이 흐를수록 수용자간에 정보의 격차가 더욱 커질 수밖에 없다. 정보의 민주화가 아니라 능력있는 수용자들의 독점으로 이어질 가능성이 있다.

(2) TV통한 사회화

학교 교육도 TV를 통한 원격교육을 하는 만큼 TV를 통해 사회화(Socialization)를 달성할 가능성이 더욱 커진다.

(3) 회사 경영 변화

인터넷을 통해 기업활동의 대부분이 전개될 전망이다. 특히 세계를 상대로 사업하는 회사의 경영에 더욱 큰 영향을 미친다.

(4) 쇼핑 행태

지금도 홈쇼핑이 있지만 인터넷과 TV가 연결되는 상황에선 물건 구매나 예약 등에 직접 대면은 사라질 것이다.

(5) 재택 근무

컴퓨터와 인터넷, 화상전화… 각종 멀티미디어 기기의 등장으로 굳이 사무실에 나가 일하지 않아도 되는 업무분야가 크게 늘 것이다.

(6) 전세계 통신

이미 인터넷을 통해 전세계가 하나의 정보권으로 묶였다.

(7) 사생활 침해

개인에 관한 많은 정보가 데이터 베이스로 모이면서 사생활이 침해될 우려가 더욱 커진다.

(8) 전문화 정보

가입자나 가정으로 제공되는 정보는 분야별로 세분화되고 전문화된 서비스로 가득 채운다.

(9) 영상 폭격

각종 영상물이 미디어를 통해 폭포처럼 쏟아져 영상물 홍수시대를 이룬다.

(10) 컴퓨터 범죄

국가나 기업 단체 등 모든 조직과 개인이 컴퓨터로 연결되면서 컴퓨터범죄가 더욱 늘어날 전망이다

(11) 정치 선전용

누구에게나 열려있는 창구를 활용해 정치인들은 유권자에게 접근하려고 한다. 정치 선전장으로 활용할 가능성이 더욱 커진다.

(12) 인간성 말살

사람들이 고객 데이터베이스로 분류되면서 기술적으로만 분류 파악할 뿐 인

간성은 말살될 수 있다.

(13) 광고 희생물

데이터 베이스에 개인의 정보가 입력돼 판촉활동을 원하는 기업의 광고대상으로 원치 않게 활용되는 예가 늘 것이다. 또 속된 마케팅에 쉽게 넘어갈 가능성도 배제할 수 없다.

(14) 기능 중복

컴퓨터 정보시스템이 점점 다양한 비즈니스에 통합되면서 업무의 기능이 중복되고 권한이 불명확해 질 수 있다.

(15) 인간관계 변화

직접 대면하던 인간관계가 e-mail 등의 접촉으로 바뀌게 된다. 이 같은 사이버 공간의 만남은 인격적 관계에 변화를 가져올 것이다.[39]

---

39) Jim Willis, 『The Age Of Multimedia And Turbonews』, p. 195~196.

3. 멀티미디어시대 TV

1. TV수상기 특징

1) 액정(LCD, Liquid Crystal Display) TV

기존의 브라운관을 대신한다. 액정 자체를 발명된 것은 1880년대. 이것이 표시소자로 사용된 것은 1960년대 이후다. 그리고 평면 화상처리기술로 각광받은 것은 1980년대 이후의 일이다. 1988년 액정화면이 등장했다. 브라운관을 통해 화면을 표시하던 방식에 비해 혁신적인 기술이다. 액정화면은 크게 직시형과 투사형 2종류가 있다.

(1) 직시형 액정화면
- 휴대형 액정
- 자동차용 액정
- 벽걸이형 액정
- 백라이트

(2) 투사형 액정화면
- 전면 투사형
- 배면 투사형

과거 액정TV를 생산하는 기업은 일본의 샤프, 마쓰시다, NEC에 불과했다. 국내에서는 LG전자가 15.1인치 액정TV를 1999년 9월부터 생산하기 시작했다. 박막액정표시장치(TFT-LCD)를 활용한다. 국내는 그 동안 한국샤프가 수입 판매해 왔다. LG의 액정TV는 두께가 6.75cm이고, 무게는 4.9kg이다. 17인치 브라운관 TV보다 두께는 6분의1, 무게는 4분의1 수준이다. 소비전력은 17인치에 비해 3분의1에 불과하다. PC 모니터와 같은 순차주사방식을 활용해 고해상도 PC로 사용할 수 있고, 디지털TV용 수상기로도 사용이 가능하다. 벽걸이가 가능하며 책상에 세우기도 한다. 가격은 190만 원대다. 삼성전자도 1999년 10월부터 TV와 PC에 동시에 쓸 수 있는 액정모니터를 개발하는데 성공해 시판에 나섰다. 15인치는 두께 5.7cm, 무게 4.4kg이다. 17인치는 두께 6.3cm, 무게 6.5kg이다. 이들은 PIP(Picture in Picture, PC작업과 TV작업을 동시에 하는 기능)기능을 갖추고 있다.

현재 박막액정표시장치(TFT-LCD)시장은 한국과 일본 대만이 3파전을 벌이고 있다. 컴퓨터용은 한국업체들이 주도권을 잡았고, 일본은 고부가가치인 TV용에 주력하고 있다. 액정 TV는 2000년 35만대 2001년 70만대로 매년 100%씩 성장이 유력하다. 삼성전자는 세계 제1의 시장점유율을 갖고 있다. LG가 1999년 필립스와 50대 50으로 손잡고 세계 1위 정복을 노리고 있다.

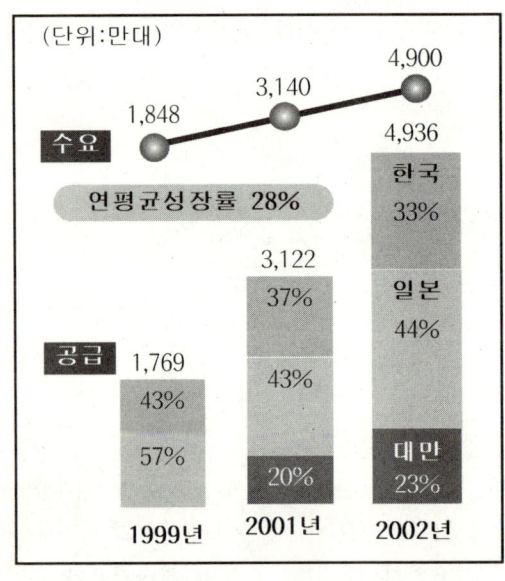

<그림 13> TFT-LCD 시장
LG필립스 LCD

2) PDP(Plasma Display Pane) TV

그러나 액정화면의 결정적인 한계는 화면을 크게 할 수 없다는 점이다. 이런 액정화면의 단점을 극복해줄 대안으로 PDP TV가 등장했다. 이미 1970년대 업계에 소개가 됐다. 대면적을 쉽게 만들고, 시야가 넓고, 또 해상도가 높은 게 강점으로 떠오른다. 패널에 페닝가스를 채우고 전극간의 방전으로 생기는 발광을 이용해 화상을 만든다. 대형 벽걸이 TV시대를 열어준다. 1997년 나가노 동계올림픽 때 일본 업체들이 40인치용으로 선을 보였다. LG나 삼성 등 국내 업체들도 PDP화면 개발에 잇따라 성공해 대량생산 시대를 열고 제품 판매에 나섰다. 삼성은 세계 최초로 63인치 PDP 벽걸이 TV를 개발해 2001년부터 양산하기로 했다. 국내 가전사들은 앞으로 디지털TV 투자와 함께 PDP화면의 품질 개선에 집중 투자한다는 계획을 세워놓고 있다. 2000년 이후 PDP의 시장규모는 많게 8조 원대를 이룰 전망이다.

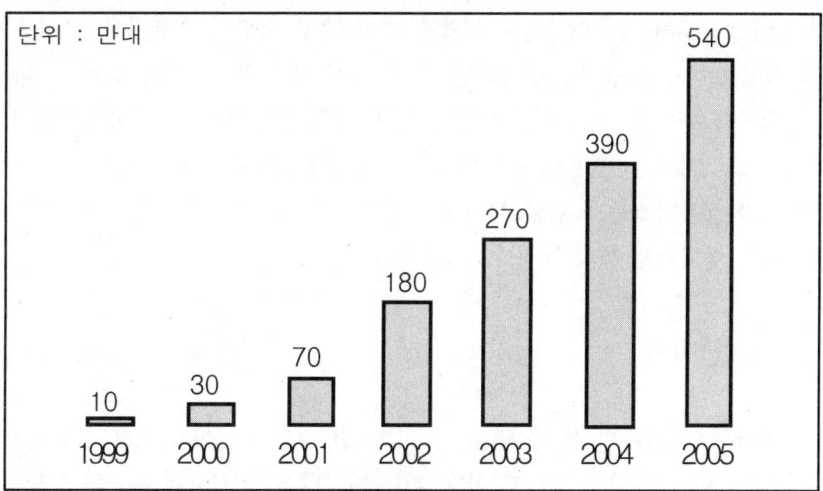

<그림 14> 세계 PDP 시장규모
(노무라 경제연구소)

3) 3D(Dimension)화

3차원의 입체감을 주는 TV로 바뀐다. 가상현실감을 체험하게 하는 기능은 필수적이다. 간단한 장비를 활용해 박진감 넘치고 실감나는 영상의 세계, 환상의 세계를 체험하는 입체 TV가 된다.

4) 단일 셋톱박스

DBS. 즉 직접위성방송을 수신하는 방법은 3가지다. 우선, 케이블TV 지역운 영국(SO)이나 중계유선이 전파를 잡아 각 가정으로 유선 전송해주는 경우다. 두 번째는 아파트 단지 자체적으로 공동 수신 안테나를 달아 전파를 잡은 뒤 각 가정으로 유선 전송해 시청하는 방법. 그리고 직접 접시형 안테나를 가정마다 달아 시청하는 방법이다. 그러나 직접 접시형 안테나를 달거나, 케이블TV 에서 공급받을 경우 TV수상기에 셋톱박스(Set Top Box)를 단다. 특정 방송사, 특정채널, 특정 프로그램을 시청하고자 할 때 비용을 내느냐 아니냐에 따라 시 청여부를 결정해주는 해독장치다(쉽게 케이블TV 가입시 지역방송국(SO)이 TV 옆에 달아주는 장치를 연상하면 된다). 다시 말해 셋톱박스가 있어야 직접 위성방송의 수신이 가능하다. 그런데 지금은 위성방송사마다 셋톱박스의 규격 이 다르다. 많은 위성방송이 있는데 하나의 위성방송사에 가입할 때마다 그 방 송사용의 셋톱박스를 구입해 설치해야 한다. 위성방송의 다매체, 다채널화가 급속히 진행되면서 통합 셋톱박스가 등장한다.

5) V칩 내장

위성채널을 모두 다 볼 수 있는 것은 좋지만 항상 등급이 문제다. 플레이보 이 채널도 있고, 포르노 채널두 있다 이를 미성녀자가 보면 어쩌나 하고 염려 할 걱정을 다소 줄여도 좋다. 성, 폭력, 전쟁 등 잔혹하거나 선정적인 채널이나 프로그램을 시청할 수 없도록 하는 장치를 TV에 달면 된다. 이를 V칩(V -Chip)이라 한다. 청소년들이 TV를 시청하면 안 된다고 판단할 때 V칩을 작 동시키면 일체 관련 프로를 시청할 수 없다. 프로그램 제작사나 방송사는 특정 프로에 대해 반드시 연령별 시청가능 등급을 매겨야한다. 그 등급을 보고 부모 는 자녀들의 시청여부를 판단해 특정프로에 대한 시청을 차단시킬 수 있다. V 칩은 보면 안될 프로가 많은 미국에서 먼저 발달했다. 미국은 2000년 1월 1일부터 생산되는 모든 13인치 이상의 TV에 대해 V칩을 내장하도록 법으로 의무화했다. 미국내에서 시판되는 TV의 90% 이상을 공급하고 있는 소비자 전자제조업체협회(Consumer Electronics Manufacturers Association ; 우리 나라의 삼성 등 세계 굴지의 가전사 대부분 가입)는 이미 V칩 내장 TV생산을 시작했다고 발표했다. 이제 미국에서 실효를 거둘 경우 전세계로 V칩 내장 TV가 대세를 이룰 것이다. V칩은 기술적으로 원래 1989년 캐나다의 T. Collings 교수가 개발했다. 총기로 여고생 14명을 난사한 범인의 집에서 폭력 비디오가 다수 발견된 사실을 알고 이런 프로의 TV시청을 막기 위해 개발에 나섰다. 이후 미국에서 1993년 국회의원 E. J. Markey가 V칩이란 용어를 만들어 냈고, 1996년 통신법을 개정할 때 입법화했다. 이후 등급산정과 V칩 기술표준 마련 과정을 거쳐 실현단계에 이른 것이다.

6) 카메라 내장

미래의 TV는 카메라가 부착돼 있어야 한다. TV가 화상전화 모니터로 활용되기 때문이다. 또 인터넷에 연결돼 채팅을 하면서 서로 상대의 얼굴을 볼 수 있다. 지금도 일부 실현된 지역이 있지만 대부분의 TV수상기가 아예 이런 기능을 부착해 제작, 보급될 전망이다. 집에서도 인터넷에 연결된 사무실의 카메라 내장 TV를 통해 사무실 직원들과 회의를 하며 업무를 본다. 또 거꾸로 집안의 TV를 켜 카메라를 작동해 놓는다면 밖에 나와서도 인터넷에 연결해 집안의 상황을 엿볼 수도 있다. 홈시큐러티 서비스의 기초가 될 수 있는 멀티미디어 환경이고, 다양한 용도로 활용될 미래형 TV의 모습이다.

2. 방송의 특징

1) 쌍방향TV

(1) 개념

쌍방향TV(ITV ; Interactive TV)는 시청자가 원하는 시간대에 원하는 프로를 몇 번이고 다시 볼 수 있는 개념의 TV다. ITV는 푹신한 소파에 앉아 감자튀김이나 먹으며 무기력하게 리모콘을 누르는 시청자의 모습을 거부한다. 시청자들은 뉴스를 여과해서 볼 수 있고, 무슨 프로그램이든지 원하는 것만 골라서 볼 수 있도록 해준다. 시청 도중에 게임을 할 수 있고, 패션 카탈로그를 받아볼 수 있고, 각종 쿠폰이나 표를 예약할 수 있다. 작가 S. Rosenthal가 그려보는 다음과 같은 시나리오에서 ITV 모습을 상상해볼 수 있다.

"시청자들은 플러그를 꼽는 순간 다른 시청자들과 함께 지구상 네트워크에서 만난다. 항상 새롭게 업데이트되는 정보를 멀티미디어를 통해 접할 수 있다. … 시청자들은 시추에이션 단막극의 줄거리를 선택해야 하고, 게임을 해야 하며, 언제든 볼 수 있는 영화를 골라야 하고, 케이블TV의 특정 관심 분야 모임에 지속적으로 참가해야 한다. 무엇보다도 푹신한 소파에 수북히 쌓이는 감자더미는 더 이상 필요 없을 것이다."[40]

(2) 시청자 역할

쌍방향TV는 기존의 Broadcasting을 Narrowcasting으로 다시 Pointcasting으로 움직인다. 시청자의 역할을 보자.

· 방송프로 참여

시청자가 방송도중 TV프로에 참여하는 것이다. 시청자 의견을 내는 프로는 지금도 많다. ARS를 활용해 전화여론조사에도 참여하고 모금운동에도 참여할

---

[40] Jim Willis, 『The Age of Multimedia & Turbonews』, p. 72.

수 있다. 지금까지는 전화로만 참여할 수 있었지만 앞으로는 얼굴 모습을 드러내 신원을 다 내보이고 참여할 수 있다. 미래의 TV수상기는 전부 카메라를 내장할 것이기 때문에 TV에 자신의 모습을 보이며 의견을 개진하거나 퀴즈프로 등에 참여할 수 있다. 미국의 워너 브라더스사가 운영하는 TV쇼. 'Dawson's Creek'의 웹사이트는 TV 주인공들에게 만족을 느끼지 못하는 시청자들이 온라인으로 들어가 자신의 의견을 말하는 등 주인공들과 대화를 나눈다. 'Love Connection'에서 J. Jones는 온라인으로 시청자들을 초대해 쇼의 주제에 대해 토론하기도 한다.

- 픽션 구성

TV 드라마에 일희일비하는 경우가 많다. 특히 시청률이 높은 프로의 경우 다음 내용이 어떻게 전개될지는 관심사항이고 시청률을 높이는 요인이다. 작가는 특정내용을 어떻게 해달라는 시청자들의 압력을 받기도 한다. 이제 그럴 필요 없다. 영화나 드라마의 내용을 시청자가 스스로 완성해 나갈 수 있기 때문이다. 아직은 일부 인터넷 방송에서 일부 영화정도에만 적용된다. 우리 나라에서는 1999년 6월 26일 처음 상영했다(한글과 컴퓨터, 한컴 제작비 지원. 죠스 필름 제작). 이 영화는 40분인데 인터넷 전용으로는 처음이었다. 시청자가 3가지 선택에 따라 8가지의 결과를 낼 수 있게 만들었다. 앞으로는 지상파나 기타 방송으로도 전파될 전망이다.

- 카메라 결정

스포츠 중계시 카메라를 여러 대 쓴다. TV 화면에 보이는 것은 다양한 샷중에서 내용 연결에 맞게 방송국이 여러 카메라 중 하나만 골라서 연속적으로 보내주는 것이다. 그러나 시청자가 자신이 원하는 방향의 카메라만 시청할 수 있다. 번거롭지만 편집을 원하는 시청자에겐 흥미있는 방식이다.

(3) 전개

ITV의 출발은 1972년 타임워너가 시작한 큐브(Qube)시스템이다. 그러나 실험차원에 머물렀다. 1980년대 들어 텔리텍스트로 알려진 스크린 비디오텍스트

역시 같은 범주다. 그러나 기대와 달리 쌍방향TV 실험은 가입자들의 무관심만 불러일으켰을 뿐 실패로 끝나고 말았다. 타임워너는 굴하지 않고 1994년 플로리다 올랜도에서 2억5천만 달러를 들여 제2의 큐브시스템을 시작했다.

TV기술과 컴퓨터 인터넷 기술의 결합은 웹탐색, e-mail, 쇼핑, PPV 등을 포함하는 모든 분야에서 ITV 영역의 확대를 가져왔다. Web TV는 선두주자였다. TV와 인터넷을 연결한 것이다. Web TV는 가입자가 텔레비전을 보면서 인터넷에 접속할 수 있다. MS는 1997년 4월 Web TV를 사들였다. 이후 개량 셋톱박스를 부착한 Web TV Plus는 빠른 속도로 다양한 서비스를 받을 수 있도록 했다. 소니나 미쯔비시, 필립스가 이 모델을 생산한다. 1998년 MS는 ITV 기술을 TCI사에 제공했다. 인터넷 셋톱박스의 생산을 위해서다. 콤캐스트나 콕스, 미디어원, TCI 등은 무려 1천500만 개의 디지털 셋톱박스를 주문했다. 가격만도 45억 달러에 이른다.

(4) 쌍방향TV의 실례

이처럼 ITV는 단순한 쌍방향 방송에서 인터넷 연결기능으로 바뀌고 있다. 인터넷을 연결할 수 있는가 아닌가 2가지로 나눌 수 있다.

- Personalized TV

쌍방향TV의 초보적인 단계다. 시청자가 원하는 바에 따라 '가상채널'을 만들 수 있도록 도와준다. 전자프로그램 가이드를 활용해서 자기가 좋아하는 장르나 관련 배우들의 모든 프로를 자동으로 녹화한 채널을 구축할 수 있다. 예를 들어 서부영화를 좋아할 경우 서부영화의 영웅인 '존웨인', '클린트 이스트우드', '테렌스힐', '줄리아노 젬마' 등이 출연하는 모든 영화를 모아 채널을 만든다. 인디언과 싸우는 정통 서부극으로 나눌 수도 있고, 멕시코 인들이 억울하게 악당으로 등장하거나 서부의 건달들이 악당으로 나오는 마카로니 웨스턴 가상채널을 꾸밀 수 있다. 이 쌍방향TV는 그러나 인터넷은 연결되지 않는다.

Personalized TV는 현재 종류는 2가지가 있다. Tivo사와 리플레이 TV사에서 Tivo와 리플레이 TV 셋톱박스를 생산하고 있다. 이들 TV는 현재 10GB의 하드디스크를 내장한다. 그러나 곧 100GB의 하드디스크가 가능할 것으로 보인다. 여기에는 PVR이 핵심적인 기능을 담당한다. PVR이 무엇인지 간단히 개념을 정리할 필요가 있다.

PVR은 Personal Video Recoder의 약자로 개인비디오라는 뜻이다. 비디오를 그 동안 제작회사가 만든 것만 봐왔지만 이제는 자신이 직접 만든다는 뜻이다. 수백 개의 채널에서 필요한 것만 찾아 녹화하고 또 방금 놓친 화면을 다시 볼 수 있게 해준다. 비디오 테이프를 쓰는 게 아니라 하드디스크를 쓴다.

컴퓨터 하드디스크의 기능을 활용해 여러 개의 프로그램을 동시에 녹화할 수 있고, 또 TV 안에 프로그램을 14~30시간 가까이 저장할 수도 있다. Tivo사와 리플레이 TV사는 각각 로열 필립스 일렉트로닉스, 마쓰시다 인더스티리얼(파나소닉)과 협력해 이 PVR을 생산하고 있다. 앞으로는 PVR이 아예 내장된 TV를 생산할 계획이다.

① 티보(Tivo) TV

가전사 필립스와 공동으로 PVR을 생산해 쌍방향TV를 실현하고 있다. 위성사업자 Direc TV의 지원을 받고 있다. 1999년 7월부터 판매했다.

② 리플레이(Replay) TV

일본계 파나소닉이 PVR을 생산한다. 1999년 하반기 판매에 들어갔다.

	Replay TV	TiVo
가 격	대당 699~1,499달러	대당 499~1,198달러 (월 가입료 10달러 추가)
개인정보	개인정보입력을 요구치 않음	타깃 광고를 위한 개인정보 요구
광고 스킵	30초 스킵버튼	현재와 같은 빠른 포워드 기능을 통해 스킵하는 방식
개인취향화	개인취향에 맞는 테마 채널의 운용이 가능함	시청습관 정보를 통한 선호 프로그램 탐색
용 량	모델에 따라 10~28시간 녹화가능	모델에 따라 14~30시간 녹화 가능

<표 18> Replay TV와 Tivo TV의 PVR 비교

- 인터넷(웹) TV

PC와 TV의 기능을 하나로 합쳐놓은 개념의 단말기다. TV를 보기도 하고, 또 PC로 활용하기도 하는 통합된 멀티미디어 단말기다. 인터넷을 연결할 수 없는 Personalized TV보다 한 단계 발전한 형태다. 웹(Web) TV라고도 한다. 그러나 이럴 경우 처음 인터넷TV를 고안해 웹TV로 명명해버린 Web TV사와 혼동을 일으킬 수 있어, 인터넷TV 또는 넷(Net) TV라고 부른다. 인터넷TV를 실현한 방송사에 따라 몇 가지가 존재한다.

① Web TV

이는 처음 스티브 펄만이 1995년 Web TV사라는 회사를 설립하고 TV에 인터넷을 접속할 수 있도록 해주는 셋톱박스를 만들어 웹TV라는 이름으로 시판에 들어갔다. TV와 인터넷의 접목에 주목한 빌 게이츠의 마이크로 소프트(MS)는 1987년 4억2천500만 달러에 이 Web TV사를 인수해버렸다. MS의 목표는 고속인터넷 서비스의 제공. TV프로그램을 시청하면서 작은 화면에 Web을 사용할 수 있다. 시청자는 리모콘으로 상향신호를 전화선으로 전송한다. 현재 월 사용료는 24.95달러. 80만 가구를 확보했다.

② Net Channel

Web TV가 처음 등장한 뒤 경쟁자로 나섰으나 Web TV에 밀려 유명무실해졌다.

③ NCI

Net Channel과 마찬가지로 Web TV에 밀려, 영향력을 발휘하지 못하고 있다.

④ AOL TV

이렇게 인터넷TV분야에서 Web TV의 독주가 계속되자 미국의 인터넷 서비스 제공업체인 American On Line사가 Web TV에 대항을 선언했다. 2000년 중 제품을 내놓는다는 계획이다. 마이크로 소프트(MS)의 Web TV와 활발한 2파전을 인터넷TV 시장에서 전개할 전망이다.

- 기타 쌍방향TV

① Open TV

위성방송을 통해 쌍방향 서비스제공을 시작했다. 지금은 케이블과 지상파 방송에도 대화형 소프트웨어 솔루숀을 제공하고 있다. 미국 캘리포니아에 본사를 두고 있다. 이 회사의 운영시스템을 장착한 디지털 수신기는 전세계에 300만개 이상 공급돼 있다. Open TV는 프랑스의 위성방송 TPS, 영국의 BSkyB등에 양방향 서비스를 제공하고, 1999년 7월 한국에도 지사를 내 서비스를 시작했다.

② Wink TV

TV수상기에서 게임과 전자상거래 솔루션을 제공한다.

③ World Gate

1999년 5월 World Gate Communications사가 채널 하이퍼링크 기술로 미국에서 특허를 따냈다. TV를 시청하는 동안 웹사이트에 직접 접속할 수 있다. 예를 들면 스포츠 중계를 보다가 쉬는 시간에 스포츠와 관련된 웹사이트 쇼핑몰에 들어가 스타들의 얼굴이 새겨진 물건을 구입할 수 있다. 그리고 다시 TV로 돌아와 경기를 시청한다.

(5) 인터넷TV의 기술 진보

기존의 인터넷TV는 단순히 TV화면에 인터넷을 불러 띄워주는 것에 불과했다. 그러나 TV와 인터넷(웹)의 진정한 만남은 '웹TV플러스(Web TV Plus)'라는 인터넷TV 개정판이 나오면서부터다. 웹TV플러스는 화면으로 프로그램 안내를 불러내 안내를 받은 뒤 원하는 프로를 연결할 수 있다. 기존의 서비스인 웹TV클래식(Web TV Classic)은 TV화면의 구석에 인터넷을 조그맣게 띄울수 있을 뿐이었다. 그러나 웹TV플러스에서는 인터넷 화면을 크게 하고 TV화면을 작게 할 수도 있다. PIP(Picture in Picture)기능을 다양화했다. MSNBC의 경우 이를 활용해 대화방송을 하고 있다. 최근에는 '위성용 웹TV플러스(Web TV Plus for Satellite)' 라는 더욱 진화한 인터넷TV 서비스가 나왔다. 위성방송용 튜너를 포함하고 있다. 9GB의 하드디스크가 있어서 방송 프로그램의 디지털 녹화도 가능하다. PC에서도 TV용 튜너를 내장하면 똑같은 서비스를 받을 수 있다.

AOL 등의 라이벌이 본격적으로 쌍방향 서비스를 시작하면 새로운 경쟁을 벌여 인터넷TV의 기술은 더욱 진보할 수 있다. 핀란드의 노키아사는 걷거나 차로 이동하면서 자연스럽게 TV도 보고 인터넷도 하고 휴대전화도 할 수 있는 단말기를 개발했다. 디지털TV에 인터넷기능, 휴대전화 통화기능을 갖춘 단말기로 시판한다. 최근 인기를 얻고 있는 리눅스를 운영체제로 선택했다. 디지털 시대 TV는 PC, 오디오, DVD 나아가 이동전화기의 기능을 갖춘 종합정보 수신기로 탈바꿈한다.

(6) 인터넷과 TV시청

인터넷을 하면 TV시청에 어떤 영향을 줄까? 인터넷 서비스 업자 AOL이 지원해 Neilson사가 1998년 조사한 바에 따르면 인터넷 이용자들의 TV시청 시간이 인터넷을 사용하지 않는 사람들보다 15% 정도 적은 것으로 나타났다. 인터넷이 TV시청에 나쁜 영향을 끼쳤음을 알 수 있다. 그러나 이 조사에 대한 반론이 만만치 않다. 인터넷 이용자들은 인터넷을 이용하지 않는 사람보다 지식수준이 높고 TV시청 시간이 적다는 주장이다. 인터넷 사용자 가운데 인터넷 사용전의 TV시청과 사용후의 TV시청 시간을 비교해야 정확한 상관관계를 알 수 있다는 지적이다. 이런 점에서 Discovery Networks의 조사는 의미있다. 인터넷 사용 가정의 10대 구성원은 인터넷 사용 이후 TV시청시간이 줄었지만 나머지 가족 구성원들은 오히려 늘었다는 것이다. Viacom의 자회사인 MTV Networks가 1998년 실시한 조사도 같은 결과다. 인터넷 이용자들이 TV도 더많이 보고 책도 더 많이 읽는다는 내용이었다. 이유는 멀티 태스킹(Multi tasking). 일본에서 한때 나가라족(ながらぞく)이 유행한 적이 있었다. 우리말로 한가지 일을 하면서 동시에 다른 일을 하는 사람을 말한다. 인터넷에 접속한 채 TV도 보고, 요리도 하고 전화도 받는다. 시청률 1%에 막대한 광고금액이 오가는 미국현

실에서 인터넷 이용과 TV시청과의 관계는 첨예한 대립양상을 빚는다. 그러나 양측의 주장이 팽팽한 가운데 아직 명쾌한 해답은 없는 듯하다.

2) VOD(Video On Demand)

수용자가 영상 프로그램을 선택해 시청할 수 있다는 뜻이다. 쌍방향TV의 한 유형이다. VOD(Video On Demand), VDT(Video Dial Tone), OVS(Open Video System)의 3가지로 불린다. 3가지 말은 결국 같은 뜻이다. VDT는 초기의 개념이다. 다이얼을 돌려 전화망을 통해 각종 영상자료를 제공받는다는 영상서비스 초기 시스템이다. 하드웨어적인 측면에서 본 개념이다. VOD(Video On Demand)도 비디오 서비스를 받는다는 뜻에서는 같은 개념이다. 그러나 기계적 체계인 시스템의 의미가 아니라 비디오 서비스를 받는다는 수용자 측면의 서비스 개념이다. VDT개념이 처음 전화망을 염두에 두고 나온 것과 달리 VOD 개념에서는 케이블TV, 광케이블, ISDN 같은 다양한 망을 포괄한다. 기술적인 진보가 이뤄진 뒤의 나중에 나온 서비스 개념이다. 정보제공자가 일방적으로 전달하는 내용을 받아들이던 소극적 개념에서 수용자들이 자신이 원하는 내용이나 프로를 적극적으로 자신의 의사에 따라 찾아 이용하는 개념으로의 전환이다. 미국에서는 1996년 연방통신위원회가 VDT 규정을 폐지하고 OVS(Open Video System)의 새로운 규정을 만들었다. 전화사업자와 케이블 사업자간의 영역을 없애, 자유롭게 망을 통한 비디오 서비스를 제공하라는 취지다.

① 1992년 - 미국 정부가 VDT를 최초로 공식 허가했다. 1956년 Concent Decree로 전화사업자의 방송 진출이 좌절된 후 전화업자가 TV에 참여해도 좋다는 결정이다.

② 1993년 - 9월에 클린턴 행정부가 초고속 정보고속도로 계획(Information Super Highway)을 발표해 통신업체들을 흥분시켰다.

③ 1994년 - 통신업체들이 과잉 기대에 부풀어 무려 16개 회사가 VDT 사업

을 신청했다. 이때 위성TV인 Direc TV가 출범했다.

④ 1995년 - 16개 업체 모두 허가를 취소하거나 축소했다. 인터넷이 각광받기 시작하고 MMDS가 디지털 송수신에 성공했다. 위성TV인 Echo Star를 시작했다.

⑤ 1996년 - OVS개념을 새롭게 확립했다. 디지털 방송 OVS를 최초로 허가했다.

케이블TV 보급확대와 광케이블, ISDN망의 구축 등에 힘입어 수요가 크게 늘어날 전망이다. 그러나 가까운 시일내에 널리 보급되기 어려울 것이란 전망도 있다. 우선 항상 필요한 프로를 뽑아볼 수 있도록 하는 Headend의 저장비용이 너무 비싸다. 또 경쟁 상대인 VCR과 DVD가 판매 호조를 보여 쉽게 VOD에게 시장을 내주지 않을 것으로 보인다. 인터넷의 보급도 단순 VOD시장의 위축을 가져오는 요인이다. 비용이 비싸다는 점도 보급 확대에 부정적인 요인으로 작용한다. 현재 ATT의 망을 이용할 경우 영화 한 편 볼 때 12달러 정도가 든다. 영화를 보거나 비디오를 빌려보는 것보다 훨씬 비싸다.

3) 정지화 방송

정지화는 정지된 화상을 의미한다. 사진, 슬라이드, 그림, 일러스트, 문자, 문장 등으로 구성된 화면이다. 정지화 방송은 프로그램의 화면을 정지화로 한정해 전송 효율을 높인 방송시스템을 말한다. TV화면은 움직이는 영상(동영상)을 표현하기 위해 거의 차이가 없는 영상을 1초 동안 24장에서 30장을 내보낸다. 그러나 정지화 방송의 경우 1초 동안 전혀 다른 영상 24~30장을 보낼 수 있다. 5초 동안에는 150장을 보낼 수 있다 .보통 5초 단위로 영상을 나눠 보낸다고 하면 150개의 영상을 보낼 수 있는 것이다. 물론 실제에서는 영상뿐 아니라 음성도 전송해야 하므로 한 채널에 30~50개의 영상을 전송할 수 있다. TV 수상기에는 프레임 기억소자(Frame Memory, 디지털 신호의 집합인 프레임을 저장하기 위한 기억소자 또는 화면에 나타나는 영상의 한 프레임을 저장하기 위한 기억소자)를 갖춘다. 이 기억소자는 원하는 하나의 영상만을 선택해 재생시켜 TV화면에 띄워 줘 시청자가 TV를 볼 수 있다.

4) 다중 방송

주파수대역 또는 신호전송시간의 여유분을 활용해 부가정보를 현행 방송프로그램과 동시에 행하는 방송. 다중방송은 고품질, 고기능 서비스에서 출발해 주방송과 독립된 부가서비스 제공으로 바뀌고 있다.

(1) TV 음성다중방송

TV신호의 빈틈을 이용해서 기존 TV방송의 음성신호에 음성 하나를 부가하여 방송한다. 따라서 TV시청자에게 스테레오 방송이나 2개 언어로 방송을 들을 수 있도록 한다. 외국영화를 원어와 함께 볼 수 있고, 음악은 스테레오로 듣는다. 교육프로는 해설이 가능하다. 일본은 1979년부터 전국의 TV방송이 서비스를 시작했다. 우리 나라는 1983년 서울에서 TV음성다중을 시작했고 지금은 수도권에서 지상파TV의 다중방송을 들을 수 있으며 전국으로 확대하고 있다.

(2) FM 다중방송
- **FM 음성다중 (SCA, Subsidary Communication Authorization)**

기존 FM방송에 독립된 음성신호를 중첩하여 송출하는 방식. 일반 청취자가 아닌 특정 계약자들을 상대로 한 방송이다. 따라서 특수 수신장치를 달아야만 청취할 수 있다. 우리 나라는 1995년부터 KBS와 서강대학교가 공동으로 KBS 표준 FM 채널을 통해 장애인 특수방송인 '사랑의 소리방송'을 시작했다. 시사정보와 음악, 문학 등을 방송한다.
- **FM 문자다중 (RDS, Radio Data System)**

기존 FM방송 전파의 스펙트럼 여유분에 디지털 코드나 음성데이터를 다중하여 교통정보, 문자방송 등 다양한 부가서비스를 제공하는 시스템. 이 역시 별도의 수신기가 필요하고 수신기에 액정 표시 패널이 있어 8~16자 이내의 글자나 숫자가 표시된다.

- 중파라디오(AM) 스테레오 방송

FM은 스테레오 방송을 위해 부반송파를 사용하지만 AM은 부반송파를 쓸 스펙트럼의 여유가 없다. 따라서 오른쪽과 왼쪽 2종류의 신호를 전송해 스테레오 방송을 할 수 있다. 우리 나라는 1993년 SBS가 AM 스테레오를 실시했다.

5) 텔리 텍스트(Teletext, 문자방송)

1972년 영국에서 개발했다. 원래 영국에서 출발은 청각 장애인들을 위한 것이었다. TV 내용을 들을 수 없으므로 화면을 통해 정보를 잘 보게 하기 위해서였다. Teletext란 기존 방송전파의 틈새에 문자나 도형정보를 함께 송출한다. 케이블TV의 케이블을 활용할 수도 있다. 그러면 수신기의 디코더에 내장된 문자발생기로 문자정보 화상을 재현해 표시한다. TV화면에서 별도로 문자나 도형정보를 보는 것이다. 문자를 전하는 만큼 TV의 오락성을 줄이고 정보 제공 능력을 높일 수 있다. 2년 뒤인 1974년 British Home Office는 면허를 BBC에 빌려줬다. 실험방송을 시작했는데 CEEFAX라고 불렀다. 'See Facts'라는 뜻이다.[41] 곧이어 영국의 독립방송협회 IBA도 실험방송을 실시했다. 'ORACLE'이란 이름이었다. 1976년 최초의 문자방송을 BBC가 시작했고, 이후 영국은 WST라는 독자적인 기술규격을 만들어서 이웃나라로 기술을 전파하고 있다. 독일, 네덜란드, 오스트리아, 홍콩 등이 영국식을 채용했다. 프랑스와 캐나다는 독자적인 기술을 개발했다. 영국은 80년대 들어서 하루에 16시간씩 방송을 하고 있다. 방송은 2채널에서 한다. BBC1은 정보를 업데이트해 100페이지 분량의 전자잡지 형식으로 서비스를 제공한다. BBC2는 좀더 통계적인 주말판을 내고 있다.[42]

---

41) Television News, Ivor Yorke, p. 235.
42) Jim Willis, 『The Age Of Multimedia And Turbonews』, p. 99.

미국은 1980년대부터 뒤늦게 뛰어들었으나 업자들간 다툼이 심해지면서 방송이 늦어져 침체된 상황이다. Teletext는 몇 가지 요인으로 크게 활성화되지 못하고 있다.

① 글 읽는 부담 - Teletext는 많은 양의 글자를 읽어야 하는 부담이 있다.

② 쌍방향성 낮음 - 쌍방향성이 적고 방송사에서 일방적으로 내보내는 경우가 많다.

③ 세계표준 다름 - 특히 미국과 유럽 등은 TV양식이 다르다. 교환성이 없어 시장규모가 작을 수밖에 없다. 따라서 상업성도 문제가 되므로 공영방송차원에서 정보제공용으로 활용하는 정도다. 우리 나라는 방송이 활성화되지 않았다.

6) 비디오 텍스(Videotex)

TV 문자다중방송과 방식은 같다. TV화면에 문자나 도형을 띄워 볼 수 있다는 점에서는 문자 다중방송과 같다. 그러나 문자다중방송은 공중파 TV에서의 일이고 Videotex는 전화선을 이용하는 방식이다. Teletext는 지상파이기 때문에 일방향이고, 청각장애자들을 위한 것이었기 때문에 가정을 상대로 한 일반정보가 주를 이룬다. 그러나 Videotex는 정보를 원하는 시청자나 전문가를 대상으로 심층내용을 다룰 수 있다. 쌍방향이 가장 큰 특징이다. 따라서 심층정보를 원하는 방송뉴스로서의 가능성이 크다. 전화선과 TV를 연결해 시청자의 요구에 따라 정보센터나 외부 컴퓨터에 입력된 정보를 불러내 TV화면에서 문자나 도형으로 재생시켜 정보를 제공하는 시스템이다.

① 일반 서비스 - 가정 수요자를 상대로 한 서비스. 뉴스와 정보, 오락 등을 제공한다.

② 전문 서비스 - 산업계나 경제계에 종사하고 있는 전문가 그룹을 상대로 한 특화 서비스다.

③ 상점 판촉과 상거래 등에 활용하는 서비스를 제공한다.

영국과 프랑스 등에서 활성화되고 있다. 프랑스에서는 1990년대·초반 이미 100만 이상의 개인이나 기업이 비디오 텍스를 활용하고 있다.[43] 비디오 텍스가 전반적으로 좋아지고 있지만 과제는 산적해 있다. 좀더 쉽게 접근할 수 있는 기술적인 문제의 해결부터 수요자 확대, 그리고 무엇보다 비디오 텍스가 제공할 서비스 내용에 대한 대대적인 확충이다. 신문이나 전해주고 판촉물이나 전달하는 수준에서 벗어나 새로운 내용을 담을 때 이용이 확충될 수 있다.

7) 오디오 텍스(Audiotex)

오디오 텍스란 전화정보 서비스, 음성정보 서비스를 말한다. 전화망을 통해 각종 정보를 음성으로 전달하는 개념이다. 가장 최신의 스포츠, 날씨, 금융, 뉴스에 관한 정보를 즉시 원할 때 이용자들이 사용하는 서비스다. 주로 신문사들이 신문 기사를 업그레이드해 음성으로 서비스하는데 1990년대 초 미국에선 1200개 신문사가 이 서비스에 나서고 있다. 1992년 미국 시애틀 타임즈의 경우 매달 50만 통의 서비스를 했다. 인구학적 조사를 벌였더니, 소득이 5~10만 달러의 고소득에다 주로 남자들이 서비스를 받았다.[44] 그러나 사생활이 침해될 수 있는 상황에 대해 크게 염려하고 있는 것으로 나타났다. 전화정보 서비스는 자동전화사서함(VMC)과 자동응답시스템(ARS)으로 크게 구분할 수 있다. 이외에 팩스사서함이나 팩스자동응답기도 다양한 기능을 수행한다. 호텔이나 증권회사, 신용카드회사, 유통업체 등을 중심으로도 수요가 있다. 우리 나라는 1989년 동아일보를 시작으로 각 신문사가 채택했다.

8) 인터넷 라디오

인터넷을 통해 라디오방송을 제공하는 인터넷 라디오가 각광을 받을 전망이

---

43) 『The Age Of Multimedia And Turbonews』, Jim Willis, 101 p.
44) 『The Age Of Multimedia And Turbonews』, Jim Willis, 112 p.

주 소	내 용
Broadcast.com	영어와 스페인어로 된 BBC 월드 서비스 및 장르별 지역별 방송국 목록을 제공한다.
Radio.FM	라디오 도이칠란트(www.rtlradio.fm에서 직접접속가능)와 중국의 조이FM에 접속할 수 있게 해준다
DiscJockey.com	브라질어 방송, 인디언들을 위한 방송, 러브 송만 트는 방송 등 인터넷에서만 방송하는 라디오방송국 수십 곳에 접속할 수 있게 해준다
npr.org	국립공영라디오라는 단체가 운영하는 방송
kbon.com	루이지애나주 유니스에 있는 지역 방송국의 웹사이트, 컨트리음악과 자이테코 음악을 주로 방송한다.
kcrw.org	캘리포니아주 산타모니카의 공영방송, 세계의 음악을 들려주는 프로그램을 방송하고 있다.
francelink.com	라디오 소르본, 유럽1, 라디오 프랑스(radio/france.fr에서 직접 접속가능)등 프랑스 방송국들에 접속할 수 있게 해준다.
whrb.org	하버드대의 학생들이 운영하는 방송, 1월과 5월에 시험을 앞두고 한 달 내내 음악을 내보내는 것으로 유명하다.
wmbr.org	매사추세츠주 케임브리지의 지역방송국, 주로 록음악에 대한 방송을 내보내는 외에 전세계 인터넷 방송국과의 연결 서비스도 제공한다.
orf.at/roi	6개국어로 방송되는 오스트리아의 뉴스와 음악 프로그램을 제공한다.
sportsfanradio.com	인터넷에서만 방송을 하는 방송국으로 스포츠 생중계와 광범위한 인터뷰를 제공한다.
wwoz.org	루이지애나 음악과 재즈 프로그램을 방송하며 매년 봄에 재즈 및 문화유산 축제를 연다.

<표 19> 주요 인터넷 라디오

(『동아일보』, 2000년 1월 19일)

다. 인터넷 라디오는 현재 3000여 곳이 있다고 인터넷 방송 전문 조사기관인 BRS라디오가 밝혔다. 한 달에 100여 곳씩 늘어나는 추세라고 덧붙였다. 미국에서 현재 인터넷 라디오를 청취하는 사람은 400만 명 정도에 불과한 것으로 알려져 있다. 그러나 인터넷 라디오의 가능성은 무궁무진하다. FM라디오보다 뛰어난 음질로 음악과 각종 정보 뉴스를 제공할 수 있기 때문이다. 중계소를 세워 전파를 발사해야하는 번거로움도 없고 거대한 방송시설도 필요 없다. 전화선이나 케이블선만 있으면 어디서든 컴퓨터를 통해 접속해 라디오를 들을 수 있다. 더구나 위성 등을 활용한 무선 인터넷기술의 비약적인 발전과 컴퓨터를 통하지 않는 인터넷 접속으로 인터넷 라디오의 보급가능성은 더욱 커지고 있다. 일반 라디오와 달리 인터넷 라디오는 음악프로그램에서 노래가 나갈 때 가수에 대한 정보나 다른 노래에 대한 정보를 함께 제공할 수 있는 장점도 있다.

제2부

방송환경의 변화

1 방송의 산업화

방송미디어가 발전하면서 방송이 문화매체에서 산업매체로 탈바꿈하고 있다. 시청자의 문화적 욕구를 충족시키고 알권리를 충족시킨다는 취지는 점차 퇴색하고 방송도 산업이라는 논리가 세를 더해가고 있다. 이런 주장이 나오게 된 배경을 기술적인 요인과 제도적인 요인으로 간단히 살펴본다. 기술이 발전해 물질적인 토대가 바뀌면 자연히 제도적인 변화가 뒤따르게 마련이다. 인류 역사에서 누누이 목격하는 현실이다.

1. 기술적인 요인

1. 다매체

지금까지 1부에서 검토한 사항은 기술의 발전에 따라 방송미디어가 어떻게 진화, 발달해 왔는가였다. 새로운 미디어가 탄생할 때마다 방송을 둘러싼 환경에 커다란 영향을 미친다. 발전초기단계 방송 미디어는 오직 2개였다. 라디오와 지상파TV가 전부였다. 올드미디어 시대다. 기술의 발달은 새로운 방송매체 뉴미디어를 탄생시켰다. 케이블TV, 위성TV, 이들과 또 다른 주파수 대역을 쓰는 저출력TV, MMDS, LMDS, 위성과 케이블을 합해놓은 SMA TV, 나아가 디지털 HDTV까지 등장했다. 최근엔 가장 강력한 미디어로 인터넷이 나타났다. 기존의 방송과 통신의 개념을 완전히 뒤바꿔 놓으며 인류의 삶의 양식에까지 변화를 주고 있다. 인터넷은 방송의 개념마저 송두리째 바꿔놓고 있다. 멀티미디어시대의 방송은 단순한 라디오, 지상파TV, 위성TV, 케이블TV 등 어느 하나로 특징지울 수 없는 복잡한 다매체의 시대다.

2. 다채널

우리 나라는 91년 SBS가 출범하기 전까지 KBS1, 2, MBC 등 3개에 불과했다. 대부분의 국가들이 그랬다. 그러나 케이블이 보급되면서 수십 개의 채널이 쏟아졌다. 그러나 1995년 케이블TV가 시작하면서 29개, 나중에 국책 영어방송 아리랑TV가 가세하면서 30개의 채널이 생겼다. 2000년 4월엔 15개를 추가로 허가했다. 케이블만 45개 채널이다.

위성방송의 가세는 다시 한 번 채널 폭발을 가져온다. 처음 통신위성을 활용한 위성방송에서는 그다지 많은 채널이 나오지 못했다. 우리 나라의 무궁화위성도 1, 2호기 합해서 24개 채널에 불과하다. 직접위성방송에서는 상황이 달라진다. 비록 실패했지만 데이콤 새털라이트 방송사가 (DSM)가 추진하던 오라리온 방송위성은 국내에 일단 40~50개의 채널로 방송을 시작하려 했다. 2000년에 허가할 직접위성방송은 80~100개 채널로 시작한다. 직접위성방송은 위성방송사 한 개가 100~200개의 채널을 제공할 수 있다. 미국의 디렉TV는 200개, 프라임스타는 160개 채널이고, 일본의 스카이 퍼펙TV는 170개, 디렉TV가 일본에 세운 디렉TV JAPAN도 88개의 채널로 방송한다. 전문가들은 기술적으로 케이블TV의 경우 디지털로 갈 때 1,800개까지, 위성방송도 1,000개까지 채널을 확보할 수 있을 것으로 내다보고 있다. 검색채널이 등장할 정도다. 집에서 TV를 볼 때 안내프로를 보려면 신문을 봐야 한다. 그러나 이제 TV 시청을 신문에 의존할 필요가 없다.

3. 전문채널

채널이 소수일 때는 종합편성 방송사 몇 군데가 서로 경쟁하며 시청자를 확보했다. 시청자들은 대안이 없어 싫든 좋든 TV를 봐야 했다. 그리고 방송사들은 적정 규모의 광고가 보장돼 쉽게 경영할 수 있었다. 그러나 채널이 10개를 넘어 수십 개, 수백 개가 되면 상황이 달라진다. 똑같은 편성이라면 엄청난 전파와 채널의 낭비다. 시청자들도 외면한다. 따라서 자연히 채널 나름대로 특성을 살린 전문 채널로 갈 수밖에 없다.

케이블TV를 보자. 종합뉴스, 경제뉴스, 스포츠, 여성, 홈쇼핑, 교육, 바둑 같은 특화된 분야로 30개의 채널을 운영한다. 스포츠라도 골프, 야구, 축구 어느 한 종목만 집중적으로 전문화시킨다. 시청자들은 온갖 종류의 다양한 방송 서비스를 즐길 수 있다. 시청자가 요구하는 다양한 종류로 계속 특화시켜 나간다. 미국이나 일본, 유럽 등은 이미 포르노 채널까지 전문채널로 등장해 성황을 이룬다. 전문화의 방향은 한계가 없는 무한지향임을 알 수 있다.

미국의 CNBC(Consumer News & Business Channel)는 미국 최대의 경제지 월스트리트 저널을 소유하고 있는 다우존스사와 지상파 방송 네트워크 NBC가 합작해 1989년 설립했다. 창립 10주년을 맞은 1999년 미국내 가입자는 6천 500만 명, 전세계적으로는 1억6천만 명의 대규모로 성장했다. 이런 성공의 비결은 무엇일까? CNBC는 철저한 2중 전략을 구사했다. 낮 시간에는 주식을 중심으로 국내외 경제에 꼭 필요한 경제관련 뉴스만을 특화해 내보낸다. 그러나 밤이면 상황은 바뀐다. 선정적이고 노골적인 대화를 담은 토크쇼 프로로 전환한다. 시청자의 욕구에 따라 밤낮을 차별화한 것이다. CNBC의 사장 B. Bolster는 "우리는 2개의 프라임 타임을 갖고 있다"고 말할 정도다. 수석 부사장 B. Cohen 의 말에서 더 구체적인 성공 이유를 알 수 있다. "모니카 르윈스키 스캔들에서 시청자들은 스캔들 자체보다 스캔들이 가져올 경제적 파장에 관심을 갖는다"고 말한다. CNBC가 처음부터 성공한 채널은 아니었다. 파산상태의 채널을 인수해 절묘한 차별화전략에 특종보도, 유명 방송인을 동원한 지명도 높이기 등으로 일궈낸 결과였다.

4. 방송벤처

방송채널 진입을 원천 봉쇄할 때 신규방송 진입 같은 표현은 듣기 어렵다.

그러나 채널이 폭주하면서 방송에 꿈을 안고 도전하는 방송벤처들이 등장한다. 방송을 산업의 영역으로 보고 도전하는 것이다. 기술발전으로 엄청난 채널의 방송이 쏟아지고 누구나 적은 비용으로 참여할 수 있는 여지가 생겼다. 위성방송 벤처와 인터넷 벤처, 케이블 벤처에 대해 생각해보자.

1) 위성방송 벤처

(1) 위성 임대

아날로그 시절엔 통신위성의 트랜스 폰더는 1개가 1채널을 전송할 수 있었다. 그러나 디지털 시대를 맞아 4~5개로 늘어났다. 여기에 위성방송 사업의 활황으로 방송용 위성이 다수 발사돼 사용할 수 있는 채널수가 많아졌다. 이는 그만큼 위성임대와 중계기 임대 비용이 크게 낮아졌다는 것을 의미한다. 동아시아 상공에 떠있는 팬암샛 2의 경우 한국이나 일본에서 얼마든지 통신용이나 방송용으로 활용할 수 있다. 아리랑TV가 실시하는 해외 위성방송도 홍콩에 본사를 둔 스타TV의 위성 아시안샛 3을 임대한 것이다. 개인이든 누구든 위성은 빌릴 수 있다. 비용이 그리 비싸지도 않다. 잘만 계약하면 아주 싸게 위성을 빌릴 수 있다.

(2) 업링크 업체 선정

위성을 빌린 뒤 위성까지 방송내용을 업링크(Up Link) 해줄 통신입자를 찾아 계약한다. 우리 나라에서는 한국통신이나 데이콤이 그 일을 담당한다. 이들에게 일정액의 사용료를 내면 얼마든지 통신용 프로그램으로 위성까지 업링크 할 수 있다. 노느니 업링크해주고 돈 받으면 이들도 이익이다. 국내에서 여의치 않으면 외국의 업링크 업체와 계약할 수 있다.

(3) 전송

그리고 방송내용을 통신업자까지 전송해주는 시설을 찾아야 한다. 방송시설을 갖춘 방송국이나 PP에게 임대료를 내고 빌리면 된다. 특히 지역 방송의 서울 지국 등이 타겟이 될 수 있다. 지방방송도 가능하다.

(4) 방송물 제작

제작은 외부의 독립제작업체들에게 의뢰한다. 만들어 놓은 프로그램을 사들여도 좋다. 자신이 직접 제작할 수도 있다. 이 과정을 다시 거꾸로 해석해 보면 방송을 하고 싶은 사람이라면 자신은 아무런 시설이 없어도 약간의 구상능력과 돈만 있으면 방송업에 참여할 수 있다는 결론이 나온다. 수백 억, 수십 억 들여서 방송하는 시대는 이제 옛날 이야기다. 지금도 활발히 방송하고 있는 모 홈쇼핑 위성방송이 바로 이 경우다. 이 업체는 국내에서 업링크를 하다가 문제가 생기자 외국으로 나갔다.

2) 케이블 벤처

2000년 4월 정부는 기존 30개 케이블 PP 외에 15개를 추가로 허용했다. 2001년 9월에는 PP가 허가제에서 등록제로 바뀐다. 누구나 기본요건만 갖추면 PP를 소유할 수 있다.

3) 인터넷 방송 벤처

인터넷 방송은 인류 전체의 떠오르는 새로운 매체이다. 기본요건도 등록도 필요없다. 인터넷 방송을 스스로 세워 방송업에 참여할 수 있다. 인터넷 방송이 다룰 수 있는 소재는 더욱 무궁무진하다. 비용도 거의 들지 않는다. 위성을 빌리거나 통신업체와 업링크 계약을 할 필요도 없다. 인터넷 연결 장비만 갖추면 가능하다. 아이디어만 있으면 얼마든지 튀는 방송으로 승부를 낼 수 있다. 앞으로 멀티미디어 방송환경에서 진정으로 각광받을 수 있는 방송벤처다.

5. 소프트웨어(컨텐츠) 중심

매체가 다양해지고 채널이 많아지면 결국 무엇으로 방송내용을 채울 것인가의 문제와 부닥친다. 한마디로 방송의 내용. 방송전파를 타는 모든 프로그램은 영상 소프트웨어다. 드라마, 영화, 쇼, 다큐멘터리, 만화, 뉴스…. 채널이란 하드웨어에 담기는 내용이다. 컨텐츠(Contents)라고도 부른다. 영상화할 수 있는 모두가 대상이다. 결국 방송계 패자는 지금처럼 매체나 채널을 소유하고 있는 방송사가 주역이 아니다. 디지털 기술과 광섬유 활용, 위성, 컴퓨터의 발전과 인터넷의 보급으로 조성된 멀티미디어 환경에서는 품질 높은 프로그램 소유자가 우위다. 미국에서 대표적인 방송소프트웨어 제작업체인 디즈니사가 방송사 ABC를 인수한 것은 시사하는 바가 크다.

6. 무료에서 유료

지금까지 지상파 방송은 시청자 입장에서 무료였다. 물론 공영방송에는 시청료가 붙었다. 케이블TV는 유료 TV의 개념을 가져왔다. 멀티미디어시대 다채널은 대부분 유료 TV다. 프로그램을 시청하는데 반드시 돈을 내야한다. 방송 산업화의 결과요 원동력이다. 이런 유료 텔레비전의 역사는 길다. 1940년대 초반 제니쓰(Zenith)는 폰비젼(Phonevision)을 선보였다. 전화선을 이용해 영화를 공급하는 서비스다. 1달러를 내고 하루 3편까지 영화를 볼 수 있었다. 그러나 폰비젼은 1951년 중단됐다. 이어 1953년 파라마운트사가 유료프로를 받아볼 수 있는 텔리미터(Telemeter) 시스템을 선보였으나 역시 실패했다. 이유는 FCC가 방송사업자들과 극장소유주들을 보호하기 위해 유료 TV에 각종 규제를 달았기 때문이다.45) 그러다가 1972년 홈박스 오피스(HOB, Home Box

---

45) 『미국의 전파매체』, p. 84~85.

Office)의 출현으로 큰 진전을 이룬다. HBO는 ① 월별 일정요금제, ② 영화외 스포츠나 다양한 이벤트, ③ 뉴테크놀러지인 마이크로 웨이브 사용, ④ 케이블 사업자와 수입 공유의 4가지 요인으로 성공을 거둔다. 알리와 프레이져의 권투 경기는 바로 이때 성사됐다. HBO는 1975년 통신위성까지 띄워 최초의 전국 오락네트워크가 된다. 최근에는 USSB, 디렉TV, 프라임스타 같은 직접위성방송(DBS)도 유료 텔레비전 시장에 나서 앞으로 판도 변화를 예고하고 있다. 이들 DBS는 시청자들에게 PPV형태의 NVOD프로그램과 이벤트를 제공하고 있다. 이들은 시장 침투를 위해 파격적으로 낮은 가격에 PPV 시장을 공략하고 있다. 이밖에 유어초이스 TV(Your Choice TV)도 등장했다. 이는 기존에 방송된 프로그램을 주문해 시청하는 방식이다. 유료 TV는 다음 몇 가지 종류가 있다.

1) 유료 채널

프리미엄 채널(Premium Channel)이라고도 한다. 특정 채널의 방송을 시청하기 위해서는 돈을 내야한다. 미국의 HBO, 쇼타임, 디즈니, 플레이 보이 채널이 대표적이다. 이들 방송은 가입자 요금으로 운영한다. 기본요금은 별도로 하고 한 달에 10달러 정도이다. 우리 나라 케이블의 영화채널(캐치원) 등이 이런 경우다.

2) 유료 프로(Pay Per View)

하나의 채널을 놓고 많은 프로는 무료로 하지만 특정 프로에 대해서만 돈을 받는 방식. 케이블과 직접위성방송에서 실시한다. 아직 우리 나라에는 도입되지 않고 있다. TV수상기에 특수장치를 달아 유료프로를 볼 때 이것이 공급회사에 자동으로 기록된다. 스포츠 중계나 빅이벤트, 특정 영화 등을 상대로 한다. PPV의 선두주자는 뷰어즈 초이스(Viewers Choice)와 리퀘스트 텔레비전(Request Television)이다.

3) 주문형 비디오

NVOD와 VOD가 있다. NVOD는 공급사가 몇 개의 채널로 계속 특정 프로를 반복 상영해 시청자가 특정 시청시간을 놓쳐도 프로를 시청할 수 있도록 하는 방식이다. VOD는 아예 자기가 필요한 것만 돈을 내고 골라 서비스를 받는 것이다.

4) 가입형(Subscription) TV

일반 지상파를 이용해 가입가구에 특정 방송채널을 유료로 제공하는 TV. 케이블TV와 같지만 유선이 아닌 공중파로 하는 게 특징이다.

2. 제도적 요인

1. 공영성에서 산업

1) 개념변화

기존에는 사용가능한 전파의 주파수 대역이 제한돼 있었다. 이용자수를 극히 일부로 통제할 수밖에 없음을 의미한다. 희소성의 원칙에 따라 방송 전파 자원은 공공성이 컸다. 그래서 미국을 제외한 대부분의 국가들은 방송을 공영화하고 국민 공동의 재산이란 인식을 가졌다. 민영방송을 두기는 했지만 근간은 공영의 틀이었다. 그러나 기술의 발전은 전파자원의 활용을 극대화시켰다. 방송자원이 큰 폭으로 늘어났다. 많은 매체와 채널이 생긴 것이다. 충분하다못해 넘쳐나는 채널은 공공성으로 대변되던 방송의 개념을 뿌리부터 흔들었다. 누구나 사용할 수 있는 방송자원은 이제 공공성이 아닌 산업의 수단으로 뜻이 바뀌었다. 고부가가치를 창출하는 산업수단으로 말을 갈아탄 셈이다.

공영성이 강조되던 시기의 방송은 다양한 정보를 전달하고, 또 다양한 의견을 수렴한다. 정보 전달과 여론 형성 등의 정치적, 문화적 차원의 매체로 인식했다. 이런 '공영적 성격'에서 방송산업이라는 '경제적 개념'으로 바뀌었다. '방송 수용자'라는 문화적인 시청자 개념은 '방송프로그램 소비자'라는 시장의 소비자 개념으로 탈바꿈했다. 또 '방송프로그램'은 정보 전달과 오락 제공의 '문화개념'에서 돈을 주고 소비하는 '방송 상품'으로 옷을 갈아입었다.

2) 생존 우선

산업성을 강조하는 시기의 방송은 다른 인식을 요구한다. 첫째, 우선 살아남아야 한다는 철저한 자본논리의 도입이다. 우선 자신의 매체가 살아남지 않고서는 다른 방송에 모든 역할을 내줄 뿐 미래는 없기 때문이다. 두 번째, 살아남기 위해서는 수익성을 극대화해야 한다. 채널이 소수일 때 공영방송은 시청료를 받아 운영한다. 민영방송도 적정수의 채널아래서 안정적인 광고시장이 보장됐기 때문에 산업매체로서의 특성을 찾을 필요가 없었다. 민영방송도 공영성의 범주에서 국민의 공기라는 역할을 수행할 수 있는 물적 토대가 마련돼 있었던 것이다. 그러나 다채널 시대에는 그것이 불가능하다.

광고시장은 예전과 크게 다를 바 없는데 채널만 수십 배가 늘어났다. 광고유치를 위한 시청률 확보만이 생존을 보장한다. 수익창출 나아가 수익 극대화만이 방송사가 살수 있는 토대다. 정도의 차이는 있지만 세계적인 추세로 볼 수 있다. 공영체제의 모범으로 일컬어지던 영국 등도 BBC에게 스스로의 생존을 요구할 정도다.

3) 공익성 확보

뉴미디어 분야는 자유경쟁의 원리, 산업의 논리가 당연히 적용돼야 한다. 수백, 수천 개의 채널, 인터넷 방송을 통제할 방법은 없다. 그러나 전통적인 지상파TV는 아직까지 그리고 앞으로도 상당기간 많은 국민들이 가장 접하기 쉬운 대중매체로 남을 전망이다. 따라서 지상파TV는 여전히 희소가치가 크다. 멀티미디어 환경의 다양한 매체와 채널은 산업적 성격으로, 전통의 지상파TV는 상당기간 공영적 성격으로 운영할 필요가 있다.

2. 탈 규제

각국은 변화하는 추세에 맞춰 자유로운 경쟁의 산업성을 강화하기 위해 대폭적인 규제 철폐 등 탈 규제의 법률 개혁에 나서고 있다.

1) 미국

미국은 세계방송의 중심지이자 가장 먼저 산업적으로 방송을 운영해온 나라다. 유럽과 일본 등 세계 각국이 공영적 모델(1공영 중심 + 다민영)을 고수할 때 미국은 상업적 경쟁모델(다민영 중심 + 형식적 공영)을 발전시켜왔다. 지금 멀티미디어, 다채널 시대를 맞아 대부분의 국가들이 운명적으로 산업적 경쟁모델을 일부라도 도입한다. 이런 실정에서 미국의 제도변화를 먼저 살펴보는 일은 타산지석이 될 것이다.

(1) 무선 라디오법

미국의 방송에 대한 규제는 1927년 Radio Act다. 전파의 자원은 개인이 소유할 수 없고, 공공적 이익에 사용해야 한다는 원칙을 분명히 했다. 이때의 핵심은 전화업자 벨의 라디오 사업참여 금지라고 볼 수 있다.

(2) 통신법

1934년 제정된 Communications Act. 전화사업의 독점을 인정하는 대신 공정하고 합리적인 가격으로 서비스해야 한다는 의무를 부여했다. 공공의 편의와 필요가 있을 때 신규참여를 허용해야 한다고 명시했다. 방송과 통신 영역구분과 독점을 인정한 것이 특징이다.

(3) 1996년 수정안

미국은 1934년 통신법으로 방송과 통신을 구분한 뒤 60년 넘게 큰 틀을 유지하다 1996년 Telecommunications Act로 법을 개정했다. 방송과 통신의 영역 구분을 없애고 융합, 멀티미디어시대를 반영한 것이다. 핵심은 방송과 통신의 상호 자유로운 참여와 경쟁이다. 영상서비스와 통신서비스의 완전 통합과 자유경쟁을 보장했다. 케이블TV회사가 망을 활용해 전화사업에도 참여하고 전화회사 역시 망을 사용해 OVS, 케이블TV 등 영상산업에 참여할 수 있다.

2) 영국

공영적 방송제도의 모델로 일컬어지던 영국도 크게 상황이 바뀌었다. 영국 역시 1996년 방송법을 대대적으로 손질했다. 방송법 개정의 핵심은 크게 네가지로 나뉜다.

① 소유 완화 – 소유 규제를 상당 부분 철폐해 미디어산업의 신규참여와 통폐합을 도모했다.

② 경쟁 구조 – 멀티미디어 환경에서 방송간 경쟁 구조 도입을 적극 추진했다.

③ BBC개혁 – BBC에게 상업방송 서비스를 허용해 국제 경쟁력을 강화하고 투자 활성화를 유도했다. 특히 BBC에 대해 케이블TV에도 참여해 멀티미디어 기업으로 거듭날 것을 촉구했다. 공영적 틀의 대폭 수정을 의미한다.

④ 시장개방 – 외국자본의 유입을 자유화해 방송산업 발전을 꾀한다.

3) 프랑스

1999년 5월 방송법이 국회를 통과했다. 디지털 지상파 방송에 대한 허가 처벌관련 조항과 인터넷 사이트에 대한 처벌 규정 등 달라진 매체 환경을 담고 있다. 그러나 위성방송과 디지털 방송에 관한 세부사항을 담지 못했다. 민영방송의 구조개혁과 공영방송의 공영성 강화라는 당초 입법취지가 양쪽 모두에서 만족할 만한 성과를 내지 못했다는 분석이다.

4) 기타
(1) 독일

방송과 통신의 경계영역적 서비스를 멀티미디어 법안으로 묶어 정비했다. 데이터 베이스 서비스, 온라인 서비스, e-mail, 텔리쇼핑, 텔리뱅킹, 원격교육, 화상회의, 전자신문, PPV, PayTV, VOD분야를 포함했다.

(2) 이탈리아

1997년 방송법을 정비했다. 유럽에서는 처음으로 방송과 통신을 통합한 기구를 발족했다.

3. 산업화의 결과

1. 미국의 미디어 합병

1) 미디어간 충돌

몇 차례 미디어간 충돌을 빚었다. 1876년 시작된 전화는 1913년 전보사업과 충돌했다. 이후 전화와 전보를 같이 할 수 없도록 규제했다. 이후 20세기 들어 새로운 매체로 등장한 라디오와 전화가 경쟁했다. 처음 라디오는 방송이라기보다는 전화의 연장선으로 여겼다. 그러다가 1927년 라디오와 전화 사업이 분리됐다. 3번째 산업간 충돌은 1956년 컴퓨터였다. 역시 이때도 전화와 컴퓨터는 같이 할 수 없도록 했다. 이후 망을 사용하는 케이블TV와 충돌하게 됐다. 1996년 법에 따라 이제 규제는 사라지고 무한경쟁이다. 이후 강력하게 등장하고 있는 인터넷이 앞으로 어떤 결과를 가져올지 두고 볼일이다.

기업 영역	AOL 타임워너 : 콘텐츠 (방송, 인터넷)강점	월트디즈니 : 브랜드 (영화, 레저)강점	뉴스코프 : 글로벌네트워크 (위성TV, 스포츠)강점
신문잡지 출판	전통의 타임, 포츈, 머니 등 유력 잡지가 강점	디즈니 캐릭터, 창작 스토리 출판에만 한정	신문 미디어에 압도적 우위 확보(더 타임즈, 뉴욕포스트 등)
방송	CNN, HBO로 상징되는 케이블방송의 최강자	E! 엔터네인먼트 텔레비전, ESPN, 역사채널 등 오락 교양 전문 방송에 강점	스타TV, BSkyB(영국), 채널(V)아시아, 팍스스포츠 라틴아메리카,SkyPerfect TV(일본) 등 화려한 글로벌 네트워크 구비
영화	워너 브라더스 (캐슬락 엔터테인먼트, DC 코믹스)가 주축	애니메이션, 영화 및 비디오 보급망 장악 (뷰에나 비스타 홈 엔터테인먼트, 뷰에나 비스타 인터내셔널)	'타이타닉'으로 유명한 20세기 폭스 등 정통 영화 제작에 무게
음악 오락	EMI(2000.1인수) 워너뮤직 그룹, 사이어 레코드 그룹	뷰에나 비스타 뮤직 그룹 (힐리웃 레코드)	
인터넷 전자 상거래	AOL서비스, 넷스케이프 커뮤니터, 후버스 온라인 등으로 선두주자 역할	go.com 사업이 난항을 겪는 등 e 비즈니스엔 고충	뉴욕타임즈와 제휴 theStreet.com 설립 등으로 기지개
레저 스포츠	아틀란트 브레이브스 (프로야구) 등 프로 스포츠팀 다수 보유	디즈니랜드(애너하임), 월트디즈니월드(올란도) 등 테마파크, 유람선 레저 등의 대명사	LA 다저스 등 인수로 스포츠 미디어의 총본산 자임

<표 20> 세계 미디어 3강 경쟁분야
(「세계 미디어시장 재편과 전망」, 삼성경제연구소, 2000. 4.)

2) M&A의 역사적 특징

19C후반부터 나타나는 M&A는 일률적으로 말할 수는 없지만 단계마다 특징을 보인다. 1890년대 이후 1900년대까지는 시장지배를 위한 수평적인 합병이 주를 이룬다. 이어 1차 세계대전이 끝나고 1925년부터 공황기까지는 과점을 위한 수직적 합병이 주를 이뤘다. 이어 2차세계대전을 치르고, 1960년대에는 고도성장기를 맞아 대기업화를 위한 비관련 직종간의 복합합병이 붐을 이뤘다. 그리고 70년대의 오일쇼크와 냉전 해체기를 맞은 80년대에는 국가간의 국제적 합병이 새로운 특징으로 나타났다.

1985년	News Corp / Fox & Metromedia
1987년	Sony / CBS Record
1989년	Sony / Columbia Picture
1990년	Matsusida / MCA-Universal
	Communication / MGM-UA.

<표 21> 1980년대 제휴합병

3) 1990년대 방송계 인수합병

1995년 8월 ABC와 디즈니가 합병했다. 합병비용은 193억 달러. 11개 TV스테이션과 228개 자회사 21개의 라디오방송국을 갖게됐다. 역시 같은 시점 CBS는 웨스팅하우스와 54억 달러에 합병했다. 15개 TV방송과 200개 계열사, 39개의 라디오국 규모다. 타임워너와 TBS는 1995년 10월 80억 달러에 합병했다. 이후 미디어 관련기업이 다른 미디어를 차례로 인수해 거대 미디어 그룹화하는 예는 더욱 빈번하다. 1996년 월트 디즈니의 ABC인수, 웨스팅하우스의 CBS인수, 타임워너의 TBS인수, 마이크로 소프트의 활발한 인터넷과 케이블TV 진출 등.

위성방송업계의 재편도 있다. Direc TV, Echostar, Primestar, ASkyB,

USSB 등으로 난립해 있었다. Echostar는 1998년 머독의 뉴스 코퍼레이션사가 소유하고 있는 ASkyB를 10억 달러에 인수했다. Echostar는 채널을 500개까지 늘릴 수 있게 됐다. Direc TV도 여기에 자극받아 USSB를 인수했다. USSB는 직접위성방송의 개념도 없던 1981년 허바드(Hubbard)라는 사람이 FCC에 위성방송허가를 신청해 설립한 방송. 미네소타에 본사를 두고 있다가 Direc TV 에 인수됐다.

1998년 6월에는 AT&T가 TCI를 인수했다. 인수가격은 318억 달러였다. 1999년 5월에는 AT&T가 Media One을 600억 달러에 인수했다. CBS는 1999년 9월 7일 사상 최대규모의 방송 합병에 합의했다. CBS와 바아콤이 합병이다. CBS의 전국네트워크와 비아콤 보유의 MTV, 주요 케이블 네트워크, 파라마운트 영화사 등이 하나의 울타리 안에 들어섰다. 합병규모는 시가 800억 달러. 실거래 규모는 380억 달러다. 1999년 10월 5일에는 미국 장거리 통신업체 MCI 월드컴이 이동통신업체 스프린트를 무려 1천290억 달러 한화 155조 원에 인수했다. 사상 최대규모의 인수합병 금액이다. 이로써 양사의 장거리 전화 시장점유율이 32%로 높아져 AT&T의 42%를 추격하며 박빙의 승부를 펼칠 수 있게 됐다. 2000년 들어선 인터넷 접속회사인 아메리칸 온라인 AOL이 전통의 미디어 그룹 타임워너를 인수해 충격을 줬다.

유럽에서는 룩셈부르크의 CLT, 프랑스의 까날쁠뤼, 네덜란드의 Net Hold, 독일의 베르텔스만 등이 1997년 대형 합병을 실현했다. 이들 최근 대형 인수의 특징은 덩치가 작은 신생업체들이 전통의 대형 미디어 업체들을 집어삼킨 데 있다. 바이아컴의 CBS인수나 AOL의 타임워너 인수가 모두 마찬가지다. 다윗이 골리앗을 이겼다는 표현이 적합할 정도다.

시기	흡수 · 제휴 · 병합	
1993. 5	US West 지역전화사 언론, 영화사Time warner에 29.4% 지분 투자	
1993. 6	영국 BT 미국 MCI 장거리 전화사에 투자 20% 지분 소유	
1993. 8	AT&T 최대 이동통신회사인 McCaw 매입 발표	
1993. 9	케이블 회사인 Viacom와 영화사 Paramount 병합	
1993.10	Bell South지역 전화사 Prime Cable 지분 투자	
1993.10	Bell Atlantic 지역 전화사 미국최대 케이블 SO인 TCI병합계획, 1994.2에 취소	
1993.12	South western Bell 지역전화사 Cox Cable 투자 제휴관계 성립	
1994. 1	Viacom이 미국최대 비디오숍인 Blockbuster 매입	
1994. 5	TCI, 일리노이 HVOD 시험방송	
1995.12	Bell Atlantic 전환 비디오 서비스	
1996	BA / NYNEX	
1996	SBC / PacBell	
1998	WorldCom / MCI	$ 41.9 billion
1998. 6	AT&T / TCI	$ 48 billion
1998. 7	BA / GTE	$ 52.8 billion
1998	Nortel / Bay Networks Alcatel / DSC Tellabs / Ciena	$ 9.1 billion $ 4.4 billion $ / billion
1999. 3	Comcast / MediaOne	$ 60.0 billion
1999.6	리버티 미디어(AT&T산하 케이블 그룹) 무선통신업체 Associated 그룹 . 30억달러 인수	
1999.9	바이어컴 / CBS $ 38billion	$ 38 billion
1999.10	MCI월드컴/ 스프린트	$ 129 billion
2000.2	AOL / 타임워너	$ 165 billion

<표 22> 방송, 케이블, 전화, 통신 등 미디어 제휴 합병

4) 인터넷 업계

특히 인터넷 업체들의 기존 미디어에 대한 업무 제휴와 인수 합병이 활발하게 진행되고 있다.

업 체	인수제휴업체	사업내용	투자금액
AOL	타임워너	복합미디어 콘텐츠	1400달러
AOL	넷스케이프	포털사이트, 브라우저	42억1000만 달러
AOL	휴스엘렉트로닉스	전자상거래, 멀티미디어	15억 달러
아마존	드러그스토어	인터넷 CVS	지분 46%매입
아마존	소더비	인터넷 경매	4500만 달러
야후	지오시티즈	포털사이트	46억 달러
야후	브로드캐스트컴	인터넷 방송	56억 달러
AT&T	익사이트	포털사이트	업무제휴
월트디즈니	인포시크	포털사이트	7000만 달러
라이코스	와이어드디지털	뉴스	8300달러
보다폰	에어터치	이동통신	560달러
시스코	코콤	인터넷 접속기술	6500달러
시스코	V비트를	디지털비디오 전송 기술	1억2800달러
MCI월드콤	스프린트	이동통신	1290달러
e베이	버터필드엔버터필드	인터넷경매	2억6000만 달러
NBC	Snap	포털사이트	598만 달러

<표 23> 인터넷 업체 M&A와 업무제휴
(한진 투자 증권)

2. 한국의 인수합병

아직 지상파와 케이블TV, 그리고 새로 부흥하는 인터넷 방송이 전부인 현실에서 주로 케이블TV를 둘러싼 방송계의 인수합병이나 통폐합 등이 펼쳐지고 있다.

1) 지상파TV의 케이블TV 진입

지상파TV가 케이블TV 업종 진입을 실현했다. SBS는 1999년 6월 SK그룹이 소유하고 있던 골프채널을 인수했다. 이 골프채널은 교육채널 마이TV가 전환한 채널이다. 대주주 SK상사와 골프채널의 주식 51%를 51억 원에 인수해 경영권을 확보했다. SBS는 그 동안 지상파 방송으로는 파격적으로 골프 프로그램에 많은 시간을 할애해왔다. 특히 98년 박세리 중계독점권을 따내 방송을 한 뒤 골프 프로그램의 사업성에 큰 기대를 걸고 있다. SBS는 스포츠 채널도 인수했다. 국민체육진흥공단이 갖고 있던 스포츠채널의 경영권 지분 51%를 252억 원에 매입했다. 케이블에서 2개의 스포츠관련 채널을 인수한 것이다. 그리고 2000년 4월에는 축구채널을 신청해 허가 받았다. 앞으로 PP설립이 자유화 될 경우 지상파의 PP운영은 더욱 가속화 될 것으로 보인다.

2) 프로그램 공급업체(PP)합병

(1) MPP탄생

지상파TV가 진입하는 외에 프로그램 공급업체의 대형화도 눈에 띈다. MPP의 탄생이다. 영화채널 DCN이 동양그룹으로 넘어갔다. 초코파이로 알려진 기업이다. 동양그룹의 경우 이미, 바둑TV와 만화 투니버스 채널을 손에 넣었다. 따라서 1999년 4월 영화채널 DCN까지 합쳐 복합 프로그램 공급업체(MPP)로 등장했다. DCN의 인수가격은 무려 410억 원. 대우가 추진해 오던 씨네 하우스와 멀티플렉스 사업 등을 포함한 가격임을 고려해도 상당히 높은 금액이다. 복합 미디어 그룹을 꿈꾸던 중앙일보와 치열한 접전을 벌인 결과이다. 동양은 앞으로 몇 개의 PP를 더 인수할 것으로 알려져 대형 MPP 탄생을 예고하고 있다. 이를 위해 동양은 1999년 5월 이사회를 열어 자본금 156억원의 신규법인 오리온 시네마 네트워크를 설립하기로 했다. 동양제과는 또 1999년 6월 네덜란드의 '모리타 인베스트먼트 인터내셔널'로부터 3천만 달러를 유치해 합작 영상회사를 설립했다.

(2) PP 인수합병

· 동아TV

지난해 7월 부도로 방송중단사태까지 빚었던 여성채널 동아 TV도 새주인이 나타났다. 인터넷 쇼핑몰 업체인 인터파크가 인수했다. 독특한 것은 법인 인수가 아닌 영업권 인수. 인터넷과 케이블 사업을 병행 추진해 시너지 효과를 높인다는 전략이다.

· 다솜방송

한샘출판이 대주주였던 다솜방송. 1998년 3월 경영난으로 부도가 난 뒤 법원에 화의신청을 했다. 그 뒤 1999년 3월1일 교육채널에서 의료·건강채널로 전환을 시도했다. 이후 재기를 위한 노력을 펼쳤지만 끝내 주인을 바꿨다. 다솜방송을 인수한 업체는 통신판매 전문 업체인 'TV홈마트'.

3) SO의 변화

(1) MSO 탄생

조선무역이 대주주로 있는 경동방송은 북부방송과 동부방송, 노원방송, 구로, 마포방송까지 인수해 6개의 SO로 MSO를 구성했다. 개정된 종합유선방송법은 7개까지의 MSO를 인정하고 있다. 따라서 경동방송은 하나를 더 인수해 케이블TV를 모기업인 조선무약의 주력으로 삼는다는 전략을 취하고 있다. 대호건설은 서초방송을 중심으로 MSO를 선언하고 나섰다. 대호건설은 이를 위해 1999년 6월 홍콩에서 2천만 달러 규모의 전환사채를 발행하기도 했다. 이밖에 서서울 케이블TV도 은평방송을 인수한데 이어 앞으로 더 많은 SO의 인수를 선언했다.

(2) 중계유선과 SO의 상호 진입

케이블TV 지역국(SO)과 중계유선방송의 상호 통폐합도 나타난다. 중계유선인 중앙방송은 2차 SO인 전남방송, 전남동부방송, 충청방송을 인수했다. 일부 중계유선들은 SO를 인수하기 위해 적극적으로 나서고 있는 실정이다. 반대로 SO가 중계유선을 인수하는 경우도 있다. 1999년 2월까지 800개 중계유선 가운데 80개를 SO가 인수한 것으로 알려지고 있다.

(3) 케이블TV 연합

통합이나 인수합병을 하지는 않은 채 규모의 경제를 이루기 위해 서로 제휴, 연합하는 형태도 나타나고 있다. 경기도내 9개 케이블TV SO들은 '경기도 TV 네트워크'를 결성했다. 1999년 7월 1일 출범한 경기도 TV네트워크는 경기도내 수원시, 성남시, 안양시 등 주요도시를 망라했다. 수원방송, 성남방송, 경동방송, 다우방송, 드림방송, 안양방송, 한빛방송, 기남방송 9개사다. 이들의 목표는 지상파 민방이 없는 경기도에서 경기도를 대표하는 민방의 역할을 수행하겠다는 것이다. 우선 자체 뉴스제작에 정성을 쏟고 있다. 자체적으로 확보한 취재인력이 경기도내 주요소식을 취재해 가맹 9개 SO의 지역망을 통해 방송한다. 자체 방송하고 있는 지역내 채널을 활용하는 것이다. 뉴스제작은 경기도청이 있는 수원시의 수원방송에서 한다. 이밖에 경기도와 관련된 다큐멘터리 등 일반 프로그램도 제작해 자체 소식을 내보낸다는 계획이다. 다른 지역으로의 파급효과도 클 것으로 보인다.

3. 복합 미디어그룹 (Communication Conglomerate)

방송과 전혀 관련이 없는 기업이 새롭게 방송에 참여하는 형태다. 독일의 베르텔스만 그룹을 보자. 1835년 출판업으로 회사문을 열었다. 1980년대 초까지 서적과 잡지만을 다뤘다. 1984년 유럽대륙에서 공영방송의 민영화 붐이 일면서 독일도 방송을 민영화했다. 이때 베르텔스만 그룹은 라디오, TV, 음악산업으로 진출했다. 지금은 세계 53개국에 6만5천 명의 직원을 두고 한해 매출액 133억 달러의 세계기업으로 성장했다.

SBS의 지배주주를 비롯해 다수의 지역민방주주는 미디어관련 기업이 아니고 건설이나 제조업, 유통업 등이었다. 복합기업의 형태였던 것이다. 1995년 허가된 케이블TV 역시 모두 방송과 관련 없는 일반 제조업이나 유통업체였다. 이제부터 지상파TV가 케이블이나 위성방송 등에 진출한다. 신문사가 케이블이나 위성방송에 진출할 수도 있다. 인터넷 분야의 사업은 아무런 제약이 없다. SBS는 건설업을 모기업으로 지상파 채널, 케이블TV, 인터넷 방송사까지 진출했다. 정부의 방침에 따라 위성방송도 추진할 수 있다. 제작을 담당하는 자회사도 있다. 기술이나 영상, 미술분야를 독립시켜 새 영역을 개척하도록 했다. 종합적으로 하나의 멀티미디어 그룹으로 변모한다.

신문사들도 마찬가지다. 인쇄매체 한 분야 갖고는 한계가 있을 것이다. 조선일보나 동아일보, 중앙일보 등은 뉴미디어를 위한 자회사들을 이미 세워 운영하고 있다. 조선일보는 이미 종합 멀티미디어 기업의 면모를 갖췄다. 디지털조선일보를 세워 인터넷 뉴스와 위성을 활용한 전광판 뉴스 역시 위성을 활용한 원격 교육사업을 벌이고 있다. 정보통신 주간신문을 창간하고 위성중계차량 SNG도 보유하고 있다. 디지털 스튜디오도 갖춘 상태다. 프로덕션팀은 지상파 방송에 각종 프로그램을 제작해 공급하고 있다. 방송의 소프트웨어인 프로그램제작시설을 이미 갖춘 것이다. 여기에 위성방송 진출을 성공시키면 그야말로 종합 멀티미디어 기업으로 거듭난다.

중앙일보도 인터넷 뉴스를 별도 법인으로 만들면서 인터넷 방송과 연계를 맺고 있다. 과거 동양방송을 운영했던 중앙일보가 방송분야에 어떻게 진출할지가 관심거리다. 인터넷, 위성방송 등 다양한 매체로 확장을 꾀하지 않을 수 없다. 기존 매체의 유지, 운영을 위해서도 말이다. 통폐합이나 아니면 제휴 관계를 이룰 수도 있다. 감량 체질개선을 하면서도 다양한 미디어분야로의 덩치 키우기 즉 복합미디어그룹화는 피할 수 없는 과제가 될 것으로 보인다.

최근의 국내 예를 하나 들어보자. 미래산업이라는 중견기업이 있다. 주식시장에서 회사 규모에 구애받지 않고 좋은 대접을 받는 회사다. 1983년 설립된 이 회사는 반도체 검사장비 등을 생산하는 반도체 관련 업종이다. 이 반도체 업체가 1999년 6월 케이블TV PP업 진출을 선언했다. 미래산업은 다채널 시대 검색채널(가이드 채널)을 하겠다고 나선 것이다. 2000년 4월 허가를 얻어 복합미디어 기업의 형태를 갖췄다. 미래산업은 이에 앞서 1999년 3월 미국의 인터넷 관련업체와 손잡고 인터넷 관련 업종에도 뛰어들었다. 미국의 인터넷 정보서비스 검색업체 라이코스사와 손잡고 50대 50으로 라이코스 코리아를 설립했다. 라이코스 코리아는 3달여 준비 끝에 7월 1일부터 서비스를 개시했다. 인터넷검색과 인터넷 증권 정보서비스 등 인터넷 관련 서비스다. 미래는 복합기업을 시도하면서 폭발적인 사세 증진 효과를 거뒀다.

코스닥시장에 등록한 동작방송도 마찬가지. 건설업체인 대호건설이 대주주. 대호건설은 김영삼 전대통령의 차남 김현철씨와의 관계로 화제를 모았던 기업이다. 대호는 1999년 6월 코스닥시장에 상장해 주가가 큰 폭으로 오르고 있다. 대호는 동작방송 이외에도 서초 케이블TV, 동서울 케이블TV, 그리고 부산과 대구, 광주, 청주에도 케이블TV SO를 소유하고 있다. 대호는 이들을 단계적으로 코스닥시장에 상장할 계획인 것으로 알려졌다. 복합기업으로 큰 폭의 주식 차익을 남길 수 있을 것으로 보인다.

국민일보는 2000년 4월 연예정보 케이블 채널허가를 얻었다. 연예스포츠신문인 스포츠투데이까지 소유하고 있어 신문과 방송을 합한 연예 오락 복합미디어를 지향할 수 있다. 매일경제 TV와 삼구쇼핑도 새로운 PP채널허가를 얻었다.

위성방송 분야에도 신규로 많은 자본이 참여할 전망이다. 기존의 방송사, 신문사 등이 수평적 통합 차원에서 또 PP 등이 수직적 통합 차원에서 나설 것이다. 전문채널을 꿈꾸는 방송벤처도 참여할 것이다. 인터넷 관련 업종에서도 참여가 잇따를 전망이다. 통신, 방송, 영상, 컴퓨터, 소프트웨어, 전자, 인터넷 등 멀티미디어 환경에서 유사업종들끼리의 합종연횡 경연장이 될 것이다

4. 지상파 방송의 변화

1) 미국 지상파TV

(1) 현황

- **공영방송**

PBS. 의회중계나 교육 등의 공영적인 프로그램을 제작 방영한다. 시청료는 없고, 정부지원 등으로 운영한다.

- **민영방송**

미국에는 전통적으로 지상파TV의 경우 NBC, ABC, CBS의 3대 네트워크가 있다. 이들 전국을 커버하는 방송사 3군데가 미국 전역에 퍼져있는 수백개의 지역 TV와 제휴를 맺고 네트워크를 형성해 전국방송을 한다. 여기에 90년대 들어 머독의 뉴스 코퍼레이션이 새로이 Fox채널을 출범시켜 전국 네트워크화 하는데 성공해 지상파의 4파전을 이루고 있다. 그리고 이외에 전국 커버를 목표로 새롭게 2개의 채널이 더 등장했다. WB와 UPN 채널. 1998년엔 가장 마지막으로 Pax TV가 가세했다. 이렇게 해서 미국에는 모두 7개의 전국 상대 네트워크가 있다.

그리고 각 지역별로 무수한 방송국이 각자 독자적인 방송을 한다. 이들은 전국 상대 네트워크와 제휴하기도 하고, 신디케이션으로부터도 프로그램을 공급받는다.

1995년부터 1997년까지 미국 3대 공중파 네트워크(ABC, NBC, CBS)의 시청률은 3군데를 합해서 50%대로 떨어졌다. 지난 수십년 동안 90%대를 유지하던 것과 비교하면 큰 폭의 하락이다. 이유는 자명하다.

우선 새로운 케이블TV나 위성방송 같은 뉴미디어들의 등장에 따른 시청자층의 세분화다. 두 번째 새로운 정보 유통 수단인 인터넷에 시청자들을 빼앗기고 있다. 세 번째 영화산업이나 게임산업 같은 다른 오락산업의 발달로 특히 젊은 층의 시청자들을 잃고 있다. 네 번째 Fox같은 새로운 네트워크의 등장으로

3대 네트워크의 시청률이 낮아질 수밖에 없다. 마지막으로, 비싼 제작단가와 경영부실도 지상파TV가 미국에서 장기적으로 쇠망하는 한 원인이 되고 있다.

이에 따라 공중파 TV에 대한 광고도 크게 줄고 있다. 1975년 43%였던 3대 상업방송의 광고비중은 1985년 38.5%를 나타냈고, 1990년에는 33%로 떨어졌다. 점점 더 낮아지는 추세이다.

(2) 시청자 특성

NBC	대도시 거주, 평균 40세, 35~40세 1995년 28%, 1998년 31%로 높아짐 South Park 연봉, 7만5천 달러 이상, 30~40대
CBS	나이가 들고, 비도심 거주지역. 1998, 99시즌 5년만의 시청률 1위 피플미터 사용결과
ABC	CBS보다 NBC에 가까우나 소규모 시장에. 집중. 최근 젊은 시청자 층을 잃고 있다. 성인층으로 이미지 개선 시도.
Fox	젊은층에서 35세 이상으로 공격적인 프로그램 개편으로 시청자 관심유도.
WB	1994년에 시작. 30세 미만의 여성대상. 시청률 하락을 보이지 않고 선전
UPN	시청률 최하위. 도심/흑인이 주 대상. 프로레슬링 중계로 활로 모색. 1995년 출범 뒤 1999년엔 시청자 감소까지.
PaxTV	1998년 출범.

<표 24> 주시청 시간대 시청자
(『Business Week』, 1998. 12. 14. 기초 재구성)

2) 미국 지상파TV 변화

(1) 젊은층 겨냥

미국의 네트워크들은 젊은층, 신세대를 위한 방송으로 프로그램을 편성, 방영하고 있다. 드라마나 오락은 물론 뉴스도 그렇다. CNN도 최근 젊은층 상대의 뉴스를 선보였을 정도다. 네트워크들은 왜 젊은층 시청자 확보에 열을 올리는가? 그 이유는 여러 가지다. 시청률을 높여주기 때문이고, 다른 하나는 바로 광고 때문이다. 광고주들이 젊은층으로부터 인기 있는 프로그램을 원한다. 이유는 무엇일까? 광고주 회사의 광고담당자 평균연령은 31세. 대행사의 관계자들 나이는 28세. 젊은층이 광고업무를 관장하고 있는 특징을 보인다. 따라서 젊은이 취향의 프로그램에 동질성을 찾고, 광고를 한다.[46]

(2) 프로그램 변화

• Soap Opera

일명 멜로 드라마. 시시콜콜한 남녀간의 애정관계를 주로 다룬다. 여성 시청자를 주로 상대해 왔다. 야외 제작 없이 실내 세트에서 제작한다. 경비가 적을 수밖에 없다. 낮 시간에 집에 있는 주부를 대상으로 한 프로였다. 그러다 보니 주로 비누회사 같은 여성 미용관련 제품 광고가 많았다. 그래서 이름을 'Soap (비누)'라고 부른 것이다. 소프 오페라는 미국에서 가장 전통있고, 가장 안정적인 시청자층을 확보해줬던 프로그램이었다. 이 소프 오페라가 쇠퇴기를 맞고 있다. 주된 이유는 여성들의 사회 진출이 늘어서 한가하게 집에 앉아 남녀 사랑놀이나 즐기는 인구가 줄었기 때문이다. NBC는 1964년 5월 4일부터 35년간 방영해온 소프 오페라 'Another World'를 1999년 6월 종영했다. 후속으로는 신세대 취향의 'Passions'가 뒤를 이었다. 'Another World'는 소프 오페라의 전성기 70년대를 거치면서 낙태, 미혼모 같은 사회적인 이슈를 다뤄오기도 했다. 전국 3000명의 팬클럽이 결사 반대했다. 그러나 10년간 25%나 시청률이 감소한 현실은 제작진의 결심을 흔들지 못했다.

• News

역시 뉴스는 적자 제작이다. 그러나 방송국들은 뉴스의 비중을 줄이지 못하고 있다. 뉴스의 비중은 계속 강세다.

---

46) 『American Demographics』, May 1995, p. 24~29.

- Sports

지상파TV에 있어서 스포츠는 확실히 돈되는 달러박스였다. 그러나 변화가 생겼다. 이유는 두 가지. 우선 케이블TV의 등장이다. 케이블은 이제 권투 등 주요 스포츠 행사의 중계권자로 지상파TV의 강력한 라이벌이다. 또 하나는 중계권료의 앙등이다.

(3) 미국 지상파 방송 구조조정

NBC는 1998년 9월 직원 300명을 감원하기로 결정했다. 1999년에는 예산을 2억 달러 절감한다는 계획을 세웠다. CBS는 1997년 1억700만 달러의 적자를 기록했다. 직원을 250~300명 줄이기로 최종 결정했다. 이 가운데 150명은 CBS News에서 줄이기로 했다. 모든 부서가 10~20%의 경비절감을 추진중이다. ABC도 50명의 스태프를 감원하고 임금과 승진을 동결했다. 1997년 퇴출과 경영혁신으로 3천만달러의 경비를 줄였다. Fox 역시 1997년 오버헤드 10%를 감축했다.

(4) 사업다각화

TV와 인터넷 그리고 전자상거래를 묶는 사업다각화에 적극 나서고 있다.

3) 일본 지상파TV의 변화

일본의 지상파는 공영 NHK를 제외하고 5개의 지상파TV가 전국을 커버한다. 대주주는 대부분 신문사들이다. 후지 TV의 경우 1998년 매출액이 3천52억 엔(약 3조 원)으로 수위를 차지했다. 1년 뒤인 1999년 한국 SBS보다 10배나 큰 규모다. NTV는 2천777억 엔(약 2조7천억 원)이다. 3위는 TBS 2천382억 엔을 나타냈다. 4위는 TV 아사히로 1833억 엔(약 1조8천억 원)으로 1999년 SBS의 5배되는 규모다. 꼴지는 TV 도쿄로 897억 엔(약 9천억 원)으로 시청료까지 합한 우리 나라 KBS의 1년 수입과 맞먹는다. 순익은 NTV가 246억 엔, 후지가

147억 엔, TBS가 77억 엔, TV 아사히가 31억 엔, TV 도쿄는 11억 엔이었다. 문제는 지난 1997년에 비해 매출액이 감소했다는 점이다. TV도쿄 한곳만 전년과 변함없이 897억 엔이었고, 나머지는 모두 낮아졌다. 지상파 방송이 점점 세가 약해지는 것이 아닌가 하는 우려를 자아내는 대목이기도 하다.

그러나 일본의 지상파는 당분간 그런 걱정을 덜어도 될 것 같다. 일본 민방연합연구소가 일본내 주요 6개 도시의 시청자조사(1997년 12월)를 벌인 결과 재미있는 결과가 나왔다. 2005년까지는 지상파 방송이 방송계를 장악한다는 얘기다. 직접위성방송까지 실현돼 수백개의 채널시대를 맞이했지만 지상파의 시청점유율은 여전히 변하지 않고 예전수준을 유지하고 있기 때문이다. 결론은 품질. 다채널이 됐지만 시청자는 프로그램의 질을 따져 시청한다. 지상파 방송사가 그래도 작품성이 제일 낫다고 시청자들이 판단해주는 것이다.

프로그램 품질의 승부인 셈이다. 외주를 독립제작업체에 준다고 하지만 100% 줄 수는 없는 것이고 준다해도 자회사인 프로덕션을 상당부분 활용할 것이다. 지상파는 그 동안 자체적으로 쌓아놓은 각종 프로그램 제작 노하우가 있다. 멀티미디어 환경에도 적용된다. 지상파 방송의 경쟁력을 간과할 수 없다.

5. 방송광고 변화

1) 멀티미디어 환경의 광고

(1) 다양해진 매체

멀티미디어시대 광고시장의 가장 큰 특징은 광고매체의 폭증이다. 과거 광고를 실을 수 있는 매체는 인쇄매체의 신문과 잡지, 지상파TV, 라디오가 전부였다. 그러나 케이블TV가 등장했고, 이어 위성TV가 등장해 광고시장을 나눠 먹고 있다. 새롭게 인터넷이 가장 전문화되고 특화된 광고공간으로 인정받고 있다. 광고시장의 성장은 둔화되고 있는데 광고를 싣겠다는 매체는 폭증하고 있으니 갈수록 광고 시장 점유를 위한 경쟁이 치열해질 수밖에 없다. 지상파 TV입장에서는 앉아서 광고하던 시절이 무척 그리울 것이다.

(2) 전문 광고채널

매체가 폭증하고 채널이 늘어나면서 아예 광고만을 전문으로 하는 채널도 등장할 전망이다. 홈쇼핑 채널과는 다른 특성의 광고전문 채널을 구상할 수 있을 것으로 보인다. 연간 매출액이 크고, 광고 규모가 큰 초대형 회사들은 아예 자신만의 전문 광고채널을 만들 수도 있다. 일본의 세계적인 자동차 메이커인 도요다 자동차도 광고 전문 채널운용을 준비했던 것으로 알려지고 있다. 위성같이 굳이 기존의 TV채널이 아니더라도 인터넷 방송 같은 채널을 동원해서 할 수도 있다.

(3) 인터넷 광고 특징

앞으로 가장 역동적으로 변할 분야가 인터넷 광고다. 가뜩이나 경쟁이 심하던 광고시장은 인터넷으로 더욱 혼란기를 겪을 전망이다. 인터넷광고는 2가지 특징을 갖는다.

- 타겟광고

타겟광고가 가능하다는 점이다. TV는 프로그램에 맞춰 앞뒤로 광고를 한다. 불특정 다수의 시청자가 보는 프로그램이다. 이런 부류의 광고는 회사의 이미지광고 등에 어울린다. 회사의 전체적인 인상을 좋게 하려는 의도라면 말이다. 그러나 특정계층이나 특정 집단, 특정 연령대를 대상으로 광고해야 판매효과가 높은 제품이 많다. 인터넷광고는 어린이 시간, 주부시청시간, 성인시청시간 등 시간대별로 또 사이트별로 광고를 차별화 할 수 있다.

- 검색가능

인터넷의 쌍방향 기능은 인터넷광고의 효과를 더욱 높여준다. 방송매체광고는 일방적으로 메시지가 흘러가 버리고 만다. 그러나 인터넷광고는 필요한 부분을 얼마든지 다시 보고, 또 관련내용을 추가로 검색해 자세한 내용을 알 수 있다. 제품을 구입할 때 자세한 정보를 검색해보고 살수 있다는 장점인 것이다. 'Informercial'이란 말이 있다. 'Information(정보)'과 'Commercial(광고)'의 합성어다. 정보검색이 가능한 인터넷광고가 바로 그 예이다.

(4) PVR(Personal Video Recorder)

방송광고에 영향을 줄 방송환경을 하나 살펴보자. PVR은 광고를 뛰어넘을 수 있다. 시청자들이 자동녹화를 통해 자신이 원하는 프로만 녹화했다가 따로 볼 수 있는데 이때 광고를 생략할 수가 있다. 광고주 입장에서는 엄청난 일이다. 프로그램 사이에 광고를 넣어 광고를 시청자에게 전달하는 게 목적인데 시청자가 광고만 빼고 프로그램을 녹화해서 본다면 큰 타격이 아닐 수 없다. 아직은 이런 쌍방향 기능이 보편화되지 않아 문제가 적지만 방송사의 최대 수익 기반인 광고에 큰 변화를 가져올 수 있는 변수로 떠오르고 있다.[47]

기존의 TV에서 광고는 어쩔 수없이 봐야한다. 시간의 흐름을 자연스럽게 기다려야하기 때문이다. 미래의 TV에서 방송시간을 맞춰 시청하는 일은 거의 없을 것이다. PVR을 장착한 Tivo TV나 Replay TV는 그 주인공이다. Tivo TV나 Replay TV처럼 원하는 프로그램을 하드디스크에 자동녹화했다가 편한 시간에 시청한다. 이때 광고문제가 등장한다. Replay TV는 30초간 광고를 건너뛸 수 있다. 음악을 테이프로 들을 때는 처음부터 차례로 듣거나 빨리감기를 해서 원하는 음악을 듣는다. 그러나 CD로 들을 때는 원하는 곡만 처음부터 듣는 것과 같다. Replay TV는 하드디스크에 녹화돼 있다. 광고가 나오는 순간 시청자가 리모콘을 눌러 30초를 건너뛰어 광고를 아예 안볼 수 있다. 광고가 2분일 경우 버튼을 4번 누르면 광고 없이 쉽게 원하는 프로그램만 본다. Tivo는 비디오처럼 단지 빨리 감는 기능밖에 없다.

Replay TV의 이런 기능은 시청행태에 큰 변화를 가져올 수 있다. 시청자들이 더 이상 광고를 보려하지 않는 것이다. 2010년경 PVR보급이 80%에 이를 것으로 추정된다. 이럴 경우 TV광고는 지각변동을 맞을 수밖에 없다. PVR에

---

47) 『New York Times』, 1999. 7. 5.

대한 보고서를 작성한 Forrester Research의 미디어전문가인 버노프(Bernoff)
는 "그 시점이면 네트워크 TV가 종언을 고하게 될 것"이라고 까지 주장하고
있다. 이제 광고가 프로그램 속에 직접 들어가는 방식으로 변화될 것이다. 광
고형식의 변화를 예측해주는 한 사례가 있다. 미국의 GM은 Tivo TV와 PVR
에 입력된 개인자료를 활용해 5인 가정의 TV에는 밴을 독신자에는 스포츠카
를 광고하는 방안을 연구하고 있다. 시청자가 건너뛸 수 없게 다양한 방법을
연구할 때다.

2) 지상파 광고 영향

(1) 지상파TV

일본의 민간방송 연합회가 1998년 1월 발표한 자료에 따르면 2000년 TV방송
광고의 총액은 5년 전인 1995년에 비해 4.8% 증가한 2조2천190억 엔에 달했다.
2005년에는 2조6천억 엔에 이를 것으로 전망했다. 적지만 소폭으로 늘어난다
는 다소 희망적인 전망이다. 이 가운데 지상파TV가 차지할 공간은 2000년 전
체의 97.4~98.3%로 추정했다. 2000년까지만 해도 전체TV광고에서 지상파의
비중이 절대적이란 것을 보여준다. 그러나 2005년이 되면 상황은 달라진다.

(단위 : 억원)

	매출액		순이익		법인세차감전 순이익(99년)	광고수입(수신료)		총부채		단기차입금	
	99(년)	98(년)	99	98		99	98	99	98	99	98
KBS	9,502	7,741	956.0	-579.7	1,226.6	4,872 (4,329)	3,358 (4,146)	5,740	5,709	375	320
MBC	4,450	3,442	559.0	-187.0	836.4	4,279	3,317	2,245	1,537	0	0
SBS	3,718	3,457	493.1	-270.0	711.5	3,629	2,372	1,296	1,330	145	630
계	17,670	14,640	2008.1	-1036.7	2,774.5	12,780	9,047	9,281	8,576	520	950

<표 25> 한국 TV3사 매출액

(『기자협회보』, 2000. 5. 1.)

지상파가 전체 TV광고시장의 92.5~95.6%로 낮아진다. 5년 뒤인 2010년에는 비율이 크게 떨어진다. 최저 78%까지 낮아질 것이란 추정이다. 한국의 경우 방송사 광고가 일단 1999년 회복세를 보였다. 그러나 1997년 IMF이후 방송사 광고불패의 신화는 깨진지 오래다.

(2) 위성TV

일본방송협회 보고서는 위성TV의 TV 시장 광고점유율은 2000년 0.2%로 아주 미미한 수준이 될 것으로 일단 전망했다. 그러나 이후 위성TV의 광고시장침투는 놀랄만하다. 5년 뒤 인 2005년 2.3~3.1%까지 높아졌다가 2010년엔 최고 19.8%까지 높아질 것으로 예측하고 있다.

(3) 케이블TV

케이블TV의 TV 시장 광고점유율은 2000년 1.5~2.4%에 이를 것으로 전망했다. 2000년까지는 위성보다 크게 높다. 그러나 2005년이 되면 2.1~4.8%로 위성과 비슷한 수준이 된다. 2010년엔 2.2~5%로 정체상태에 머물 것으로 전망했다. 위성TV에 밀린 제자리걸음이다.

2

방송의 세계화

1. 국경 없는 방송

1. 스필오버(Spillover)

한 나라의 방송전파가 국경을 넘어 이웃 나라에까지 흘러 들어가는 것을 말한다. 스필오버는 전파가 가진 운명적인 속성이다. 전파는 물리적 장벽이 있을 때 직진에 제한을 받을 뿐 인간이 지도 위에 그려놓은 국경선과는 무관하다. 직진의 장애물만 없으면 지구 어디라도 갈 수 있다. 스필오버는 전파를 이용해 라디오방송을 하면서부터 시작됐다. 라디오를 틀면 시보가 울린다. 유심히 들어보면 아나운서가 고운 목소리로 "중파 792㎑, 표준FM 103.5㎒, SBS가 12시를…" 라고 말한다. 중파를 사용하는 중파라디오다.

라디오 초창기엔 단파라디오였다. 일제시대 암울한 제국주의 일본의 언론탄압아래 지하에서 소리 죽여 라디오를 들었다. 일본의 선전전과 달리 일본군이 계속 패전하고 있다는 소식을 전했다. 미국이 전세계를 향해 방송하던 '보이스 오브 아메리카(Voice of America)'는 단파라디오다. 스필오버다. 조선의 영토로 미국의 영어방송이 흘러 들어온 것이다. 스필오버는 전파의 속성을 이용한 국가간 정보 신경전의 측면이 크다. 전후에도 냉전시기 정치선전 방송을 지속했다. 각국이 이데올로기 수단으로 단파라디오 세계방송을 시작했다. 미국의 보이스 오브 아메리카는 무려 45개 언어로 방송한다. 영국은 BBC 주체로 'BBC World Service'를 미국의 보이스 오브 아메리카 보다 하나 적은 44개 언어로 방송하고 있다. 다민족에 영토가 광활한 중국 역시 44개 언어로 'China Radio International' 방송 전파를 세계를 향해 송출한다. 바티칸은 37개 언어로 'Vatican Radio'를 운영한다.

이밖에 러시아가 'Voice of Rusia'로 32개 언어, 이집트가 'Voice of Arabs', 'Voice of Africa'로 역시 32언어 방송을 한다. 한때 공산권의 맹주, 제3세계의 맹주였던 국가들답다. 이란은 28개 ,인도가 24개 일본은 22개 언어로 세계 라디오방송을 한다. 우리 나라는 KBS의 '라디오 코리아 인터내셔널(Radio Korea International)'이 10개국어로 방송하고, 북한도 라디오 평양이 9개 국어 방송을 한다.

역사가 오래된 스필오버가 왜 요즘 문제가 되는 걸까? 한마디로 듣고 보는 사람이 많아진데 있다. 급격한 기술의 발달은 다양한 매체를 낳았다. 이들 매체는 세계를 상대로 한다. 사람들이 접근하기 쉽다. 이때 국경선 침범이니 문화침략이니 하면서 스필오버가 역사무대에 관심거리로 등장한다. 지상파TV는 국경 접경지역이 아니면 그다지 문제되지 않았다. 위성이 등장하면서 광범위한 지역에 무차별적으로 전파를 뿌려 시청자를 확보하면서 문제로 등장했다.

1990년대 후반 이후 3~4년 사이에 전세계적으로 인터넷이 급속하게 번지기 시작했다. 인터넷은 미디어다. 국경을 자유로이 마음대로 드나들 수 있다. 인터넷 방송을 통해 한나라의 프로그램이 다른 나라 안방으로 파고든다. 인터넷은 음란, 폭력 등 다양한 내용으로 세계 시청자를 상대한다. 위성방송의 스필오버는 비교할 바가 아니다. 복잡하게 위성용 안테나를 달 필요도 없다. 간단한 클릭 몇 번으로 가능하다. 일본인들이 Star-TV를 흑선(黑船, 1854년 미국 페리제독이 일본을 강제 개항시킨 사건. 검은 기선을 일본인들이 흑선이라고 불렀다)의 내습(來襲)이라고 과민 반응했던 아날로그 위성방송 의 스필오버는 이제 별 의미를 갖지 못한다.

2. 방송산업 개방

1) 외국

방송 시장 활성화를 위해 적극적으로 방송산업을 개방할 것인가? 아니면 국내 시장의 잠식을 내세워 시장개방을 최대한 거부하거나 늦출 것인가? 방송계나 통신계 관련업종은 멀티미디어 환경에서 거대화가 대세를 이루고 있다. 거대화되지 않고는 많은 신기술, 장비투자를 할 수 없고, 시장에서 도태되기 때문이다. 국경 안에서의 통폐합은 의미를 잃었다. 전통적인 지상파 방송은 허용하지 않되, 뉴미디어에 대해서는 과감하게 개방하는 입장을 보이고 있다. 선진 외국은 대부분 방송 시장개방을 세계사적인 흐름으로 이해하고 있다. 구태여 막을 것이 아니라 적극적으로 활용하자는 인식이 세를 얻고 있다. 미국의 경우 방송이나 관련산업에서는 세계 최고 선진국이라 미국으로 진출할 나라는 당분간 있을 것 같지 않다.

영국은 외국의 자본을 끌어들여 자국의 방송산업을 육성한다는 적극적인 전략을 펴고 있다. 영국내 디지털 위성방송인 BSkyB의 경우 호주출신의 다국적 미디어 그룹인 머독의 뉴스 코퍼레이션사가 소유하고 있다. 하나뿐인 직접위성방송이 외국계다. 영국의 경우 케이블TV 분야에 외국투자를 허용해 빌 게이츠의 마이크로 소프트도 영국의 케이블에 진출하고 있다. 영국의 케이블TV사업은 90%이상이 외국자본에 의해 운영되고 있을 정도다.

미국의 자본은 프랑스의 케이블TV 시장 진출을 가속화하고 있다. 미국의 UPC, NTL, Intercom 등은 프랑스 케이블TV 시장에 진출해 프랑스 시장점유율을 1998년 말 4.3%에서 1999년 7월 17%로 높였다.

캐나다는 아주 독특한 구조의 나라다. 인구 3천만 명의 90%가 미국과의 국경 350km 안쪽에 살고 있다. 케이블TV 가입은 80%로 높고 위성방송은 아직 미미하다. 캐나다는 우선 방송 서비스를 2개로 나눈다. 기본과 특별 서비스. 기본 서비스는 자국의 지상파와 미국의 4개 네트워크, 그리고 자국 지역채널을 포함한다. 특별 서비스는 뉴미디어 분야다. 기본 채널에 대해서는 외국 프로그램 쿼터제 수용을 고수해 자기정체성을 지킨다. 그러나 특별 서비스는 외국 프로그램 수용 쪽으로 가닥을 잡는다. 외국 채널의 경우 캐나다내 매출액의 일정액을 캐나다 프로그램 구입에 쓰도록 하고 있다.

우리와 가까운 일본의 경우를 보자. 위성방송 Direc TV는 미국에서의 성공여세를 몰아 일본에 Direc TV Japan을 설립했다. 또 영국에 BSkyB를 세운 호주의 뉴스 코퍼레이션은 일본에 위성방송 JSkyB를 설립했다. JSkyB는 일본계 위성방송 퍼펙TV와 합병으로 퍼펙스카이TV를 설립해 일본 위성방송 시장을 양분했다. 일본도 케이블 산업 활성화를 위해 미국을 비롯한 해외 통신사업자의 투자를 적극 유도했다. 1995년 1월 미국 최대의 케이블 업체인 TCI가 설립한 쥬피터 텔레콤이 스미토모 상사와 제휴했다. 미국의 콘티넨탈 케이블 비전은 도멘상사와 CT 텔레콤을 설립했다. US웨스트와 타임워너는 이토츄 상사 등과 타이타스 커뮤니케이션즈를 설립하는 등 케이블 분야의 외국계 투자가 줄을 이었다.

2) 한국

경제, 문화적으로 특히 방송분야에서 취약한 구조에 있는 한국은 방송 시장 개방을 일단 국민 정서적으로 반대하고 있다. 바로 안방을 다 내주는 것으로 인식하는 경향이 짙다. 1998년 초 데이콤 산하 위성방송 추진 업체인 DSM이 머독을 초청해 위성방송을 추진할 때 여론이 들끓었다. 통합방송법안에서 외국자본의 비보도 분야 위성방송 참여를 허용한다고 하자 일부에서는 절대반대를 외치고 있다. 외국에선 막대한 거대자본이 방송업에서 세계화를 추진하고 있는 실정이다. 외국 참여를 막고, 대기업으로부터도 독립한 중소, 중견 방송전문 기업으로 위성방송과 케이블TV를 준비하자는 취지는 대단히 애국적이고 이상적인 발상이다. 그러나 현실성은 낮아보인다. 1999년 한국위성방송주식회사가 출범했다. 여기에 머독의 뉴스 코퍼레이션이 참여해 한국도 개방화를 맞을 운명이다.

3. 세계화 프로그램

방송이 세계화되면서 방송에 담는 프로그램도 국경이 없어지고 있다. 다채널시대에는 영상 소프트웨어 즉 방송에 실을 프로그램이 모든 것을 좌우한다. 방송국은 프로그램을 방영하는 껍데기에 불과하다. 한국은 그 껍데기가 무척 소중하다고 생각하기 때문에 누가 방송국을 소유해야한다는 문제에 집착한다.

1) 프로그램 수출입

(1) 공동소비

TV프로그램은 공익적(Public Good) 성격을 지닌다. 경제적인 용어로 '함께 소비할 수 있는 상품(Joint Consumption Goods)'이라고 부른다. 한사람의 시청행위와 다른 사람의 시청행위와는 아무런 관련이 없다는 뜻이다. 이와 반대되는 소비는 사익적(Private Good) 성격으로 부른다. 한사람이 소비하면 다른 사람이 소비할 수 없는 상품의 경우다. 방송 서비스는 많은 사람이 똑같이 소비할 수 있다. 최초에 제작을 했을 때 들어가는 비용은 연구 개발비로 볼 수 있다. 그것을 복제해 분배할 때 재료비만 들어간다. 연구 개발비는 굉장히 비싸지만 단위당 복제비는 싸다. 방송프로그램을 제작해 낮은 가격에 전세계로 유통할 수 있는 특징이 여기에 있다. 최초 사용 채널에서 비용을 다 뽑는 것이고 다음 단계 매체나 채널 수출은 아주 낮은 가격에 덤으로 공급할 수 있기 때문이다.[48]

(2) 문화적 할인율(Cultural Discount)

다큐멘터리와 달리 픽션(Fiction)의 경우 문화에 따라 지역, 또는 나라마다 프로그램의 수용도에 큰 차이를 나타낸다. 문화를 구성하는 요소는 언어, 의상, 제도, 신화, 행동양식, 가치체계 등 다양하다. 한 문화권에서 인정되는 일이 다른 문화권에서는 받아들여지지 않는 현상을 종종 목격할 수 있다. 방송프로그램도 마찬가지다. 특정 국가에서 인정을 받지만 다른 국가에서는 인정받지 못한다. 일단 언어가 달라 프로그램을 이해하지 못할 경우, TV 프로그램은 수용

---

48) Colin Hoskins, Stuart McFadyen, Adam Finn, 『Global Television and Film』, Oxford University Press, p. 32.

도에 큰 차이를 보인다. 동서양으로 범위가 확대되면 얘기는 더욱 복잡해진다. 동서양은 서로에게 이방인이다. 프로그램의 내용 속에 몰두하기가 서로 어렵다. 1981년 미국에서 공전의 히트를 기록했던 댈라스(Dallas)의 경우 일본에서는 10%의 시청률 밖에 기록하지 못했다. 반면 일본에선 '오싱'이 50%가 넘는 대히트를 기록했다. 일본은 자기 희생과 명예에 대한 복종, 충성 등을 주요 덕목으로 삼는다. 이런 풍토에서 '오싱' 같은 프로가 관심을 끈다. 그러나 댈라스는 탐욕과 이기주의적 태도로 일관한다. 한 문화권에서 인정되는 가치관이 다른 문화권에서 거부되는 현상이다. 이런 현상을 문화할인율(Cultural Discount)이라고 한다.

(3) 수출입 현황

프로그램은 채널이 있는 곳이라면 지구상 어디든지 따라간다. 1985년과 1992년 2차례 걸쳐 조사한 세계 주요국가들의 프로그램 수출입 현황을 보자. 미국과 영국 2군데만 프로그램 거래에서 흑자를 기록하고 있다. 나머지 모든 국가들은 프로그램의 수출보다 수입이 많다. 미국은 1992년 21억 달러 어치의 프로그램을 수출하고 불과 8천4백만 달러 어치를 수입해 20억 달러의 흑자를 기록했다. 1985년에 비해 수입은 제자리인 반면 수출은 4배나 늘었다. 넓은 의미에서 오락 관련 상품은 미국에서 항공우주산업 다음으로 무역수지 균형에 도움을 주는 분야다. 미국은 1992년 유럽과의 거래에서만 모든 오·비디오관련시장에서 무려 34억 달러의 흑자를 본 것으로 평가된다. 프랑스는 1992년 9억 달러 어치의 프로그램을 수입하고 6억3천만 달러 어치를 수출했다. 이탈리아도 6억3천만 달러 어치를 수입하고 2억3천만 달러 어치를 수출하는 등 일본을 제외한 대부분의 선진 각국이 방송과 영화 등 영상소프트웨어를 자국 것에 의존하지 않고 있다.[49]

---

49) Colin Hoskins, Stuart McFadyen, Adam Finn, 『Global Television and Film』, Oxford University Press, p. 27.

	1992			1985		
	Net	Receipts	Payments	Net	Receipts	Payments
미국 (film rentals only)	2,031	2,115	84	406	478	72
일본 (film rentals only)	(449)	-	449	(109)	-	109
스페인 (film only)	(75)	30	105	13	15	2
독일	(1,087)	74	1,161	(127)	31	157
프랑스	(268)	632	901	-	-	-
U K	25	1,067	1,043	184	434	250
이탈리아	(458)	235	692	(139)	50	189
캐나다	(321)	167	488	(122)	19	141
벨기에- 룩셈부르크	(66)	63	129	(12)	17	29
덴마크	(16)	5	21	(5)	2	7
네덜란드	(148)	705	853	(51)	90	141

<표 26> 세계 프로그램 무역량
(Colin Hoskins/Stuart McFadyen/Adam Finn, 『Global Television and Film』,
Oxford University Press, p. 28.)

2) 프로그램 가격

(1) 프로그램 가격 결정구조

▪ 결정요인

프로그램 판매업자들은 공급가격을 미리 예정해두고 싶어한다. 방송사업
자나 유료 채널 등이 지불할 의사가 있는 최대 가격의 경제적 조건으로 말

이다. 만약 프로그램 수입자가 방송사업자라면 프로그램의 가치는 얼마나 많은 광고주를 끌어 모을 수 있는 가에 달려 있다. 이는 예상 시청자수와 관계있다. 시청자수는 전적으로 잠재적 시장의 크기를 결정한다. 만약 프로그램이 이질감을 느끼게 한다면 시청자 집단의 규모가 적어질 수밖에 없다. 광고업자에게 있어서 시청자의 가치는 주로 시청자의 소득과 관계있다. 프로그램을 시청하는 소비자층의 소득규모가 커야 더 많은 상품구매로 이어질 수 있기 때문이다.

- **제작자의 가격결정**

제작자는 프로그램의 제작 결정이 내려지면 얼마나 많은 외국시장에 얼마의 가격으로 프로그램을 공급할 것인가를 결정해야 한다. 제작자도 자신의 최적가를 염두에 두고 있고, 방송사나 구매자도 자신이 생각하는 최적의 가격대가 있다. 프로그램을 구입해 방영할 방송사가 생각하는 최적의 최소가격이란 무엇일까? 바로 프로그램을 해외에 공급하기 위해 복사본을 만들면서 들어간 최소한의 비용만 계산한 가격이다. 경제학자들은 이런 추가비용을 '한계비용(Marginal Cost)'이라고 말한다. 실제 공급가격은 바로 이 한계비용과 제작자가 미리 생각해놓은 예정가 사이에서 주로 결정된다.

(2) 불공정 가격

프로그램 공급가가 턱없이 낮은 데 대해 덤핑(Dumping)이란 주장이 있다. 덤핑이란 첫째, 외국시장에 적용한 가격이 생산가 이하일 때. 둘째, 제작자가 외국에 판매한 가격이 국내에 판매한 가격보다 현저하게 낮을 때다.

- **생산가 이하 공급**

이런 주장은 부가적인 추가시장에 판매한 상품이란 점을 간과한 측면이 있다. 적정한 생산비는 추가 복사를 할 때 들어간 비용, 그리고 외국시장에 수출할 때 들어간 비용, 이런 한계비용만 생산가로 적용할 수가 있을 것이다. 따라서 생산가는 1시간 짜리 한 편 제작할 때 들어간 120만 달러 전체가 아니라 한계비용만이 생산가란 얘기다.

- 국내와 외국 공급가 차이

미국시장과 해외시장의 크기를 따져볼 필요가 있다. 미국시장은 세계 다른 나라에 비교할 수 없을 만큼 크고, 또 부유하다. 공급가격이 비쌀 수밖에 없다. 또 다른 나라로 가면 문화적 할인율이 적용돼 가격이 많이 낮아진다. 그리고 이런 현상은 미국만의 일이 아니라 국제 공통적이다. 어떤 나라라도 외국에 프로그램을 수출할 때는 가격이 크게 낮아진다. 결론적으로 덤핑 혐의는 영상 프로그램처럼 공동의 무한한 소비가 가능한 상품에 대해서는 의미가 없다.[50]

---

50) Colin Hoskins, Stuart McFadyen, Adam Finn, 『Global Television and Film』, Oxford University Press, p. 80.

2. 미국의 지배

1. 지배현황

세계적인 관심은 미국에 거점을 둔 제작업체들의 프로그램 지배였다. 정치적인 국경은 더 이상 의미를 갖지 못한다. 일본의 소니가 사들인 컬럼비아 영화사를 보자. 미국기업인가? 아니면 일본기업인가? MCA는 마쓰시다가 미국으로부터 사들였을 때 일본기업이 됐는가? 다시 시그램사에 팔았을 때 캐나다기업으로 변했는가? 이런 질문에 대한 유용한 대답은 R. 레이가 1990년 만들어냈다. "최초의 컨셉을 어디서 주도했고, 시나리오를 어디서 마련했으며, 중요 결정 사항과 예산문제를 어디서 해결하는가" 하는 문제들이 중요한 의미를 갖는다. 이런 의미에서 본다면 콜롬비아나 MCA는 주인이 바뀌었다고 해도 여전히 미국기업이다.

(단위 : 달러)

순위	회 사	총 계	신 문	잡 지	TV와 라디오	케이블	기타 미디어
1	타임워너	17조1456억	0	3조9708억	3120억	12조8628억	0
2	AT&T	11조8464억	0	0	0	11조8464억	0
3	CBS	9조2220억	0	0	7조3920억	6768억	1조1532억
4	월트디즈니	9조492억	0	4788억	5조8164억	2조7240억	0
5	NBC	6조3228억	0	0	5조8800억	4428억	0
6	뉴스 코퍼레이션	5조9664억	1452억	0	4조4628억	6384억	7200억
7	가네트사	5조8920억	4조7436억	0	8700억	2784억	0
8	아메리카 온라인	5조7600억	0	0	0	0	5조7600억
9	콕스엔터프라이즈	4조6608억	1조3164억	0	8208억	2조5236억	0
10	어드밴스 퍼블리케이션스	4조6308억	2조6392억	1조6392억	0	0	0

<표 27> 1998년 미국 거대 미디어기업의 매출액 현황과 순위
(『동아일보』, 1999년 10월 11일자)

일본과 한국을 비롯한 아시아 시장은 차지하고 미국과 유럽이라는 선진국끼리의 영상프로그램 거래 현황을 통해 미국의 시장 지배 실태를 파악해보자.

		Origin of film		Ratio of shares, US/national	Ratio of average US/national admissions per film
		US	national		
프랑스	1992	58	35	1.7	2.3
	1985	39	44	0.9	1.1
독일	1992	83	10	8.3	4.2
	1985	59	23	2.6	1.1
이탈리아	1992	68	24	2.8	1.7
	1985	49	32	1.5	0.8
UK	1992	93	4	23.3	4.1
	1988	78	11	7.1	2.6
오스트레일리아	1992	76	9	8.4	1.7
일본	1992	55	45	1.2	-
미국	1992	98	-	-	-

<표 28> 미국영화 유럽 침투율
(Colin Hoskins/Stuart McFadyen/Adam Finn, 『Global Television and Film』,
Oxford University Press, p. 12.)

(단위 : 만 달러)

	95	96	97	98	99	비고
수출	5,536	5,996	8,318	10,017	12,376	*영상신입분야별 수출(98) 애니메이션 U$9,500만 게임 U$1,479만 음반 U$963만 비디오 U$735만 TV프로그램 U$1,000만 영화 U$338만 *98년 수입급감 원인 IMF상황에 따른 국내 경제 위축
TV	5,470	5,384	6,697	7,756	10,836	
케이블	66	612	1,351	2,261	1,900	
수입	42,818	63,904	57,278	27,036	28,732	
TV	26,043	34,267	38,893	15,986	20,094	
케이블	16,775	29,637	18,385	11,650	8,637	
수출입비 수입:수출	7.7:1	10.7:1	6.9:1	2.7:1	2.3:1	

<표 29> 한국 프로그램 수출입 실적
(문화관광부 발표자료)

2. 지배이유

1) 대규모 국내 시장

미국은 일단 인구가 많다. 2억5천만 명이라고 하는 막대한 인구가 있다. 14억의 중국이나 10억의 인도가 있지만 이들과 비교할 수 없는 몇 가지 특징이 있다. 우선 하나의 언어를 사용한다는 점이고 또 경제적인 소득이 월등하다는 점이다. 이런 특징이 미국을 영상프로그램 시장에서 독보적인 존재로 만들어주는 기초다. TV수상기를 얼마나 보유하고 있는가도 중요하지만 실제 광고주들이 필요로 하는 것은 프로그램에 붙은 광고를 보고 물건을 구입할 소득인구의 크기가 얼마인가 하는 점이다. 1985년 미국의 TV시청자 수는 전세계의 5%에 불과했다. 그러나 전세계 TV관련 지출의 3분의1이 미국에서 이뤄졌다. 바로 이점이다. 각국의 GNP 크기와 TV시청자수에서 다른 선진국에 비해 미국이 월등히 크다는 사실을 수치로 정확히 확인할 수 있다. 미국은 두 라이벌 국가인 일본보다 3.5배, 프랑스보다 7배나 큰 영화시장을 갖고 있다. 미국의 비디오 시장은 일본보다 3.6배, 영국보다 11.5배나 크다. 이런 막강한 국내시장을 바탕으로 국제화에 성공하는 것이다. 캐나다와 미국은 시장 규모가 11배나 차이가 난다. 그런 미국과 캐나다가 똑같이 1시간 짜리 프로그램 하나를 제작한다고 가정해보자. 미국업자는 국내시장에서만 이미 캐나다업자보다 11배나 많은 수익을 올릴 수 있다. 자국시장에서 떼돈을 벌고, 외국시장은 싼값에 공급해도 이익은 늘어나며 시장을 완벽히 장악할 수 있다.

2) 영어제작

자국시장의 규모 외에 또 다른 변수가 있다. 영상프로그램은 문화적 차이에 따른 수용도 감소 효과가 크다고 했다. 일본은 시장 크기만 보면 미국 다음가는 규모이다. 자신의 크기에 걸맞는 영상프로그램 시장을 장악하고 있지는 않다. 일본은 TV수상기 같은 하드웨어는 미국시장을 장악했다. 하드웨어는 가치 중립적이다. 감정이나 문화가 없다. 그러나 영상프로그램은 그렇지 않다. 미국이 영상프로그램 시장에서 성공을 거두는 또 하나의 이유는 바로 이런 문화적 요인 때문이다. 가장 중요한 영어(English)제작을 한다는 점이다.

3) 미국 산업의 집중력

경제학자들은 특정지역의 산업이 세계시장을 지배하는 이유를 설명할 때 특정국가의 수요의 특성과 수요공급의 작동환경이 중요한 경쟁변인이 될 수 있다고 강조한다. 강력하면서도 지리적으로 집중된 지역간 경쟁, 그리고 고도로 분화된 수요자 시장. 이런 특징 속에서 살아남은 기업은 세계시장의 강력한 생존자로 남을 확률이 커진다는 것이다. 로스앤젤레스의 주변 여건을 보자. 성공적인 기획영상 프로그램이 살아남는데 필요한 온갖 요소를 모두 갖고 있다. 감독과 스타들, 편집자들, 제작기술, 재정과 유통 전문가들, 연예전문 법률가들, 대행업자들. 미국의 제작업자들은 로스앤젤레스 할리우드의 이런 조건하에서 아주 오래 전부터 자유경쟁을 해왔다. 이 경쟁에서 살아남기 위해 제작자들은 다양한 프로그램을 선보인다. 소비자들도 점차 분화된 욕구로 프로그램을 원해 프로그램의 세분화와 질적 향상을 꾀하지 않을 수 없다.

4) 미국 시장의 폐쇄성

미국시장의 독특함이 또 하나있다. 문화적 할인율이 무척 크다는 것이다. 이들은 가치 중립적인 공산품에 대해서는 관대하다. 그러나 문화에 대해서는 아주 폐쇄적이다. 역사적으로 미국은 영국으로부터의 독립, 유럽으로부터의 고립을 원칙으로 살아왔다. 1776년의 독립, 1822년의 먼로주의, 1919년 1차대전후 국제연맹을 창설해 놓고도 고립주의 정책으로 국제연맹에서 빠지는 등 자신들만의 삶을 고집해 왔다. 미국인들은 심지어 영국식 발음이나 액센트에까지 거부감을 나타낸다. 그러니 다른 나라의 영상프로그램이 발을 뻗칠 공간이 없었던 것이다.

5) 미국 정부의 정책

영화와 TV 산업을 진흥시키기 위한 정부의 역할도 빼놓을 수 없다. 이 문제는 때로 미국 이외의 나라에게 미디어 제국주의(Media Imperialism)라는 논란을 불러일으킨다. 이는 경제적인 문제일 뿐 아니라 이념적인 성격을 갖는다. 미국정부가 외국에 미국영화와 텔레비전 프로그램을 보도록 강요한다는 점이다. 미국식 생활양식을 효율적으로 보급할 수 있는 가장 좋은 방법이기 때문이다. 영화나, 유명 TV프로그램에 나오는 스타의 의상, 헤어스타일, 생활양식이 곧 전세계의 유행과 표준으로 자리잡는 경우가 많다. 이런 미국식 생활양식은 사업강령이나 정치, 문화적 가치관 등을 포괄할 뿐 아니라 미국 상품의 소비로 연결된다. 미국의 이런 의도는 주목할 가치가 있다. 미국은 1945년 이미 웹 포메른법(Web Pomerene Act)으로 미국 영화수출 협회(MPEAA)를 탄생시켰다. 이 법의 가장 큰 문제점은 미국 국내 시장에서 불공정 관행으로 정한 활동을 외국 시장에서는 합법적 활동으로 인정해주는 점이다.51) 미국내는 민주적으로 하되 외국에선 프로그램만 팔 수 있다면 제한을 두지 않는 제국주의적인 법이다.

3. 할리우드

미국이 세계 영상 프로그램시장을 석권한데는 위에서 살펴본 대로 구매력 있는 시장, 영어제작, 프로그램 제작의 특색이 있다. 여기 덧붙여 자세히 알아봐야 할 것이 바로 할리우드이다.

---

51) Colin Hoskins, Stuart McFadyen, Adam Finn, 『Global Television and Film, Sherman and Clayton Anti-Trust Acts』, Oxford University Press, p. 47.

1) 영화와 TV 사이에서

1920년대부터 할리우드는 영화의 고장이었다. 20세기 들어 발달한 영화는 TV에 앞서 영상매체로서 사람들의 많은 사랑을 받았다. 또 성장을 거듭했다. 그러나 번창하던 영화산업은 TV가 등장하면서 쇠퇴기를 맞는다.

일본은 60년대 이후, 한국에선 70년대 이후 영화가 침체기를 맞았다. TV에 자리를 내준 것이다. 영화산업은 한순간 경쟁력을 잃었다. 다양한 영화진흥책도 그다지 효험이 없어 보인다. 미국을 제외한 다른 나라들의 비슷한 실정이다. 미국의 할리우드는 TV시대에도 쇠퇴하지 않았다. 할리우드에 있는 미국의 영화산업은 TV를 적으로 간주하지 않았다. 경제학에서 말하는 대체재가 아니라 보완재로 간주했다. 영화산업과 TV의 공존, 나아가 TV를 통한 영화업의 발전을 꾀했던 것이다. TV에서 방송하는 연예 오락관련 프로그램을 할리우드에서 제작했다. 할리우드에 대한 규제가 없었던 것은 아니지만 근본적으로 공존을 모색한 정책이 성공을 거뒀다.

미국의 메이저 네트워크 방송은 드라마 한편을 선정하더라도 무수한 단계를 거친다. 기획 안을 내 합격한 업체만이 시나리오를 낸다. 이를 통과한 업체가 파일럿 작품을 낸다. 여기서 성공여부가 보일 때 프라임타임의 프로그램으로 제작한다. 할리우드의 업체 수백군데가 참여한다. TV는 막대한 예산을 들여 모든 인력을 확보해 자신이 직접 제작하는 위험부담을 줄일 수 있다. 줄어든 비용으로 TV는 더 많은 작품을 발주하고, 할리우드는 좋은 작품만 기획, 제작하는 환경을 조성한다.

2) 할리우드는 거대 자본

돈을 많이 들인다고 프로그램이 성공하는 것은 아니다. 그러나 기발한 아이디어와 경비절약으로 프로그램을 히트시키는 경우는 연속성을 갖기 어렵다. 미국의 1994년 장편 특작 영화 한편 제작비는 1천160만 달러. 4~5백만 달러를 쓰는 프랑스, 영국보다 2배 이상 많다. 기타 다른 나라들과는 비교할 가치가 없을 정도로 차이가 난다. 일단 제작 단계부터 지명도 있는 배우, 감독, 시나리오, 촬영 등 스탭진을 확보하고 들어갈 수 있는 조건이다.

3) 강력한 수직적 통합

미국의(할리우드)의 강점은 또 있다. 프로그램 제작에 관여하는 업체가 거대기업으로 수직 계열화 돼 있다. 디즈니(Disney), 유니버설(Universal), 폭스(Fox), 콜롬비아(Columbia), 엠지엠(MGM), 워너 브라더즈(Warner Brothers), 파라마운트(Paramount). 이들은 우선 프로그램 제작업자이면서 동시에 상영업자, 배급업자다. 제작과 판촉, 배급을 한 회사가 수직 계열화를 이뤄 추진하고 있다. 할리우드의 이런 시너지 효과로 미국의 텔레비전은 숙련된 기술자, 영화배우, 세계적 배급망 등의 인프라 스트럭쳐를 갖출 수 있다.

4) 전세계 유통을 위해

할리우드는 무엇보다 수출전략을 세웠다. 영상 프로그램의 다양한 활용, 다시 말해 하나의 매체나 지역에서 끝내지 않고, 다양한 매체와 국가로 판매해 시장을 넓혀 간 정책이 성공한 것이다. 할리우드에서 만든 영화는 세계인이 본다. 세계의 문화를 주도한다. 이렇게 되기까지 수출을 전제로 한 다양한 노력을 편다. TV영화 '형사 콜롬보' 시리즈를 예로 들어보자. 드라마 대사에서 '우리집 안주인'이라는 대사가 일본에서 인기를 모으자 이후 대본을 모두 고쳐 '우리집 안주인'이라는 표현이 나오도록 했다고 한다. 또 주인공 콜롬보가 스코틀랜드 야드(Scotland Yard)로 출장가는 에피소드가 있었다. 현실적으로 LA의 일개 살인과 형사가 런던까지 출장갈 일이 없지만 영국으로의 방송프로그램 수출을 의식하고 이런 상황을 설정했다고 한다.[52]

---

52) 『방송빅뱅』, p. 116~117.

5) 할리우드의 기술혁명

할리우드는 멀티미디어시대에도 세계영화 영상시장의 강자로 군림하기 위해 치열하게 노력한다. 하나는 인터넷을 통한 영화 전송. 다른 하나는 인공위성을 활용해 극장으로 필름대신 디지털 부호로 전송하는 디지털 프로젝션 시스템(DPS)이다. 인터넷과 디지털이라고 하는 멀티미디어시대 기술을 최대한 활용하고 있다.

(1) 인터넷 영화

브로드캐스터(Broadcaster)는 방송을 통해 프로그램을 전송한다. 웹캐스터(Webcaster)는 인터넷을 통해 영화를 전송하는 업자다. 미국에서 웹캐스터는 일주일에 하나꼴로 생겨난다. 상당수는 할리우드 영화사와 계약을 맺고 영화를 전송한다. 'atomfilms.com' 등 5개 회사가 대표적이다. 20세기 FOX, 유니버설, 워너 브라더스 등은 웹캐스터들에게 1, 2년 계약으로 영화를 공급해주고 있다. 월트디즈니의 경우 웹캐스터 'go.com'을 설립하고 자사 영화와 자매방송 ABC의 프로그램을 전송하고 있다. 워너 브라더스는 atomfilms.com와 손잡고, 100만 명의 네티즌을 고객으로 확보하는데 성공했다. 아티잔은 sightsound.com과 손잡고, 한 편 관람에 2.95달러, 다운로드할 때는 15달러를 받는다. 현재 할리우드가 갖고 있는 38만7천 편의 영화를 인터넷을 통해 판매할 수 있는 기반을 다진 셈이다.

(2) 디지털 전송시스템 (Digital Projection System)

영화관에 디지털 영사 설비를 갖춰야 한다. 영화사는 위성을 통해 영화관에 신작 프로그램을 송출한다. 각지의 어느 영화관이라도 위성 수신설비로 이 디지털 신호의 영화를 받아 상영한다. 1999년 6월 20세기 FOX가 미국내 5개 영화관에서 '스타워즈 에피소드 1'을 디지털 영사로 상영했다. 7월에는 미라맥스와 유니버설도 디지털 영사로 영화를 상영해 DPS 시대를 열었다. DPS의 최대 장점은 영화 한 편에 필름 운송비 1천만 달러를 줄일 수 있다는 점. 또 디지털로 영상을 처리해 화질도 필름보다 뛰어난 점이다.

3. 방송과 스포츠

방송기술 발전에 따른 중계방송은 세계 어느 지역이라도 생방송으로 가능해졌다. 중계의 대상은 단연 스포츠. 방송사는 스포츠 중계에 전념하고 있다. 막대한 이익을 안겨주기 때문이다.

1. 각국의 스포츠와 방송

1) 미국

미국에서 스포츠가 처음 중계된 것은 1939년. 그로부터 60년이 흘렀다. 최근 스포츠 중계 시청률은 NFL,수퍼볼이나 NBA 파이널을 제외하고는 전반적으로 조금씩 낮아지고 있다. 젊은층을 중심으로 스케이드 보드 같은 신종 스포츠를 선호하고, 또 지상파나 위성 케이블 등의 채널이 크게 늘어 채널 선택의 폭이 커졌기 때문이다. 특히 인터넷의 이용도 중요 요인으로 지적되고 있다. 그러나 아직도 스포츠 중계는 방송사나 광고주 모두에게 여전히 가장 매력적인 프로그램이다. 방송사들이 중계에 열을 올리는 이유는 간단하다. 막대한 수입을 보장하기 때문이다. 특별한 제작비 없이 중계장비만 활용해 큰돈을 벌 수 있다. 특히 케이블TV의 경우 광고료에 수신료까지 받아 아주 돈 되는 장사다.

이렇게 시장성 있는 스포츠 중계를 가만둘 리 없다. 머독이 이끄는 뉴스 코퍼레이션은 지상파 FOX채널을 만든 데 이어, 케이블 채널 FSN을 만들어 독점적 지위를 누리던 ESPN에 도전장을 내미는 등 스포츠 중계를 놓고 치열한 쟁탈전을 벌이고 있다.

보도국	수신자수입	중계광고수입	총수입
ABC	-	784.7	784.7
CBS	-	587.5	587.5
NBC	-	1.146.5	1,465.5
Fox	-	836.8	836.8
ESPN	536.9	517.4	1,054.3
TNT	435.0	155.0	590.0
USA	300.0	50.0	350.0
ESPN 2	70.7	61.2	131.9
FSN	70.0	24.7	94.7

<표 30> 스포츠 중계 수익
(『放送研究と調査』, 1999. 1, p. 18.)

(1) 미디어의 구단소유

1997년 폭스그룹이 미 프로야구 LA 다져스를 인수했다. 인수가격은 3억 천 100만달러. 현재 미디어 그룹이 소유하고 있는 프로스포츠 구단은 MLB 8개, NBA 8개, NFL 2개, NHL 11개로 4대 스포츠에서 모두 29개다.

미디어	구단 (리그)
타임워너	아틀란타 혹스 (NBA)
	아틀란타 브래이브스 (MLB)
	아틀란타 스위쳐스 (NHL)
디즈니	마이티 덕스 (NHL)
	앤어하임 에인젤스 (MLB)
뉴스 코퍼레이션(註)	로스앤젤레스 다저스 (MLB)
콤캐스트	필라델피아 76ers (NBA)
	필라델피아 플라이어스 (NHL)
트리뷴	시카고 컵스 (MLB)

(註) 뉴욕닉스와 뉴욕레인저스 주식 20% 소유

미디어	구단 (리그)
캐이블비젼 시스템스	뉴욕닉스 (NBA)
	뉴욕레인절스 (NHL)
W - 휴진가 (플로리다 소재 스포츠 채널)	플로리다 마린스 (MLB)
	마이애미 돌핀스 (NFL)
	플로리다 팬더즈 (NHL)

<표 31> 미디어의 프로구단 소유현황
(『放送研究と調査』, 1999. 1, p. 19.)

이렇게 미디어가 스포츠구단을 소유하는 이유는 우선 입장료, 방송권료, 라이
센스 수입 등이다. 그러나 인기구단을 직접 소유해 고액의 방송권료를 물지 않
는 장점이 더욱 크다.

NFL	총액 176억 달러 (8시즌 일괄~2005년)			
	ESPN	48억 달러	Fox	44억 달러
	ABC	44억 달러	CBS	40억 달러
NBA	총액 26억4천만 달러 (4시즌 일괄~2002년)			
	NBC		17억5천만 달러	
	Turner Sports(TNT, TBS)		8억9천만 달러	
MLB	총액 16억7천7백만 달러 (5시즌 일괄~2000년)			
	Fox	5억7천5백만 달러	NBC	4억7천5백만 달러
	ESPN	4억5천5백만 달러	FSN/FX	1억7천2백만 달러
NHL	총액 6억 달러 (1999/2000~2003/4년까지 5시즌 일괄)			
	ESPN/ESPN2		3억5천만~4억 달러	
	ABC		2억~2억5천만 달러	
올림픽 NBC	총액 35억7천만 달러 (NBC 독점)			
	시드니 하계대회		7억천5백만 달러	
	솔트레이크시티 동계대회		5억5천5백만 달러	
	2004년 하계대회		7억9천3백만 달러	
	2006년 동계대회		6억천3백만 달러	
	2008년 하계대회		8억9천4백만 달러	

<표 32> 스포츠 방송권료
(『放送研究と調査』, 1999. 1, p. 23.)

(2) 해외시장 공략

미국 국내에서 방송되는 해외 스포츠는 남미나 유럽의 축구리그 정도다. 그렇다면 미국의 스포츠 중계의 해외시장진출은? 캐나다는 아예 미국의 프로리그에 흡수돼 있는 상태다. MLB 2개, NBA 2개, NHL 6개의 구단이 미국리그에 소속돼 있다. 특히 캐나다는 빙판의 아이스하키 나라다. 지상파인 공영방송 CBC가 NHL 62경기를 중계하고 케이블에서도 신설된 스포츠 전문 채널 CTVSN이 방송권을 갖고 있다. 도미니카, 푸에르토리코, 베네주엘라 같은 중남미에서는 MLB가 대 인기다. 이들 나라 출신이 프로야구에서 많은 활약을 하는 것도 한 이유다. 멕시코의 'Televisa' 베네주엘라의 'Televen' 등 주요국의 TV가 일주일에 3~4회 중계한다. 이밖에 FOX나 ESPN 인터내셔널 등이 직접 위성방송으로 이들 해외시장을 공략하고 있다. 현재 미식축구리그 NFL은 전세계 161개국에 프로농구 NBA는 191개국에 프로야구인 MLB는 200개국 이상에 공급되고 있다. 미국 스포츠의 세계점령이라고 봐도 무방하다. 그것을 가능하게 해주는 것이 위성중계다. 그렇다면 이들은 해외에서 얼마나 방송권료를 받을까? 메이저 리그인 MLB의 경우 2천~2천500만 달러로 추정된다. 미국 국내의 7%에 불과하다. 그러나 최근 5년 사이 무려 5배나 올랐다. 앞으로 더 가파르게 인상될 전망이다.

2) 영국

(1) 유료와 무료(Free To Air)공존

영국은 1990년 루퍼드 머독의 뉴스 코퍼레이션이 위성방송 BSkyB를 세우면서 스포츠 중계에 큰 전기를 맞는다. BSkyB가 스포츠 유료 채널을 가입자 확보 전략으로 썼기 때문이다. 이에 영국에서는 스포츠 경기를 2가지로 나눠 방송할 수 있도록 했다. 하나는 A그룹이고 다른 하나는 B그룹. A그룹 10종류 스포츠는 전국민 누구나 볼 수 있어야 한다는 원칙에 따라 BBC등 전국을 커버하는 4개 지상파 방송이 중계한다. 물론 별도의 요금을 받아선 안 된다(Free

To Air). B그룹 9종류의 스포츠는 BSkyB 등이 유료로 방송할 수 있다. 단 하일라이트나 시차를 둔 중계방송은 무료 방송채널에 허용해 줘야한다.

(2) 중계료 고액화

BSkyB는 1992년 영국 프로축구 프리미엄리그의 4년 중계권료로 4배 비싸진 3억400만 파운드를 냈다. 1996년엔 6억7천만 파운드로 높아졌다. 물론 토요일 심야 BBC의 하이라이트 방송권을 인정해 주고 있다. 1998년 10월엔 BBC가 60년 가까이 갖고 있던 크리켓 경기를 채널 4와 공동으로 1억300만 파운드에 계약했다. 이처럼 채널이 늘어난 뒤 스포츠 중계가 과열 경쟁을 빚으면서 스포츠 중계의 세계화는 더 가속화된다. 경쟁에서 이기기 위해 전통적인 스포츠 외에 새로운 중계 소재거리를 찾아내야 하기 때문이다. 1982년 방송을 시작한 채널 4는 출발부터 소수 시청자의 권리 확보를 제창하고 있다. 이에 걸맞게 미국의 미식축구인 NFL, 일본의 쓰모(上撲), 이탈리아의 축구 등 자국에서는 소수 파지만 해외의 이색 스포츠를 방영하고 있다.

3) 독일

(1) 스포츠 열기

독일은 스포츠의 나라이다. 정부 스포츠연맹 산하에 무려 8만3천 개의 스포츠 클럽이 있고, 국민의 4분의1이 여기에 가입해 있을 정도다. 축구연맹은 최고 인기로 550만 명의 회원을 확보하고 있다. 1998년 프랑스 월드컵의 프랑스와 브라질의 결승전은 무려 67.1%의 시청률을 나타냈다. 월드컵을 독점 중계한 공영방송 ARD와 ZDF는 월드컵이 열린 6월의 평균시청률이 민방보다 5%나 앞섰다. 축구나 인기 있는 스포츠 중계가 시청률을 좌우하고 있는 현실이다.

(2) 중계경쟁 가열

독일의 경우 민영방송이 도입된 것은 1984년이다. 특히 통일 전에는 전국 방송용 채널이 2개밖에 되지 않을 정도였다. 그러나 이제 다채널 시대를 맞아 공영은 민영방송과 치열한 경쟁을 벌이지 않으면 안 된다. 민영 미디어 그룹이 2002년과 2006년 월드컵 경기 중계권을 거액을 들여 구입했다. 이미 프로축구 분데스리가의 방영권은 1988년부터 민영으로 넘어갔다. 지금까지 중계권료의 2배를 지불하고서다. 경쟁이 치열해지면서 당연히 스포츠 중계권료가 하늘 높은 줄 모르고 치솟고 있다. 프로축구 분데스리가의 중계권료 변화표다.

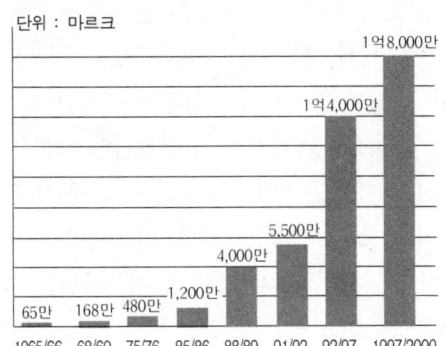

<그림 15> 분데스리가 중계권료
(『放送研究と調査』, 1999. 2, p. 18.)

2002년과 2006년 월드컵은 주변을 더욱 놀라게 했다. 독일의 미디어 그룹 키르히사가 무려 34억 마르크에 사들였다. 이전까지 월드컵 중계는 유럽방송연맹이 갖고 있었다. 1990년, 1994년, 1998년 경기 모두 합해서 4억 마르크에 불과했다. 8배 이상 오른 것이다. 유료 디지털 위성방송을 갖고 있는 키르히사가 장래를 내다보고 둔 포석이다. 이제 미국을 제외한 모든 나라가 월드컵을 중계하기 위해선 키르히사와 협상을 벌여야 한다. 돈있는 자만 월드컵을 보느냐는 비난이 일자 키르히는 독일팀의 경기에 한해 무료방송을 실시하겠다고 밝혔다.

(3) 스포츠뉴스도 돈
1998년 독일 연방 헌법 재판소는 축구에 관한 중요한 결정을 내렸다. 축구

뉴스를 유료화 할 수 있도록 판결한 것이다. 이번 재판에서 관심은 방송국과 축구협회 그리고 시청자의 시청권이 맞선 점이다. 결국 방송사와 축구협회의 승리로 끝났다. 방송권이 없는 방송사는 1분30초안에 뉴스를 할 수 있도록 했다. 그러나 향후에는 적절한 선에서 보상을 하도록 정했다. 요금은 주최자인 축구협회가 정하지 않고 법에 따르도록 했다.

4) 프랑스

(1) 출발

독일과 마찬가지로 1984년 민영방송을 시작했다. 그러나 독일과 달리 프랑스는 민영채널인 까날 쁠뤼(Canal Plus)가 아예 지상파로 출발부터 유료화를 선언했다. 86년에는 민영 2채널이 생기고 87년에는 공영 TF1이 민영화되면서 시청률 경쟁이 가속화됐다. 여기에 스포츠 중계가 주요 경쟁대상으로 떠올랐다. 과거 공영방송이 스포츠 중계를 독점할 때는 문제가 안됐지만 유료 채널인 까날쁠뤼가 스포츠 중계를 독점하면서 문제가 생겼다. 가입자만 볼 수 있기 때문이다. 프랑스 국내 축구 1부 리그(Championnat de France)의 2001년까지 방송권을 까날쁠뤼가 갖고 있다.

프랑스는 1992년 국내 올림픽 위원회, 방송사, 스포츠 저널리스트 조합 등이 주축이 돼 '스포츠와 TV위원회(la Commission Sport et Television)'를 구성한 뒤 신사협정을 맺었다. 주요내용은

① TV 정시 뉴스에는 무료로 방송할 수 있다.

② 스포츠 매거진 프로는 방송권료를 지불해야 한다.

③ 지역 2차 방송국의 경기장 출입은 자유로워야 한다.

④ 분쟁이 있으면 위원회가 조정한다.

지금 우리 나라는 뉴스나 매거진 프로그램에서 스포츠를 아주 당연하게 무료로 취재해 방송한다. 독일이나 프랑스에서 보듯 뉴스도 장차 돈을 내야하는 시절이 우리에게도 올 것을 대비해야한다.

(2) 까날쁠뤼와 TPS의 대결

프랑스의 유료 위성방송 2군데는 스포츠 중계에 사활을 걸고 있다. 까날쁠뤼가 운영하는 까날 위성TV는 120만의 가입자가 있다. 까날쁠뤼까지 합하면 440만에 이른다. TPS(Television par Satellite)는 70만의 가입자가 있다. 지상파 TF1, M6등이 소유하고 있다. 그 동안 축구 중계권은 까날쁠뤼가 독점해왔다. 2001년까지 프랑스 전국축구리그 LNF 중계권을 갖고 있다. 그러나 TPS가 집요하게 달라붙어 결국 축구협회의 결정으로 두 위성방송이 함께 중계할 수 있는 길을 텄다. 축구협회는 경쟁하는 두 위성방송을 적절히 부추겨 무려 5년간 87억 프랑을 벌어들일 수 있게 됐다. TPS는 유료위성방송 가입자의 40~50%가 축구시청 때문인 현실을 감안할 때 앞으로 150만 명까지 가입자를 늘릴 수 있을 것으로 전망하고 있다.

(단위 : 역 달러)

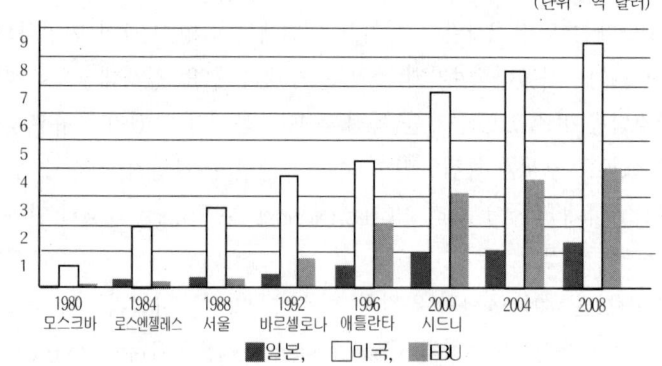

<그림 16> 하계올림픽, 방송권료 추이
(NHK データブック 1999 世界の放送)

2. 뉴스 코퍼레이션

방송의 세계화를 논하면서 호주출신의 루퍼트 머독(Rupert Murdoch)이 세운 거대 미디어 그룹 뉴스 코퍼레이션(News Corporation)을 지나칠 수 없다. 1960년대 호주에서 시작해 미국의 아메리카로 영국의 유럽으로 홍콩 일본의 아시아로 머독이 이끄는 뉴스 코퍼레이션의 발길은 끝이 없다.

1) 미디어 진출 현황

STAR TV를 통해 각종 해외프로그램을 시청한다. STAR Sports를 통해 각국의 스포츠를, V channel을 통해서는 음악과 춤을 본다. 20세기 폭스사가 만든 영화 '타이타닉'을 보고 감명을 받는다. 해외동향을 인용할 때 영국의 '더 타임즈(The Times)'를 들먹인다. 영국의 대중지 '선(Sun)'지 역시 마찬가지다. TV프로그램을 안내하는 TV 가이드, LA 다저스의 박찬호 얘기⋯ 위에서 언급한 모든 신문이나 방송, 영화사, 잡지, 스포츠구단이 전부 머독의 뉴스 코퍼레이션 소유다. 왜 머독의 뉴스 코퍼레이션을 세계의 거대 미디어그룹이라고 하는지 쉽게 이해할 수 있는 대목이다.

매 체	업 종	활동국가	지분(%)
Fox Broadcasting Company	텔레비전	미국	
Fox Television Stations(22개 TV)	텔레비전	미국	
Twentieth Television	텔레비전	미국	
Fox Television Studios	텔레비전제작	미국	
Seven Network	텔레비전	오스트레일리아	14
Vox			
Star TV	위성방송	홍콩	60.0
Asia Today	방송	홍콩	49.9
UTV	방송	인디아	
Media Assets Hong Kong	매체	홍콩	
Don Bluth Ireland	영상	아일랜드	
News Technology Group	기술		
News America Holdings	출판	미국	
News Limited Australia	출판	오스트레일리아	
News International	매체	영국	
New York Post	신문	미국	
The Times	신문	영국	

<표 33> 뉴스 코퍼레이션의 세계화경영
(김승수, 『매체경제 분석』, p. 116.)

① TV : 홍콩의 STAR-TV, V-CHANNEL, 채널 영국의 BSkyB, 미국의 FOX지상파 채널, 일본의 SkyPerfect TV

② 신문 : 영국의 더 타임즈(The Times), 선(Sun). 미국의 뉴욕 포스트(New York Post)

③ 영화사 : 20세기 폭스.

④ 잡지 : TV Guide

⑤ 출판 : 하퍼 콜린스(Harper Collins)

⑥ 기타 : LA 다저스

2) 스포츠 중계로 세계를

(1) 독일

• 채널 확보

머독의 뉴스 코퍼레이션은 90년대 초반 독일 TV계를 장악하고 있는 그룹의 하나인 베르텔스만의 Vox채널에 지분참여를 했다. 49.5%. 정보 문화 채널이던 Vox는 머독의 인수 때 수천억 원의 적자를 지고 있었다. 이를 영화 오락 채널로 바꿔 흑자로 전환시켰다. 그러나 지분이 더 많은 베르텔스만과 마찰로 뜻을 제대로 이루지 못하게 됐다. 그러자 1998년 11월 Vox 이외의 다른 대안을 찾기로 하고, 독일 TV시장의 0.3%를 점유하고 있는 군소방송 TM3의 지분 66%를 인수했다(Vox는 독일 TV시장의 3-4% 점유) 소주주의 한계를 느껴 Vox 대신 작더라도 마음대로 경영할 수 있는 채널을 확보한 것이다.

• 프로그램 확보

뉴스 코퍼레이션이 찾아낸 프로그램은 바로 독일인들이 광적으로 심취하는 축구. 1998년 11월 TM3를 인수한 머독은 1999년 5월 유럽축구 연맹과 계약을 맺었다. 앞으로 4년간 유럽축구연맹 챔피언리그의 독일내 독점 방송중계권 계약이다. 흔히 있는 계약이지만 2가지 의미가 있다. 하나는 머독의 뉴스 코퍼레이션이 독일 스포츠 시장에 본격 진출하는 것이고, 또 하나는 그 금액이 지금까지의 관행을 넘는 파격적인 액수란 점이다. 4년간 8억 6천 마르크. 약 6천억 원. 1년에 1천500억 원인 셈이다. 지금까지 연간 1억 마르크, 즉 700억 원의 2배가 넘는 금액이다. 독일에서 가장 큰 민영방송인 RTL(RTL은 Vox를 공동 소유하던 베르텔스만 산하)이 맡아 왔는데 도저히 머독의 물량공세를 당해내지 못하고 방영권을 빼앗겼다. 그 동안 독일 방송 시장에서는 축구경기를 크게 3분하여 방송했다. ① 국가대표간 경기는 공영방송인 ARD와 ZDF. ② 독일연방 축구 분데스리가는 키르히 그룹 소속의 민영방송 ③ 유럽차원의 챔피언 리그는 베르텔스만의 RTL이 맡아왔다. 4개 공민영 채널에 이같은 원칙이 잘 지켜져 왔다. 그러나 이제 그런 황금분할은 없어졌다. 독일은 유럽의 가장 큰 방송 시장이다. 그럼에도 불구하고 유료 시장은 아직 영국처럼 활성화돼 있지 않다. 영국에서 유료위성 BSkyB 로 사업성을 확인한 머독이 이제 독일로 뛰어든 것이다.

투자기업	채널	소유지분(%)
타임워너	n-tv	49.8
	Viva	19.8
	Viva 2	19.8
	CNN Inter.	직접방송
월트디즈니/ABC	Super RTL	50.0
	Tele Munchen	50.0
	RTL 2	32.2
	tm 3	50.0
	ESPN	80.0
	Eurosport	33.0
Viacom	MTV Europe	
	VH-1 Germany	
	Nickeldeon Germany	90.0
NBC/GE	NBC/Super Channel	80.0

<표 34> 미국글로벌 매체의 독일 진출 현황
(김승수, 『매체경제 분석』, p. 117.)

(2) 이탈리아

머독은 이탈리아 시장 진출도 적극 추진하고 있다. 베를루스코니의 미디어 셋(Mediaset)을 우리 돈 약 7조원 규모로 사들이려다 실패했다. 뉴스 코퍼레이션은 새로운 전략을 택했다. 이탈리아 국내장벽을 넘는 방법으로 이탈리아내 회사와 연합해 디지털TV 시장을 공략하는 것이다. 1998년 12월 25일 텔레콤 이탈리아 51%, 뉴스 코퍼레이션 39%, 프랑스의 TF1 10%로 디지털사업 합작을 체결했다. 뉴스 코퍼레이션의 진출을 달갑지 않게 여기던 이탈리아 정부측은 유감의 뜻을 표명했지만 텔레콤 이탈리아가 민영화됐기 때문에 어쩔 수 없는 노릇이었다. 머독이 이탈리아 시장에 집착하는 이유는 위에서도 설명했듯이 스포츠와 무관하지 않다. 이탈리아에는 세계에서 가장 비싼 프로 축구리그가 있다. 1998년 월드컵 스타 호나우도와 지단 등 세계 최고의 축구선수들이 대거 집결해 축구팬을 열광시킨다. 까날쁠뤼의 이탈리아 내 유료 채널인 Tele+의 평소 가입자는 45만 명 그러나 프로축구 직접 중계 때는 100만 명으로 일시 늘어난다. 프로축구 중계로 시장을 점령하려는 의도를 이해할 수 있는 대목이다. 또 하나 산레모 가요제도 있다. 매년 2월 마지막 주 월요일부터 토요일까지 6일간 계속되는 가요제는 전세계 2억 명 이상이 지켜보는 세계최대 가요제다. 유료방송의 가장 인기있는 상품은 스포츠와 오락. 다시 말해 축구와 음악이다.

제3부

≡≡≡≡≡≡≡≡≡

새로운 뉴스미디어

1 위성 뉴스

달라진 방송환경 속에서 새로운 뉴스미디어가 자리를 잡아가고 있다. 올드 미디어인 라디오나 지상파TV에서 벗어나 새롭게 등장하는 위성방송의 뉴스와 케이블TV의 뉴스 그리고 최근 가장 강력하게 등장하고 있는 인터넷 뉴스를 다룬다.

1. 위성방송

1. 위성방송 수신

1) 안테나

(1) 가정 안테나

직접위성방송은 위성 안테나를 단다. 위성 안테나는 둥글게 생긴 접시형, 파라볼라 안테나다. 위성과 멀리 떨어져 있는 지역이냐 가까운 지역이냐에 따라 전파의 수신감도가 달라지기 때문에 안테나의 크기를 달리 해야한다. 직경이 클수록 멀리서 오는 전파까지 잘 잡을 수 있다. 위성통신 초기 지구국의 안테나는 20~30m로 컸다. 송수신기술이 발달하지 않았기 때문이다. 방송위성으로 직접위성방송을 실시하면서부터는 크게 작아져, 국내용의 경우 지름이 50cm의 소형 안테나를 달아 시청한다. 그리고 좀 멀리 떨어져 있는 위성은 1.2m나 1.8m 짜리를 쓴다. 국내에 도달되는 웬만한 위성방송은 1.8m까지로 다 커버된다. 그러나 더 먼 경우 2.4m 안테나를 써야한다. 북한의 위성방송도 수신할 수 있다. 2.4m는 무척 커서 아파트 같은 데서 단독으로 달기는 곤란하다. 단독주택이나 연립은 옥상이 있으므로 가능하다.

(2) 공동 안테나

공동안테나는 유선 TV를 연상하면 된다. 중계유선회사가 난시청지역에서 지상파 방송의 전파를 받아 각 가정으로 선을 연결해 재전송해 주는 방식이다. 대형건물, 아파트 등에서는 옥상에 공동 안테나를 단 뒤 각 가정이나 사무실로 선을 깔아 보내주면 가구나 사무실마다 안테나를 다는 불편을 없앨 수 있다. 일반 주택이나 소형 건물들도 특정 지역에 안테나를 설치해 위성 전파를 수신한 뒤 근처 주택이나 건물로 유선을 통해 재전송한다.

2) 전파 방향

안테나를 단다고 하늘에 떠 있는 모든 위성의 전파를 받는 것은 아니다. 하늘에는 수 개의 방송위성이 떠있다. 우리 나라만 해도, 무궁화 1, 2, 3호기 3개가 떠있다. 3호기는 5년(원래 10년인데 고장, 돈 낭비)을 끝으로 2000년 폐기된다. 안테나 하나 단다고 이 수백 개 위성의 전파를 잡는 것은 아니다. 안테나는 일부일처제다. 한마디로 안테나 하나는 오직 하나의 위성 전파만을 수신할 수 있다. 쉬운 말로 무궁화 1호기의 전파를 수신하면 그 안테나는 2호기 전파를 수신할 수 없다. 전파는 직진성이다. 위성 하나에서 들어오는 직진 전파만 정확히 잡을 수 있다. 특정 위성방향으로 안테나를 고정해서 그 위성의 전파만을 잡는다. 다른 위성의 전파를 받고 싶으면 방향을 그 위성쪽으로 돌려주면 된다. 그러면 먼저 위성의 전파는 못 받고, 새로 맞춘 위성의 전파만 잡는다. 안테나 하나에 위성 하나면, 위성 채널이 수백 개라는데 안테나를 수백 개 달아야 하는 것은 아닌지 걱정을 할 필요가 없다. 위성 하나가 많게는 200개까지의 채널을 방송할 수 있기 때문이다. 안테나 하나 갖고도 위성방송 200개 채널은 볼 수 있는 것이다. 중계유선이나 케이블TV 지역국 등이 여러 개의 안테나로 다

수의 위성 전파를 받아 필요한 방송만 골라 가정으로 송출해 준다. 이들은 특
정위성에서 재미있는 방송을 하면 새 안테나로 그 위성의 전파를 잡아 가정으
로 전해 준다. 그래서 가정에서는 다양한 위성의 방송을 볼 수 있다.

3) 셋톱박스(Set Top Box.)

중요한 장치는 또 있다. Set Top Box. 세계는 방송방식이 NTSC, PAL,
Seacom 등 3가지로 나뉘어 있다. 또 디지털과 아날로그가 아직 혼재해 있다.
이런 다양한 방송양식에 관계없이 1대의 TV수상기로 볼 수 있게 방송신호를
자동으로 변환해주는 장치가 셋톱박스다. 직접위성방송을 안테나를 달아 시청
하려면 TV수상기 위에 달아놔야 한다. 셋톱박스의 기능은 또 있다. 우리 나라
에서 보는 위성방송은 모두 무료 위성방송이다. Free to Air. 그러나 위성방송
이 모두 무료는 아니다. 다채널 시대 직접위성방송의 대부분은 돈을 내고 보는
유료방송이다. 가입을 하지 않으면 스크램블을 걸어 볼 수 없게 만든다. 돈을
내고 신청해야 스크램블을 풀 수 있는 셋톱박스를 달아준다.

2. 미국과 유럽의 위성방송

방송국	방송 내용	송출 위성	송출 방식
BBC World News	영국 BBC에서 직접 취재 및 제작한 뉴스, 다큐멘타리 전문 채널, 24시간 방송을 하며, 정통 영어의 진수를 시청할 수 있다.	Panam-sat2	Digital MPEG2
KCTV(조선중앙TV)	99년 10월 22일부터 일반국민들도 북한의 조선중앙TV를 시청할 수 있다. 프로그램은 체재선전, 뉴스 등 오락41%, 보도23%, 선전 36%이다.	Thaicom -SAT3	Digital MPEG2
STAR -World	홍콩 STAR TV방송 채널의 하나로서 24시간 영어방송, 드라마, 엔터테인먼트, 만화 등 다양한 프로그램으로 편성되어 있다.	Asia-sat3	Digital MPEG2
CNN-Intern ational	미국 케이블TV의 뉴스 전문 방송으로 출발하여 전 세계 1200여 개국에 뉴스를 제공하는 세계 최대의 뉴스전문 방송으로 미국 사람들과 동 시간대에 24시간 시청이 가능한 뉴스 전문 채널.	Panam-sat8	Digital MPEG2

방송국	방송 내용	송출 위성	송출 방식
CNBC	뉴스 및 해설, 토크쇼, 아시아와 유럽 경제 뉴스 전문 채널.	Panam-sat2	Digital MPEG2
National Geographic	자연 다큐멘타리 전문 채널.	Asia-sat3	Digital MPEG2
Greece	그리스 종합 24시간 방송 채널.	Panam-sat2	Digital MPEG2
LBC	레바논 방송 24시간 방송 채널.	Panam-sat2	Digital MPEG2
ART	아랍 종합 24시간 방송 채널.	Panam-sat2	Digital MPEG2
EWTN	카톨릭 종합 24시간 방송 채널.	Panam-sat8	Digital MPEG2
Deutsche Welle TV	독일 공영 방송으로서 유럽통합을 계기로 전세계를 겨냥 European Broadcasting Bouquet(EBB)라는 유럽연합 방송채널을 주관한 바, 유럽 각국 즉 프랑스 공영 TV 5, 이탈리아 공영 RAI International 및 스페인 공영 TVE(이상TV) 그리고 스위스, 핀란드, 노르웨이, 카나다, 미국등의 라디오방송과 연합 총 TV 5개 채널, 라디오 13개 채널을 '유럽부케'로 묶어서 Asia-sat 2호 위성으로 첨단 디지탈 MPEG 2 방식으로 송출하고 있다. DW는 독어, 영어, 스페인 3개 국어로 뉴스, 다큐멘타리, 엔터테인먼트를 24시간 방송하며, TV 1 채널과 라디오 6 채널을 방송하고 있다.	Asia-sat2	Digital MPEG2
TV5	프랑스 공영 방송으로 전세계의 시청자들을 위하여 특별 편성되며, TV 5 퀘벡 캐나다, TV 5 유럽, TV 5 아시아, TV 5 아프리카, TV 5 라틴아메리카 & 지중해 등으로 다양하게 방송하고 있다. 전세계를 향한 유일한 프랑스어 위성방송으로서 뉴스, 다큐멘터리, 엔터테인먼트 등을 24시간 방송한다.	Asia-sat2	Digital MPEG2
RAI International	이탈리아 공영 라디오 텔레비전 방송국 RAI사가 제작하며 뉴스, 스포츠, 다큐멘타리, 토크쇼, 엔터테인먼트, 퀴즈쇼, 코미디, 영화등 다양하게 편성되어 있다.	Asia-sat2	Digital MPEG2
TVE Asia	스페인 공영방송 RTVE가 전세계를 대상으로 별도 제작한 것으로 과거가 화려했던 에스파나 제국이 문화와 언어를 사용하고 있는 세계인구 1/3을 대상으로 하여 각 대륙에 송출하고 있다. 뉴스, 다큐멘터리, 영화, 콘서트, 토크쇼, 엔터테인먼트 등 다양한 방송을 스페인어로 직접 감상하며 배울 수 있다.	Asia-sat2	Digital MPEG2
NHK1,2	일본 공영 방송으로 뉴스전문채널이며 전 세계 각국의 톱 뉴스와 일기예보, 동경의 증권 시세 정보, 빅 이벤트, 스포츠 결과 속보 등 다양한 프로그램으로 24시간 송출하고 있다.	B-sat-1A	아날로그
중국대륙 위성방송	중국대륙의 각 성에서 실시하는 디지탈 위성방송으로 각성마다 고유의 편성으로 진행하고 있으며 대륙의 내부 소식을 정확하게 접할 수 있다.	Asia-sat3,2	아날로그
Phoenix Chinese	STAR TV 채널 중의 하나로서 24시간 드라마를 방송하며 광동어, 대만어 등으로 진행하며 필요시 자막처리한다.	Asia-sat3	아날로그

방송국	방송 내용	송출 위성	송출 방식
CCTV International	중국 북경에서 송출하는 중국 정부의 공식 대외 방송으로서 중국대륙의 뉴스는 물론 문화, 역사, 다큐멘터리 등 다양한 내용으로 중국을 소개하고 있다.	Asia-sat3,2	아날로그
Mongolian TV	몽고에서 자국민을 위한 공식방송으로 독특한 몽고의 언어와 문화를 배울 수 있다.	Asia-sat2	Digital
ORT1 TV	러시아 공영방송으로 문화, 뉴스, 오락 등을 위성을 통하여 거의 24시간 방송하고 있다.	Gorizont22	아날로그
ESC	Egyptian Satellite Channel의 약자로서 이집트 국영 방송이다. 수천년의 장구한 역사를 가진 이집트의 위성방송으로 24시간 문화와 언어, 소식 등을 접할 수 있다 아랍어권에서는 대표적인 방송으로서 매우 인기가 높으며, 표준 아랍어를 구사하고 있고 3개 채널의 라디오방송이 함께 수신된다.	Asia-sat2	아날로그
RTP	포루투갈 국영 방송으로 포루투갈 뉴스, 언어, 문화를 제공하고 있다.	Asia-sat3,2	아날로그
ATN	Asia TV Network는 인도 위성방송의 선구자적인 방송으로서 힌디어로 진행하고 있으며, 최신의 기술 축적을 바탕으로 엔터테인먼트, 뉴스, 비즈니스, 시사문제, 교육 등 다양한 내용을 인도 및 해외에 송출하고 있다.	Panam -sat4	아날로그
TV Indonesia	인도네시아 방송으로 뉴스, 드라마, 엔터테인먼트를 방송하고 있다. RCTI(Rajawali Citra TV Indonesia)는 인도네시아의 도시와 농촌 그리고 외국인에 이르기까지 여러 시청자들에게 뉴스, 시사, 정보, 종교, 코미디, 드라마 및 스포츠 등 다양한 프로그램을 제공하고 있다.	Palapa -c1	아날로그
RTM1, TV3, RTB	RTM1(Radio TV Malaysia), TV 3은 말레이지아 방송이며, RTB(Radio TV Brunei)는 느루네이공화국의 방송으로서 남국의 시원한 문화와 뉴스, 드라마 등을 볼 수 있다. TV 3은 상업방송으로서 프로그램에 따라 스크램블을 걸기도 한다.	Palapa -c1,c2	아날로그
ATB5, TVT11	ATV는 태국의 국방성 주관 Army TV로서 타이 ch 5로 알려져 있으며 군인 및 공무원의 정서와 교육, 나아가 일반인의 계도를 목적으로 설치한 방송이다. 이 방송은 태국을 대표한다는 자부심을 갖고 태국 최초로 국제적인 위성방송을 하고 있다. TVT는 ch 11로서 정글의 나라 태국의 문화, 뉴스, 엔터테인먼트를 방송한다.	Thaicom -Sat3	아날로그
MCM	전 세계 최신 유행 음악의 현주소를 알 수 있는 프랑스 민간 방송으로 신세대의 의식에 막대한 영향을 주고 있는 유행의 원산.	Asia-sat2	Digital MPEG2

<표 35> 한국에서 수신가능한 주요 위성방송

(http://www.satellite.co.kr)

1) 미국의 위성방송

(1) 위성방송 현황

현재 4개의 직접위성방송 서비스가 있다.

- Direc TV

디렉TV를 보려면 DSS수신 장비를 갖춰야 한다. 17개 회사가 이를 만들고 있다. DSS의 가격은 149달러에서 499달러. TV1대 설치비는 99~199달러. 이 용료는 14.99~47.99달러까지. 시청가능 채널수에 따라 다르다. 1998년 말 현재 가입자는 446만 명이다. 미국 최대의 자동차 업체 GM의 계열사인 Huges Electronics의 위성사업부에서 운영한다.

- USSB

요금은 4.99~32.99달러. 디렉TV의 보조성격이 크다. 25개(최대 40개) 채널을 가지고 영화와 오락을 위주로 한다. 디렉TV와 같은 위성사용.

- DISH

에코스타(Echostar) 위성. 요금은 4.99~28.99달러. 57개 채널과 30개 디지털 오디오서비스. 가장 늦게 출발. 1998년 말 190만 가입자.

- 프라임 스타

요금 2.99~59.99달러까지. 중출력 Ku-밴드 위성사업자이고 미국 제2의 가입자를 갖고 있다. 1998년 말 230만 가입자. 160개 채널

(2) 미국 직접위성방송 M&A

- 디렉TV USSB 인수

디렉TV를 소유하고 있는 Huges Electronics가 USSB를 13억 달러에 매입했다. 그 동안 프로그램 가이드를 디렉TV와 함께 해왔다. 이를 계기로 디렉TV는 점증하는 라틴계 이주민을 상대로 스페인어 서비스를 곧 시작할 계획이다. 디렉TV의 채널은 185개에서 210개로 늘어났다.

- 디렉TV 프라임스타 인수

프라임스타마저 인수했다. 디렉TV는 프라임스타를 소유하고 있는 Primestar Patterns사(TCI 등 케이블 회사들이 소유)를 18억 달러에 인수. 디렉TV는 양자를 인수하므로서 가입자가 650만으로 늘었고, 2000년엔 1천만 명으로 늘어날 것으로 전망하고 있다.

- AskyB 인수

Echostar는 MCI/WorldCom이 설립한 직접위성방송 사업부문 AskyB를 11억6천만 달러에 인수했다. PC용 광대역 위성네트워크 장비 업체인 Media4의 인수협상도 마쳤다.

(3) 방송 위성을 활용한 다양한 서비스

- 인터넷 접속 서비스

위성을 이용하면 접속 속도가 ISDN보다 3배 이상 빠른 400Kb/s이다. 유선이 아닌 위성망을 활용하기 때문이다.

- 데이터 방송

위성TV업체들이 새롭게 실현하려는 서비스다. 새로운 셋톱박스를 설치해 쌍방향 서비스를 제공하는 것이다. 더 많은 뉴스와 정보를 원할 경우 방송사 측에 접속해 각종 데이터를 구할 수 있는 서비스다.

- HDTV

위성방송을 디지털 HDTV로 방송한다.

2) 유럽의 위성방송

(1) 영국

1996년 뉴스코퍼레인션의 BskyB가 직접위성방송을 시작했다. 이어 1998년 10월 SkyDigital이 최초로 디지털로 위성방송을 시작했다. 스카이 디지털의 가입자수는 1999년 70만에 달했다.

(2) 프랑스

까날쁠뤼(Canal Plus)가 직접위성방송을 실시하고 있다.

(3) 독일

DF1과 Premiere가 방송중이다.

3. 아시아의 위성방송

1) 아시아 위성방송 개괄

아시아·태평양 지역은 일본으로부터 호주에 이르는 광대한 지역을 포괄하고 있다. 인구 30억에 TV 보유 가구가 5억700만 가구에 이른다. 1990년 홍콩이가성 그룹이 아시아샛 1호기로 Star TV를 시작했다. 이후 1993년 머독의 뉴스 코퍼레이션이 인수했다. 1992년부터는 미국의 스포츠채널 ESPN, HBO, CNN International 등이 가세해 본격 위성방송시대에 들어섰다. 일본은 이에 앞서 1985년부터 NHK를 시작했다. Star TV는 중국 중심의 북향빔과 인도중심의 남향빔으로 방송한다. 아시아 53개국 모두 커버한다. BBC World 등 5개 채널로 시작하자 중국도 이에 맞서 위성방송을 출범시켰다. 중국 국영 CCTV(China Central Television)가 운영하는 8개 채널 가운데 일부를 위성으로 자국내 방송을 하고 있다. Star TV는 중국정부의 반발에 대비해 북향빔에도 힌두어 Zee TV를 포함시켰다. 태국, 대만, 말레이시아, 한국, 싱가포르 등도 위성방송을 선보였다. Star TV는 1995년 아시아샛 2호기를 쏘아 올려 디지털 위성방송을 하고 있다. 일본에서 Star Plus를 시작했다. 아시아에서 Star TV를 보는 시청자 가구수는 7천만 가구를 넘는 것으로 알려져 있다. 대만은 위성분야에서 상당히 앞서가고 있다. 1996년 업링크 회사가 생긴 이후 70개이상의 채널이 업링크 되고 있다. 싱가포르는 홍콩의 중국반환이후 아시아의 새로운 방송기지로 자리잡고 있다. MTV, ESPN, 디스커버리가 거점을 홍콩에서 싱가포르로 옮겼다.

2) 일본의 유료 위성방송실태

일본은 1984년 세계최초로 DBS를 실시했다. NHK 위성채널을 통해서다. 1998년 5월 퍼펙TV와 JSkyB가 통합해 SkyPerfect TV를 출범했다. 현재 NHK가 2개 채널, WOWOW(와우와우, 유료 채널) 1개 채널, 유료 채널인 Direc TV와 SkyPerfec TV가 있다. 스카이 퍼펙TV는 200개 채널이고, 디렉 TV는 85개 채널이다. 가입자가 1천만 명을 넘어선 NHK는 시청료를 받는 공영이기 때문에 위성방송에 별도의 돈을 내지는 않는다. 그러나 WOWOW와 나머지 외국계 위성방송은 유료다. WOWOW가 1999년 5월 1일 기준으로 252만 명의 가입자를 확보하고 있다. SkyPerfect TV는 121만 명. Direc TV 는 아직 28만 명에 그치고 있다. WOWOW는 1999년 3월 결산에서 100억 엔의 큰 폭의 흑자를 냈다.

WOWOW는 1999년 7월부터 가입자 요금을 2만7천 엔에서 1만4천800엔으로 45% 인하했다. 월정 요금 2000엔은 그대로 두었다. 신규 가입자가 정체상태에 있기 때문이다. SkyPerfect TV는 1999년 3월 결산에서 210억 엔의 막대한 적자를 기록했다. 그러나 가입자는 지난 1년간 WOWOW와 달리 1.7배나 증가했다. WOWOW는 경쟁위기를 느끼고 파격적인 새전략에 돌입한 것이다. 2000년 말, 지상파 민방 5군데도 유료 위성방송을 시작한다.

3) 아시아 시장 잠재력

APT(Asia Pacific Television)가 전망한 2010년의 아시아 TV방송 시장을 살펴보자. 역시 태풍의 핵은 14억 인구의 중국과 10억 인구의 인도, 일본이다. 아시아 태평양 지역의 TV방송 시장의 특성은 '엄청난 인구에 비해 낮은 1인당 구매력'이라고 APT는 지적하고 있다.[53] 1997년 이 지역을 강타한 통화위기와 IMF체제는 야심차게 추진하던 다매체, 다채널 정책에 큰 타격을 주었다. 특히

---

53) APT는 Baskerville Communications Corp.가 발간하는 보고서

경제위기 뒤에 외국 언론자본이 진출을 가속화하려고 하고 있지만 각국은 자국의 경제나 방송정책에 자신들이 통제권을 가지려고 대항하고 있다. 우월한 경제력의 서구 문화가 고유의 문화를 잠식할 것을 두려워하고 있기 때문이다. 그러나 상대적으로 경제위기를 겪지 않은 대만, 중국, 싱가포르 등을 중심으로 방송 시장은 확대전망이 그 어느 때 보다 높다. 특히 유료 TV 시장이 수신료에도 불구하고 가입자가 많아 성장성이 큰 것으로 평가되고 있다. 1인당 구매력 역시 1998년 평균 연 62달러에서 2007년 117달러로 2배 가량 늘어날 것으로 전망하고 있다.

(1) TV보유

2010년 아시아, 태평양 지역 전체의 TV보유는 5억8천800만 가구. 이 가운데 60%를 중국이 차지할 것이다. 3억5천580만 가구가 TV를 보유할 것으로 전망된다. 인도는 8천720만 가구. 일본이 4천430만 가구. 인도네시아 3천560만 가구. 그리고 한국이 1천570만 가구에 이를 것으로 보인다.

(단위 : 천 가구)

국가	1999년	2010년	국가	1999년	2010년
뉴질랜드	1,265	1,407	중국	314,400	355,783
대만	5,941	6,523	태국	13,869	15,987
말레이시아	3,371	4,191	필리핀	8,147	10,689
싱가포르	867	1,076	한국	14,253	15,716
인도	64,896	87,224	호주	6,765	7,547
인도네시아	28,653	35,626	홍콩	1,975	2,314
일본	42,730	44,306	총계	507,131	588,390

<표 36> 아시아·태평양 주요 국가 TV 현황
(Baskerville Communications Corp.)

(2) TV광고 수익

1999년 아시아·태평양 지역의 TV광고 순수익은 200억 달러에 이른다. 이

가운데 일본이 107억 달러, 중국이 30억 달러. 호주가 17억 달러. 그러나 2010
년이 되면 1999년보다 82% 상승한 363억 달러에 이를 것으로 보인다. 일본은
여전히 141억 달러로 TV광고 수익이 1위를 나타내지만 점유율이 1999년 53%
에서 39%로 하락할 것이다. 중국은 84억 달러에 이를 전망이다.

(단위 : 백만 달러)

국가	1999년	2010년	국가	1999년	2010년
뉴질랜드	208	356	중국	3,027	8,428
대만	1,075	2,232	태국	424	1,094
말레이시아	126	282	필리핀	287	804
싱가포르	174	298	한국	788	1,906
인도	434	1,643	호주	1,687	2,984
인도네시아	99	493	홍콩	959	1,633
일본	10,673	14,171	통계	19,962	36,323

<표 37> 아시아·태평양 지역 각국 TV광고 수입
Baskerville Communications Corp.

(3) 케이블, 직접위성 TV시장

아시아·태평양 지역의 케이블과 직접위성방송 시장에서 거두는 수익은
1999년 80억 달러에서 2010년 321억 달러로 추정한다. 일본은 33억 달러에서
117억 달러로 늘어난다. 중국은 14억 달러에서 62억 달러, 인도는 10억 달러에
서 53억 달러로 5배 이상 늘어날 전망이다. 1999년 중국의 케이블과 위성TV
가입자는 7천500만 명으로 추정된다. 23.9%의 보급률이다. 대만은 77.6%의 보
급률로 460만 가구가 가입했다. 인도네시아와 태국은 각각 0.2% 5만 명, 2.4%
33만 명으로 가장 낮은 보급률을 나타내고 있다.

(4) PPV

1998년 8천400만 달러를 기록했고, 2001년에는 3억8천800만 달러로 늘어난
다. 2010년까지는 52억 달러 규모로 늘어날 전망이다. 일본과 중국은 이 지역
52억 달러 PPV시장의 60%를 차지할 것으로 보인다.

(5) DTT (Digital Terrestrial Television)

디지털 지상파TV. 디지털 지상파TV는 아시아 지역에서 곧 보급될 전망이다. 미국과 유럽은 이미 1998년부터 시작했다. 2005년까지 보급률은 24%, 1억 3천80만 가구에 이르고, 2010년까지 54% 3억1천780만 가구에 달할 전망이다. 비교적 더딘 속도로 디지털 지상파TV가 보급되는 것은 비싼 수상기 가격. 구매력이 떨어지는 지역내 시청가구가 수상기를 사는데 시간이 걸리기 때문으로 보인다. 그러나 아시아의 선진국들은 빠른 시간 안에 디지털 지상파TV가 보급될 전망이다. 2005년 대만 90%, 홍콩 80%, 호주 55%를 기록하고, 2010년 대만은 100% 보급될 전망이다. 2010년 뉴질랜드, 일본, 싱가포르, 한국 등도 95%이상 보급될 것이다.

유료TV 운영업체	국가	매체	가입자수(추정)
Astro	말레이시아	DTH	200,000
UBC	태국	케이블	300,200
Indovision	인도네시아	DTH	28,000
Sky TV Network	뉴질랜드	DTH/UHF	330,000
SkyPerfect TV	일본	DTH	1,170,000
Direc TV	일본	DTH	270,000
Sky Cable/Sun	필리핀	케이블	325,000
Home Cable	필리핀	케이블	150,000
Rebar	대만	케이블	1,800,000
United Comms.	대만	케이블	1,400,000
IN Cablenet	인도	케이블	2,700,000
Siti Cable	인도	케이블	4,500,000
HKCTV	홍콩	케이블	413,000
Hongkong Telecom	홍콩	케이블	90,000
Beijing TV	중국	케이블	1,500,000
Shanghai Cable TV	중국	케이블	2,250,000
Singapore Cable TV	싱가포르	케이블	150,000

<표 38> 아시아·태평양 유료TV 현황
(Baskerville Communications Corp.)

4) 일본의 시장 침투

태평양을 접하고 있는 아시아 대부분의 국가는 2차 세계대전 기간중 대동아전쟁(大東亞戰爭)이라는 미명아래 모두 일본 제국주의의 침략과 지배를 받았다. 인도양의 버마지역까지 일본군이 침략했다. 이들 지역은 이제 새로운 침략의 시대를 맞고 있다. 경제침투에 이은 문화침투다. 일본의 방송프로그램이 아시아 시장을 강타하고 있다. '오싱'이란 연속극이 있었다. 1983년 일본 NHK가 제작 방송해 63%라는 놀라운 시청률을 기록한 작품이다. 1984년 태국에선 80%의 기록적인 시청률을 나타냈다. 1986년 인도네시아로 간 이 프로그램은 일본프로그램에 대한 인식을 완전히 바꿔놓았다. 인도네시아는 1989년 이후 5개의 민방TV가 생겨났다. 대부분 일본의 프로그램으로 방송한다. 대만은 1895년 청일전쟁이후 1945년까지 60년간 일본의 식민지였다. 1995년부터 3년간 대만 고교생의 60%가 일본어를 제2외국어로 공부했다. 대만의 케이블TV 보급률은 80%를 넘는데 일본어 전문 채널이 최고 인기다. 일본 침투의 일등공신은 홍콩의 STAR TV. 1991년 출범한 스타TV는 일본의 프로그램을 아시아각국으로 방송하는 계기를 만들었다. 1991년 출범한 일본의 방송프로그램 국제교류센터(JAMCO)는 NHK와 민방의 기부금을 기본 재산으로 정부의 지원을 받아 일본의 프로그램을 각국에 무상으로 공급하고 있다. 새로 생겨난 아시아 각국의 신설 채널들이 무료로 제공하는 프로그램을 외면할 리 없다.

아시아주민의 글로벌 TV 수용실태에 관한 조사결과 말레이시아가 92%, 인도가 76%씩 글로벌 TV규제를 반대하는 것[54]으로 나타났다. 조사대상 아시아 각국이 이미 자국프로그램의 시청이란 틀에 얽매이지 않고 있음을 보여주고 있다. 일본 SONY계열의 'AXN Action TV(액션 TV)'는 아시아 시장을 효율적으로 공략한 뒤 이제 한국시장을 노리고 있다. SONY는 1989년 미국 콜롬비아

---

54) 『Asian Journal of Communication』, 1999. 1.

영화사를 3억4천만 달러에 인수했다. AXN TV는 '고질라', '조로', '맨인블랙'을 만든 '콜롬비아 트라이스타'와 함께 '소니픽쳐스 엔터테인먼트(SPE)'의 자회사다. 1997년 9월 21일 설립됐다. 현재 아시아 각국 1천300만 가구가 시청하고 있는 것으로 알려지고 있다.

4. 남북한 위성방송

1) 한국의 위성방송

(1) 외국방송 수신실태

현재 우리 나라 상공에 진입한 외국의 위성방송 채널은 대략 550개선. 이 가운데 가정용 소형 위성안테나(1.5m)만으로도 시청가능 한 방송채널은 무려 300여 개. 소형 안테나와 공동 안테나를 달고 직접 시청하는 인구가 170만 명. 중계유선이나 케이블TV 지역국을 통하는 인구가 800만을 넘어 합계 1천만 명, 전체인구의 4분의1이 위성방송을 시청한다.

국내 방송 시장에 진출한 위성방송사업자는 모두 20개 업체다. 방송위성은 22개나 된다. 이 가운데 미국계가 CNN인터내셔널과 NBC, CNBC, 디즈니 등 5개 사업자에 18개 채널. 일본계가 NHK와 스카이 퍼펙TV 등 4개 사업자 200개 채널. 중국은 STAR와 CCTV 등 6개 사업자 62개 채널을 국내 하늘에 쏘아대고 있다.[55] 대개는 중계유선이나 케이블TV 지역국(SO)들이 안테나를 달아 가정으로 공급해준다. 그러나 소형안테나 외에 2.4m용 중형안테나를 달 경우 동남아시아의 인도, 태국, 인도네시아, 싱가포르, 말레이시아 등이 쏘아 올린 위성의 방송도 시청이 가능해 마음만 먹으면 볼 수 있는 채널은 훨씬 늘어난다. 북한의 위성TV가 방송되는 태국의 타이콤 3위성에도 100여 개의 채널이

---

55) 정보통신부, 『국회보고자료』, 1999. 9. 7.

있다. 음악, 외국어 공부, 국제정세 읽기, 해외 스포츠 중계는 국내방송에 만족할 수 없는 시청자들의 관심을 끌기에 충분하다. 신문사들도 외국 위성방송 프로그램 소개에 적극 나설 정도다.

KRC리서치 인터내셔널이 조사한 결과를 보면 우리 나라 위성방송 시청은 75%가 케이블TV와 중계유선을 통해서이고, 공청안테나가 18%, 그리고 직접수신은 7%로 나타났다. 가장 대표적인 시청방송은 역시 CNN. 외국 위성방송을 보는 이유는 오락을 위해서가 26.6%로 가장 많고, 외국어 공부가 된다는 이유도 19.8%나 됐다.

일본이나 유럽의 포르노 내지 포르노급 채널의 프로그램도 시청자층을 넓혀가고 있다. 국내 숙박업소들은 손님 서비스를 위해 웬만한 곳은 거의 안테나를 달고, 이런 포르노 채널을 연결해 시청하고 있다. 포르노 채널의 경우 무료도 있지만 유로로 가입해야 보는 경우가 있다. 해외의 현지인 이름으로 가입하고 이용료를 내면 얼마든지 스크램블을 풀고 시청할 수 있다. 실제로 1999년 6월 일본 현지인 명의로 개설해놓고 포르노를 공급받던 숙박업소 주인들이 무더기로 적발되기도 했다.

(2) 위성방송의 현황

• KBS와 EBS

아직 자체적으로 방송위성을 만들지 못하는 우리 나라는 외국에 주문해 위성을 쏘아 올렸다. 한국통신의 '무궁화 1호'가 1995년 8월 '무궁화 2호'는 이듬해인 1996년 1월 발사했다.

무궁화위성은 27㎒대역의 출력 120와트 방송용 중계기 3개와 36㎒대역의 출력 14와트 짜리 통신용 중계기 12개를 탑재하고 있다. 사용 주파수는 Ku-밴드. 1, 2호기의 가능한 채널은 24개. 그러나 이 가운데 KBS와 EBS가 두개씩 쓸 뿐 나머지 20개 채널은 통신용으로 기업에 임대하고 있다. 그러나 업계는 개점휴업으로 거의 놀리고 있는 실정이다. 더욱이 1호의 수명은 2천년 초로 단축되는 등 많은 시행착오와 예산낭비를 초래했다.

- 아리랑TV

1998년 2월 정식 개국했다. 출범은 케이블TV. 케이블TV에서 영어 방송을 하고 있다. 이어 1998년 11월 국제방송교류재단 황규환 사장은 "해외 위성방송을 통해 국가 이미지를 제고하고, 기업들의 해외활동을 적극 지원할 필요가 있다. 우선 아시아와 태평양지역 영어권을 대상으로 실시하겠다는 방침"이라고 밝혔다. 1999년 6월 위성TV 시험방송을 거쳐 8월부터 본 방송을 시작했다. 홍콩의 다국적 위성 '아시안샛 3호기'를 이용해 24시간 생방송한다. 2003년까지 위성 임차료는 38만 달러, 22억 원이다. 동남아 지역에서 인기있는 드라마의 공급을 당분간 최우선 과제로 삼고 있다. 수백 개의 채널이 경쟁을 벌이고 있는 아시아 방송 시장에서 승부를 내기 위해서는 일단 재미로 시청자를 확보해야 한다는 전략이다. 특히 아시안샛 3호기를 잡은 것은 홍콩의 Star TV나 봉황(鳳凰) TV등 인기채널이 이 위성에 집중돼 있어 지명도가 낮은 초기에 시청자를 쉽게 끌어 모을 수 있기 때문이다. 방송은 기본적으로 영어더빙에 영어자막을 내보내지만 중국어 자막을 선택할 수 있도록 했다.

- OSB(Oriental Satallite Broadcasting)

동양위성방송이라고 말하지만 일본이나 한국 어디서도 위성방송 허가를 받지는 않았다. 그런데 일본 프로야구 중계를 하고 홈쇼핑 방송을 하는 등 실질적인 위성방송을 하고 있다. 기술적인 특성을 알면 쉽게 이해할 수 있다.

먼저 동아시아 상공에 있는 미국의 팬암샛 위성을 임차한다. 그리고 일본과 한국에서 각각 프로그램을 업링크하는 기간망 사업자와 계약한다. 한국에서 일본의 사무실로 일본에서 한국의 사무실로 방송프로그램용 자료를 송출한다는 명분이다. 그러나 전파가 한국이나 일본에 있는 특정 회사의 특정 사무실로 전화선 연결되듯 특정 지점만 가는 게 아니다. 동아시아 전체로 전파가 퍼진다. 그 전파를 중계유선이나 케이블 방송 SO들이 받아서 가입자들에게 보내준다. 모든 과정이 실시간이어서 위성생방송이다.

(3) 위성방송 사업자 선정

데이컴은 미국의 오라리온사와 계약해 위성방송을 추진했다. 데이콤은 이를 위해 DSM이란 자회사까지 설립했다. 그러나 3년간 추진하던 계획이 수포로 돌아갔다. 오라리온 위성의 발사가 99년 5월 2차시도 끝에 최종적으로 실패했기 때문이다. 보험에 가입해 경제적인 손실은 없다고 하지만 시간낭비를 한 셈이다.

통합방송법 통과로 2000년 중 위성방송 사업자를 선정한다. 방송위원회의 추천을 거쳐 정보통신부가 정한다. 100여 개의 채널로 방송을 시작한다. 사업자로 선정된 업체는 직영으로 10여 개를 운영할 수 있다. 현재 위성방송 사업자로 선정되기 위해 노력하는 업체는 3군데. 먼저 한국통신이다. 한국통신을 대주주로 하고 KBS, MBC, SBS의 방송 3사가 참여한다. 현재 삼성, 한화 등 6개 대기업이 참여한다. 다른 하나는 2000년 4월 설립된 한국위성방송주식회사다. LG계열의 데이콤이 세운 DSM과 SK그룹의 SK텔레콤, 머독의 뉴스 코퍼레이션, 중소기업 중앙협동조합 등 11개 업체가 주주로 참여했다. 한국위성방송에 참여하는 뉴스 코퍼레이션은 15%정도의 지분을 갖는 것으로 알려졌다. DSM은 81개 업체와 공동경영 구도를 추진중이다. 세 번째는 SBS 2대주주인 일진이다. 일진이 중심이 돼 여러 업체들이 참여하고 있다.

누가 사업자로 선정되든 본 방송은 2001년 시작한다. 한국통신과 DSM은 초기 자본금을 3천억 원, 일진은 1천500억 원으로 잡고 있다. 1990년 설립된 민영 SBS의 자본금이 1천억 원인 점에 비춰보면 대규모다.

(4) 무궁화 3호 위성

한국통신은 1999년 9월 5일 오전(한국시간) 대서양 프랑스령 기아나의 쿠르 기지에서 무궁화 3호를 발사했다. 미국 록히드사가 제작한 위성이다. 무게는 2.8톤. 길이는 태양전지를 펼 경우 19.2m. 2천600억 원의 예산을 투입했다. 한국통신이나 현대전자 등이 하도급으로 공동제작에 참여해 기술축적에 큰 도움을 얻기도 했다. 발사체는 유럽의 아리안사가 만든 로켓. 1999년 9월 10일 지구상 3만5천㎞ 상공의 정지궤도에 올랐다. 동경 111도. 시험가동을 시작한 뒤 10월말 동경116도에 안착했다. 2000년 1월부터 작동을 시작했다. 수명은 15년이다. 14/12㎓대역(Ku-밴드). 24개 통신용 중계기에 6개의 방송용 중계기를 갖추고 있다. 새로운 주파수 자원인 30/120㎓대의 주파수도 사용할 수 있는 통신용 중계기도 탑재했다. 전체를 모두 활용할 경우 168개의 방송용 채널을 확보할 수 있다. 디지털 시대 인터넷과 화상이동전화 등 각종 멀티미디어 서비스에 이용될 전망이다. 통합방송법 통과로 많은 위성방송 채널이 생겨나 무궁화위성 3호로 방송한다. 무궁화 2호의 동경 116도는 무궁화 3호가 차지한다. 무궁화 2호는 동경 113도로 이동한다. 무궁화 1호는 2000년 수명을 다한다.

2) 북한의 직접위성방송

(1) 위성 개요

전세계적으로 위성방송이 붐을 이루고 있는 가운데 북한도 직접위성방송을 시작했다. 북한은 1999년 4월 태국의 시나와트라사(Shinawatra Computer and Communications Group SC&C)와 위성사용 계약을 체결했다. 시나와트라사는 태국 대기업으로 방송용위성 타이콤(Thaicom)을 소유하고 있다. 북한이 계약을 체결한 위성은 1996년 발사된 타이콤 3. 동경 78.5도의 정지궤도상에 떠 있다. 북한은 주파수 도달 범위가 가장 큰 글로벌 빔(Global Beam)을 사용하고 있다. 이는 스폿빔(Spot Beam), 지역빔(Regional Beam)보다 주파수 도달 범위가 넓고 위성 사용료도 비싸다. 우리 나라에서는 직경이 큰 2.4m 짜리 안테나를 사용해야 선명한 화질과 음질로 시청할 수 있다. 1.8m 짜리는 화질은 좋지만 '화면 끊어짐' 현상이 발생해 정상적인 시청이 어렵다. 타이콤 3 위성에는 인도계 방송들이 많다. 따라서 힌두어 방송이 많아 국내에서는 인도 출신들이 안테나를 달고 시청해 왔다. Ku-밴드는 태국주위, C-밴드는 한국이나 일본 말레이시아 필리핀, 인도 등 먼 지역을 커버한다.

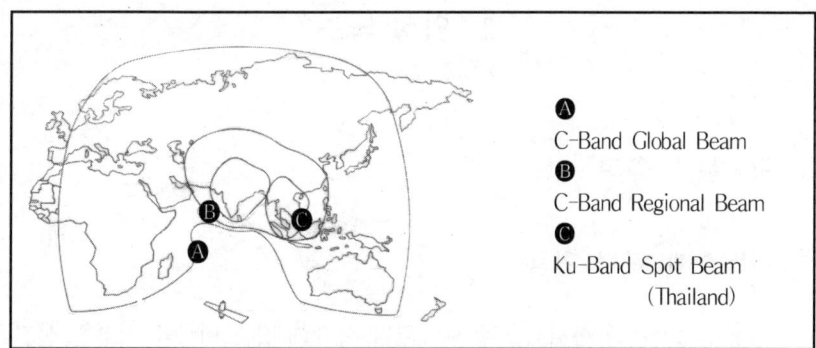

C-Band Global Beam
Ⓑ
C-Band Regional Beam
Ⓒ
Ku-Band Spot Beam
(Thailand)

<그림 17> 타이콤 3 전파 도달 범위
(http://www.thaicom.net)

(2) 방송의 개요

주파수는 3.423㎓다. C-밴드를 활용한다. MPEG2 방식. FTA(Free to Air) 즉 무료방송이다. 스크램블이 없어 누구나 볼 수 있다. 디지털TV다. 1999년 7월 1일부터 방송을 시작했다. 한국어 방송이며 방송국은 조선중앙TV. KCTV다. 낮동안에 컬러바를 띄운 뒤 5시부터 11시까지 6시간 방송한다. 방송프로그램은 뉴스와 김정일 부자 찬양. 다큐멘터리 등 선정성이 강한 프로그램이 주를 이룬다. 디지털 위성방송이어서 화질이 선명하다.

시간	7.16(금) 프로그램	시간	7.16(금) 프로그램
17:00	북한국가, 프로그램 안내	19:27	조선 기록 영화
17:10	보도		(김정일 동지 현지 지도)
17:20	중앙신문 개관	20:00	보도
17:35	아동 방송시간	20:33	시사해설
18:00	김정일 현지 지도		(김정일 평북 토지정리 사업 현지 지도)
	(평북 토지정리 사업)	20:53	제2의 천리마 대진군
18:12	기행(동해천리)		(인민 소비품 생산을 늘린다.)
18:30	과학영화(강냉이 벌레 농약)	21:12	조선 예술 영화(나의 고지)
18:45	알고 싶은 문제(양어장 만들기)	22:21	오늘의 보도 중에서 (해설)
18:56	인민 무력성 혁명 사적관 참관	23:00	지새지 말아다오, 평양의 밤아!(보천보
19:03	연속소개 편집물(주체 미술)		전자악단 남성 기악조)

<표 39> 북한위성방송 프로그램
(『방송과 시청자』, 1999. 9, p. 51.)

2. 위성 뉴스

1. 위성 뉴스 출현

1) 뉴스에 위성 활용

TV가 시청자에게 본격적으로 보급되기 시작한 것은 미국을 비롯한 선진국의 경우 제2차 세계대전 이후부터 50년대 초반이다. 이후 TV가 오락이 아닌 뉴스매체로 인정을 받기 시작한 것은 그로부터 10여 년이 흐른 뒤다. 50년대 후반에서 60년대 초의 일이다. 그 뒤 지상파TV 네트워크 뉴스가 60~80년대를 풍미했다. 미국을 비롯한 세계 모든 나라의 공통된 현상이었다. 제한된 지상파 채널 몇 개가 뉴스를 독점했다. 매체를 독점하다보니 뉴스시간도 독점해 주요 뉴스시간대가 정해져 있었다. 그리고 뉴스는 주로 국내 소재가 주를 이뤘다. 신문의 경우 전화로 내용을 취재해 기사를 쓰면 그만이지만 TV 뉴스의 경우 화면이 뒷받침돼야하기 때문이다. 이런 방송뉴스에 큰 변화가 찾아왔다. 위성의 등장이다. 통신위성을 이용해 뉴스를 방영한다. 1964년 동경 올림픽당시 위성을 활용해 프로그램을 공급받아 미국에서 올림픽 관련 뉴스를 했을 때 방송계나 시청자들이 받은 감동은 대단했다. 이어 SNG(Satellite News Gathering)가 등장했다. 세계 구석구석 어느 곳의 뉴스라도 위성 송출만 가능한 지역이면 바로 뉴스로 연결할 수 있다.

2) 위성방송뉴스(DBS) 등장

위성중계라고 할지라도 그것은 지상파 방송을 통해서였다. 다른 곳의 소식을 위성을 통해 볼 수는 있지만 그것은 자국의 지상파 방송에 한해서다. 지상파의 한계 때문이다. 그렇다면 지구촌시대 세계를 상대로 하는 다른 나라의 방송을 볼 수는 없을까? 직접위성방송(DBS; Direct Broadcasting by Satellite)이 이를 해결해 줬다. 방송위성을 활용해 세계곳곳으로 직접 뉴스를 전달하고 있다. 일본이 NHK 위성방송을 1984년부터 시작했고, 유럽도 같은 시기 위성방송을 시작해 위성 뉴스가 꽃봉우리를 피웠다. 위성방송뉴스 보급에 불을 지핀 사건은 아무래도 1991년 이라크 전쟁이다. CNN을 통해 전쟁 장면이 전세계 안방에 그대로 파고들었다. 위성방송 뉴스의 위력과 시청자가 무엇을 원하는지 깨닫는 계기였다. 물론 CNN은 미국의 케이블TV 뉴스다. 그러나 자국에서는 케이블TV이지만 외국으로 나갈 때는 위성방송의 전파를 타지 않으면 안 된다. 세계 곳곳에 방송위성을 띄우고 그 방송위성을 통해 뉴스를 공급한다. 이후 90년대 들어 각국이 위성방송을 본격화하면서 위성방송뉴스가 만개한다.

3) CNN

(1) 출발

먼저 CNN의 국제 위성방송 현황을 살펴볼 필요가 있다. 가장 많은 시청자들이 접하는 뉴스 채널이기 때문이다. CNN은 1980년 테드 터너가 미국 아틀란타에서 24시간 뉴스전용 케이블TV채널로 시작했다. 출발 당시 성공을 예견한 사람은 많지 않았다. 미국내 2000개 지역방송국 가운데 불과 175개만이 계약을 맺을 뿐이었다. 초창기 직원들 대우가 다른 방송사 보다 현저히 낮았다. 24시간 뉴스채널이다 보니 근무시간은 더 많았다. 인력도 최소한의 선만 유지했다. 한 사람의 직원이 여러 업무를 담당하도록 했다. 엔지니어가 편집을 겸하는 등의 방식이다. 비디오 저널리스트는 CNN이 본격적으로 창조해낸 방송인력이었다. 카메라 취재팀을 4명에서 2명으로 줄였다. 1992년 미국 뉴스시청자의 42%가 CNN을 시청하고 ABC 18%, CBS, NBC 15%다. 주도권이 지상파에서 뉴미디어로 넘어간 것이다.

(2) 세계시장 진출

천안문 사태, 이라크 전쟁, 챌린저 공중폭파 등 현장에서 앞선 지구촌 곳곳의 뉴스발굴로 CNN의 위상은 날로 높아졌다. 미국만이 아니다. 위성채널을 활용해 전세계로 시청권을 확대했다. 전세계 어느 나라에서도 CNN뉴스를 시청할 수 있다. 보수적인 유럽에서도 위성채널가운데 CNN의 인기가 단연 압도적이다. 프랑스 일간 '르 피가로(Le Figaro)'지가 1999년 7월 발표한 자료를 보면 CNN의 국제 위성방송인 CNN 인터내셔널(International)의 인기를 짐작할 수 있다. 1주일 단위로 유럽에서 무려 640만 명이 CNN을 시청했다. 전체 뉴스채널 시장의 16.1%에 해당한다. 1998년보다도 50만 명이 늘어난 수치다. 2위는 유럽방송연명 EBU(본부 프랑스 리용)가 운영하는 유로뉴스(Euronews). 일주일간 530만 명이 시청해 13.3%의 점유율을 나타냈다. 유럽에서 유럽인들이 만든 유로뉴스보다 미국의 CNN 위성 뉴스가 더 인기 있다. 전통의 BBC월드 위성 뉴스는 180만 명으로 4.4%에 불과했다. BBC월드 위성 뉴스는 시청자가 오히려 줄어들었다. 미국의 다른 뉴스전문 채널 CNBC나 블룸버그도 CNN에 크게 못 미친다. 이들은 각각 150만 명과 67만 명이 시청해 3.9%와 1.7%를 기록했다. 이들을 포함하면 유럽 뉴스시장에서 미국의 비중은 더욱 높아진다. 주목할 것은 미국의 문화침투에 민감한 반응을 보여온 프랑스에서도 CNN의 시청률이 갈수록 높아진다는 점이다. 조사기간 1년 동안 시청인구가 10%나 늘었다. 취재여건이나 노하우가 유럽보다 떨어지는 나머지 세계시장에서 CNN의 독주는 어쩌면 당연한 일인지도 모른다.

(3) 프로그램

이처럼 CNN이 위성 뉴스채널로 영향력을 더해가는 것은 우연이 아니다. 세계곳곳의 속보를 남보다 앞서 보도하는데 원인이 있다. 다양한 기획뉴스도 CNN의 인기를 높이는 한 비결이다. '래리킹 라이브'같은 생방송 토크쇼가 있다. 또 음악, 연예, 스포츠, 경제 등 다양한 분야에 걸쳐 기획뉴스를 공급한다. 1985년 방송을 시작한 '래리킹 라이브쇼'. 토크쇼의 인기가 높은 미국이나 유럽의 TV시청습관을 말해주기라도 하듯 이 프로그램은 CNN에서 가장 인기있는 프로그램의 하나다. 이슈가 된 사건의 주인공이나 연예인, 정치인, 스포츠맨 등

유명인등이 나와 진솔하게 자신의 심경을 털어놓는다. 앨고어와 로스페로가 격론을 벌이기도 하고, 말론 브란도가 나와 "할리우드는 유태인들이 움직인다"고 말해 파문을 일으키기도 했다. '월드 스포츠'는 세계 각국의 축구, 럭비, 테니스, 골프 등을 다룬다. '쇼비즈 투데이(Showbiz Today)'는 화제가 되고 있는 연극, 영화 등 연예정보를 다룬다. '스타일 위드 엘자 클렌치 (Style with Elsa Klensch)'는 '보그'지 패션담당 기자출신 엘자 클렌치가 진행하는 패션 프로그램으로 인기가 높다. 이밖에 환경문제를 다루는 '어스 매터(Earth Matter)', 음악의 흐름을 짚어주는 '월드 비트(World Beat)', 기업과 경제문제를 다루는 '월드비즈니스 투데이(World Business Today)' 등도 관심을 끄는 프로그램이다.

2. 위성 뉴스 전망

1) 자국어 위성 뉴스

CNN, CNN International, 그밖에 NBC가 운영하는 CNBC, 경제뉴스전문 'Bloomberg' 등 대부분의 위성 뉴스는 자국어 방송이다. 영국의 BBC World, 독일의 공영방송으로 24시간 뉴스와 다큐멘터리 등을 방송하는 DW(Deutsche Welle). 프랑스의 24시간 뉴스오락위성채널 TV5. 이탈리아의 RAI International. 스페인의 TVE. 중국의 CCTV 등 이루 헤아릴 수가 없을 정도다. 우리 나라에서도 수신이 가능한 위성방송들이다. 이들이 뉴스와 다큐멘터리 오락프로그램을 적절히 섞어 24시간 세계 각국의 뉴스 시장에 참여하고 있다. 물론 이들의 특징은 자신의 모국어로 계속 방송하는 점이다. 일본의 NHK는 'NHK World TV'를 1999년 4월부터 방송했다. 아시아·태평양 지역을 상대로 한 방송이다. NHK의 뉴스와 정보 프로그램을 일본 국내 NHK와 동시에 받아볼 수 있게 한 것이다. 기존에 국제방송을 해오던 북미와 유럽 외에 나머지 지역도 1999년 10월부터 방송을 시작했다. 이에 따라 전세계 어디서도 일본

NHK World TV를 통해 일본 뉴스를 접할 수 있다. NHK는 그 동안 위성방송 BS 1, 2를 방송해왔다. 이는 해외를 겨냥한 것이 아니고 일본 지역을 위한 방송이었다. 이를 우리 나라에서도 가시청권에 들어 시청했던 것이다. NHK의 해외 뉴스 시장 공략은 이제 'NHK World TV'를 통해 본격화 됐다. NHK는 뉴스 외에도 'World Premium'을 통해 오락 중심으로 전 세계를 상대로 위성방송을 하고 있다. 오락은 'World Premium' 뉴스는 'NHK World TV' 양자 구도가 잡힌 셈이다.

2) 현지 언어 전환

자국의 방송프로그램, 뉴스프로그램을 방송하던 위성방송 방식에 변화가 나타나고 있다. 진출하고자 하는 해당지역의 언어로 뉴스를 하는 것이다. CNN은 스페인의 마드리드에 Sogecable와 손잡고 'CNN+' 라는 이름으로 스페인어 방송을 시작하기로 했다. CNN이 외국에서 현지어로 방송하기는 처음이다. 물론 CNN은 이미 라틴아메리카를 상대로 스페인어 위성방송을 실시하고 있다. 그러나 이는 현지방송이 아니다. 현지 언어방송이 더욱 늘어날 것으로 보인다. 목표로 하고 있는 지역의 방송 시장을 확실하게 장악하수 있는 계기가 될 것이기 때문이다. 런던에 본부를 둔 MBC(Middle East Broadcasting)는 유럽과 북아프리카, 중동국가들을 상대로 아랍어 위성방송을 실시한다. Euronews도 리용에 본부를 두고 있지만 여러 나라의 언어를 사용해 방송하고 있다. BBC World 는 아랍샛 위성을 통해 Orbit에 뉴스를 제공하는데 역시 아랍어 방송이다. Star TV의 경우 아시아시장 공략에서 중국어 방송을 실시하고 있다. 우리 나라에서도 즐겨 시청하는 S-Sports가 그 예다. 또 광활한 중국에서 일부 지역에는 중국어방송 채널을 운영하고 있다. Star TV를 소유하고 있는 뉴스 코퍼레이션 측은 아예 중국 북경에 사무소를 열고 공략 채비를 서두르고 있다. 우리 나라 아리랑TV가 동남아시아에 방송하는 뉴스와 프로그램은 영어와 중국어다. 현지 언어로 공략하지 않을 경우 시청자를 확보하기가 쉽지 않다. 현지 언어 위성방송 뉴스가 대세를 이룰 전망이다. 사용 언어 자체를 현지 언어로 하지는 않는다 해도 자막으로 현지언어를 넣어줘야 시청자를 확보할 수 있기 때문이다. CNN 뉴스가 한국권에서 한국어 자막을 넣는다고 하면 시청자들의 반응이 어떨지 생각해보자. 현지어는 대세다.

3) 뉴스전문 채널 증가

특히 디지털 위성방송이 본격 시작되면서 위성하나에 수십에서 200여 개의 채널이 생겨, 뉴스만을 전문으로 하는 채널이 속속 생겨나고 있다. 싼값에 위성방송을 할 수 있는 길이 열린 것이다. 채널을 통째로 뉴스에만 할당한다. CNN처럼 미국과 유럽에서는 뉴스전문 채널이 아주 보편화돼있다. 위성방송의 역사가 길고 또 광범위한 지역을 커버하려다 보니 위성방송 체제가 훨씬 효율적이기 때문이다. 일본에서도 민영방송 등이 별도의 뉴스전문 채널을 위성을 이용해 가동하기 시작했다. 민방 TBS는 뉴스전문 채널 'JNN News BIRD'를 출범시켰다. 1998년 5월부터 방송을 개시했다. 위성방송인 SkyPerfect TV와 Direc TV의 100개가 넘는 채널 가운데 하나를 빌려 방송을 시작했다. 특히 'JNN News BIRD'는 경제뉴스에 초점을 맞춰 방송하고 있다. 15분 단위로 뉴스를 새롭게 편성해 가장 최신의 소식만 새로 모아 방송하고 있다. 특히, 이 뉴스전문 채널은 시간대를 차별화했다. 밤 11시에서 새벽 2시를 목표 시간대로 잡았다. 늦게 귀가한 비즈니스맨이 아직 깨어서 활동하는 시간대로 보고 이들을 주 시청자층으로 삼겠다는 전략이다. 또 제2의 시간대를 아침 6시에서 9시로 잡았다. 비즈니스맨이 신문을 읽으며 하루를 구상하는 시간대이다. 또 일본을 기준으로 전날 미국 뉴욕의 장이 마감되는 시간이기도 하다. 국제동향을 점검해주겠다는 계산이다. 다른 방송국의 취약시간대를 주시청 시간대로 삼는 전략도 돋보인다.

NTV도 뉴스전문 채널을 가동하고 있다. 'NNN(NTV Nonstop News)'이다. 역시 위성방송 SkyPerfect TV와 Direc TV의 채널을 빌려 방송하고 있다. 별도의 보도국을 갖춘 JNN News BIRD와 달리 NTV 보도국이 뉴스제작을 담당한다. 지상파와 동일한 편성으로 일반 뉴스시청자를 상대로 위성뉴스 전문 채널을 가동한다는 기본 전략이다. 20~30분 단위로 뉴스를 내보내며 요미우리 자이언츠 야구경기가 밤 9시 25분을 넘을 때 여기서 대신 중계한다. 일본에선 신문사들도 전문 뉴스채널을 위성을 통해 운영하고 있다. 일본경제신문은 'NSN(Nikkei Satellite News)'을 운영한다. 역시 SkyPerfect TV와 Direc TV의 채널을 빌려 방송한다. 일본경제신문 편집국이 취재를 하고 닛께이 영상이 제작 송출한다. 경제뉴스를 주로 하는데, 심야 시간대는 방송을 하지 않고 있다. 아사히신문은 'Asahi Newstar'를 운영한다. 편집을 않고 현장에서 벌어지는 상황을 있는 그대로 전달한다는 취지로 생중계를 많이 하고 외부의 비디오 저널리스트 등의 작품을 많이 방영한다.

4) 국내 위성방송 뉴스

(1) 기존 위성방송 뉴스

우리 나라의 위성방송은 한국통신이 쏘아 올린 무궁화위성과 함께 시작됐다. 방송법이 통과가 늦어져 외국에는 당연히 있는 뉴스전문 위성채널이 아직은 없다. 그러나 2000년 중 사업자를 선정할 경우 2001년 뉴스전문 위성채널을 볼 수 있다.

• KBS 위싱채널

뉴스시간의 경우 KBS 1과 동일하게 같은 뉴스를 동시에 방영한다.

• OSB

OSB가 KBS에 사용료를 주고 KBS의 뉴스 프로그램을 그대로 전송한다. TV를 여러 대 볼 수 있는 상황이라면 재미있는 현상을 볼 수 있다. KBS 1TV의 뉴스시간이면 지상파 KBS, 위성 KBS, OSB 이렇게 3군데서 동시에 똑같은 KBS 9시 뉴스를 한다.

- 아리랑TV

영어로 하는 국내 케이블TV다. 그런데 해외 위성방송을 시작했다. 보도프로
그램의 비중은 초기단계에 20%선을 유지할 계획이고, 지명도가 높아질수록 높
여간다는 방침이다.

(2) 뉴스전문 채널

통합방송법 통과로 뉴스전문 채널이 허가되면 본격적인 24시간 뉴스전문 위
성채널 시대를 맞았다. 2001년 하반기부터는 뉴스를 송출할 수 있을 전망이다.
24시간 케이블 뉴스채널이 YTN과 달리 뉴스 시장의 파괴력있는 강자로 등장
할 가능성이 높다.

(3) 위성활용 지상파 재송출

SBS나 지방 민방들은 위성과 많은 관련이 있다. 산악지형인 우리 나라는 지
상파TV방송에선 아주 좋지 않은 조건이다. 곳곳에 송신소를 만들지만 유지운
영에 많은 비용이 든다. 제일 좋은 방법은 위성을 활용하는 것. 통신용 위성을
통해 프로그램을 전송하면 지상파가 닿지 않는 강원도나 제주도 등지에서 위
성을 통해 프로그램을 받아 유선으로 지역내 가입자에게 재전송 해준다. 그래
서 SBS뉴스를 전국 방방곡곡에서 시청할 수 있다.

2 　　　　　　　　　　　　　　케이블 뉴스

1. 미국의 케이블 뉴스

1. 케이블 뉴스 기원

달라지는 방송환경에서 주목받은 또 하나의 뉴스전달 매체는 케이블TV 뉴스다. 케이블 뉴스의 기원과 현황, 전망을 밝혀본다.

1) 미국 케이블TV 개괄

케이블TV의 천국은 아무래도 미국이다. 케이블 초기에는 기존 공중파 TV의 재전송이었기 때문에 자체 프로그램은 없었다. 그러나 점차 가입자가 늘고 사업성을 갖게되면서 변화를 맞는다.

1972년 HBO(Home Box Office) 설립은 변화의 계기였다. 스포츠, 각종 공연, 행사 같은 이벤트 중계를 방송 내용에 포함시켰다. 즉 방송 소프트웨어의 폭을 확장한 것이다. HBO는 1975년부터 위성을 활용하는 등 케이블 시장 저변 확대를 이끌어냈다. 지금은 50개 이상의 채널을 통해 170개 케이블 네트워크들이 독자적인 프로를 제작해 방송하고 있다. 프로그램의 수준도 전혀 손색이 없다.

1997년 에미상(Emmy Prize, 미국에서 TV작품에 수영하는 상. 영화의 아카데미와 비슷한 성격)에서 수상부문 후보는 모두 391개. 이 가운데 케이블TV가

35%인 138개를 차지할 정도다. 실제 수상에서도 28개 부문 가운데 3분의1 가까운 8개 부문을 차지했다. 그만큼 작품성을 인정받고 있는 셈이다.

시청률 역시 큰 폭의 상승을 기록하고 있다. 1998년 1/4분기 집계에서 영화 중심 채널인 USA가 전체 시청률에서 2.8%라는 높은 기록을 세웠다. 180만 가구가 시청했다는 얘기다. 전년 동기대비 30%의 신장이다. 음악채널인 VH 1 역시 33%의 주간시간대 시청률 상승을 기록했다. 주로 여성 시청자들을 상대로 영화와 드라마를 방송하는 Lifetime Television도 시청률이 크게 높아져 14년만의 최고를 기록했다. 지금 미국은 위성방송과 케이블이 빠르게 지상파를 잠식해나가고 있다. 이는 광고시장에서 여실히 증명된다. 1997년 미국 케이블 네트워크(BCN ; Basic Cable Network)의 광고수입은 57억8천만 달러였다. 전체 TV광고시장의 24.6%에 해당하는 규모다. 96년에 비해 22%나 증가한 수치다. 반면 지상파TV의 광고수입은 오히려 줄고 있는 추세여서 케이블의 위력을 느낄 수 있다.

2) 케이블 뉴스 기원

케이블TV가 뉴스매체로 성공하는 계기를 마련한 것은 1980년 CNN이다. 이후 전문화된 뉴스프로그램이나 자료를 전송하는 뉴스 산업에 많은 업체들이 뛰어들었다. 스포츠채널인 ESPN이 특화된 스포츠 뉴스프로 제공으로 성공을 거뒀다. 경제, 건강 등의 프로그램을 전세계로 공급하는 뉴스전문사가 케이블에서 쏟아져 나왔다. 미국의 전국 케이블TV연합회(NCTA)는 새로운 사업을 모색했다. 그 결과 나온 것이 C-SPAN이다. 케이블 뉴스가 가져온 결과였다. C-SPAN은 국회와 주요 청문회 활동을 지속적으로 중계하는 채널이다. NCTA는 여기에 자금을 댄다. 이 자금을 바탕으로 내실 있는 해설보도와 시사성 있는 이슈로 뉴스를 제작한다. CONUS라는 위성전용 송수신 채널 소유방송사가 있다. 미니애폴리스에 본사를 두고 있다. 미국은 물론 일본과 유럽 등에 150개 회원을 두고 있다. 케이블TV는 물론 일반 방송사도 회원이다. 이들은 9개의 지역 조합체를 통해 서로의 위성 뉴스 전송체를 공유한다. 또 각자의 뉴스 프로그램도 서로 공유한다. 백악관이나 의회를 커버하는 뉴스 지국을 워싱턴에 별도로 두고 활용한다. 작은 케이블 방송이면서도 전국은 물론 국제뉴스를 종합적으로 다룰 수 있는 토대다.

2. 케이블 뉴스 현황

1) 케이블 뉴스 채널의 성장

(1) 뉴스 차별화

케이블 뉴스 채널들의 시청률이 높아지고 있다. 케이블 뉴스 채널인 MSNBC, CNBC는 1998년 1/4분기 각각 87%와 33%의 시청률 상승을 기록했다. 이유는 간단하다. 기존 지상파 뉴스와 차별화다. 지상파 뉴스와 다른 점이 없다면 시청자들은 그냥 보던 대로 지상파 뉴스를 보지 굳이 케이블 채널로 바꾸려 하지 않을 것이다. 가장 큰 특징은 되도록 자연스럽게 현장을 연결해 가공하지 않은 뉴스를 전달한다는 점이 주효하고 있다는 분석이다. 지상파TV 등은 기자나 앵커, 즉 방송사가 인위적으로 뉴스에 너무 개입한다는 인상을 준다. 시청자들은 생생한 현장의 소리를 보고 싶어한다. 누군가 정보를 가감하는 인위적인 냄새보다 자연 그대로를 원한다. 케이블 뉴스채널들은 기자나 앵커의 현장 분석은 최대한 줄이고 있다. 논평도 자제한다. 명확히 갈라서 말할 수는 없지만 생생한 현장으로 좀더 사실적인 뉴스를 전달하는데 주력한다.

(2) 부가 서비스

부가서비스 기능도 시청률 상승에 도움을 준다. 케이블 뉴스는 기술발전과 더불어 부가 서비스의 기능을 가질 수 있다. 물론 인터넷이라는 새로운 미디어가 등장해 쌍방향과 주문형 뉴스의 지평을 넓히고 있다. 그러나 망을 갖고 있는 케이블 뉴스의 강점은 인터넷을 연결하는 무기가 된다. 쌍방향 서비스다. 케이블 뉴스는 유선으로 연결되기 때문에 쌍방향의 강점이 많다. CNN의 경우 PC와 모뎀을 가진 시청자들이 뉴스에 대해 궁금증을 갖고 질문을 해오면 이에 신속히 응답해 준다. 제작진과 대화할 수 있다. 뉴스는 대개 1~2분의 짧은 시간에 주요 내용을 모두 전달해야한다. 시청자들은 추가로 궁금한 사항이 많다. 짧은 뉴스시간에 소개하지 못한 많은 얘기들을 시청자의 쌍방향 요구에 답해 준다. 위성 뉴스나 지상파 뉴스와 비교해 케이블 뉴스의 최대 강점이다. 주문형 뉴스 서비스(NOD ; News on Demand) 역시 지상파나 위성보다 유리하다.

2) 지역 케이블TV 뉴스

미국에서 최근 부상하고 있는 것은 지역 케이블TV들의 24시간 뉴스 공급이다. 이들 지역 케이블TV가 내세우는 가장 큰 전략은 "새로운 유형의 지역뉴스"다. '뉴잉글랜드 케이블뉴스' 사장 필립 발보니(Philip Balboni)의 말이다. 지역신문을 그대로 방송에 옮겨놓은 분위기의 뉴스전용 채널을 지향한다. 케이블 뉴스 채널들은 대개 생긴지 5년 안팎이다. 최근 멀티미디어시대 시청자 수요에 맞춘 것으로 볼 수 있다. 예산이 적은 이들은 지역뉴스 전문채널이라지만 화려한 취재 장비가 없다. 헬리콥터, 기상 레이더시스템, 중계차 등은 감히 꿈조차 꾸기 어렵다. 화제 중심의 소프트 뉴스나 유명인사 출연의 가십성 프로그램도 다루지 않는다. 이들이 추구하는 것은 오로지 자기 지역의 정치, 교육, 교통, 환경, 기상, 스포츠 등이다. 철저한 지역 중심의 시청자 서비스다.

24시간 케이블TV시청자들은 젊은층이나 저녁뉴스를 시청할 수 없는 출퇴근 직장인들이다. 주중에는 아침 9시 이전과 주말 12시 이전에 시청률이 최고조에 이른다. CNN이나 MSNBC, Fox의 뉴스채널보다 시청률이 높을 때도 있다. 지역 뉴스채널을 선도하고 있는 기업들 가운데는 거대 언론기업도 도사리고 있다. 타임워너, 트리뷴, 케이블 비전 시스템, 벨로 등이다. 타임워너(Time Warner)사는 1992년 뉴욕 1채널을 비롯해 로체스터(Rochester)와 탐파

(Tampa), 그리고 올랜도(Orlando)에 뉴스채널을 계열사로 세웠다. 트리뷴 (Tribune)의 올랜도 센티널(Orlando Sentinel)채널과도 협력관계를 맺었다. 케이블 비젼 시스템은 뉴스 12를 1986년 롱아일랜드에 세워 변두리 인구를 차지하는데 성공했다. 개인이라도 적은 규모의 투자로 뉴스전문 채널을 만들 수 있다. 24시간 지역 케이블 뉴스가 인기를 얻어가자 지상파TV 등도 크게 긴장하는 분위기다. 지상파 대형 방송사들은 수많은 작은 도시들까지 취재할 여력이 없다. 또 전국적인 뉴스에 특정 도시의 문제를 심층 진단하기도 성격이 맞지 않는다. 그 지역이 아닌 시청자들은 무관심해질 수밖에 없다. 그러나 아직 지역뉴스채널이 지상파 뉴스를 위협하는 정도는 아니다. 지역 뉴스채널은 제작이 초보적인 수준을 넘지 못하고 있다. 또 편성 내용도 패널토의나 시청자 전화 참여, 그리고 지역의 인사들이 대부분이다. 빈약한 예산으로 충분한 제작비를 확보하지 못하고 있기 때문이다. 한마디로 열악한 여건 속에서도 지상파TV가 취재하지 못하는 사각을 파고들어 나름대로 틈새시장을 개척하고 있는 중이다.

2. 한국의 케이블 뉴스

1. 케이블TV 동향

한국의 케이블TV는 미국과 다른 양상을 띠었다. 민간 스스로의 자생력으로 성장한 미국과 달리 새로운 미디어란 정부의 인식아래 관 주도로 출범했다. 따라서 수요를 치밀하게 예측하고 케이블TV의 본질을 제대로 인식한 뒤 방송을 시작한 게 아니다. 허황된 돈벌이 수단으로 방송국을 소유한다는 망상으로 시작해 큰 시행착오를 겪었다.

1) 케이블TV 발전 과정

1960년대 공중파의 난시청을 해소하기 위한 중계유선을 시작했다. 이후 한국의 케이블 방송은 1990년대까지 중계유선이 전부였다. 1990년대 들어 방송기술발전과 수용자들의 다양한 방송문화 욕구충족 차원에서 본격 케이블 방송 도입 논의가 있었다. 1991년 신시가지 목동에서 한국통신이 13개 채널로 8천 500가구를 향해 시범 서비스를 시작했다. 1992년 종합유선법 시행령과 시행규칙을 마련했다. 93년과 94년 프로그램 공급자(PP)와 1차 시스템 오퍼레이터 (SO)를 선정한 뒤 1995년 3월 1일부터 전국 주요도시를 상대로 본격 케이블 TV 서비스를 시작했다.

공급분야	채널명	공급분야	채널명
보 도	YTN, MBN	교 양	Q채널, 센추리TV
영 화	캐치원, OCN	오 락	N-TV, Drama-net
스포츠	SBS 스포츠 TV	교 육	재능스스로방송
건강·의료	의료+건강26	교통·관광·건설	리빙TV

공급분야	채널명	공급분야	채널명
골 프	SBSGOLF 44	문화예술	예술영화TV
음 악	KMTV, m.net	만 화	투니버스TV
어린이	대교방송	바 둑	바둑TV
여 성	동아TV, SDN-TV	홈쇼핑	39쇼핑, LG홈쇼핑
종 교	평화방송TV, 불교TV, 기독교TV	공 공	KTV, OUN, 아리랑TV

<표 40> 한국 케이블TV 현황 (PP)
(한국케이블TV협회, 2000년 6월 현재)

공급분야	법인명	공급분야	법인명
프로그램정보안내	(가칭)가이드 채널	게임	(주)온거임네트워크
축구	(가칭)SBS축구채널	증권	(주)와우티브이
웨딩	(가칭)웨딩텔레비전네트워크	코미디	(주)코오롱스포렉스
식문화 및 생활정보안내	뮤직네트워크	인터넷·정보통신	(주)이채널
생활교육	(가칭)DIY네트워크	환경·쿠킹	(주)센추리TV
패션	(주)삼구쇼핑	기상	(가칭)웨더뉴스채널
이벤트(정보)	(가칭)월드이벤트TV	연예정보	(주)넥스트미디어 코퍼레이션
증권	(주)매일경제 TV		

<표 41> 신규 허가 케이블TV (PP)
(한국케이블TV협회, 2000년 4월 현재)

　　그러나 기술 수준이 낮은데다 양질의 프로그램시장이 형성되지 않아 가입자가 늘지 않으면서 케이블은 출발 뒤 바로 침체를 맞았다. '황금 알을 낳는 거위'로 표현되던 케이블 사업은 '밑 빠진 독에 물붓기식'으로 막대한 적자만 안겼다. 일부 PP들은 문을 닫고 주인을 바꿨다.
　　그러나 97년 5월, 2차 SO가 전국적으로 선정돼 지역기반을 넓히면서 점차 가입자가 늘고 IMF 구조조정으로 경비를 줄이면서 서서히 회복 조짐을 보이고 있다. 1997년 2개의 SO만이 흑자를 기록했던 것과 달리 1998년에는 34개(1차 SO 20개, 2차 SO 14개) SO가 흑자를 기록했다. 강남 케이블의 경우 흑자규모가 13억 원으로 크게 늘었다. 평균 적자 규모도 2억4천만 원 선으로 97년의 7억8천만 원에 비해 크게 낮아졌다. 29개 채널의 1/3 가량인 77개 SO 대부분이 99년 중 흑자로 돌아섰다. 1차 SO 53곳은 90% 이상이 흑자로 전환될 전망이다. 2차 SO 가운데 이미 개국한 9곳도 대부분 흑자를 예상하고 있다.

98년 1차 SO의 경우 20곳만이 흑자를 냈었다. 29개 PP 가운데는 98년 39쇼핑, LG홈쇼핑, 마이TV(현 골프채널), MBN 등 4개사 만이 흑자였다. 채널 티어링(Channel Teering)은 가입자 확보를 더욱 쉽게 만들어준다. 기존에는 1만7천 원의 월 요금을 획일적으로 내야했다. 영화채널을 볼 경우 추가 요금이 나왔다. 그러나 보고 싶은 채널만 골라 볼 수 있도록 하는 제도가 도입되고 있다. 이를 채널 티어링(Channel Tiering)이라고 한다. 부산과 경남의 일부 SO들이 국내에서는 처음으로 채널 티어링제를 도입했다. 14가지 종류의 채널 묶음을 만든 뒤 월 최저 3천 원에서 1만7천 원까지 다양화 한 것이다. 외국에서는 이미 보편화돼 있는 이런 방식이 국내 케이블TV보급에 기폭제가 될 것으로 보인다.

2) 다양한 서비스

케이블TV 전송망을 TV시청 뿐 아니라 인터넷이나 전화사용에 이용하는 시청자가 크게 늘고 있다. 기존 케이블망으로 각종 부가서비스를 실시하는 지역방송국(SO)이 전국적으로 30여 개에 달하고있으며 가입 가구도 12만을 넘는다. 두루넷이 1998년 7월부터 케이블망을 이용한 인터넷 사업을 실시했다. 기존 전화모뎀을 통한 인터넷 접속은 속도가 느릴 뿐더러 전화비가 계속 가산되는 반면 케이블 모뎀을 이용하면 처리 속도가 4배 이상 빠르고 월 5만~6만 원의 이용료로 인터넷을 사용할 수 있다. 하나로통신의 파스텔 서비스도 한국전력의 망을 이용해 1999년 4월부터 케이블 모뎀을 통한 인터넷 서비스에 나섰다. 길튼정보통신도 케이블망을 이용한 인터넷 서비스 기술을 개발했다. 서울 동작방송 등 전국 4개 SO는 민간 시내전화사업자인 하나로통신과 전화·인터넷 서비스를 제휴하고 있다. 영국의 케이블TV방송국들은 프로그램 제공으로 인한 수입이 40% 정도이다. 나머지는 이런 부가서비스 제공에서 수입을 취한다. 부가 서비스가 발전하면 케이블망을 통한 전기·수도 검침, 방범·방재 서비스 등도 가능하다.

3) 케이블TV 디지털화

지상파 방송의 디지털화 일정이 잡혔다. 케이블TV도 디지털로 가지 않을 경우 지상파나 위성에 비해 경쟁력이 현저히 떨어질 전망이다. 케이블과 위성의 디지털 호환을 생각할 때 미국방식을 따를 것으로 보인다. 케이블의 디지털화는 채널의 대폭적인 증가를 가져온다. PP가 크게 늘어나는 것을 의미한다. 케이블의 디지털화는 PP, SO, NO 3자의 동시추진이 필요하다. 지상파의 디지털화도 엄청난 자금이 소요되지만 케이블TV 역시 마찬가지다. 특히 가입자에게 임대해야할 셋톱박스의 가격이 기존 케이블TV 수신 가구에 나가 있는 컨버터와는 비교가 안될 정도로 비싸 부담이 된다. 업계가 제자리를 잡지 못한 상황에서 디지털 투자까지 겹쳐 어려움이 가중될 전망이다. 지금은 국영인 아리랑TV만이 디지털 설비를 갖췄을 뿐이다.

2. 케이블TV 뉴스

1) 현황

(1) YTN

1995년 본격적인 케이블TV시대를 맞았다. 뉴스채널은 2개가 생겼다. 종합뉴스를 다루는 YTN, 그리고 경제뉴스를 전문으로 취급하는 MBN. YTN은 정부 소유의 연합뉴스가 대주주로 한국의 CNN을 표방하며 방송을 시작했다. 24시간 뉴스 채널이다. 그러나 3년간 극심한 경영난을 겪다가 1998년 주주가 연합통신에서 한국전력 등 공기업들로 바뀌었다. 주주들의 추가 출자 등으로 새로운 돌파구 마련을 시도하고 있다. YTN이 아직 제자리를 잡지 못하는 이유는 어디에 있을까? 아직 출범한지 얼마 안됐기 때문일 것이다. 미국의 CNN도 1980년 출발부터 잘된 것은 아니다. 케이블TV에 익숙해있던 미국인들도 24시간 뉴스전문 채널을 제대로 이해하는데 10여 년 넘는 시간이 걸렸다. 전체 케이블 가입자가 충분한 크기로 성장할 때까지 기다려야 할 수도 있다. 또 하나 우리 방송 뉴스계의 현실도 무시할 수 없다. 24시간 뉴스전문 채널의 가장 큰 장점은 대형사건이 터졌을 때 신속하게 현장 소식을 접할 수 있는 점이다. 그러나 우리 나라는 대형사건사고가 발생할 때 지상파TV들이 프로그램을 중단하고 매달린다. 케이블 뉴스가 설 땅이 없는 것이다.

한계는 또 있다. CNN이 성공한 것은 국제뉴스다. 그러나 국내 방송 여건상 국내 케이블 뉴스가 국제뉴스에 투자할 여력이 있을지 의문이다. 시청자가 지상파에서 케이블로 옮겨가기 위해선 YTN 스스로의 노력이 더 중요할 것이다. YTN 사장이 된 MBN 부사장 출신의 백인호씨는 "내가 몸담은 MBN의 경우 케이블 채널 가운데 유일하게 3년 연속 흑자를 냈다"면서 "이는 특별한 비법이 있는 것이 아니라 수입내 지출이라는 원칙을 지켰기 때문"이라고 밝혔다. 또 "뉴스채널이면서 비뉴스 프로그램이 너무 많다" 면서 "뉴스프로의 강화를 꾀하겠다"고 말했다. 미국의 경제전문 채널 CNBC가 성공한 비결은 저렴한 제작비가 그 한 원인이었다. 뉴스채널이면 뉴스에 충실하고, 가용범위 안에서만 절약해 쓰겠다는 정말 평범한 원칙이 YTN을 변화시킬지 두고 볼 일이다.

(2) MBN

MBN은 종합편성인 YTN과 달리 흑자를 보고 있다. 특히 정부 출자나 마찬가지인 YTN과 달리 순수 민간채널이다. 매일경제신문이 소유하고 있다. 매일경제신문은 순수 민간 언론전문 기업이다. MBN은 경제전문 채널로 전문특화된 채널이어서 케이블TV 고유의 특성에 더 부합하는 것 같다. 경제는 관심있는 시청자만 본다. 경제가 사회의 주요 과제로 떠오르면서 MBN의 위상은 더욱 확대될 전망이다. 24시간인 YTN과 달리 MBN은 밤시간 방영을 하지 않는다.

(3) 아리랑TV

아리랑TV의 지위는 독특하다. 케이블TV이면서 동시에 국제 위성방송 을 겸한다. 또 영어로 뉴스를 전달하는 국책방송이다. 아리랑TV는 국제교류재단이 소유하고 있다. 기자 13명, 뉴스PD 7명, 카메라 7명. 이렇게 단출한 취재인력으로 하루 5번의 정규 영어뉴스를 소화한다. 케이블TV로 국내의 영어권 인구를 위한 방송이었다. 아리랑TV는 현재 CNN과 기사공급계약을 맺고, 아리랑TV의 뉴스프로그램을 직접 CNN 뉴스에 공급하고 있다. CNN에 기사를 송고하는 각국의 기자들을 상대로 한 교육에도 참가하는 등 아리랑TV는 세계최대의 TV뉴스 공급자 CNN을 통한 한국 알리기에 첨병노릇을 하고 있다.

2) 케이블TV SO 뉴스

(1) SO 뉴스의 강점

속성상 케이블은 지역성을 가장 큰 특징으로 갖는다. 지역성의 강점은 지역의 세세한 부분까지 취재해 뉴스로 전달할 수 있고, 또 지역의 작은 광고를 흡수할 수 있다는 점이다. 작은 뉴스가 먹히고, 또 작은 광고를 소화해 수익화할 수 있는 강점을 갖는다. YTN이나 MBN, 아리랑TV는 케이블TV PP다. 이들 뉴스프로그램 공급업자 말고 지역에서 가입자 가정에 유선을 연결해 실제로 케이블TV를 움직이는 곳은 지역국 SO다. 이들 SO는 철저하게 지역을 기반으로 한다. 허가범위를 지역 근거로 내줬기 때문이다. 케이블TV 지역국은 남는 채널 가운데 하나를 자신의 홍보 채널로 쓸 수 있다. 이곳에 자체 뉴스를 제작해 방송하고 지역광고도 받는다. 이것이 생각보다 굉장히 호응이 크다. 지역에서 사업을 하는 사람들 얘기를 들어보면 효과를 짐작할 수 있다. 경기도 성남에서 대형 음식점을 경영하는 유종환(47)씨는 "지역 케이블 방송국에 광고를 낼 경우 매출에 바로 연결이 된다. 광고료 이상의 효과를 본다"고 증언한다. "케이블TV가 생기기전에 TV광고를 생각도 하지 않았다"면서 "우연한 기회에 지역 케이블TV에 광고한 뒤 소득이 늘었다"고 말한다. 그만큼 지역의 많은 사람들이 케이블TV SO의 자체 방송 즉 자체 뉴스를 많이 시청한다는 반증이다.

SO는 자체 보도국을 갖추고, 기자와 아나운서, VJ를 고용해 뉴스를 만든다. 이들은 지역의 아주 작은 현안을 보도한다. 중앙의 PP나 지상파 방송에서는 뉴스로 가치가 없다고 여기는 작은 분야를 다룬다. 그러나 그런 소재들이 지역민들에게는 가슴에 와 닿는다. 바로 자신의 주변에서 일어나는 일이기 때문이다. 이렇게 할 수 있는 데는 상대적으로 자율성이 크기 때문이다. 중앙의 방송사들은 국가적인 간섭이 있다. 그러나 케이블TV 지역국은 지방자치단체의 아무런 간섭을 받지 않는다. 지방정부가 허가권자도 아니고 관리감독할 권한도 없다. 중앙에서는 일일이 지방 지역국의 작은 이야기들을 간섭하지 않는다. 여기에 지역 케이블TV의 강점이 있다. 자유로운 가운데 마음껏 뉴스를 제작하고 보도한다. 할 얘기를 다 할 수 있으니 지역민들의 공감을 받는다. 작은 지역인 만큼 한계도 많지만 주민 밀착형 뉴스로서 케이블TV 지역국 뉴스는 더 큰 발전을 기대해 볼 수 있다.

(2) 지상파와 제휴

지상파 방송의 경우 지역 방송사가 있다. 그리고 더 작은 단위로 들어가면 방송지국이 있다. 우리 나라 지상파의 경우 SBS나 지역민방들의 지역국은 취재기자, 카메라, 보조인력, 사무보조 등의 가장 간단한 인력구조를 취한다. 그러나 공영구조인 KBS나 MBC의 경우 거대 방송국을 지역국이나 지방사란 이름으로 소유한다. 지상파 지역국과 케이블TV SO의 뉴스 제작에는 겹치는 부분이 많다. 방송산업의 효율화를 위해 국가적인 차원에서 조정이 이뤄져야 할 것으로 보인다. 민영방송의 제휴가 효율적이다. 케이블TV 지역국은 전국 방방

곡곡 모든 행정 단위별로 취재 시스템이 갖춰져 있다. 장비도 현대화 돼 있어, 방송사와 호환해서 쓸 수 있는 경우가 많다. 이들을 전국 뉴스에 활용하는 방법을 찾을 필요가 있다. 지역에서 대형 사건 사고가 터졌을 경우 즉시 현장에 인력을 파견해봐야 현장의 좋은 화면을 놓치기 쉽상이다. 1~2시간에 짧으면 몇 십분 안에 급박한 초기화면을 필요로 하는 경우가 많다. 이때 케이블TV 지역국의 인력을 활용한다. 어차피 이들도 지역뉴스를 위해 취재에 나선다. 이들과 제휴를 맺고 화면을 얻거나 장비를 쓸 수 있을 것이다. 경제적인 보상이 이뤄질 수도 있고, 지역 케이블TV의 위상을 제고해 주는 방법도 있을 것이다. 정보가 먼저 접수되는 쪽은 많은 정보를 국가적으로 취합할 수 있는 민영방송사가 빠를 수 있다. 이때 제휴한 지역의 케이블TV에 연락을 취해 초기화면을 확보할 수 있다면 효율적으로 취재와 방송을 할 수 있다. 방송관련 인력이 양산되면서 지역 케이블TV에 종사하는 맨파워의 수준이 월등히 높아졌고, 제작능력도 좋아졌다. 이들을 지역이 아닌 중앙의 방송영역으로 끌어들이는 지혜가 멀티미디어시대 새로운 과제다.

3

인터넷 뉴스

1. 인터넷 방송

인터넷을 통해 기존의 TV처럼 동영상의 프로그램을 전달하는 형태의 방송이다. 누구나 인터넷에 자신의 사이트를 만들고 인터넷을 통해 프로그램을 전송할 수 있다. 개인이든 기존의 방송사나 신문사든 제한이 없다. 무한하다. 전파를 활용한 몇몇 지상파 방송이나 케이블, 위성방송과는 차원이 다르다.

1. 기술적 배경

오디오나 비디오 관련정보를 끊이지 않게 계속해서 흘려 보내고 또 이를 받을 수 있는 기술이 전제조건이다.

1) 리얼 오디오

통신망에서 그 동안 음향정보는 파일형식으로 축적해놓은 서버의 정보를 전송하는 게 고작이었다. 그러나 웹상에서 직접 음향 정보를 들을 수 있는 기술이 나왔는데 이를 리얼 오디오(Real Audio)기술이라고 한다. TCP나 UDT프로토콜을 사용해서 가능하다. 리얼 오디오 기술로 인터넷은 라디오방송이 될 수 있었다. 노래나 연주 같은 음악을 들을 수 있다. 또 토크쇼나 인터뷰는 물론 라디오방송이나 TV 생방송의 청취도 가능하다. 음향 정보는 백그라운드로 연주되기 때문에 컴퓨터를 켜놓고 작업을 하면서 음악을 들을 수 있다.

2) 리얼 비디오(Real Video)

음향이나 음성의 오디오를 받으면 라디오다. 영상을 전송하고 받을 수 있어야 TV다. 웹상으로 움직이는 동영상을 실시간으로 받아 재생할 수 있는 기술이 필수적이다. 기존의 통신망에서 동영상은 비디오 파일을 통해 전송받았다. 그 시간이 1분의 내용을 받는데 1시간 가까이 걸리곤 했다. 1초에 1프레임 정도 송수신이어서 제대로 된 방송을 할 수 없다. 1995년 이후 리얼 비디오 기술을 개발했다. 전용선을 쓸 경우 1초에 24~30프레임까지 동영상을 전송할 수 있다(영화 24프레임, 비디오 30프레임).

3) 스트리밍(Streaming) 기술

오디오나 비디오 정보를 계속해서 실시간으로 흘려보내는 기술을 말한다. 오디오, 특히 비디오 파일은 일반 문서 파일에 비해 매우 많은 용량을 필요로 한다. 따라서 통신망을 통해 비디오나 오디오 파일을 전송 받는데는 많은 시간이 필요하다. 정보의 수신과 동시에 파일을 열어 이용할 수 있도록 하는 기술이다. 즉 파일 전체를 다운 받는 게 아니라 방송과 동시에 방송 분량만큼 실시간으로 조금씩 받아 생방송이 가능하게 해준다는 개념이다.

4) 푸쉬(Push) 기능

기존의 인터넷 이용은 사용자가 일일이 자신이 원하는 내용을 클릭해서 찾아 들어가는 방식이었다. 그러나 반대로 정보 제공자가 자신이 전달하고 싶은 정보를 원하는 사용자에게 전달해주는 기술을 쓰면 불특정 다수를 향한 정보전달이 가능해진다. 방송이란 전파를 사용해 불특정 다수에게 오디오나 비디오 정보를 전달하는 행위다. 인터넷 이용자가 뉴스, 주식 등의 사이트를 찾아다니지 않는다. 정보전달자가 이용자의 컴퓨터로 인터넷을 통해 주기적으로 또는 계속해서 정보를 밀어주는(Push) 기술을 말한다.

5) 전송망

인터넷공간으로 정보가 돌아다니는 통로다. 길이 넓게 잘 뚫려 있어야 차량 소통이 원활해지듯이 전송망의 용량이 커야 인터넷 방송이 원활하게 이뤄질 수 있다. ISDN에서 DSL, 나아가 케이블모뎀과 위성망까지 다양한 전송루트가 있다.

2. 특성

방송과 통신기술 융합의 총아 인터넷 방송은 전파를 활용한 기존 TV와 다른 몇 가지 특성을 갖는다.

1) 저장가능

인터넷 방송은 멀티미디어 환경에서 하이퍼텍스트 기술을 활용한다. 멀티미디어 기술이란 디지털 기술에 기초한다. 음향, 음성, 문자, 도형, 영상, 동영상 등을 모두 하나의 공간에서 취급할 수 있다. 하이퍼텍스트 기술이란 관련정보를 비순차적으로 연결시켜 시간의 제약이나 공간의 제약에서 해방시켜 준다. 기존의 방송을 생각해 보자. 하루 18시간 방송이면 18시간 분량밖에 방송하지 못한다. 그리고 한번 방송전파를 보내 흘러가면 끝이다. 그러나 인터넷 방송은 시간제약에서 벗어났다. 서버에 언제까지 저장해 둘 수 있다.

2) 쌍방향 프로그램

인터넷 방송국은 프로그램을 인터넷을 통해 전송한다. 그러면 모든 프로그램은 서버에 저장돼 있다. 이용자가 원하는 시간에 꺼내 시청할 수 있다. 철저한 쌍방향 프로그램 구현이 가능하다. 원하는 정보를 원하는 시간에 찾을 수 있을 뿐 아니라 프로그램의 기획, 제작 등의 단계에도 시청자가 참여할 수 있다. 기자나 PD같은 방송전문가 위주의 프로그램 제작에서 일반 네티즌, 시청자도 참여하는 쌍방향 제작의 개념으로 인터넷 방송을 특징 지울 수 있다.

3) 방송의 대중화

인터넷 방송은 진입장벽이 없다. 다시 말해 인터넷 방송은 누구나 설치할 수 있다. 기존의 지상파 방송이나 케이블TV, 위성방송 등 다른 모든 전파매체들은 정부의 허가를 받아야 한다. 정부의 통제하에 있다는 얘기다. 그러나 인터넷 방송은 다르다. 전세계적인 네트워크를 갖고 있으면서도 전세계 누구도 통제할 수 없다. 자기가 방송을 만들어 인터넷상에 띄우면 인터넷 방송이다. 그 누구도 간섭할 수 없다. 그 방송을 네티즌들이 접속하느냐 아니냐 역시 전적으로 네티즌의 자유다. 이런 관점에서 보면 인터넷 방송이야말로 언론 민주주의, 시민 민주주의, 정보 민주주의 첨병 역할을 수행하는 미디어라고 볼 수 도 있다.

4) 바뀌는 시청률

기존의 시청률은 특정 시간대에 얼마나 많은 TV 보유자들이 TV를, 또 특정 방송을 봤느냐하는 점이었다. 이 시청률의 개념이 바뀌지 않을 수 없다. 이제 시간적인 개념은 중요하지 않다. 서버에 저장된 프로그램을 얼마나 많은 네티즌들이 접속했느냐가 중요 변수이기 때문이다. 방문 건수가 시청률이다.

3. 구성

그렇다면 인터넷 방송은 어떻게 만들 수 있나? 어떤 구성요소를 갖고 있는가? 방송을 위해 필요한 시설과 장비의 하드웨어 그리고 소프트웨어, 인력에 대해 알아본다.

1) 하드웨어 구성

먼저 서버가 있어야 한다. 서버는 네트워크망을 구성하는 중심 컴퓨터를 말한다. 네트워크가 구성된 가운데 네트워크를 관리한다. 프로그램의 운영과 송출 관리의 모든 역할을 수행하는 중추기능이다. 데이터 송출을 위한 웹서버와 동영상 전송을 위한 VOD 서버 등이 필요하다. 방송 인력이 사용할 PC나 LAN카드, 프린터, 전용선이나 허브, 라우터 같은 네트워크 장비, 그리고 방송영상 제작에 필요한 카메라나 편집장비등이 필요하다.

2) 소프트웨어

서버용 소프트웨어, 디지털 편집용 소프트웨어, 그래픽 제작 소프트웨어, 동영상 스트리밍 서버 소프트웨어 등이 있어야 한다.

3) 인력

인터넷 방송은 혼자서도 할 수 있고, 필요에 따라 다양한 인력을 활용할 수도 있다.

(1) 웹PD

말 그대로 인터넷 방송에서 모든 업무 전반을 총괄하는 역할을 수행한다. 프로그램 기획과 제작부터 마케팅과 영업업무 전반에 관해 업무를 관장한다. 특히 규모가 적을수록 더욱 다양한 역할이 요구된다. 무엇보다 다양한 뉴미디어나 멀티미디어 개념에 정통해야 한다.

(2) 웹마스터

PD가 프로그램을 만들면 이를 방송하는 인력이다. 프로그램을 송출하고, 관리하는 역할이 주임무다. 인터넷 PD가 만든 멀티미디어 컨텐트를 인터넷에 송출한다.

(3) 웹디자이너

웹 페이지를 디자인한다. 웹 환경에서는 평면과 입체 디자인을 동시에 구현해야한다.

(4) 웹 프로그래머

PD가 만든 컨텐트를 디자이너가 디자인하면 이를 인터넷에 서 볼 수 있게 구현해 주는 역할을 담당한다. 인터넷 기술은 빠르게 변한다. 새로운 인터넷 기술을 접하고, 다양한 홈페이지 구성 능력을 익혀야 한다.

(5) 웹자키

인터넷 방송의 많은 프로그램을 진행하거나 리포팅하는 역할을 맡는다. 이밖에 네트워크 관리자 등도 인터넷 방송에서 꼭 필요한 역할을 수행한다. 기존 방송사의 디스크자키나 리포터처럼 대중적인 인기를 모으는 웹자키도 다수 탄생했다.

4. 현황

1) 인터넷 방송 설치

개인이든 누구든 방송을 설치하겠다고 결정한 뒤 필요한 인력과 자금을 모으면 먼저 방송 이름을 정해야 한다. 그냥 아무 이름이나 붙이면 된다. 한국전산원에 도메인을 개설하고 방송사 이름을 정한다. 도메인은 전파매체에 비교하면 주파수, 채널에 해당한다. 방송사 이름은 전파매체의 채널 이름과 같다. 예를 들어보자. '중파 792㎑, SBS 라디오'가 있다. 인터넷 방송 'UCN, www.unitel.co.kr/ucn'이 있다. SBS 라디오나 UCN은 방송이름으로 서로 대응되고, '중파 792㎑'와 'www.unitel.co.kr/ucn' 주파수와 인터넷 도메인으로 서로 대응한다. 도메인을 등록하고, 방송사 이름에 대해 특정 브랜드로 상표권을 출원할 수 있다. 이어 촬영 카메라 등 일반 방송장비, 서버, PC, 네트워크 등의 하드웨어와 소프트웨어 등 인터넷 관련장비를 구입한다. 그리고 리얼플레이어를 이용해 시스템을 설계, 구축하면 언제든 인터넷 방송을 개국할 수 있다.

2) 국내 현황

국내 인터넷 독립 방송국의 효시는 1997년 2월의 M2TV를 꼽는다. 하지만 이 방송은 재정적인 어려움으로 문을 닫았다. 2000년 5월 현재 국내에는 400여 개가 넘는 인터넷 방송이 있는 것으로 알려져 있다. 대기업들도 관심을 갖고 진출하고 있다. 기존의 지상파 TV에는 국내 30대 기업의 참여를 봉쇄하고 있다. 그러나 인터넷 방송에는 제한이 없다. 허가가 있을 수 없기 때문이다. 국내 최대 기업의 하나인 삼성물산은 1999년 인터넷 방송을 개설했다. 인터넷 쇼핑몰과 함께 미래의 새로운 미디어로 육성한다는 전략인 것으로 알려졌다. 이와는 별도로 삼성

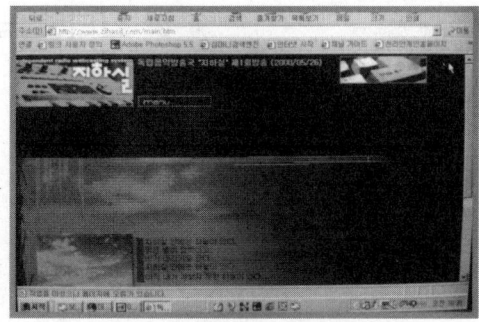

<사진 2> 음악전용 인터넷 방송사

물산과 SK텔레콤, 메디다스, 조선 인터넷TV 등 6개사도 1999년 하반기 공동으로 인터넷TV 사업에 나섰다.

2. 인터넷 뉴스

1. 개념과 특성

1) 정의

(1) 개념

신문기사를 읽거나 TV를 통해 뉴스를 보는 일도 중요한 정보입수 행위이다. 그렇지만 점차 컴퓨터를 통해 온라인으로 접속하여 언론사의 인터넷 뉴스를 접하는 인구가 기존 뉴스 시청 인구를 잠식하고 있다.

뉴스를 전달하는 주체는 방송사일 수도 있고, 신문사일 수도 있고, 또 전문적으로 인터넷 방송사를 차려 뉴스만 공급하는 사람이나 조직일 수도 있다. 누구든지 간에 인터넷상에 자신의 공간을 만들어놓고 정기적으로 정보를 제공한다. 시청자 즉 네티즌은 언제든 접속해 원하는 분야의 뉴스를 접한다.

정보의 형태 즉 뉴스의 형태는 신문처럼 문자일수도 있고, TV뉴스와 똑같이 동영상일 수도 있다. TV방송사가 전달하는 인터넷 뉴스는 TV뉴스와 동시에 생중계 되는 경우가 많다. 인터넷 뉴스를 위한 별도의 뉴스를 만들기도 한다. 기존의 동영상 서비스가 이뤄지기 전에 문자서비스만 이뤄지는 형태를 전자신문 또는 인터넷 전자신문이라고 했다. 이제는 화상정보 다시 말해 사진뿐 아니라 움직이는 동영상까지 마음대로 전달할 수 있게 기술이 진보했다.

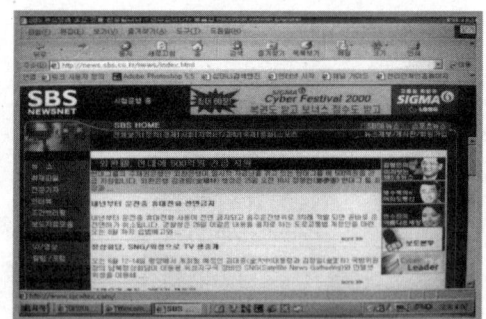

<사진 3> SBS 인터넷 뉴스

(2) 역사

한국에서 인터넷 뉴스는 신문기사 중 일부를 발췌해 속보 중심으로 PC통신을 통해 온라인 서비스하는 것으로 시작했다. 최초의 전자신문은 1986년 11월 한국경제신문이 시작한 KETEL이고 1988년 11월부터 매일경제신문이 MEET를 통해 속보 중심의 전자신문 서비스를 제공했다. 이어 90년대 들어 컴퓨터가 확대되면서 나머지 신문사들이 신문기사 전체를 온라인 통신망에 싣기 시작했다. PC통신에서 벗어나 월드와이드웹을 이용한 인터넷 뉴스 서비스는 1995년 3월 중앙일보가 처음 시작했다. 중앙일보는 동화상을 함께 서비스하는 형태로 한 단계 발전시켰다. 그 뒤 모든 신문사와 방송사들이 인터넷에 홈페이지를 만들어 각종 동화상 정보를 전달했다. 방송사에서는 KBS가 1995년 8월 인터넷 서비스를 시작했고, 1996년에 MBC 그리고 SBS도 잇따라 인터넷 뉴스서비스를 시작했다. 경제신문의 PC통신에서 종합신문 이어 방송사로 인터넷 뉴스가 확대되는 단계를 밟았다. 다시 말해 단순히 신문을 옮겨싣는 전자신문의 차원에서 동영상까지 포함하고 새로운 정보를 담는 멀티미디어 인터넷 뉴스로 발전해왔다.

(3) 제공실태

한국에선 인터넷 뉴스를 제공하는 주체는 신문사와 방송사, 그리고 독립 인터넷 뉴스 제공사로 크게 3분할 수 있다. 이 가운데 신문사는 전국의 주요 중앙 일간지와 경제지, 유력 지방지를 합해 26개 신문사 가운데 25개사가 인터넷으로 뉴스서비스를 하고 있다. 방송사는 중앙 3사와 EBS, 지역민방 8개 전체가 인터넷 홈페이지를 만들어 여기서 뉴스 서비스를 하고 있다. 그 외에 독립적으로 인터넷에서 뉴스 서비스를 하고 있는 곳이 있다. 한국에서는 신문의 발행 부수를 정확히 알 수 없다. 발행 부수 공시 제도가 정착되지 않았기 때문이다. 어느 신문사가 몇 부의 유가지를 발행하는지 아무도 모른다. 인터넷 뉴스 접속건수도 마찬가지다. 그만큼 모든 게 정확히 공개되지 않는 상황에서 신문사나 방송사의 발표를 그대로 받아들일 수는 없지만 각 사가 발표하는 것을 그냥 참고자료로 고려해 볼 수는 있겠다.

(4) 이용상황

별도의 회사를 차려 뉴미디어 사업을 추진하는 조선, 중앙, 동아 3사의 접속자수가 40만 명으로 8개 나머지 중앙지 22만 명, 3개 경제지 7만 명, 12개 지방지 5천 명을 합한 것보다 훨씬 많다. 또 중앙 지상파 방송 3사의 접속자수는 4만8천 명 선이어서 신문에 비해 아직 크게 뒤지는 것으로 나타났다.56) 연령별로 살펴보면 10대와 20대의 인터넷 서비스 이용현황이 신문사 53%, 방송사 66%를 나타내 젊은층일수록 방송사 인터넷 서비스를 이용하는 것으로 나타났다. 그러나 갈수록 방송사 사이트의 접속건수가 급속하게 늘고 있다.

인터넷의 본고장 미국에서는 인터넷 뉴스를 얼마나 이용할까? 먼저 인터넷을 통해 얼마나 많은 사람들이 얼마나 자주 뉴스를 접하는지 알아볼 필요가 있다. 아직도 인터넷 뉴스라는 말이 생소하게 들리는 사람이 있는 반면에 하루라도 인터넷을 통해 뉴스를 접하지 않으면 안되는 사람도 있다. 미국의 '국민과 언론을 위한 퓨 연구센터'가 조사한 결과57)를 통해 시청자들이 얼마나 인터넷 뉴스에 접속하는지 알아보자. 이 조사는 미국민의 20%가 일주일에 1번 이상 인터넷 뉴스를 본다고 답변했음을 보여준다. 1996년에는 불과 6%만이 1주일에 1번 이상 인터넷 뉴스를 본다고 응답했다. 남성은 25%, 여성은 15%가 1주일에 1번 이상 인터넷 뉴스를 본다고 답변했다. 대졸자의 35%, 특히 30세 이하 대졸자의 47%가 1주일에 한 번 이상 인터넷 뉴스를 이용한다고 밝혔다. 젊은층일수록, 또 고학력일수록 인터넷 뉴스를 더 많이 이용하고 있다.

특히 30세 미만 대졸자의 반 가까이가 인터넷 뉴스를 이용하고 있는 실태는 앞으로 인터넷 뉴스의 발전방향을 짐작하게 해준다. 사회를 이끌어 가는 계층의 인터넷 뉴스이용률이 높다는 사실은 단순한 접속 인구수를 떠나 사회에 미치는 파장이 그만큼 크고 중요하기 때문이다. 다른 매체와의 상대적인 비교도 해보자. 조사 대상자의 60%가 TV 뉴스를 통해 정보를 얻는다고 대답했다. 신문은 47%, 잡지는 29%를 기록했다. 그리고 인터넷 뉴스를 통해 정보를 얻는다

---

56) 한국언론 연구원, 『뉴미디어 사업현황』, 1998. 9.
57) 방송개발원, 『방송동향과 분석』, 1998. 8. 15.

는 대답이 25%나 나왔다. 인터넷 뉴스 활용이 미국사회에서는 무시 못할 위치로 성장했음을 보여주는 사례다.

(5) 이용동기

이용자들이 왜 인터넷 뉴스를 애용하는지 이유를 알아봤다. 1998년 말 미국에서 인터넷 뉴스를 이용하는 사람의 주된 이유는 더 많은 정보를 얻을 수 있어서가 92%였다. 다음이 속보를 보기 위해서가 91%, 시간절약을 위해서가 89%, 더 깊은 내용을 보기 위해서가 82%였다.[58] 더 많은 정보를 빠르고 쉽게 접할 수 있기 때문이라는 이유다. 그렇다면 어떤 정보를 원하는가? 앞의 '국민과 언론을 위한 퓨 연구센터'의 조사를 계속 보자. 인터넷 뉴스 가운데 취미, 영화, 여가에 관한 기사를 가장 많이 이용한다고 답변했다. 82%다. 그 다음이 과학과 건강으로 64%, 기술 60%, 금융 52%, 지역뉴스 28%순이었다.

인터넷 뉴스에서 시청자들이 접속을 원하는 정보는 개인의 생활을 풍족하게 해줄 여가 선용에 관한 기사임을 알 수 있다. 시청자들이 원하는 뉴스는 무엇인지, 또 인터넷 뉴스의 가야할 길이 무엇인지 시사해 주는 바가 크다고 볼 수 있다.

2) 특성

(1) 속보성

인터넷 뉴스의 가장 큰 장점 가운데 하나가 속보성이다. 신문은 사건이 생기면 취재를 마치고 기사를 쓴 뒤 인쇄를 해야 그것도 집까지 배달되든지 거리의 가판대까지 배달이 돼야 독자가 접할 수 있다. 방송 뉴스는 사건이 터져 인식되면 일단 자막으로 쳐서 TV화면 하단에 정보를 띄운다.

"오늘 오후 탈주범 신창원 검거"사건(1999년 7월 16일 오후 5시 23분 무렵, 최초로 자막을 띄운 SBS)을 인지하고 전화 확인한다. 이어 뉴스 주조로 연락

---

58) 이영음(한국방송대 교수),『인터넷 전자신문의 미래』

해 자막을 쳐서 올리면 되니까, 시청자들이 새 소식을 접하는데는 1~2분 길어야 5분 안에 속보 뉴스를 접할 수 있다. 이어 5~10분 여 자료를 모은 뒤 길어야 20~30분 안에 바로 생방송 특보로 들어간다. 인터넷 뉴스도 똑같다. 화면상에 띄우는 것이므로 방송사 TV뉴스와 거의 똑같다고 보면 된다.

<사진 4> 인터넷 뉴스 장면

(2) 광역성

인터넷 뉴스는 빠르기만 한 것이 아니다. 지구 구석구석 원하는 곳이면 어디든지 갈 수 있다. 전파매체인 방송보다 강점이 더 많다. 지상파 방송의 경우 출력의 크기에 따라 다르지만 그리 멀리 가지 못한다. 산이나 계곡 등에 막히거나 굴곡되면 전파가 약해져 멀리 가지 못한다. 이웃 나라는 고사하고 같은 나라에서 불과 몇십km 안 되는 곳도 가지 못 할 수 있다.

남산에 지상파 3사의 송신소가 있다. 관악산에 가려 안양이나 수원지역 주민들은 정상적으로 시청을 못한다. 큰산이 없는 성남시도 남산의 전파를 받지 못한다. 그래서 관악산에 송신소를 또 만들어 전파를 보낸다. 성남시는 그것도 받지 못한다. 작은 계곡으로 움푹 파여 있기 때문이다. 그래서 성남시는 중계유선이 일찍부터 발달할 수 있었다.

위성방송이라고 전세계를 커버하는 것은 아니다. 정지 궤도상의 아무리 좋은 위치에 갔다 놓더라도 지구의 3분의1만 커버할 수 있다. 케이블 방송은 동축케이블이나 광케이블이 연결되는 몇 km가 고작이다. 신문배달은 어떤가? 중앙지의 경우 한 나라는 커버할 수 있다. 이웃 나라도 갈 수는 있다. 비행기로 전송해 항공기가 걸리는 시간만큼 걸려 배달된다. 위성을 활용해 본사와 세계 각지에 흩어져 있는 분사가 함께 인쇄할 수도 있지만 역시 배달이라는 한계를 갖는다. 인터넷 뉴스는 다르다. 전화선이나 케이블 모뎀만 있으면 세계 어디서 든 가능하다. 요즘은 무선 인터넷도 가능하다. 컴퓨터나 인터넷 연결 단말기만 있으면 지구 어느 곳에서도 접속할 수 있다.

(3) 쌍방향성

- 선택성

인터넷 뉴스의 최대 강점은 일방적으로 방송사가 정보를 흘려보내 주는 것 이 아니란 점이다. 실시간 생중계를 할 때는 기존의 TV처럼 뉴스를 방송사가 주는 대로 받아 봐야 한다. 그러나 자신이 필요로 해서 원하는 뉴스를 찾아 볼 때는 전혀 개념이 달라진다. 지금까지는 마음에 들지 않는 뉴스라도 보고 있어 야 원하는 다음 뉴스를 볼 수 있다. 인터넷 뉴스는 이런 것이 없다. 방송사가 자신의 뉴스를 항목별로 분류해 서버에 담아놓는다. 그러면 시청자는 바로 클 릭해서 관심있는 몇 가지만 보고 나온다. 시청자가 자신이 원하는 뉴스만 골라 서 자신의 의사를 반영해 뉴스를 시청할 수 있다.

- 대화성

쌍방향성 다시 말해 원하는 것을 단순히 클릭 해보는 선택성에서 한 걸음 더 나가 원하는 것을 방송사에 요구하고 이를 받아보는 대화성이 있다. 뉴스를 시청하다 궁금한 것이 있게 마련이다. 이를 기존에 지상파TV나 위성방송 케이 블TV 등에서는 궁금하면 전화 를 걸거나 편지를 띄워 물어볼 수밖에 없다. 그러나 제도적으 로 시청자의 질문코너가 마련 돼 있지 않은 가운데 자세히 물어 봤자 퉁명스런 대답을 받 기가 일쑤다. 배경을 묻거나 의견을 나누는 행위는 전혀 보 장되지 않는다.

<사진 5> SBS 김형민 앵커 코너

인터넷 뉴스에서는 쌍방향 대화가 자연스럽다. 방송종사자들과 대화하는 항목이 있다. 방송인들과 자연스럽게 만나 대화를 나누는 일이 가능하다. 지금은 개인적으로 앵커나 기자, PD, 기타 방송 종사자들과 그들의 e-mail이나 드물게 개별적으로 만든 홈페이지에 들어가 대화할 수는 있다. 인터넷 뉴스에서는 자체 뉴스 사이트에 이런 쌍방향 코너가 마련돼 있다.

(4) 몰(沒)시간성
- 시청자

시청자가 선택을 하다보니 시간의 개념이 깨진다. 시청자가 '오늘 일찍 집에 가서 SBS 8시뉴스 봐야지, KBS나 MBC 9시 뉴스봐야 하는데' 하는 걱정을 할 필요가 없다. 인터넷 뉴스에서 시간은 아무런 의미가 없다. 방송사측은 자신이 전달하고자 하는 정보를 문자든 화상이든 서버에 저장해 놓는다. 홈페이지에 띄워 놓는다. 그러면 일을 보고 밤 10시에 들어와서 보든, 일찍 자고 일어나 다음날 새벽에 보든 아무 때나 뉴스를 클릭해 본다. 비디오에 녹화해 두었다가 보듯이 자신이 원하는 시간에 꺼내 보는 것이다. 몇 시 뉴스라는 고유명사가 되다 시피한 "어제 8시뉴스 봤어", "어제 9시뉴스 봤어"라는 말은 사라진다.

- 방송사

시청자들에게만 시간의 개념이 무너진 게 아니다. 뉴스 기사를 작성하거나 뉴스를 만드는 방송사, 기자들에게도 시간의 개념은 사라진다. 다시 말해 기사 작성이니 뉴스 제작의 마감시간이 없어진다. 인쇄 시간에 맞춘 기사 마감시간 방송시간에 맞춘 기사 마감시간, 뉴스 제작시간 이런 모든 것이 인터넷 뉴스에서는 의미를 잃는다. 계속해서 새로운 내용이 발생하거나 추가될 때마다 내용을 바꾸거나 추가해 업그레이드 시켜야 하기 때문이다. 24시간 새로운 내용을 계속 추가해서 넣어야 한다. 통신처럼 말이다.

(5) 심층성
신문기사는 그나마 다행이었다. 비중 있는 기사는 길고 또 해설기사를 많이 뒤서 심층적인 해설이 필요할 경우 좀 길게 상황을 설명해 줄 수 있다. 그러나 방송뉴스는 어떤가. 필자가 신문기자를 하다가 방송기자로 옮겨 가장 놀랐던 일이 방송기사였다. 신문에서는 스트레이트 기사를 쓰고 해설기사를 붙이면 200자 원고지 7~8장은 기본이었다. 그런데 방송사에 오니 뉴스원고의 양이 200자 2장 정도에 불과했다. 겁 없이 방송에 뛰어들 수 있었던 것은 단순히 기사의 길이만 보고 방송뉴스를 우습게 알아서였기 때문이다. 사람이 무엇인가를 자신 있다고 쉽게 여기면 어려운 것도 일단은 접근하는데 두려움을 갖지 않는다. 방송 뉴스는 (리포트의 경우) 기사를 쓰는 게 아니라 뉴스를 만드는 것이란 걸 깨닫게 되면서부터는 모든 것을 하나부터 다시 배웠지만. 일단 기사의 양이 적어 자신 있게 방송 초창기에 덤볐던 기억이 난다.

방송뉴스는 길이가 1분 20초에서, 심층뉴스라도 3분 정도다. 방송뉴스는 신문처럼 읽는 기사가 아니다. 눈으로 보고 귀로 듣는 종합예술이다. 그래서 조금만 영상이나 이야기의 구성에 액센트가 없어질 경우 무척 지루하게 느껴져 시청자가 외면한다. 영상매체의 특성상 길게 할 수가 없다. 뉴스시간이 짧다는 시간적인 제약도 있다. 그러다 보니 TV뉴스는 요점 중의 요점 정리만 하다가 끝난다. 참고서에 나오는 핵심정리에 해당한다. 인터넷 뉴스는 다르다. 얼마든지 양을 늘릴 수 있다. TV뉴스같이 시간적인, 신문같이 공간적인 제약이 없다.

전후사정을 좀더 깊게 시청자들에게 전한다. 인터넷 뉴스에서는 별도의 항목을 따로 만들어 취재와 관련된 다양한 얘기를 들려 줄 수 있다. 심도 있는 진단과 논평도 가능하다. TV뉴스의 최대 약점인 심층성을 보완할 수 있는 것이다.

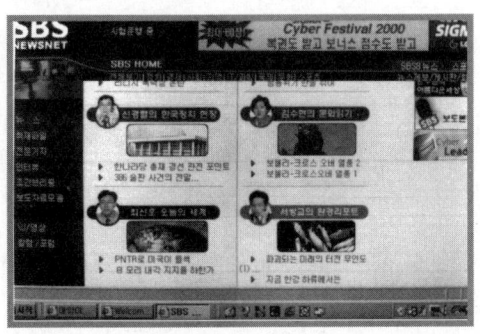

<사진 6> SBS 인터넷 뉴스 전문기자 코너

(6) 다양성

심층성만 있는 게 아니다. 신문처럼 지면의 제약이 있는 것도 아니다. 또 방송 뉴스처럼 시간의 제약을 받는 것도 아니다. 그러므로 심층적인 얘기를 적어 넣는 동시에 뉴스와 직접관계가 없어도 다양한 정보가 될 수 있는 항목을 추가해 전달할 수 있다. 경제도 주식이나 부동산, 문화소식도 연예, 문학, 영화, 연극, 정치도 다양화, 날씨도 세분화해 이런저런 분야를 모두 집어넣는다. 신문이나 뉴스가 아니라 잡지를 접하는 것처럼 여러 방면의 많은 소재거리를 제공할 수 있다.

(7) 시청자 게이트키핑

내용도 다양하고 심층적인 뉴스도 많다. 그런데 이를 시청자, 즉 네티즌이 직접 고른다. 이는 얼마 전까지 거리에서 신문을 팔며 나름대로 주요한 뉴스라고 빨간색으로 칠해놓고 독자를 끌어 모으던 모습을 기억할 것이다. 의제 설정을 해주는 것이다.

방송뉴스에 나오거나 신문에 실린 기사는 일단 방송, 신문사의 기자나 편집간부들이 중요하다고 자신들이 판단한 뉴스다. 다시 말해 게이트키퍼의 역할을 담당한 것이다. 시청자나 독자가 관여할 여지가 적었다. 그러나 인터넷 뉴스에서 네티즌이 직접 자신이 원하는 것만 선택하기 때문에 네티즌 스스로가 게이트키퍼로 자신의 위상을 높일 수 있다. 전통적인 방송뉴스나 신문기사의 가장 큰 역할은 자신들이 시청자나 독자를 끌고 다닌다는 의식이었다. 그러나 인터넷 뉴스에서는 시청자나 독자가 주인이다 매체가 독점했던 여론 선도, 의제 설정, 게이트키퍼 역할을 상당부분 시청자와 나눠야 할 입장에 놓였다.

(8) 언론의 민주화

소수권력자가 가진 힘을 골고루 나눠 분산하는 것을 민주화라고 정의해 보자. 지금까지 언론의 민주화는 권력으로부터 언론의 독립이었다. 힘을 가진 권력이 언론을 통제하기 위해 다양한 수단을 동원했다. 권력의 방향으로 뉴스의 초점을 맞추게 했다. 지배체제에 대한 도전은 용납하지 않았다. 지금도 아직 이런 문제가 해결되었다고 보기는 어려울 것이다. 그러나 이제는 권력과 거대 언론으로부터 시청자가 독립해 나가는 방향으로 바뀐다. 권력에서 거대언론으로, 거대언론에서 독자나 시청자로 정보나 힘의 방향이 전환될 시점이다. 인터넷 뉴스에서 네티즌의 역할증대는 건전한 언론을 위해서도 바람직하다. 10년 후 언론은 평범한 시민의 손안에 놓여 있고, 평범한 시민 모두가 언론인이 돼 있을 것이다. 인터넷 뉴스가 이를 가능하게 해준다. 뉴스의 소비자가 공급자로 바뀐 것이다.

과거 정부가 거대 언론을 통제했다. 거대언론은 기자를 통제했다. 기자라는 전문가가 뉴스생산을 독점했다. 뉴스는 시청자나 독자의 눈과 귀를 막았다. 결국 권력이 국민의 의식을 장악했다. 이제는 바뀐다. J. D. Lasica는 "온라인 저널리즘에서 독자나 시청자가 작가와 기자가 될 것"[59]이라고 예언하고 있다. 일본의 야노 나오아키(矢野直明, 아사히신문 종합 연구센터 주임연구원) 역시 "매스미디어의 정보독점 시대는 끝났다"면서 "누구나 인터넷 홈페이지를 갖고 만인의 미디어 시대를 열 수 있게 됐다"고 말한다. 과거 매스미디어만이 정보를 일반에 공급했지만 누구라도 손가락으로 정보를 발신할 수 있다는 주장이다.

2. 경영과 전망

1) 인터넷 뉴스 경영

(1) 광고 수입

TV는 광고에 의존하고 신문은 광고와 신문판매 대금에 의존한다. 인터넷 뉴스는 TV와 같다. 광고에 의존한다. 많은 사람들이 본다는 것은 홍보 효과는 크지만 재화나 용역의 판매에 직접 연결된다고 볼 수는 없다. 적은 수라도 실

---

59) 『American Journalism Review』, 1999. 7/8.

제로 구입할 수 있는 계층이 많이 광고를 접해야 판매로 이어진다. 인터넷 광고는 몇 명이 광고 내용을 봤는지 투명하게 알 수 있다. 접속건수가 정확히 기록으로 남기 때문이다. 뉴욕타임즈가 운영하는 인터넷 뉴스 'nytimes.com'의 경우를 보자. 등록된 이용자 400만 명을 분석해봤다. 77%가 남자였다. 73%는 대졸이었다. 55%가 연 5만 달러 이상의 가계수입을 갖고 있다. 미국에서 5만 달러 이상이면 중류층으로 분류할 수 있다. 인터넷 뉴스 광고가 장기적으로 전망 있다는 것을 짐작할 수 있는 대목이다. NBC TV와 마이크로 소프트(MS)가 운영하는 인터넷 뉴스 'msnbc.com'도 마찬가지다. 이곳의 이용자들 역시 74%가 대졸자이며 62%가 연 5만 달러 이상의 수입을 나타내고 있다. 전체 뉴스 수요자 가운데 인터넷 뉴스 수용자의 크기가 아직 적은 것은 사실이다. 그러나 광고주 입장에서 보면 아주 매력적인 광고 시장이다. Interwatch가 조사한 1997년 인터넷 광고는 300대 웹사이트만 5억4천480만 달러로 96년에 비해 147%나 높아졌다. 인터넷 뉴스의 앞날 즉 광고를 통한 생존 가능성을 점쳐볼 수 있는 조사결과라고 볼 수 있다.

(2) 광고홍수

광고가 너무 많다는 지적이 있다. 광고가 없으면 인터넷 뉴스 자체가 존재할 수 없다. 그러나 화면 가득 광고가 넘쳐나고, 뉴스보다 광고가 더 크게 부각되는 경우도 있다. 100% 광고로 움직인다는 것은 광고 예속이 그만큼 높고 뉴스 내용에도 영향을 크게 미칠 수 있다는 것을 의미한다. 지금의 방송사나 신문사도 광고에 큰 영향을 받는다. 특히 IMF 이후 미디어가 생존의 문제에 더 집착하면서 광고나 협찬의 영향권 속으로 빨려 들어가고 있다. 미디어에 종사하며 취재활동을 벌이는 사람들은 대부분 느낄 것이다. 이렇게 거대 방송이나 신문도 광고나 협찬의 구심력에 묶여 있는 경우가 있는데, 아직 걸음마 단계인 인터넷 뉴스에서는 그런 정도가 더욱 심할 것이란 분석이 가능하다.

미국 일리노이 대학의 저널리즘 학부 부교수 에릭메이어(Eric Mayer)는 "인터넷 뉴스 사이트가 뉴스를 전달한다는 당초 취지의 고유 기능에서 벗어나 수익을 올리는 방향으로 빠르게 변해가고 있다" 면서 인터넷 뉴스의 광고 증가를 염려하고 있는 대목은 의미 있게 받아들일 필요가 있다.[60]

(3) 광고 활기

인터넷 뉴스를 전하는 사이트는 대부분 적자이다. 미국도 마찬가지다. CNN이나 USA TODAY, 뉴욕 타임즈 등은 흑자를 기록하고 있지만 나머지는 그렇지 못하다. 그러나 전망은 있다. 인터넷광고는 원하는 광고대상을 선택해 집중 공략할 수 있다는 장점 때문에 단가를 높일 수 있다. 불특정 다수가 이용할 수 있는 사이트 보다 특화된 시청자를 상대하면 광고주로부터 높은 단가의 광고를 받아 낼 수 있다. 내용의 특화는 네티즌을 끌기 위해서도 필요하지만 수익을 위해서도 필요한 것이다. 뉴욕 타임즈의 'nytimes.com'는 불특정 다수를 상대로 한 광고의 경우 천명 접속당 3달러를 받지만, 특정 대상을 목표로 한 분야의 광고는 천명에 30~40달러를 받는다고 한다.

콜롬비아 대학의 저널리즘을 담당하는 스티브 로스(Steve Ross) 교수는 "인터넷 뉴스 사이트가 광고 차원을 넘어 희귀품 등의 상품 판매 등으로도 수익을 올릴 수 있다"고 전망한다. 안내광고 시장에서도 인터넷 뉴스사이트는 각광을 받을 것으로 보인다. 그 동안 안내광고는 주로 신문이 담당해 왔다. 그러나 이 분야가 인터넷 뉴스상으로 많이 옮겨갈 것이란 전망이 조심스럽게 나오고 있다. 매사추세츠주 케임브리지의 포레스터 리서치(Forrester Research)는 2001년까지 전체 안내광고 시장의 20%를 웹 광고가 잠식할 것이라고 전망한다.

2) 인터넷 사업 통합의 새 전략

(1) 인터넷 통합

지금까지 미국에서는 언론사들이 인터넷 사업을 확장하는 데만 주력해 왔다. 다양한 인터넷 사업을 찾아내고 새로운 법인을 만들기도 하고, 지분 투자

---

60) 『Editor & Publisher』, 1998. 12. 31.

를 하기도 했다. 인터넷 사업은 벌리면 벌릴수록 좋다는 식이었다. 언론사의 인터넷 관련 자회사는 공개할 경우 큰 인기를 모았고, 일반 투자자들의 주요 전략 투자종목으로 떠오르곤 했다. 그러나 확장만 하던 인터넷 관련 투자를 재조정하고 인터넷 관련 사이트를 통합하는 움직임이 일고 있다.

1999년 5월 18일 트리뷴(The Tribune Co.)은 자사의 인터넷 관련 사업을 통합한다고 발표했다. 트리뷴은 일간지 '시카고 트리뷴'을 비롯해 17개 방송국을 소유하고 있다. 새로 창설된 인터넷 통합회사는 '트리뷴 인터액티브(Tribune Interactive)'. 이 회사의 사장 제프 셔브(Jeff Scherb)는 "독립성을 갖추기 위한 특별한 경영전략이 필요해서"라고 말했다. 주변에선 덩치를 키우겠다는 뜻으로 해석하고 있다. 뉴욕타임즈는 새로운 통합 인터넷 회사 타임즈 디지털 캄퍼니(Times Digital Company)를 출범했다. 1999년 5월 24일이다. 이에 따라 뉴욕타임즈 웹사이트와 '보스턴 글로브'지의 '보스턴컴(boston.com)', 캘리포니아에 있는 '와인투데이컴(winetoday.com)'을 포함한 50개 웹사이트를 하나로 통합했다. 사장 마틴 니센홀츠(Martin Nisenholtz)는 "미국 일반가정의 30%까지 인터넷 설치를 유도하고 이를 전부 뉴욕타임즈의 인터넷 뉴스 이용자로 만드는 게 목표"라고 호언한다.

(2) 원인

대형 신문사를 중심으로 인터넷 뉴스나 관련 인터넷 서비스를 하나로 통합하는 이유를 살펴보자. 1999년 4월 들어 주식시장으로 유입되는 인터넷 관련 자본이 눈에 띄게 줄어들었다. 1999년초 공개 후 가격이 천정부지로 올랐던 '더스트리트컴(Thestreet.com)'이나 '마켓와치컴(Marketwatch.com)'의 주가가 절반으로 떨어졌다. 새로 시장에 진입한 '주노 온라인 서비스(Juno Online Service Inc.)'나 '에드가 온라인(Edgar Online Inc.)' 등은 상장 첫날부터 주가가 하락하는 현상을 빚었다. 더스트리트컴(Thestreet.com)의 주식 7.5%를 보유하고 있던 뉴욕타임즈는 상장당시 1억5천만 달러이던 주식의 평가 가치가 불과 2주만인 1999년 5월 21일 6천285만 달러로 줄어들었다.

기업공개를 앞두고 불확실하게 전개되는 시장상황에서 덩치를 키우는 게 유리하다고 판단해 관련사업을 통합하는 것으로 보인다. 경영의 효율성도 꾀하고 인터넷 뉴스 분야에서 우월성을 나타내려는 전략으로 보인다.

3) 전망

(1) 고유 내용 활성화

인터넷 뉴스의 뉴스시장 참여로 전통적인 뉴스 개념은 사라지고, 뉴스산업이 더욱 치열한 경쟁을 벌인다. 기존 언론사는 대부분 인터넷 뉴스분야에 참여하고 있다. 몇몇 대형 미디어를 중심으로 인터넷 뉴스의 내용과 품질을 강화해 나가고 있다. 구색 갖추기가 아니다. 정보전달 뉴스매체, 나아가 광고를 통해 이익을 낼 수 있는 수익성 있는 매체로 대폭적인 강화를 꾀한다. 인터넷 서비스 사업자와 제휴하는 방법으로도 참여해 자신만의 특화된 뉴스 서비스를 제공할 수 있다. 이런 추세

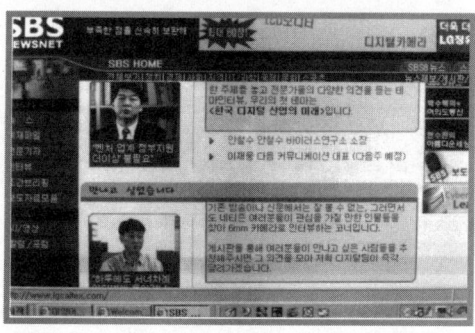

<사진 7> SBS 인터넷 뉴스 부서가 독자 취재하는 인터뷰코너

는 인터넷 뉴스의 차별화로 이어진다. 기존 뉴스매체 혹은 기존 인터넷 사이트와는 다른 고유의 소재와 뉴스제작으로 전개될 전망이다. 뉴욕타임즈 전자매체 편집장 리차드 메이슬린(Richard Meislin)은 "뉴스 사이트는 야후(Yahoo)나 익사이트(Exite) 같은 일반적인 사이트와 다른 고유의 내용을 개발 해야한다. 뉴스 사이트는 자신을 차별화할 필요가 있다"고 강조한다. 그러면서 "뉴욕타임즈의 인터넷 뉴스 'nytimes.com'은 계속 독창적인 내용발굴에 주력할 것"[61]이라고 밝힌다.

---

61) 『Editor & Publisher』, 1998. 12. 31.

(2) 공동 뉴스국

복합 미디어회사가 탄생하고 있다. 지상파 방송이나 케이블 채널, 인터넷 방송 아니면 신문이나 케이블, 위성채널 등 다양한 매체를 갖고 뉴스를 공급하는 미디어 그룹들이 인터넷 뉴스를 위해 공동의 뉴스국을 둘 수도 있다. 적어도 공동의 기사 데이터 베이스를 가질 수 있다. 시카고 트리뷴은 케이블 방송본부를 신문 편집국과 인터넷 편집국 바로 옆에 운용하고 있다. MSNBC도 케이블 방송과 인터넷 TV 방송사 직원들이 협력체제를 갖고 있다. 나아가 기술 개발이 진전되면 한번의 공동 작업으로 인터넷 뉴스와 다른 매체를 함께 이용할 수도 있을 것이다.

(3) 인터넷 디지털 방송

미국의 12개 지상파 방송사들(4대 메이저 제외)이 아이 블래스트 'IBlast'라는 인터넷 디지털 방송을 설립했다. HDTV로 할당된 주파수대역의 일부를 활용해 미 전역으로 방송한다. 시청자들은 디지털 방송용 특수안테나를 컴퓨터에 달 경우 프로그램을 다운받아 시청할 수 있다. 인터넷 온라인 통신보다 속도가 빠르고 시청자들이 쉽게 이용할 수 있다.

3. 외국의 인터넷 뉴스

1) 미국 지상파 TV의 인터넷 뉴스

(1) 미국의 인터넷 업계

지난 96년 통신법 개정을 시작으로 미디어, 컴퓨터, 통신 업종이 구조상의 분화를 겪고 있다. 우선 AT&T같은 통신업체가 ISP사업에 본격 참여해 인터넷용 인프라 정비를 시작했다. 이 때문에 개인가입자를 상대로 일하던 ISP들은 가입자를 지키기 위해 콘텐츠의 충실화와 각종 서비스기능의 확충을 시도하고 있다. 이들 서비스 공급자인 AOL, MSN 등과 검색사이트인 Yahoo,

Infoseek 등이 거대 접속건수를 자랑하는 '포털사이트'가 돼있다. 이들은 광고 수입에 의존하며 성공을 계속하고 있다. 더욱이 디지털 시대 장래 컨텐츠 공급을 위해 포털사이트와 기존의 메가 미디어(TV, 케이블TV, 영화 등)가 손을 잡으면서 TV와 인터넷의 상승작용이 진행되고 있다. 이 과정에서 중요해지는 것이 '포털사이트'다. 포털사이트는 네티즌이 처음 인터넷에 들어가기 위해 접속하는 최초의 사이트를 말한다. '포털'은 입구라는 뜻이다. 가입자로부터 돈을 받지 않고 광고수입에 의존한다. 기업으로부터 많은 광고를 유치해 돈을 벌려면 접속건수가 많아야 한다. 그러기 위해서는 네티즌이 원하는 서비스를 많이 만들어야 한다. 인터넷 바다에서 정보를 검색해 질서를 부여하는 '네비게이션' 기능. 각종 뉴스와 정보를 제공하는 '콘텐츠' 제공기능. 네티즌끼리를 연결해주는 '커뮤니케이션'기능 등이 필요하다.

최근 인터넷에서 벌어진 특징은 유료정보의 시도가 모두 무료정보로 바뀌고 있는 점이다. 유료가 성공한 것은 '월스트리트저널 인터액티브' 같은 경제전문 사이트다. 기타 종합신문이나 오락매체는 모두 무료화 했다. 실제로 뉴욕타임즈의 사이트나 MS의 온라인 잡지 등은 모두 유료화를 포기했다. 무료로 제공한 뒤 접속 건수를 늘려 광고 수익을 올리는 게 효과적이기 때문이다.

(2) 방송사 인터넷 뉴스 진출동향

미국의 방송사들은 인터넷의 고장 미국답게 발빠르게 인터넷 사업에 진출하고 있다. 미국 뉴욕 소재 OgilvyOne World Wide사의 북미 책임자 J. G. 샌덤(Sandom)은 "TV는 이미 미디어의 분열과 케이블의 침투로 변화하고 있다. 이런 변화는 인터넷을 접근하기 쉽게 만들고, TV제작이나 컴퓨터 접목을 실질적으로 가능하게 한다" 라고 말한다. 방송사와 인터넷과의 관계를 설명해 준다.

- NBC

NBC는 인터넷 사업을 미래 멀티미디어 방송환경에서 이윤 창출의 가장 확실한 핵심사업으로 분류하고 있다. NBC는 최근 인터넷 사업에 현금 2억 달러를 포함해서 무려 10억 달러 이상의 투자를 감행했다. 쌍방향 프로그램 가이드

개발을 위해 Gemstar에 투자를 했다. 또 전문성을 높이기 위해서는 Mining Co. 인터넷의 기술적인 서비스를 위해 US Web Corp.에 투자했다. Wink와 Microsoft에는 프로그램의 쌍방향성을 높이기 위해 투자했다. 최근에는 Xoom.com과 Snap.com을 NBCi로 합병했다. NBC는 뉴스전문 채널 'MSNBC 케이블'과 '인터넷TV MSNBC 인터액티브'를 설립해 운영하고 있다. NBC나 MSNBC기자들은 'MSNBC 인터액티브'를 위해 일하는 게 의무조항으로 돼있다. NBC는 지금까지 많은 투자에 비해 인터넷 사업에서 흑자를 내지는 못했다. 그러나 1999년 1천만 달러를 시작으로 2001년에는 7천5백만 달러의 수익을 올릴 것으로 전문가들은 전망하고 있다.

· CBS

CBS는 전통적으로 광고료 수입에만 의존하는 방송사로 정평이 나있다. 그러나 최근 인터넷 뉴스 제공에 이어 AOL과 손잡고 인터넷 사업에 발을 들여놓았다. 장년층을 위한 웹사이트 Third Age Media의 지분 30%를 확보했다.

· ABC

Oxygen Media와 Women. com과 사업적인 관련을 맺고 있다. ABC의 경우 6개의 위성으로부터 받은 뉴스 가운데 매일 2~3개를 ABC.News.com을 통해 동영상 그대로 보여준다. TV뉴스와 달리 편집을 거치지 않아 생생할 뿐더러 속보에서도 앞선다. 또 당일 당일의 뉴스를 축약해 라디오 요약분도 제공한다. 피터 제닝스 쇼에서 방송되지 않은 인터뷰코너도 동영상으로 마련해 신문은 물론 방송뉴스와도 차별화한 프로그램을 만들고 있다.

· Fox News 채널이나 C-SPAN같은 네트워크들은 24시간 계속 뉴스를 인터넷으로 동영상 송출하고 있다.

· PBS

7만 페이지 분량의 PBS Online이라는 홈페이지를 구축했다.

· CNN

비중 있는 사건은 생중계한다. 방송사가 누릴 수 있는 탁월한 동영상 인터넷 뉴스 서비스를 제공하고 있다.

2) 인터넷 뉴스 진화

(1) 홈페이지

멀티미디어 분야에서 앞서나가고 있는 선진국들은 인터넷 뉴스 분야에서도 남다른 투자와 노력으로 이미 많은 성과를 거둬들이고 있다. 인터넷 관련 사업은 3단계로 진행한다. 제일 먼저 초보적인 단계로 인터넷 홈페이지를 개설해 자사의 뉴스나 각종 프로그램을 소개한다.

(2) 별도 뉴스 분리

2단계로 뉴스나, 스포츠 뉴스 등은 떼어내 별도의 인터넷 뉴스로 공급하는 등 별도의 서비스 수익사업에 나선다. 인터넷 뉴스는 별도의 사이트로 구성하는 것이다. 인터넷 뉴스는 단순한 종합편성이 아니다. 시청자의 다양한 욕구에 맞춰 경제,스포츠로 전문화한다. ABC는 'abc.com'의 홈페이지와 별도로 'abcnews.com'과 'abcsports.com'을 따로 운영한다. FOX채널 역시 'foxnetwork.com' 외에 'foxnews.com', 'foxsports.com'을 별도로 운영한다. NBC의 CNBC는 다우존스사와 제휴해 만든 인터넷 경제뉴스 전문 방송을 펼친다. 1997년 CBS는 리얼타임 데이터 서비스회사인 DBC Online(Data Broadcasting Corp.)사와 50 : 50으로 경제뉴스 전문 웹사이트를 개설했다.

(3) 다양한 사업 제휴

그리고 3단계로 투자를 확대해 인터넷 관련 업체들과 제휴하면서 다양한 분야의 사업에 진출한다. 미국의 NBC는 빌 게이츠의 마이크로 소프트(MS)와 제휴해 인터넷 뉴스전문 MSNBC를 설립한다(50% 지분). 그리고는 6개의 인터넷 서비스 관련업체에 제휴나 지분 참여를 통해 발을 들여놓았다. 쇼핑, 비즈니스, 비디오 등의 서비스다. 그밖에 인터넷 온라인 음악판매 등 인터넷 사업 7군데에 투자했다. 미국 TV들은 인터넷 포탈 서비스업자와의 제휴를 활발히 진행하고 있다. 인터넷 이용자들은 대부분 'Yahoo', 'Infoseek' 등의 검색 서비스를 활용한다. 따라서 이들과 제휴해 자신들의 프로그램 정보를 제공하려 하는 것이다. 자사보다는 포탈사업자의 지명도를 활용하려는 것이다. 인터넷에 많은 사람들이 접속하면 그만큼 광고를 할 수 있다. 인터넷은 젊은층에 고학력, 고소득이어서 구매력이 강하다. 광고주들은 이를 놓치지 않는다. 실례를 보자. Disney/ABC는 자신의 웹사이트 'ABC.com', 'ABCNEWS.com', 'ESPN.com', 'Disney.com' 등을 'Infoseek'에 연결하고 있다. 'Infoseek'를 이용하는 수많은 네티즌들은 더욱 쉽게 Disney/ABC사이트에 들어갈 수 있다.

날짜	미디어기업	포탈사업자	거래가격	거래에 따른 이득
99. 2.	USA Networks	Lycos	$ 18billion	USA gets portal"Lycos gets Ticketmaster
99. 2.	Fox	Yahoo	$ 15million	Fox shows plugged online: Yahoo gets Fox eyeballs
99. 1.	@Home	Exicite	$ 6.7billion	@Home gets portal: Excite gets @Home money and eyeballs
99. 1.	CBS	AOL	no $ value	CBS News gets om AOL: AOL gets CBS News content
98. 6.	Disney /ABC	Infoseek	$ 209million	Disney gets portal to plug 'Net properties: Infoseek gets money, promotional power
98. 6.	NBC	CNet/Snap	$ 38million	NBC gets portal: CNet gets major meda partner money

<표 42> 미국방송사 인터넷 사업 제휴현황
『Broadcasting & Cable』, 1999. 2. 15, p. 73.

3) BBC인터넷 뉴스

BBC는 성공적인 인터넷 뉴스를 운영한다고 평가받고 있다. BBC News Online은 1999년 1월 영국에서 야후(Yahoo)에 이어 2번째로 접속이 많은 사이트로 기록됐다. BBC News Online의 인기를 반영해주는 예이다. 영국의 파이낸셜 타임즈는 1998년도 인터넷 공로상으로 BBC News Online을 선정하기도 했다. BBC News Online이 이처럼 많은 인기를 누리는 비결은 어디에 있을까?

해답은 쉽게 풀린다.

BBC News Online만 전담하는 기자가 80명이나 된다. 이들이 하루 300건 이상의 기사를 쓴다. BBC의 라디오와 TV에서 수십 년 동안 쌓은 취재 노하우가 많은 도움이 되고 있는 게 사실이다. 양과 질적인 면에서 BBC News Online은 신문이나 다른 인터넷 뉴스를 압도한다. CNN과 비교해 보자 물론 CNN은 인력과 투자에서 BBC를 압도한다. 인터넷 뉴스 전담 인력만 BBC의 2배가 넘는 200여명 가까워 세계 최대의 인터넷 뉴스 공급자임을 자랑한다. 그러나 CNN이 써내는 기사는 새로운 것이 하루 50여건이라고 한다. 그러나 BBC News Online은 300여건이나 되니, BBC의 효율성과 권위를 인정받을 수밖에 없다. BBC News Online측은 자신들이 인터넷 뉴스에서 신뢰받는 지침서 역할을 할 수 있을 것이라고 자신에 차 있다.

영국의 공영방송 BBC는 무료 인터넷 서비스사업에 들어갔다. 산하 BBC Worldwide가 고객들을 인터넷으로 인도하고 e-mail 주소와 웹 공간까지 무료로 제공하기로 했다. 'freebeeb.net'이다. BBC의 서비스 시장 진출은 'freeserve'를 장악하고 있는 전력회사 딕슨즈와 'netscape online'을 시작한 AOL Europe의 뒤를 이어 이들과 대결하기 위한 것으로 보인다. BBC Worldwide측은 ISP 사업자들이 많지만 아직 이 시장은 초기 단계라면서 "앞으로 3년간 1천만 명의 영국인이 새롭게 온라인을 이용하는데 BBC는 이 가운데 10만 명을 'freebeeb.net'로 인도할 것"이라고 포부를 밝히고 있다.

4) 통신사 인터넷 뉴스

미국의 UPI 통신사가 인터넷 뉴스 전문으로 사업방향을 전환하기로 했다. UPI 통신사 A. D. 보치그레이브 사장은 1999년 8월 6일 인터뷰를 갖고, 이같은 방침을 밝혔다. 보치그레이브 사장은 정치와 외교에 중점을 둔 인터넷 뉴스서비스 위주로 전환을 시도하고 있다고 말했다. 이를 위해 UPI는 재래식 통신 서비스 부문을 정리하기로 했다. 라디오, TV 등 방송뉴스 공급을 완전 중단하고 이 부문을 AP통신에 판매했다. 거래가격은 알려지지 않았다. UPI통신사는 그 동안 55명의 기자가 라디오와 TV뉴스를 제작해 전세계 400여 개 라디오와 TV방송국에 제공해 왔다. UPI로부터 고객을 넘겨받은 AP는 400개 방송국 중 48개만이 기존의 자신이 공급하던 방송국과 겹칠 뿐 나머지 352개 방송국(라디오 346, TV 6)은 완전히 새로 얻은 고객이다. AP는 세계에서 가장 규모가 크고 오래된 뉴스 서비스 회사로 미국에서만 3천700개 라디오와 800개 TV에 뉴스를 공급하고 있다. AP는 2000년 3월 인터넷 뉴스 판매를 전담할 'AP디지털'을 설립했다.

방송부문을 매각한 UPI는 "와이어를 통해 뉴스를 제공하는 것은 전적으로 웹의 지배를 받는 21세기에 적응하기 위해 쏟아야할 노력의 형태는 아니다" 라면서 "전문시장, 특히 인터넷 뉴스에 치중하기 위해 방송부문을 매각한다"고 밝히고 있다. 1907년 창설된 UPI통신은 경영부진으로 고전해 오다 지난 92년 파산했다. 이후 아랍계로 경영권이 넘어갔다. 이후 다수의 지국이 폐쇄되고, 종사하던 언론인들이 자리를 옮겨 최근 부진을 면치 못했다. 이에 경쟁력을 잃은 방송분야를 털어 내고 새로운 분야 인터넷 뉴스분야로 자리매김을 하려는 시도다. 인터넷 뉴스가 통신사를 살려낼지 두고볼 일이다.

영국의 로이터통신은 인터넷 관련 사업으로 큰 수익을 올리고 있다. 로이터통신은 현재 200개 인터넷 사이트에 인터넷 뉴스를 제공하고 있다. 세계 최대의 인터넷 검색서비스 야후도 로이터에서 정보를 제공받는다. 뉴욕타임즈 같은 대형 언론사에도 공급한다. 미국에서 로이터통신이 올리는 미디어 수입의 50%는 인터넷 뉴스와 온라인 출판부문이 차지할 정도다. 인터넷 뉴스는 이제 통신사에서 도 가장 주요한 수입원이 된 것이다. 로이터통신은 뉴스 전재료를 신문의 경우 발행 부수에 따라 정한다. 인터넷 사이트는 기본료를 일단 받는다. 그리고 뉴스나 사진의 검색회수에 따라 추가 이용료를 받는다.

5) 인터넷 방송의 인터넷 뉴스

독립적으로 새 인터넷 방송사를 세워 뉴스에 나서는 경우도 많다. 이런 인터넷 전문 뉴스방송이 갈수록 더 확대될 것이다. 뉴스를 전하고픈 욕심이 있는 사람이나 조직은 누구나 인터넷 방송을 세워 인터넷 뉴스를 만들 수 있다.

　미국 인터넷 방송의 대부분은 다루는 소재가 뉴스다. 인터넷 뉴스가 어떤 위치에까지 자리잡고 있는지 하나의 사례를 보자. 피터 아넷을 기억할 것이다. CNN에서 18년간 일하며 CNN의 오늘을 만드는데 기여한 베테랑 종군기자. 피터 아넷은 1960년대 AP통신에 근무하면서 베트남전 당시 베트남전 취재로 퓰리처상을 받고 명성을 날렸다. 이후 CNN에 근무해왔다. 그러나 지난 1998년 결정적인 오보를 하고 CNN을 떠났다. 미군이 베트남전 당시 탈영병들에게 신경가스를 사용했다는 내용의 오보였다. 아넷은 이 오보를 낸지 9개월만에 물러났다. 이후 1999년 아넷이 새로 둥지를 튼 곳이 바로 독립 인터넷 방송국. 국제 뉴스만을 전문적으로 취급하는 'foreigntv.com'이라는 인터넷 뉴스 전문 회사다. 'foreigntv.com'은 지방 TV 용 현장 목격 뉴스(eyewitness news)를 설립한 TV컨설턴트 알 프리모가 창설한 회사다. 아넷은 여기서 한 달에 한 번 정도 세계 각국의 지도자들을 만나 인터뷰하고 그 기사를 싣고 있다. 또 'foreigntv.com'의 각국 지사 설치 문제도 자문한다고 한다.

<사진 8> 인터넷 전문방송 포린 TV

6) 인터넷 뉴스시대의 신문

　인터넷 시대 방송뿐 아니라 신문 역시 영향력이 줄고 있다. 미국에서 일간지를 읽는 인구의 비율이 1980년 67%에서 2000년 51%로 떨어졌다. 독자가 줄어든 것은 아니고 인구대비 독자의 비율이 감소한 것이다. 앞으로 뉴미디어 분야

진출에 성공해 멀티미디어 환경에 적응한 신문을 제외한 나머지 군소 신문들은 기반을 상실할 것이란 분석까지 나오고 있다. 다시 말해 신문의 미래가 인터넷에 달려 있다고 해도 과언이 아니다. 종이 신문을 포기하고 인터넷 신문에 전념하는 신문마저 벌써 나타나고 있다. 지금은 인터넷을 종이 신문의 홍보 수단으로 활용하고 있다. 그러나 점점 비중이 높아져 결국 인터넷 신문이 본지개념으로 바뀌게 될 날이 올 것이란 분석마저 나오고 있다. 종이 비용, 인쇄 비용, 배달 비용은 엄청난 비용압박 요인이다.

이런 비용에서 해방된 인터넷 신문은 1996년 천390개였지만 1999년 8월 3천870개로 늘어났다. 이 가운데 미국이 2천473개로 전체의 64%를 차지한다. 이들의 경영도 개선되고 있다. 1997년까지 거의 흑자가 없던 인터넷 뉴스는 1998년의 경우 신문사나 잡지사가 제공하는 인터넷 뉴스의 4분의1이 흑자를 기록했다. TV도 7%가 흑자를 내고 있다. 라디오는 6%가 흑자다. 미국의 신문협회(NAA)는 미국 인터넷 뉴스 이용자의 51%가 신문의 뉴스사이트를 이용한다고 발표했다. 인터넷 이용자 전체로는 35%가 신문의 뉴스사이트를 보는 것으로 알려졌다. 인터넷 뉴스이용률이 가장 높은 신문은 USA투데이로 1998년 미디어 메트릭스(Media Metrix) 조사에서 한 달 평균 250만, 워싱턴 포스트 190만, 뉴욕타임즈 160만 명, LA타임즈 80만 명이 있다.

미국의 신문협회(NAA)는 매년 그해의 베스트 온라인 신문을 선정한다. 1999년 7월에도 올해의 온라인 신문을 선정했다. 여기서 1999년의 온라인 신문으로 뽑힌 신문은 뉴욕타임즈(New York Times)의 인터넷 뉴스 'nytimes.com'이다. 'nytimes.com'의 '뉴욕타임즈 러닝 네트워크'는 대중 서비스상을 받았다. '기자들에게 물어 보라'는 코너로 독자들의 궁금증을 해소하는 프로그램인데 큰 호응을 얻고 있다. NAA는 발행 부수에 맞춰 얼마나 인터넷 온라인 뉴스를 잘 제공하는 가도 선정한다. 큰 신문만 하고 작은 신문은 못한다는 등식은 금물이다. 얼마든지 작은 신문도 특성에 맞게 인터넷 뉴스를 전달할 수 있다. 15만 부 이상의 판매 부수 신문에서는 '토론토 글로브앤드 메일'이 가장 뉴미디어를 잘 활용한 신문으로 선정됐다. 7만5천 부에서 15만 부 사이에서는

'알바니 타임즈 유니온'이 차지했다. 이들 군소신문들은 어떻게 인터넷 뉴스를 성공적으로 운영하는지 살펴보자.

(1) 더 선 해럴드(The Sun Herald)

미국 플로리다주 샬럿 하버(Charlotte Harbor)에서 발행되는 신문이다. 발행 부수는 3만234부. 이 신문이 지역의 인터넷 뉴스와 시장을 장악하고 있다. 이름은 '선라인(sunline.net)'. 1996년 4월부터 서비스를 시작했다. 성공한 이유는 한마디로 철저한 쌍방향의 유지와 많은 독자들이 접속할 수 있게 하는 것이다. 노년층 인구가 주로 많은 점을 고려해 대화를 주고받을 수 있는 온라인 공동체를 추진했다. 누구든지 이 회사 sunline.net에 참여해 자신의 홈페이지를 만들 수 있다. 음악가, 미술가, 정부기관, 상공회의소, 교회 등을 위해서도 무료홈페이지를 제공하고 있다. 지역 주민의 20%가 매일 이 신문의 사이트를 이용하는 것으로 알려지고 있다.

(2) 로렌스 저널 월드(Lawrence Joyrnal-World)

'ljworld.com'을 운영한다. 캔자스주에 있는 만9천200부 발행의 군소신문. 역시 참신한 특집물에 철저한 서비스를 꼽는다. 고객들을 1대1로 가르치고, 서비스와 장비 구입을 조언한다. 무료 전화 서비스로 컴퓨터 이용자들의 질문에 응답한다. 독자들도 게시판에 글을 올리고 다른 정보도 제공할 수 있다. 캔자스 주인만큼 캔자스대학의 스포츠를 다루는 사이트를 관리하는데 이 대학 출신들이 다른 지역에 있더라도 자주 이용해 광고에도 긍정적인 영향을 미친다.

(3) 버몬트 럿랜드 해럴드(Vermonnt Rutland Herald)

광고전용 웹사이트를 운영하고 경매사이트 등도 운영하고 있다. 이 신문은 당장 돈을 벌려고 하기보다 독자를 네티즌을 끌어들인다는 전략으로 다양한 서비스를 구상해야 한다고 말하고 있다.

4. 한국의 지상파 TV 인터넷 뉴스

1) 지상파 TV와 인터넷

(1) 홈페이지 서비스

지상파 3사 KBS와 MBC, SBS를 비롯해 모든 방송사들은 인터넷 홈페이지를 만들어 운영한다. 이 홈페이지를 통해 자사의 프로그램을 알리고, 방송활동과 관련한 모든 내용을 소개한다.

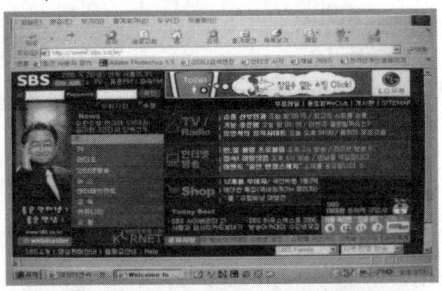

<사진 9> SBS 홈페이지

방송사의 홈페이지에서는 우선 자사의 뉴스를 원문 그대로 실어 준다. 물론 동영상도 함께 볼 수 있다. 또 드라마와 쇼, 코미디, 오락, 시사, 다큐, 교양 등 모든 프로그램의 지나간 방송 내용을 담아 둔다. 시청자는 필요한 때 방송 내용을 인터넷 홈페이지로 들어가 연결해 볼 수 있다. VOD다. 라디오 프로그램이나 음악 서비스도 받는다. 실시간 생중계(Realtime Transmission)도 한다.

<사진10> MBC 홈페이지

방송이나 프로그램과 직접관계가 없는 정보도 전해 준다. 자동차나 컴퓨터 등. 연극, 영화, 음악, 공연, 레저 등에 대한 정보다 많다. 퀴즈

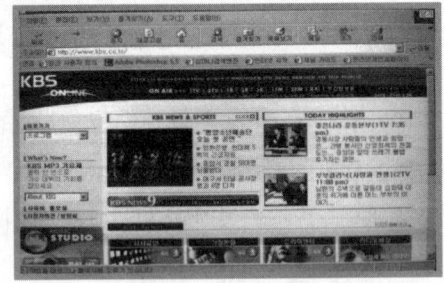

<사진 11> KBS 홈페이지

쇼, 게임, 운세 등도 양념으로 등장한다. 대화방이나 토론방을 운영한다. 그래서 방송내용이나 기타 사회적 이슈에 대해 시청자들이 토론하고 대화를 나눈다. 의견이 같은 사람끼리 동호회도 결성해 준다. 시청자 의견을 받고, 제보도 접수한다. 제보는 뉴스제보부터 각종 프로그램의 소재 제공까지 다양한 제보를 접수한다. 프로그램의 기획안도 공모한다. 오늘의 긴급투표라고 해서 사회적인 이슈에 대해 찬반투표나 여론조사를 실시하기도 한다. 시청자들의 여론동향을 살펴볼 수 있다. 시청자들에게 유익한 교육 프로그램도 운영한다.

<사진 12> SBS 홈페이지 음악서비스

(2) 인터넷 사업

인터넷 방송사 홈페이지를 방송사나 방송프로그램에 대한 단순한 홍보용으로만 생각하면 곤란하다. 홈페이지를 사람들이 많이 접속 이용한다. 사람들이 많이 이용하면 항상 돈벌이가 뒤따르게 마련이다. 우선 광고다. 다양한 기획과 충실한 내용 서비스로 네티즌들을 끌어 모으면 광고주들이 모인다. 판매사업도 있다. 별도의 쇼핑 프라자를 마련하기도 한다. 상품기획을 한다. 캐릭터 상품으로 정해 놓고 수요를 창출한다. 시나리오를 잘 쓰고 연출해 시청률을 높인다. 그리고 프로그램과 관련된 모든 사업 아이템을 고안해 낸다. 프로그램 제목을 상표화할 수도 있고, 주인공이나 등장인물을 캐릭터화할 수도 있다.

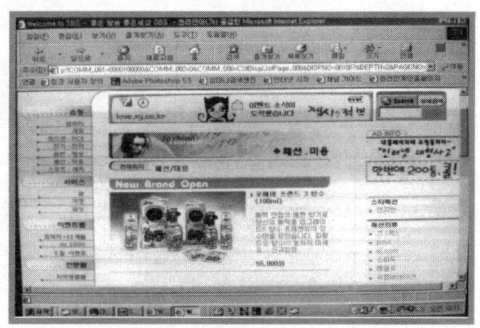

<사진 13> SBS 홈페이지 쇼핑몰

(3) 인터넷 방송설립

지상파 방송사는 아예 인터넷 방송국을 별도로 차린다. 인터넷을 통한 홈페이지 서비스나 프로그램 중계서비스, 그리고 판매 사업 등에 만족하지 않는다. 인터넷을 별도의 새로운 미디어로 인식하고 인터넷 방송사를 세운다. SBS가 한발 빨랐다. SBS 송도균 사장은 1999년 7월 28일 기자회견을 갖고, "지상파, 라디오, 케이블 채널에 이어 인터넷 방송, 앞으로 위성방송까지 설립해 종합 멀티미디어 그룹으로 거듭날 것"이라고 천명했다. 이를 위해 SBS는 자본금 30억 원의 인터넷 방송사를 설립했다. 방송사 이름은 SBSi로 했다. 주요 사업내역은 지상파 프로그램과 연계해 뉴스와 연예, 오락, 생활정보를 별도 제작해 리얼타임이나, 주문형 비디오 방식으로 시청자에게 공급한다. MBC 는 자본금 100억 원으로 2000년 인터넷 방송사 iMBC를 설립했다. KBS도 인터넷 방송사를 설립했다. 한국통신과 손잡고 1단계로 인터넷 방송을 구현하고, 2단계로 네트워크의 초고속화를 통한 서비스의 다양화를 꾀하기로 했다. YTN은 인터넷 회사 드림라인과 제휴한 인터넷 방송을 개통했다. 하나로통신, 두루넷과도 인터넷 방송서비스를 제휴했다. 'YTN 영상뉴스'도 제공한다.

2) 지상파TV 인터넷 뉴스

(1) 확장

지상파TV들은 인터넷 뉴스만을 전담하는 부서를 별도로 설치했다. 2000년 들어 각 지상파 방송사는 인터넷 뉴스를 전담하는 부서를 잇따라 신설했다. SBS는 보도국에 '디지털 뉴스'부를 만들었다. 팀장 1명에 기자 2명을 배속시켰다. 그리고 인터넷 방송 SBSi 소속의 기자와 PD가 별도로 있다. SBS 인터넷 뉴스에 실리는 모든 뉴스를 담당한다. KBS도 2000년 들어 인터넷 뉴스팀을 만들었다. 보도국 기자들로 구성했다. MBC도 마찬가지다. R인터넷부가 독립해 있다. 라디오 뉴스편집팀과 인터넷 뉴스편집팀을 함께 운용해 R인터넷부라고 한다.

(2) 내용

지상파 방송사들은 인터넷 뉴스를 크게 강화하고 있다. 초보적인 단계이기는 하지만 쌍방향을 시도하고 있다. 심층적인 뉴스의 뒷이야기도 시청자에게 전해주고 ,방송종사자와 시청자들이 대화할 수 있는 공간도 마련하고 있다. 단순한 홈페이지에서 인터넷 방송사로 이어졌다. 그리고 인터넷 뉴스도 종합뉴스에서 경제 스포츠 등 다양한 분야로 세분화시켜 발전해 나간다. 뉴스시장의 판도를 변화시킬 것이다. 인터넷 뉴스가 정보 수집, 전달 방법의 가장 중요한 수단으로 자리잡게 될 날은 그리 멀지 않다.

- 기존뉴스 생중계

인터넷 홈페이지를 통해 뉴스를 생중계 해준다.

- 주문형 뉴스

뉴스는 전체가 저장돼 있다. 주제별로 또는 항목 별로 나뉘어 있기도 하다. 언제든지 원하는 뉴스를 클릭해 동영상으로 시청할 수 있다.

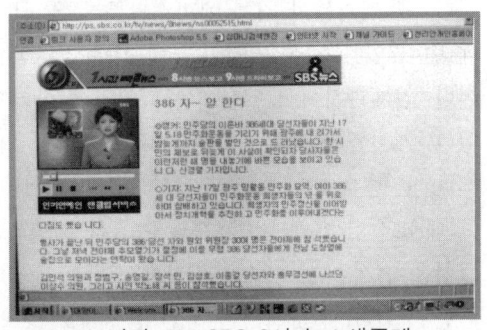

<사진 14> SBS 8시 뉴스생중계

- 대화형 뉴스

1999년 7월 4일부터 'MBC 뉴스워치'라는 쌍방향 프로그램을 인터넷 홈페이지에 만들었다. 시청자 참여 프로그램으로 인터넷 MBC 홈페이지에 들어가면 바로 나온다. 시청자들은 회원으로 가입할 수 있다. 그러면 방송사 측에서 회원의 e-mail로 뉴스에 관한 각종 평가도 받고 시청자 의견을 구하

<사진 15> SBS 취재파일 기자들이 올린 글

기도 한다. 뉴스에 시청자를 참여시키는 출발이다. '앵커와의 대화' 코너에서는 MBC뉴스를 진행하는 6명의 앵커와 e-mail을 주고받을 수 있다. 앵커들의 프로필과 미리 마련된 미니인터뷰를 볼 수 있다. 더 궁금증이 생기면 e-mail을 활용해 직접 질문을 해 필요한 정보를 추가로 얻는다.

- 심층뉴스

뉴스와 관련한 얘기들을 좀더 심층적으로 깊이 있게 알 수 있도록 해준다. MBC 홈페이지의 'NIN'이다. 뉴스 속의 뉴스(News In News)의 약자다. 이를 클릭하면 다양한 심층 정보가 숨어있다. '현장기자의 취재 노트', '앵커 커멘터리', '뉴스 관련 정보' 등의 메뉴가 뜬다. '현장기자의 취재노트'는 국회, 북한, 법조, 외교 등의 주제에 얽힌 취재 뒷이야기를 기자들이 재미있게 풀어놓았다. SBS는 환경이나 문화, 국제문제 등을 심층으로 다루는 전문기자 코너를 운영한다. 또 기자들의 취재 에피소드를 묶은 취재 파일이 있다. 시청자는 뉴스 뒤에 숨어 있는 진실을 읽기도 하고, 뉴스화할 수 없었던 사실까지 덤으로 알게된다. 취재과정에서 부딪치는 다양한 이야기거리를 재미있게 구성해 전달하고 있다. 기자들의 애환도 들여다볼 수 있다.

- 논평

'데스크 칼럼'에서는 보도국 뉴스를 책임지는 부장들이 무게 있는 현실 진단 칼럼을 연재한다. 기존에 신문에서만 있던 기능을 방송이 실현하는 계기를 마련한 것이다. 신문에서는 사건이나 사고, 현안을 단순 보도할 뿐 아니라 이에 대한 자세한 해설기사나 분석 논평기사를 실어 독자들의 심층적인 욕구를 해소할 수 있다.

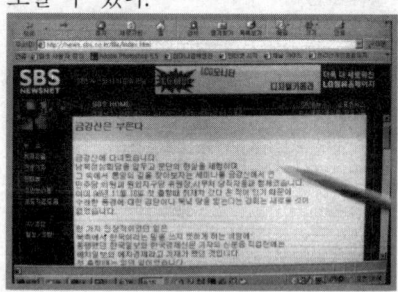
<사진 16> SBS취재파일의 한 취재기록

<사진17> MBC 인터넷 뉴스의 데스크 칼럼

5. 한국의 신문 인터넷 뉴스

파블릭(Pavlik)은 신문의 인터넷 뉴스가 3단계 과정을 밟는다고 분석했다. 방송과 유사한 면도 있다. 우선, 신문의 내용을 그대로 전달하는 단계. 다음단계는 독자적인 기사를 발굴해 신문기사에 추가해 제공한다. 3단계로, 기존의 신문 이미지를 완전히 벗어나, 웹이라는 미디어 특성에 맞는 기사제작에 나선다. 새로운 형태의 기사형식과 편집방식을 시도한다.62) 우리 나라는 2단계까지 진행된 상태다. 인터넷 뉴스의 역사에서 살펴봤듯이 신문들이 이 분야에 먼저 뛰어들었다. 신문은 인터넷 뉴스로 자신의 최대약점이던 ① 속보성을 확보할 수 있게 됐다. 대형사건이나 새로운 뉴스가 발생했을 때 즉시 기사화할 수 있기 때문이다. 또 ② 심층성을 더욱 강화할 수 있다.

1) 별도 자회사

중앙지 가운데 동아일보, 중아일보, 조선일보 등은 별도 법인으로 독립시켜 인터넷 뉴스를 활성화시키고 있다. 별도 법인으로 한다고 인터넷 뉴스를 더 충실하게 잘 만드는 것은 물론 아니다. 그러나 별도 법인으로 많은 인력을 갖추고 다루면 인터넷 뉴스가 더 충실해질 수 있을 것이다. 동아일보의 경우 '동아닷컴', 조선일보는 '디지털 조선일보', 중앙일보는 '중앙일보 뉴미디어'라는 이름으로 인터넷 뉴스를 운영한다.

(1) 중앙일보

1995년 3월 2일 국내에서는 처음으로 인터넷 뉴스(인터넷 전자신문)으로 출범했다. 정치, 경제, 사회, 국제, 교육, 오피니언, 경제, 정보과학, 스포츠, Living 등 10개 섹션으로 나눠 서비스한다. 과거 중앙경제신문을 통합해 경제 취재 인력을 충분히 확보하고 있는 장점을 살려 경제정보를 심층적으로 다룬다. 증권, 경제 정책, 일본 경제, 실리콘 밸리, 경제지표, 부동산 등을 어느 사이트에서도

---

62) 한국언론 연구원, 『뉴미디어 사업현황』, 1998. 9, P. 79.

접근할 수 있도록 했다. 1999년
8월부터는 '북한네트'를 신설해
관심을 모으고 있다. 중앙일보
는 경제부를 따로 독립시켜 중
앙일보 본지에 기사를 공급하
고 인터넷 뉴스에도 공급한다
는 전략을 세웠다.

<사진18> 중앙일보

(2) 조선일보

중앙일보보다 다소 늦은
1995년 10월 디지털 조선일보
를 설립했다. 이어 11월부터 인
터넷 뉴스 서비스를 시작했다.
하루 40만 건의 접속이 이뤄지
는 것으로 알려지고 있다. 현재
12개 사이트 외에 컨텐츠를 계
속 늘려 나가 포털사이트로 승
부를 건다는 계획이다. 자회사
로 금융정보 포털 사이트
E-money를 설립했다.

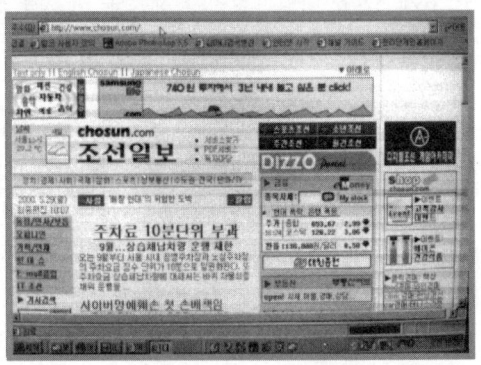

<사진19> 조선일보

(3) 동아일보

뒤늦게 법인으로 출범했다.
1996년 9월 16일 창간했다. 초
기에는 '마이다스 동아일보'였
지만 2000년 2월 이름을 '동아
닷컴'으로 바꿨다. '바둑세상'은
하루평균 방문자가 4만 명을 넘

<사진20> 동아일보

는다. 한 번에 3천명이 접속할 수 있다. '부동산 마트' 역시 인기로 하루 15만 페이지를 기록하고 있다. 동아일보도 경제부서를 독립시키는 방안을 강구중인 것으로 알려지고 있다.

2) 기타 신문

(1) 한국일보

서울경제, 일간스포츠, 코리아 타임즈를 하나로 묶어 하루 1천여 건이 넘는 가장 많은 기사를 올리고 있다. 정치, 경제, 사회에 북한, 부동산, 여행을 강화하고 뉴스 중심의 포털을 시도하고 있다. '속보 윈도우', '포토살롱'이 인기를 모은다.

<사진 21> 한국일보

(2) 경향신문

1996년 창간됐다. '네티즌과 함께 만드는 신문'이 캐치프레이즈. '해외 체험기'는 현지 교포들이 직접 나와 생생한 현지 이민 생활을 들려준다. '경향 레포츠 아카데미'는 각종 레포츠의 무료 강의와 정보를 전해 인기다.

(3) 한겨레신문

속보와 심층기사를 주무기로 삼고 있다. 한겨레 해설은 이를 반영한다. 또 온라인 여론조사 '인터넷 폴'을 실시하고 있다.

<사진 22> 한겨레신문

(4) 문화일보

석간 신문기사를 낮에 받아 제공하는 장점이 있다. '과학타임즈'와 '북리뷰'가 인기를 얻고 있다.

(5) 경제신문

매일경제신문이나 한국경제신문 등 경제신문의 인터넷 뉴스는 주로 경제문제에 치중한다. 종합적인 뉴스도 다루기는 하지만 기본적인 것만 취급한다. 경제를 특화해 다룬다. 매일경제의 경우 MBN이라는 케이블 경제뉴스 채널을 갖고 있기 때문에 이 경제 채널의 실시간 생중계도 겸한다. 주문형 비디오 서비스도 하고 있다. 또 세계적인 경제뉴스 공급자 '블룸버그(Bloomberg)'의 세계

경제 지표도 함께 다루고 있다. 경제신문인만큼 부동산, 증권 등이 다양한 서비스로 제공된다. '증권투자 Q&A'가 인기를 얻고 있다. '사이버 장터'도 인기다. 한국경제신문은 자매지 한국자동차신문과 자매지 한경 비즈니스의 기사를 검색할 수 있도록 했다.

<사진 23> 매일경제신문

(6) 지방신문

지방신문의 인터넷 뉴스는 천차만별이다. 제대로 된 내용을 담고 있는 사이트가 있는가하면 형식적으로 올려놓은 사이트도 눈에 띈다.

3) 인터넷 경제신문

중앙일보나 동아일보, 연합뉴스 등이 경제부서를 경제뉴스제작 전문기구로 독립시키려는 계획과 달리 아예 인터넷 경제뉴스만을 목표로 하는 사이트도 생겨났다. moneytoday, e-DAILY 2군데가 대표적이다. moneytoday는 자본금

만 50억 원이다. 한화증권이 5억 원을 대는 등 이름난 경제계 인사들이 주주로 참여했다. 경력기자 30명을 채용해 기사를 제공하고 있다. e-DAILY도 경제기사 서비스를 시작했다.

4) 발전전망

디지털 조선일보는 단순한 인터넷 뉴스를 위해 설립된 법인이 아니다. 디지털 위성방송, 인터넷 뉴스, 멀티미디어 데이터 베이스, 뉴스 전광판 등 종합적인 뉴미디어 사업의 추진을 위해 설립됐다. 지금도 그런 방향의 사업을 벌이거나 추진하고 있다. 중앙일보 뉴미디어 역시 인터넷 뉴스에 멈추지 않는다. 인터넷 방송도 겸한다. 인터넷 뉴스 기자도 새로 뽑았다. 인터넷 뉴스를 기반으로 새로운 서비스를 개발한다. 동아 닷컴 역시 새로운 인터넷 뉴스를 지향한다고 밝히고 있다. 이들은 멀티미디어시대 새로운 언론형태 창출에 도전한다.

6. 신문과 방송의 경쟁과 연합

1) 신문과 방송의 경쟁

(1) 신문의 선점

신문과 방송은 그 동안 서로의 영역을 지키며 발전해 왔다. 신문은 인쇄매체로서 심층성과 논평성, 다양한 정보를 장점으로 삼았다. 방송은 전파매체로서 사건현장을 즉시 연결하는 속보성과 역동적인 현장성을 무기로 발전해 왔다. 그러나 기술의 발달은 이런 매체의 영역구분을 없앴다. 인터넷 뉴스에서 신문과 방송은 피할 수 없는 경쟁을 벌여야 한다. 그 동안 인터넷 뉴스시장을 선점한 것은 신문이었다. 신문기사를 인터넷에 전재하면서부터 인터넷 뉴스가 시작됐기 때문이다. 신문의 다양한 기사와 문화, 예술, 취미, 레저 등 각종 부가적인 서비스는 인터넷 뉴스에서 신문의 우위를 점하기에 충분했다.

(2) 방송의 도전

지금까지 방송사의 인터넷 뉴스는 신문에 비해 크게 뒤질 수밖에 없었다. 신문기사는 심층적인 분석과 해설이 장기다. 방송기사는 화면을 보여주는 것이 주목적이다. 화면으로 메시지를 전달하는 측면이 크다. 이를 기사로 옮겨 놓으면 뭔가를 빼먹은 듯한 부실한 인상을 준다. 따라서 기사 옮겨싣기 차원의 인터넷 뉴스는 당연히 신문사 인터넷 뉴스가 우위를 점한다. 그러나 취재의 뒷얘기를 묶어 자세히 전해주고 부장급 이상의 심층적인 해설을 별도로 다룬다. 전문기자들의 심도 있는 분석기사, 기자들의 취재 뒷얘기를 싣는다. 방송기사를 그대로 옮겨놓는 차원에서 벗어나 웹 공간에 어울리는 새로운 뉴스를 창출한다. 여기에 방송뉴스에 썼던 화면이나 방송에서 사용하지 않았던 다양한 동영상을 묶어 전달할 수 있어 방송사 인터넷 뉴스의 경쟁력은 갈수록 커질 전망이다. 신문의 인터넷 뉴스화, 방송의 인터넷 뉴스화가 아닌 웹공간에 어울리는 인터넷 뉴스를 개발, 정착시키는 언론사만이 지속적인 성장을 보장받는다.

(3) 미국의 추세

워싱턴 포스트에서 20년을 근무하고, 지금은 워싱턴 포스트 인터넷 뉴스(washingtonpost.com)의 편집인으로 일하는 더글러스 피버(Douglas Feaver)는 미국의 상황에서 "뉴스매체로서 부풀려진 측면이 있기는 하지만 인터넷은 워싱턴 포스트의 뉴스전달 방식에 중대한 발전을 가져왔다. 그러나 근본적인 변화는 없다. 워싱턴 포스트는 세계에서 가장 유능한 저널리스트를 고용하고 있고, 방송사들은 여전히 저녁 톱뉴스를 결정하기 위해 워싱턴 포스트를 찾고 있다"고 주장한다. 이어서 "웹의 발전으로 속보 압력은 받고 있지만 기사 제작시간을 줄이기 위한 다양한 방법들이 있기 때문에 워싱턴 포스트는 우려할 바가 못된다"고 잘라 말한다. 피버는 "방송이 보도 문장력을 고양시킬 수 있는 것과 똑같이 신문도 음향과 영상을 가미할 수 있다. 온라인 뉴스영역에 경제성이 있지만, 이것은 통상적인 사업중의 하나이므로 신문은 시대에 따라 사업전략을 수정해 나갈 것"이라고 주장한다.[63] 워싱턴 포스트 피버의 주장은 인터넷 뉴스가 새로운 분야로 각광받고 있지만 신문산업의 대세에 영향은 주지 못할 것이란 생각을 담고 있는 것으로 보인다.

그러나 이에 대해 워싱턴 포스트 기자였던 메릴 브라운(Meril Brown)은 피버의 이 같은 주장에 이의를 제기한다. "피버는 훌륭한 언론인이지만 아쉽게도 1980년대를 살아가고 있다. 인터넷 뉴스를 신문 흉내내기 정도로 생각하면 큰 잘못이다. 웹은 뉴스에 대한 고정관념을 근본적으로 바꾸고 있다"고 주장한다. 인터넷 뉴스의 전혀 새로운 국면을 예견하고 변화가 있어야 한다는 생각으로 받아들일 수 있다. 브라운은 말한다. "수용자들은 아침까지 신문을 기다리지 않는다. 앵커가 전하는 저녁 뉴스시간도 기다리지 않는다. 단지 이들이 찾는 곳은 인터넷 뉴스다". 그의 주장을 요약하면 인터넷 뉴스가 사람들의 뉴스접촉 방법을 바꿔놓고 있다는 것이다.

미국에서는 1998년 기준으로 3천 개 이상의 신문, 800개 이상의 TV방송국, 천개 이상의 라디오방송국이 인터넷 뉴스시장에 뛰어들어 혼전을 벌이고 있다. 미국은 거대하고 다양한 시장이 존재한다고 하지만 기존의 언론사만 5천 개 가까운 인터넷 뉴스 서비스를 벌인다. 콜롬비아 대학의 뉴미디어 센터 소장 존 파블릭은(John Pavlik)은 "과거 매체영역의 확장 정도로 온라인 인터넷 뉴스에 진입하는 것은 초기엔 어느 정도 자연스런 현상이다. 그러나 결국 한계가 있다는 것을 깨닫게 될 것이다. 인터넷은 뉴미디어이고 새로운 발상의 전환이 요구된다"라고 충고한다. 그는 이어서 "뉴스접근방식의 변화로 경쟁의 규모가 변화하고 있다. 사업성과 관련해 새로운 전략적 사고를 하지 않으면 안 된다"고 말한다.

2) 신문과 방송의 연합

더 큰 경쟁을 위해 제휴를 할 수도 있다. 미국에서 작은 실례를 찾아보자. E.

---

63) 언론연구원(해외언론 동향), 「신문과 방송의 지역뉴스 싸움」, mediainfo.com, 1998. 11.

W. Scrips라는 회사가 있다. 이 회사는 6개의 군소 신문을 소유하고 있다. 이 신문사들이 근처 팜비치에 있는 TV방송국과 제휴했다. 신문과 방송이 만나 웹 사이트를 개설한 것이다. 이들이 제공하는 인터넷 뉴스는 'tcpalm.com'. 공동 사이트를 개설한 신문과 방송측은 이 사이트를 통해 각자 자신들의 홍보를 강화하고, 독자나 광고주에게 서비스를 제공한다고 생각하고 있다. 또 머지않아 손익분기점을 넘을 것이라고 확신하고 있다. 실제로 이 사이트에 연결된 광고주는 초기에 4명에 불과했다. 그러나 1년만에 무려 100군데로 늘어났다. 광고주를 끌어들인 비결은 창조적인 파트너쉽의 유지를 위해 광고주에게 모두 광고주 사이트를 만들어 주었다. 이 인터넷 뉴스는 케네디 우주센터에서 생방송까지 했다. 70대의 존 글렌 상원의원이 우주비행을 해서 큰 화제를 모았다. 그러자, 이 사이트에서는 케네디 센터에 4명의 기자를 보냈다. 자동차 광고주가 보내준 밴에서 일했다. 계속해서 온라인 특집물을 송고했다. 우주선 발사 생방송이 가능했다. 재방송도 해주면서 시청자들과 e-mail로 쌍방향 대화도 나눴다. 이 특집의 광고는 몇 시간만에 판매가 완료되는 인기를 얻었다. 신문과 방송의 협력으로 최소한의 예산과 인력으로 해낸 것이다.

4 기타 뉴미디어 뉴스

멀티미디어 환경에서 언론사들이 인터넷 뉴스에만 인터넷 사업에만 매달리는 것은 아니다. 인터넷은 많은 새로운 미디어 가운데 하나일 뿐이다. 언론사들은 기존에 자기가 고수하던 하나의 매체, 즉 신문이면 신문 방송이면 방송, 통신이면 통신하는 하나의 틀에 안주하지 않는다. 변화에 적절하게 대응하지 못하면 존재 가치를 상실하는 경우가 많기 때문이다. 이제는 인터넷 이외에 언론사들이 참여하고 있는 새로운 미디어에는 무엇이 있는지 살펴본다. 다양한 많은 분야가 있겠지만 한때 열정적으로 펼치던 전광판 사업과 ARS, CD-ROM을 중심으로 알아본다.

1. 전광판

1) 개념

차를 타고 서울 시내를 달리다 보면 중심부 주요 거리 건물 옥상에 초대형 전광판을 볼 수 있다. 잠실야구장에서나 볼 수 있는 대형 전광판이다. 화면에서는 쉴새없이 각종 정보를 담은 자막이 흐르고, 선명한 화질의 영상이 나온다. 밤이면 야경과 어울려 마치 영화를 보는 분위기를 연출한다. TV뉴스를 보며 지나가는 느낌을 준다. 바로 1995년부터 불기 시작한 동영상 뉴스 전광판이다. 이 뉴스 전광판은 일본에서 시작했다. 건물 옥상에 대형 전광판을 설치하고 자막이나 동영상으로 뉴스를 전달하는 매체다. 국내에서는 1995년 조선일보가 창간 75주년에 맞춰 TV화질에 버금가는 동영상 전광판을 일본에서 도입한 뒤 언론사간 뉴스 전광판 경쟁이 본격화됐다. 형광튜브(CRT)방식을 채택한 600인치 대형 전광판은 당시 일본에도 몇 개 안되는 최첨단이었다. 외부에서 영상을 제공받기도 하지만 자체 제작팀을 따로 두고 직접 촬영 제작해, TV뉴스처럼 방송한다. 조선일보는 위성을 활용해 뉴스를 전광판으로 전송한다. 20기의 전광판 가운데 1기를 제외한 나머지 전체를 위성방식으로 운영하고 있다. 이어 경쟁 관계에 있던 동아일보가 1995년 8월 광화문 사옥 옥상에 뉴스 전광판을 설치했다. 100억 원대 이상의 가격으로 알려진 일본 마쓰시다 제작품이다. 이는 조선 일보의 비디오 스크린 방식이 아닌 형광방전반(LED)방식으로 전면 컬러이다. 중앙일보는 1995년 9월 창간 30주년을 맞아 역시 LED방식의 600인치 뉴스 전광판을 구사옥 건물옥상에 설치했다. 이밖에 현재 뉴스 전광판을 운영하는 신문사는 16군데다. 1개 신문사가 운영하는 전광판은 평균 5.3개다.[64]

2) 조정기

뉴스 전광판 사업은 IMF이후 된서리를 맞았다. 우선 막대한 초기 시설투자비가 문제었다. IMF고금리로 이자상환 등에서 큰 재정적 부담을 졌다. 운영비도 문제다. TV뉴스는 많은 인력과 장비가 소요된다. 적지 않은 출혈이 계속됐다. 무엇보다 광고 격감의 타격이 컸다. IMF이후 기업들은 구조조정으로 인원을 줄이는 동시에 지출 절감에 나섰다. 광고가 주춤해질 수밖에 없다. 광고는 뉴스 전광판의 유일한 수입원인데 광고 수주가 크게 떨어지니 절망적인 상황으로 치달았다. 5군데가 뉴스 전광판 운영을 중단했다. 이들 전광판은 모두 구형으로 동화상전달이 안돼 어차피 시설개선이 안되면 퇴출될 운명에 있던 전광판들이다. MBC도 전광판을 운영했지만 정리했다. 뉴스 전광판은 단순한 뉴스뿐 아니라 스포츠 중계, 영화, 각종 이벤트 등 새로운 영역으로 발전해 나갈 가능성을 갖고 있다. 이제 초기의 무모했던 투자와 침체 등의 혼란을 딛고, 새로운 소프트웨어로 승부해 살아남느냐 퇴장하느냐의 기로에 섰다.

---

64) 이용준, 『디지털 혁명과 인쇄 매체』, p. 118~120.

2. ARS

1) 현황

음성 자동응답 시스템이다. 전화를 언론사로 걸어 알고 싶은 뉴스나 정보를 듣는 서비스다. 지상파 방송3사는 모두 ARS사업을 활발히 펼치고 있다. 신문사가운데는 서울의 중앙지 가운데 경향, 대한매일, 조선, 중앙, 한겨레, 한국일보 6군데가 운영하고 동아일보는 중단했다. 매일경제와 한국경제도 운영한다. 지방지 가운데서는 부산일보, 무등일보 등 몇 군데만이 운영하고 있을 뿐이다.

2) 일반 정보제공

정보의 빠른 수집과 정리가 쉬운 방송국이 ARS서비스에 가장 앞서 있다. MBC는 100% 자회사인 MBC 미디어텍이 ARS를 담당한다. 700서비스 전문 '엠비넷'을 구축해 방송과 오락, 생활 정보를 제공한다. SBS의 경우 데이터 정보팀에서 기상, 증권, 대학입시, 연예 등의 전문정보를 전달하고 있다. 신문사를 비롯해 대부분 야구골프 같은 스포츠나 증권 같은 경제관련 정보제공이 주를 이룬다. 사용단가는 스포츠나 오락은 30초에 50원, 경제관련 정보는 30초에 100원 안팎이다. 이용자수는 천차만별이다. 인기 서비스의 경우 하루 5000명 이상이 이용하기도 한다. 오늘의 운세, 어학강좌 등도 실시했다.

3) 뉴스활용

사회적으로 민감한 사안을 보도할 때, 또는 민감한 사안에 대해 토론회를 벌일 때 ARS가 효율적으로 활용된다. 뉴스를 보면서 시청자들은 방송사가 자막을 통해 알려주는 전화로 전화를 건다. 번호는 2개. 이슈로 떠오른 사안에 대해 찬성과 반대의 번호를 정하고 시청자가 원하는 의견쪽 번호로 전화를 건다. 내용이 자동집계돼 특정 사안에 대한 여론을 읽어볼 수가 있다. 토론회 등을 할 때 찬반여부를 묻는 경우도 마찬가지다.

4) 성금모금

방송국의 ARS가 가장 큰 몫을 해내는 분야는 따로 있다. 바로 모금을 하는 경우다. 수해나 각종 재해가 발생했을 경우, 불우이웃돕기 등의 전국적인 관심사에 대해 성금을 모금할 필요가 있을 경우 생방송을 하면서 자막을 내보내 전화번호를 알려준다. 시청자가 TV를 보면서 공감할 경우 자막에 나온 번호대로 전화만 걸면, 일정액(천원) 등이 자동으로 기부돼 전화요금에 나온다. KBS의 '사랑의 리퀘스트'는 그 동안 1천200만 통의 전화로 120억 원을 모금했다. 이 프로를 통해 도움을 받은 사람만 3만여 명에 이른다. 뉴스, 스포츠는 물론 연예나 오락 등 다양한 분야에서 ARS는 더욱 확대될 전망이다.

3. CD-롬

1) 개념

CD-롬이란 특수금속표면에 작은 구멍을 뚫고, 정보를 저장한 뒤 나중에 레이저로 정보를 읽어내는 매체다. 문자는 물론 음성이나 음향, 동화상까지 저장할 수 있다. 1982년 CD가 개발된 데 이어 3년 뒤인 1985년 세계 양대 가전사인 SONY사와 Phillips사가 CD-롬을 개발했다. CD나 CD-롬은 외관상 큰 차이가 없다. 크기도 120mm로 같다. 알루미늄을 코팅한 플라스틱 원반이다. 작동원리도 같다.65)

2) 특징
(1) 대용량

CD-롬은 한 장에 최대 650Mb분량을 저장할 수 있다. 쉽게 말해 한 페이지에 1000자가 들어가 있는 문헌 27만5천 페이지를 기록할 수 있다. 매일 32면을 발행하는 신문 1년치를 저장할 수 있다. 수십 권의 백과사전 1질을 CD-롬 2~3개만 있으면 담을 수 있다. CD-롬은 이처럼 대용량인 탓에 출판시장에서 활

---

65) Jim Willis, 『The Age of Multimedia and Turbonews』, p. 8.

용도가 높다. CD-롬이 널리 보급된 데는 CD-롬에 수록한 정보를 빨리 읽어낼 수 있는 드라이브의 개발이 큰 몫을 차지했다. CD-롬 드라이브의 처리속도가 급발전하면서 이용자들이 손쉽게 CD-롬을 사용할 수 있게 된 것이다.

(2) 바이러스 감염 없음

컴퓨터 본체와 디스켓은 바이러스에 취약하다. 특히 최근 들어 컴퓨터 바이러스 문제가 극대화되면서 바이러스 감염이 없는 장점이 더욱 부각된다.

(3) 읽기만 가능

단점도 있다. 읽기만 할 수 있을 뿐 새롭게 정보를 담아 쓸 수가 없다.

3) 언론계 CD-롬 사업

장점을 많이 지닌 CD-롬에 자사가 다뤘던 기사나 프로그램을 담아 판매하는 사업도 언론사가 추진하는 뉴미디어 사업의 일환으로 볼 수 있다. MBC나 SBS 같은 방송사들은 물론 동아일보나 한국일보 같은 유력한 중앙의 신문들 대부분이 CD-롬을 제작해 판매에 나서고 있다. 기사나 사설, 칼럼 등을 수록한다. DB화해서 1년치 씩 판매하기도 한다. 미스코리아 선발대회나 슈퍼엘리트모델 선발대회 등도 제작 판매한다. 아직은 본격적인 판매보다 기념품으로 만들거나, 홍보용으로 만드는 경우도 많이 있다. 그러나 앞으로 유망할 것으로 전망된다. 지금까지 방송 프로그램 등을 비디오로 제작해 판매해왔다. 그러나 컴퓨터 보급이 더 급속하게 이뤄지고, 성능이 향상되면서 CD-롬으로 컴퓨터에서 즐길 가능성이 더 크다.

		인터넷	PC통신	DB	CD-ROM	ARS	전광판	기타
중앙지	경향	○	○	○	○	○	○	
	국민	○	○	○			중단	
	동아	○	○	○	○	중단	○	인터넷TV
	문화	○	○	○			○	
	대한매일	○	○	계획중	○	○	중단	스포츠DB
	세계	○	○				중단	

		인터넷	PC통신	DB	CD-ROM	ARS	전광판	기타
중앙지	조선	O	O	계획중	O	O	O	인터넷TV/위성방송
	중앙	O	O	O	O	O	O	전자상거래
	한겨레	O	O		O	O		
	한국	O	O	일시중단 계획중	O	O	O	무선DB/위성방송 (추진중)
경제지	내경	O	O	계획중	계획중	중단	중단	
	매경	O	O	O	O	O	O	
	한경	O	O	O	계획중	O	O	해외정보 국내판매
지방지	강원	O	O				O	
	경남	계획중	O			O	O	
	경인	O	O	계획중			O	경인뉴스비전
	광주	O	O				O	
	국제	O	O	O			O	
	동양	O	O	계획중	△	계획중		뉴스비전
	매일	O	O	O	△	중단	O	
	무등	O	O		계획중	중단	계획중	
	부산	O	중단	O		O	O	웹호스팅
	영남	O		O		O		쇼핑몰
	제주	O		계획중				
	중도	O	O	O	계획중	계획중	계획중	
	충청	O	계획중	O	계획중	계획중	O	인물/포토DB (추진중)
중앙방송	KBS	O		계획중	△			
	MBC	O		O	O	O	중단	
	SBS	O			O	O		데이터방송
지역민방	대구	O	중단			O		
	대전	O						
	부산	O		O	계획중	계획중		
	울산	O		O		O		
	인천	O		계획중	계획중	O		
기타	EBS	O		계획중	O	O		쌍방향학습

<표 43> 언론사 뉴미디어 현황

(한국언론사 뉴미디어 동향, p. 28.)

제4부

뉴스의 변화

1 달라지는 뉴스

1. 뉴스변화 추구

1. 외국의 뉴스변화

멀티미디어 환경에서 살아남기 위한 외국 주요 지상파TV뉴스의 변화를 살펴본다. 우리보다 앞서 방송을 시작했고, 선진적인 제도로 뉴스를 운영해온 이들의 사례를 점검해보는 일은 우리에게 시사하는 바가 클 것이다. 특히, 공영과 민영을 함께 유지하고 있는 영국과 일본, 독일, 프랑스의 사례는 우리방송체제와 유사하기 때문에 더욱 그렇다.

1) 영국

(1) BBC

영국은 케이블TV, 위성TV의 도전이 거세지면서 BBC를 비롯한 모든 방송사가 뉴스전략의 변화를 꾀하고 있다. 치열한 뉴스경쟁에 나선 것이다. 영국을 대표하는 방송은 BBC. 2개의 지상파TV 채널(BBC 1, BBC 2)과 24시간 뉴스 채널(BBC News 24), BBC World 등 4개의 위성TV 채널, 케이블TV, 5개 전국 라디오, 40개 지역 라디오를 운영하고 있다. 여기에 1999년 'BBC지식 채널'을 출범하고, 인터넷 뉴스 'BBC 온라인'도 운영한다. BBC온라인은 유럽에서 가장 접속률이 높은 인터넷 뉴스다. 상업적으로 성공하고 있는 'BBC Worldwide'는 한해 4억2천만 파운드를 벌어들인다. 'BBC 아메리카'를 세워 미국에서도 900만 가구의 시청자를 확보하고 있다. 존 버트사장이 "BBC는 80년 동안 유지해온 공공서비스 위임자로서의 역할을 충실히 수행하고 있다"고 말하듯이 공영성 위주의 프로그램과 뉴스에 치중하고 있다. 여기에는 BBC 경영위원장 크리스토퍼 브랜든이 "상업적인 시장에서는 결코 마련할 수 없는 시청료라는 안정된 재원이 있기 때문"이라고 지적하듯이 시청료가 든든한 기반이다. TV수신가구는 연간 101파운드의 시청료를 낸다. 전체 수신료 수입은 1998년 21억7천900만 파운드.

영국인의 94%가 일주일에 2시간 이상 시청한다. 또 85%의 국민들이 매주 BBC의 뉴스를 접하고 있다. 저녁 6시뉴스에 580만 명, 밤 9시뉴스에 620만 명의 시청자를 확보하고 있을 정도로 영국 국민들의 신뢰와 사랑을 얻고 있다. 그러나 BBC는 변화의 필요성을 절감한다. 시청률이 30%대 이하로 떨어지기도 하고, 전통적인 인기스포츠 축구와 크리켓의 중계권은 민영 ITV와 위성TV에게 빼앗겨 시청자를 잃고 있다. 뉴스 역시 민간 방송의 거센 도전을 받고 있다.

세계 방송계의 급속한 변화 속에 공영방송뉴스의 위상을 어떻게 정립해 나가느냐가 현안이다. 이에 따라 BBC는 2년여 동안 32만 달러의 비용을 들여 뉴스 개선에 대해 연구했다. 결론은 싱거울 정도로 자명하게 나왔다. '시청자들은 자신이 신뢰할 수 있는 기자가 보도하는 진지한 뉴스거리를 원한다'. 다시 말해 흥미거리보다는 고품질을 지향해야한다는 결론을 얻은 것이다. 그 동안 민간 TV와 벌였던 오락성 위주의 시청률 경쟁은 지양할 예정이다. 이런 원칙을 토대로 BBC는 시간대별 뉴스에 대한 전면적인 손질을 준비하고 있다. 또 BBC2에도 3개의 시사프로그램을 신설해 시사보도기능을 강화하는 전략을 펴기로 했다.

(2) 민영 ITV (채널 3)

뉴스의 변화는 민영 ITV(채널 3), 채널 4, 채널 5 등도 적극적으로 추진하고 있다. 후발주자로서의 한계를 극복하고 시청자를 끌어모으기 위해서다. 먼저 ITV의 변화를 보자. 민영 ITV는 그 동안 심각한 시청률 하락에 시달렸다.

1994~1997년 주시청 시간대 시청점유율이 44.3%에서 38.5%로 떨어졌다. 1998년 상반기에는 밤 10시대 점유율이 27% 이하로 낮아지기까지 했다. 이는 위성이나 케이블 등의 등장으로 인한 하락을 감안하더라도 정도가 심하다. 지상파 TV평균 하락률보다 3배나 높은 수치이기 때문이다. 10시는 ITV 최대의 간판 프로그램 'News at Ten' 다시 말해 10시 종합뉴스 시간대. ITV는 자사의 간판 뉴스프로그램이 부진을 보이자 적극적인 공세에 나섰다. 우선 시청자 여론조사결과 뉴스수요는 10시보다 초저녁 시간대가 높은 것으로 나타났다. 우리와 달리 일찍 퇴근해 가정적인 생활을 하는 서구인들에게 당연한 결과다. 뉴스를 본 뒤 편안하게 오락프로그램을 즐긴다는 것이다.

· 30분 종합 뉴스 (밤 10시 뉴스를 저녁 6시 30분으로)

그래서 내린 결론이 뉴스시간대를 저녁 6시 30분으로 끌어내린 것. 'The ITV Evening News'. BBC가 6시대 뉴스에 확고한 시청자층을 갖고 있으므로 이를 피해 6시 반으로 한 것이다. 1999년 3월 8일부터 시작했다. 메인뉴스시간대를 무려 3시간 반이나 앞당긴 것이다. 간판 앵커 T. Mcdonald(트레버 맥도널드)를 투입했다. 앵커의 배경도 전통의 파란색조 대신에 주황, 빨강, 보라가 주류를 이루도록 했다. 친근감과 현대감을 주자는 취지다. ITV사의 뉴스는 ITN이 만든다. ITN은 30년 전 출범했다. 2차전 참전용사이자 국회의원이던 크롤리(A. Crawly)가 창설한 뉴스공급회사다.

· 20분 정리 뉴스 (오후 5시 40분 뉴스를 밤 11시 뉴스로)

ITV는 또 밤 11시에 'The ITV Nightly News'를 신설했다. 오후 5시 40분에 해오던 20분 짜리 뉴스를 대체하는 형식이다. 심야시간 시청자 확보를 위해서다. 여기서는 종합편성이라기 보다는 국제 뉴스를 중심으로 의회와 지역뉴스를 다룬다. ITV는 이제 뉴스프로그램의 외형적인 변신을 끝내고 BBC와 본격적인 내용 승부를 벌이고 있다.

(3) ITV 뉴스시간 변화 과정

ITV의 뉴스시간 변화는 큰 의미를 갖는다. 민영방송의 뉴스시간 변화가 어떤 의미를 갖는다는 얘기일까? 한국의 민영방송은 뉴스시간대를 바꾸고, 뉴스 프로그램을 만들거나 없앨 때 아무런 규제없이 방송사 의도대로 한다. 이런 방송풍토에서 다소 생소하게 들릴 수 있다.

ITV는 뉴스시간 변경을 위해 엄청난 우여곡절과 수년간의 시간을 거쳐야 했다. ITV가 처음 뉴스시간대 이동을 추진한 것은 1993년. 그때 정치권전체가 뉴스시간대 이동을 반대했다. 당시 메이저 총리도 뉴스시간대 이전을 적극 반대했다. 결국 무산됐다. 영국의 민영방송은 독립(상업)TV위원회(ITC)의 1990년 규약에 따라 뉴스시간대를 변경하려면 허가를 얻어야 한다. ITV는 면허조건으로 낮뉴스 20분, 저녁뉴스 15분, 주시청시간대 30분을 하도록 돼있다. 뉴스를 일정비율 시청자들에게 공급해 보도기능을 잃지 않도록 하기 위해서다. 정치권전체가 반대하니 ITC도 받아들이기는 곤란했다. 또 민영 ITV의 상업적인 전략일 뿐 국민들의 뉴스시청 욕구와는 거리가 있는 것으로 판단해 허가하지 않았다. 1998년 다시 추진됐을때 현 토니 블레어 총리도 반대했다. 이들이 반대한 표면적인 이유는 뉴스약화를 가져오는 것이 아니냐는 우려였다. 그만큼 뉴스를 중요시하는 영국의 전통을 보여주고 있다. 그러나 권한을 가진 ITC의 입장은 과거와 달라졌다. ITV가 시청률 저하로 심각한 위기에 직면했다고 판단한 것이다. 독립 TV위원회는 결국 1999년 면허변경을 허락했다. 그래서 ITV는 뉴스시간대를 바꿀 수 있었다.

(4) 뉴스시간 변경이 주는 2가지 의미

여기서 우리는 영국방송뉴스의 특징을 살필 2가지 좋은 자료를 찾을 수 있다.

- **독립(상업)방송위원회(ITC)의 자주성**

ITC(Independent Television Commission)는 말 그대로 독립방송위원회. 정치권으로부터 독립된 모습을 유감없이 보여줬다. 정치권이 집권당 총리를 포함해서 그토록 반대를 했는데 결국 ITC는 ITV의 의견을 받아들여 뉴스시간대 변경을 허용했다. ITC가 정치권에 종속돼 있거나 예속돼 있다면 ITV의 뉴스

시간 변경은 물 건너갔을 것이다. ITC가 변화하는 방송환경에 맞춰 소신 있는 판단을 내렸던 것이다. 현실적으로 우리 나라에서 대통령이 반대하는데 방송위원회가 그 같은 결정을 내릴 수 있을지 다시 한 번 따져볼 필요가 있다. 영국의 뉴스시간 개편을 장황하게 얘기하는 이유는 바로 여기에 있다. 통합방송법 통과를 놓고, 극심한 진통을 겪었던 우리 나라 방송관계자나 정치권 관계자들이 꼭 알아야 할 대목이다. 방송허가, 감독, 관리권을 갖는 방송위원회 구성문제로 다툼이 있었기 때문이다. 방송위원회의 정치적인 독립이야말로 방송의 민주화, 방송의 정치권으로부터의 독립을 확보할 수 있는 담보장치다.

- 놀라울 정도의 신중성

또 하나 우리가 간과할 수 없는 대목이 있다. 바로 뉴스시간 개편 하나에까지 이토록 방송과 정치권 시청자 모두가 나서 전국적인 관심사로 다루는 영국의 뉴스풍토다.

과정을 살펴보자. ITV가 시청률 하락의 어려움을 호소하며 뉴스시간 개편을 요구하자 ITC는 치밀한 준비에 들어간다. 핵심은 시청자들이 뉴스개편을 어떻게 바라보느냐 하는 시청자의 시각알기다. 비록 공영인 BBC에 내는 돈이지만 연간 시청료 101파운드를 내는 시청자들을 방송의 주인으로 놓고 이 주인들이 어떻게 보는가를 최고의 우선 가치로 여긴다. 시청자 2000명을 상대로 세밀한 설문조사를 벌여 시청자들이 개편에 긍정적인 생각을 갖고 있음을 확인했다. 이를 ITC가 결정에 참고한 것이다. BBC도 앞에서 살펴봤든 2년간이나 막대한 예산을 들여 개편안을 짰다. 여기서 우리 현실을 다시 돌아보지 않을 수 없다. 왜 뉴스에 대한 변화를 시도하려 하는지, 얼마나 시청자 입장에서 개편을 고려하는지, 모든 여건을 충분히 검토했는지 따져볼 필요가 있다. 방송사의 그때그때 상황에 따라 이뤄지는 것은 아닌지, 충분한 검토 없이 실시하거나 다른 형태로 바꾸는 것은 아닐까? 나름대로 사정이야 있겠지만, 시청자 입장에서 보면 방송뉴스의 신뢰성을 떨어뜨리는 일이 아닐 수 없다. 뉴스시간 변경을 놓고 온국민이 달려드는 관심과 애정이 뉴스에 대한 믿음과 뉴스의 품격을 보장하는 것이다.

(5) 채널 4, 채널 5

사실 뉴스 시간대 개편으로 공영방송과 민영방송간 뉴스전을 시작한 쪽은 바로 민영뉴스의 ITV다. 이에 뒤질세라 채널 5도 오랫동안 추진해오던 개편작업을 마치고, 변화를 시도했다. 채널 5방송은 1997년 3월 전파를 발사한 피어슨 그룹 계열의 방송사다. 채널 5는 그 동안 저녁 7시에 종합뉴스를 편성했다. 그러나 ITV가 뉴스를 개편한 일주일 뒤인 1999년 3월 15일부터 저녁 7시뉴스를 6시로 앞당겼다. 'Six O'Clock News'. 6시부터 30분간 방송한다.

채널 5는 앵커가 뉴스시청자 확보의 주요한 변수가 된다고 보고 앵커를 스카우트했다. 젊고 박력있는 힘찬 앵커 커티스 영(C. Young)은 BBC도 스카우트하려했던 인물이다. 저녁에는 주 시청자층이 주부이다. 주부들에게 호소력있는 앵커는 역시 힘있고, 박력있는 앵커라고 판단한 것이다. 현재 6시 뉴스에서 BBC는 580만 명, 채널 5는 BBC의 8%도 안되는 45만 명의 시청자를 확보하고 있을 뿐이다. BBC의 6시대 앵커는 H. Edward(휴 에드워드). BBC 측은 휴 에드워드가 특유의 붙임성과 친화력으로 채널 5의 도전에 충분히 대응할 수 있을 것으로 평가하고 있다. 채널 4 역시 뉴스를 새단장해 저녁 6시대에 뉴스를 출발시켰다.

전통의 뉴스강호 BBC. 처음엔 혼자, 민영 ITV가 생긴 이후로 양자 대결, 2000년대 다채널 시대에 채널 4와 5의 도전. 이제 멀티미디어시대 위성과 다양한 케이블 채널, 인터넷 뉴스와도 경쟁해야 한다. 품질경쟁만이 살길이다. 자기 몫을 지키거나 새 몫을 찾기 위한 시청자 확보 전쟁. 뉴스 개편이라는 새로운 미끼를 준비해 영국은 일단 지상파TV들끼리 (6시에는 BBC와 채널 4, 채널 5. 6시 30분에는 ITV) 치열한 각축을 벌이고 있다.

2) 일본

'1공영, 다민영' 체제인 일본 역시 영국과 함께 우리방송사와 유사한 방송틀을 갖고 있다. 이들의 뉴스개혁 역시 영국 못지 않게 우리에게 새로운 시사점을 던져준다.

(1) NHK와 뉴스확장

일본처럼 공영방송이 많은 뉴스를 해대는 나라도 드물 것이다. 역사적으로나 상업적으로 뉴스는 가장 중요한 TV프로그램으로 자리잡았다. 뉴스의 나라라고 해도 과언이 아니다. 공영방송인 NHK는 더욱 그렇다. 1997년 기준으로 39.5%를 뉴스와 정보프로그램으로 채우고 있다. 문화는 21.7% , 오락은 21.7% , 교육은 11.1%다. NHK의 뉴스 시간은 자그마치 하루에 9시간. 예산편성 등에서도 뉴스와 정보프로그램 확충에 최대의 노력을 기울이고 있다. 이 같은 뉴스중시 정책은 지상파 NHK에만 적용되는 것이 아니다. NHK가 소유하고 있는 위성채널에서도 뉴스중시 경향은 여지없이 나타난다.

NHK의 종합 편성 위성채널은 현재 2개다. 우리 나라에서도 신문에서 프로그램을 소개할 정도로 많이 시청하는 BS(Broadcasting Satellite, 방송위성)-1과 BS-2. NHK의 종합편성 위성채널의 시청자수는 1천만 가구. 전체 4천400만 가구의 25%나 된다. 지상파TV의 4분의1 위력을 NHK 위성TV가 갖고 있는 것이다. 위성1TV의 뉴스 정보프로그램 비율은 1994년 55.7%에서 1997년 59.2%로 늘어났다. 절반이상도 모자라 뉴스, 정보 프로그램을 더 확충하고 있는 것이다. NHK의 대변인 수미나 고이케는 "일본 유일의 공영방송사로서 NHK의 의무가 위성이나, 케이블, 인터넷 서비스의 도전으로 변화되지는 않을 것이다. NHK는 시청자에게 필수적인 뉴스, 정보 프로그램을 앞으로도 계속 강화해 나갈 것이다" 라고 말한다. 공영방송의 사명을 어디에 두고 있는지 잘 나타내 준다.

NHK는 뉴스의 세계화도 추진하고 있다. NHK 위성방송 1, 2는 섬으로 이뤄지고, 산악지대가 많은 국토의 현실을 반영한 국내용 위성방송이다. 하지만 NHK는 이제 세계의 문을 노크하고 있다. 뉴스의 세계화를 선언한 것이다. 1998년 4월 NHK는 2개의 채널을 새로 출범시켰다. 국제뉴스 채널이다. 'NHK World TV'와 'NHK World Premium'. 1998년 10월 1일부터 방송을 시작했다. 전세계가 가시청권이다. 하루 방송시간은 18시간. 해외에 거주하는 일본인 98%가 가시청권에 든다고 한다. 그러나 CNN이나 Star TV가 자국 교포들을 위해 뉴스를 한다고 하면 이치에 맞는 얘기라고 생각하는 사람은 드물 것이다. NHK 국제뉴스채널 역시 결국은 전세계인을 상대로 한 뉴스다.

(2) 다시 보는 공영방송 위상

NHK의 이런 보습을 보면서 공영방송의 임무를 다시 한 번 따져볼 필요가 있다. 공영방송의 재원은 시청료다. 시청자의 돈으로 움직인다. 시청자의 입맛에 맞게 방송을 해야한다고 주장하는 사람들이 있다. 주인이 시키는 대로. 그러나 시청료를 낸다는 개념을 뒤집어서 생각해보자. 세금이라고 치자. 세금내고 싶은 사람은 없다. 그러나 누구든지 세금을 낸다. 그 세금을 가지고 국가가 국민을 위한 길이라고 생각하는 각종 사업을 벌인다. 국방을 튼튼히 하고, 교육사업을 널리 펼친다. 세금을 내는 국민에게 꼭 필요하다고 생각하는 사업에 돈을 쓴다. 국민들이 자기 돈이라고 오락에 쓰자, 먹는데 쓰자고 한다고 해서 그런데 세금을 쓸 수는 없다. 주인이 낸 돈이지만 주인 마음대로 쓰는 게 아니라 주인에게 필요한 곳에 쓴다. 정부가 판단한다.

시청료를 시청자들이 냈다. 그렇다고 시청자들이 즐기는 오락이나 코미디, 드라마 경쟁이나 할 것인가? 아니면 시청자들에게 꼭 필요한 국제정세를 소개하고, 국내의 주요 정치 경제 상황을 설명하고, 국민의 생활에 필요한 정보를 제공하는데 쓸것인가? 주인에게 필요한데 쓰는 것이다. 쇼도 오락도 드라마도

필요하다. 그런 역할은 다매체, 다채널 시대 민영방송이 맡아서 상업적으로 추구하는 것이다. 일본의 NHK 뉴스를 국민들이 절대적으로 신뢰한다. 일본의 상업방송들은 거의 한밤중에 포르노 수준이라는 것은 다 알고 있는 사실이다. 그렇다고 NHK가 시청률 경쟁을 벌인다는 소식은 들리지 않는다.

<사진 24> NHK 위성방송 BS1의 뉴스

(3) 지상파 민영TV

민영TV들은 상대적으로 뉴스프로그램에 있어 공영인 NHK보다 자유롭다. 방송프로그램 편성이나 뉴스편성을 그만큼 유연하게 상황에 따라 조절할 수 있다는 얘기다. 일본 민방들은 모두 5개가 전국 네트워크를 형성한다. 전국에서 볼 수 있는 민방 채널이 5개란 얘기다. 지역적으로 수많은 채널이 있지만, 이들의 공통적인 특징은 뉴스시간이 NHK보다 적고, 또 갈수록 조금씩 줄어들고 있다는 추세다. 시청률 조사기관 Video Research가 조사한 결과를 보자. 1998년 4월에서 6월까지 5개 민방에서 모두 1966개의 뉴스나 정보 프로그램을 만들었다. 1997년 같은 기간의 2천196 개보다 10%가량 줄었다. 1993년에는 2천466 개 여서 민방의 뉴스는 갈수록 줄어들고 있음을 알 수 있다. 뉴스 총시간의 통계를 보자. 1993년 5개 민방의 뉴스 총시간은 10만1천600여 시간. 1997년 9만6천500여 시간. 1998년에는 8만7천200여 시간. 점차 민방에서는 뉴스나 정보 프로그램을 줄여가고 있다.

그렇다고 일본의 민방들이 뉴스를 가볍게 여기는 것은 절대 아니다. 민방은 뉴스시간과 양을 줄인 것은 사실이다. 그러나 주시청시간대의 뉴스프로그램은 오히려 늘어나고 있다. 1993년 주시청시간대 뉴스프로그램 숫자는 258개, 1997년에는 348개로 늘었다. 1998년에는 385개로 계속 늘어나고 있다. 다시 말해, 전체적인 뉴스의 수는 줄이지만 시청자들이 주로 보는 황금시간대에는 뉴스의 비중을 늘인다. 주시청시간대의 시청률이나 광고판매가 민영 방송사의 경영을 좌우한다. 이런 측면에서 일본의 민영 방송사들은 주시청시간대에서 여전히 뉴스가 인기있는 프로그램으로 상업성이 있다고 판단하는 것을 의미한다. 아무리 저질 프로그램이 난무한다고 하지만 뉴스가 일본 시청자에게 의미하는 바를 읽을 수 있는 대목이다.

그렇다면 일본의 민방들이 주요 시청시간대의 뉴스는 강화하면서 기타 시간대의 뉴스를 줄이는 이유는 무엇일까? 무엇보다 직접위성방송의 뉴스채널 폭증이라고 보는 것이 타당할 것이다. 직접위성방송들이 각종 뉴스전문채널을 24시간 가동한다. 세계적인 취재망을 가진 뉴스전문채널들. 특화된 전문성을 갖고 있는 뉴스채널이 24시간 쏟아지는데 비주력 시간대의 민방채널뉴스가, 짧게 하는 뉴스가 시청자들에게 먹힐 리 없다. 다시 말해 주시청시간대에 지상파 방송들이 심혈을 기울여 만든 간판뉴스들은 시청자들이 본다. 그 외 시간대는 경쟁력이 직접위성방송에 떨어진다.

(4) 직접위성방송의 뉴스채널

▪ 일본 국내외 위성 뉴스전문 채널

일본에서 두각을 나타내는 뉴스채널들을 살펴보자. 일본 직접위성방송의 선두주자는 머독의 뉴스 코퍼레이션이 참여하고 있는 SkyPerfectTV. 모두 19개의 뉴스채널을 운영한다. 미국 휴즈사 계열의 DirecTV는 10개의 뉴스 전문 채널을 운영한다. 이들 직접위성방송은 세계최대의 뉴스전문 채널 CNN을 비롯해, 전통 있는 영국의 BBC가 해외뉴스시장 공략을 위해 운영하고 있는 BBC World, 경제전문 뉴스채널 Bloomberg를 비롯해 미국 NBC의 뉴스전문채널 CNBC 등을 방영한다.

일본 국내 뉴스전문 채널로도 NSN(Nikkei Satellite News, TV도쿄와 일본경제신문이 공동으로 소유하고 있음) 아사히 뉴스 스타(朝日 News Star, 아사히신문이 소유하고 있는 TV 아사히의 후원을 받음) 등의 뉴스전문 채널이 있다. 물론 외국의 채널들은 영어를 구사하거나 이해능력이 있는 시청자층을 상대로 한다. 일본 국내의 정치, 경제에 관한 뉴스는 일본계 전문위성채널 다시 말해 NSN이나 아사히 뉴스 스타가 단연 돋보인다.

▪ 지상파 민방의 직접위성방송

일본의 민방들이 가만히 있을 리 없다. 말이 민방이지 일본 민방은 가장 적은 곳이 우리 나라 MBC보다 더 큰 이익을 낸다. 이들도 직접위성방송 시장에 뛰어들 것을 선언했다. 이들 지상파 민방 5군데가 힘을 모은 BS-4 디지털 방송위성은 2000년부터 방송을 시작한다. 확대되는 매체간 뉴스경쟁이 더욱 불을 뿜을 전망이다.

3) 독일

독일 역시 공영방송을 채택하고 있다. 공영과 민영이 공존하는 시스템이다. 이들의 최근 뉴스전략은 어떤 것일까?

(1) 공영방송의 뉴스전략

독일의 공영방송은 2개다. ARD와 ZDF. ARD는 하루에 2시간 50분. ZDF는 2시간 30분씩 뉴스를 방영한다. 일본은 고사하고 5시간 가까이 하는 우리 나라 KBS 1과 비교해 볼 때 크게 뒤쳐지는 양이다. 더구나 재미있는 일은 공영인 ARD와 ZDF가 서로의 뉴스를 번갈아 해준다. 다시 말해 주시청시간대의 뉴스는 각자 제작하면서, 아침과 초저녁 시간대의 뉴스는 양사가 공동으로 방송한다. 한 주는 ARD가 제작한 아침뉴스나 초저녁뉴스를 ARD, ZDF 양사가 공동으로 방송한다. 다음 주는 ZDF가 만든 아침뉴스와 저녁뉴스를 ARD와 ZDF가 공동으로 방송한다. 우리네 가치관으로는 잘 이해가 되지 않지만 이렇게 사이 좋게 방송하고 있다. 2개의 공영방송이 오전에 스트레이트 뉴스 외에도 모닝쇼와 정보오락프로그램을 공동으로 방송한다. 채널 2개에서 하나의 프로그램을 보는 것이다. 오후에는 ARD가 3시, 5시, 8시에 15분씩 최신뉴스를 방영한다. 그리고 10시 30분에 30분 짜리 뉴스를 방영한다. ZDF는 오후에 3시와 4시에 5분씩 속보를 방송하고 5시에는 15분 방영한다. 또 7시에 20분 짜리 뉴스를 방영한다. 그리고 9시 45분에 ARD의 10시 30분 뉴스와 비슷한 뉴스를 방영한다. ARD의 15분 짜리 8시 뉴스가 제일 시청률이 높다.

(2) 민영방송 RTL의 뉴스

민영채널인 RTL. 하루 175분의 뉴스를 한다. 3시간에서 5분이 모자란다. 오히려 공영방송사들보다 더 많은 뉴스를 한다. 최근 시청률도 급상승해 저녁뉴스의 경우 공영 ARD나 ZDF와 우열을 가리기 힘들 정도다. 주시청시간대 프로인 'Aktuell'은 호평을 받고 있다. 전체 시청률 10위 안에 들 정도이다. 우리 나라에서도 민영방송의 TV뉴스가 공영뉴스와 대등하게 경쟁할 수 있고, 언제든 시청률 10위 안에 들 수 있다는 가능성을 암시해 준다. 심야 프로그램 'Nachtjournal'은 최고의 뉴스프로그램에 주는 골든 라이온 상을 받기도 했다. RTL은 진행이 전통 유럽식이라기 보다는 미국식에 가깝다고 볼 수 있다. 진행자들이 자연스럽게 농담을 주고받는 등 시청자들에게 편한 이미지를 주려고 노력한다.

(3) 경쟁 심화

독일에도 뉴스의 경쟁은 예외가 아니다. 전통 공영방송에 민영이 가세하고 새로운 위성채널들이 뉴스를 시작하면서 경쟁도 격화되고 있다. 공영 ARD와 ZDF는 심야뉴스를 신설해 방송하고 있다. 심야뉴스는 민영 RTL이 도입한 것. RTL이 심야뉴스에서 시청자들을 파고들자, 두 공영방송사도 뒤질세라 나선 것이다. ARD는 밤 12시 30분에 'Nachtmagazin'을 ZDF는 11시 30분에 'Heute Nacht'를 방송한다. 민영 Sat 1과 Pro 7(오락 전문)은 상대적으로 뉴스를 적게 해왔다. 그러나 Sat 1이 최근 오후 3시와 4시에 3분 뉴스를 만들었다. 그리고 스튜디오가 완성되는 대로 일일뉴스를 확대하겠다는 의욕을 보이고 있다. 독일에서는 CNN을 유심히 살펴봐야 한다. CNN은 해외 시청자의 4분의1이 독일이라고 판단하고 있다. 그래서 독일을 겨냥한 뉴스를 대폭 강화하고 있다. CNN은 독일시장을 겨냥한 뉴스프로그램 2개를 신설했다. 또 아예 독일어로 방송하는 30분 짜리 뉴스프로그램을 만들었다. 나아가, 모회사인 타임워너가 공동주주로 있는 NTV는 90분 짜리 뉴스프로그램 'CNN This Morning'을 신설했다. 베를린에서 송출하는 이 뉴스프로그램은 매주 월요일부터 금요일까지 아침 6시에 방송한다.

4) 프랑스

프랑스에서 뉴스프로그램을 방송하는 주요 TV는 민영인 TF 1과 공영인 France 2, France 3 채널이다. 이 가운데 TF 1은 연간 6억7천800만 프랑의 예산을 쓴다. France 2는 6억7천500만 프랑의 예산, France 3는 2억8천500만 프랑의 예산을 사용한다. 뉴스시간은 TF 1이 하루 1시간 15분에 불과하다.

France 2와 France 3은 2시간 20분이나 한다. 뉴스취재 규모나 방영 시간에 있어 France 2의 뉴스를 살펴보는 것으로 프랑스 뉴스가 당면하고 있는 과제는 무엇이고 우리에게 시사하는 바가 무엇인지 살펴볼 필요가 있다.

(1) France2의 개혁실패 과정

France 2의 1998년 개혁의 실패를 유심히 살펴볼 필요가 있다. 1997년 총선에서 좌파가 승리를 거두고 연립정부를 구성했다. 그 뒤 좌파 동조성향을 지닌 알베르 뒤 루아(Albert du Roi)가 보도국장에 취임했다. 신임 보도국장은 대대적인 개혁을 추진했다. 보도윤리에 입각한 심층 취재물과 최신 사건을 조합하는 형식의 뉴스를 지향했다. 우선 형식. 앵커와 배경화면을 바꿨다. 앵커가 뉴스를 소개할 때 어깨너머로 보이는 DVE화면을 작은 크기에서 화면 절반으로 확대했다. 다음은 내용, 형식변화 외에 내용적으로 심층뉴스를 지향했다. 사건사고는 간략히 소개하고 심층물 위주로 뉴스를 만들었다. 이 같은 형식과 내용의 변화에 시청자들은 시청외면으로 화답했다. 시청률이 갈수록 낮아진 것이다. 10%대에 있던 8시 뉴스의 시청률이 9~8%대로 떨어졌다. 갈등이 시작됐다. 사장과 앵커 기용문제로 의견 충돌을 빚은 데 이어, 뉴스의 신속한 취재를 위한 기동취재부서 신설도 좌절됐다. 결국 취임 1년만에 보도국장은 사임했다.

(2) 좌절의 원인
- 기형적인 인적구조

France 2는 기자가 324명이다. 21명의 편집장. 29명의 부장. 29명의 카메라기자. 112명의 특파원. 일선 취재 기자 70명의 구조였다. 기형적인 취재구조에서 일할 사람이 없는 것이다. 현장에서 뛰는 기자수와 간부 기자수가 비정상적임을 한눈에 알 수 있다. 된 현장취재가 제대로 될 리 없다.

- 뉴스 시각차

보도국내 기자들도 나뉘어 있다. 우선 '원칙론자들'. 공영방송의 책무를 중요시한다. 문화, 교육, 건강분야에서 주로 취재한다. 시시각각 일어나는 사건 사고 현장을 의미없이 쫓아다니지 말고, 심층취재분석뉴스로 시청자에게 필요한 것을 제공하자는 주의다. 여기에 맞서는 그룹은 '시청자 우선주의자'. 뉴스는 새로운 사건을 쫓는 것. 생생한 현장의 소식을 바로 바로 전달하는데 주력해야 한다는 입장이다. 조금은 선정주의적이라도 현장의 모습을 시청자에게 전달하자고 한다. 시청자자가 그것을 원한다는 것이다. 양자를 절충하자는 그룹도 있었지만 좋은 결과를 내지는 못했다.

- **부서별 알력**

8시 뉴스팀과 편집팀이 있다. 과거 편집팀이 우선권을 갖고 있었다. 그러나 앵커가 단순한 뉴스의 형식문제만 간여하다 취재와 아이템 선정 등에서 중요한 역할 차지하게 되자 갈등이 일어난 것이다. 앵커가 취재팀을 지휘하면서 뉴스를 취사선택하자, 편집팀의 뉴스가 밀리기 시작했다. 편집팀이 주로 담당해오던 경제, 문화, 국제뉴스들이 뒷전으로 나앉고 정치나 사건사고 등의 현장 뉴스가 강화됐다. 보도국장은 보도국의 대단합을 위한 기자 모임을 결성하려 했지만 기자들이 꺼려 결국은 실패하고 말았다.

(3) 우리뉴스에 시사하는 점

알베르 뒤 루아는 1년만에 보도국을 떠나면서 보도국 기자들에게 메시지를 남겼다. "처음 말과 나중 말이 다른 위선자들, 훈계만 늘어놓는 사람들, 전체이익보다 개인의 이익만 챙기는 야심가들, 무능하고 게으른 자들, 집단수의에 연연하는 조합원들… 이들 모두 책임을 면할 수 없다"고 일침을 놓았다. 이 글을 편지형식으로 보도국기자 모두에게 배달했다. 기자들은 그의 말에 수긍하면서도 통솔자가 아닌 관찰자로 머물고만 1년간을 아쉬워했다. 떠난 국장의 말을 곰곰이 되씹어 보면 프랑스의 TV뉴스 얘기가 아니라 모두의 가슴에 와 닿는 보편성이 담겨 있음을 알 수 있다. 특히 우리 나라의 TV뉴스 보도국 현실은 어떤지 다시 한 번 생각해보지 않을 수 없다.

5) 미국

미국은 공영방송제를 채택하고 있지 않기 때문에 우리와는 방송문화의 토양이 크게 다르다고 볼 수 있다. 물론 PBS라는 공영방송이 있지만 실제 방송문화에 큰 영향을 주지 못한다. 교육프로나 의회 등의 중계를 전문으로 한다. 지상파 전국채널이나 위성방송 케이블TV등이 철저하게 상업적인 논리로 움직인다. 물론 시장의 원칙이 적용될 분야는 철저하게 상업전술을 배울 필요가 있다. 미국의 TV뉴스는 CNN이 주도한다고 볼 수 있다. 24시간 뉴스채널일 뿐 아니라 신뢰도에서 지상파TV를 압도한다. Broadcasting and Cable 이 조사한 자료는 뉴스신뢰도가 CNN은 31%, CBS는 22%, NBC는 21%, ABC는 20%였다.

(1) 상업TV

미국의 TV는 매년 9월 중순부터 다음해 5월까지 8개월간을 '레귤러 시즌'이라고 부른다. 각 방송사는 새 프로그램을 선보여 1년 장사를 한다. 1999~2000년 시즌에서 여름 미국의 전통적인 네트워크들은 프로그램 재편성으로 뉴스매거진 형식을 대거 보강했다. 여름철에는 뉴스 매거진이 잘 먹힌다는 경험에 따른 것이다. 시청률에만 매달려야하는 민영상업방송의 전략이다. 실제 1999년 여름 시청률조사에서 매거진 뉴스프로그램들이 시청률 상위권을 휩쓸었다.

(2) 24시간 뉴스 CNN

최근 CNN이 벌이고 있는 변혁을 주시하면 세계뉴스시장이 변혁기를 맞고 있구나 하고 실감할 수 있다. 1980년 출범이래 시험기를 거쳐 지난 10여 년 간 뉴스분야에서 미국은 물론 세계시장을 장악해온 CNN. 네트워크나 뉴스전문채널과의 경쟁을 위해 17년만에 'CNN헤드라인뉴스'에 대변혁을 꾀하고 있다. 특히 뒤늦게 출범한 MSNBC, FoxNewsChannel의 2개 케이블 전문 뉴스채널과의 경쟁을 염두에 두고 개편을 시도한 것으로 보인다. CNN헤드라인뉴스는 1998년 가입자가 6천700만에서 1999년 300만이 늘어나 7천만을 기록했다. 그러나 시청률은 줄고 있다. 1996년 MSNBC와 FoxNewsChannel이 등장한 이후 나타나고 있는 현상이다. 1999년 2/4분기는 일일 평균 시청률이 0.24%를 기록 했다. 16만8천 가구가 시청했다는 얘기다. 지난해보다 26% 상승한 것이다. 주요시간대는 0.29%로 20만5천 가구가 시청한 것인데 전년 같은 기간보다 무려 38%가 상승했다. 그러나 이에 앞선 1/4분기에서는 1일 평균 시청률과 주요시간대 시청률이 지난해 같은 기간보다 각각 8%와 15% 하락했다.

CNN헤드라인뉴스는 처음으로 자사가 아닌 다른 매체를 활용해 광고에 나섰다. 수백만 달러를 들여 '포인트 뉴스를 잡아라', 'Get to the Point News'라는 슬로건으로 광고를 벌인다. 1999년 6월부터 9월까지는 노스캐롤라이나주 샬럿과 오하이오주 콜럼버스에서 신문은 물론 잡지, TV를 통해 시험광고를 했고, 이후 본격적인 광고를 벌이고 있다. CNN도 자사 뉴스를 광고하는 시대가 온 것이다. CNN의 경영진들은 헤드라인뉴스의 변혁이 젊은 시청자들을 확보

하기 위한 것이라고 밝히고 있다. CNN헤드라인뉴스 사장 밥 퍼나드(Bob Furnad)는 "우리는 확실히 젊은 시청자를 원하고 있다. ·한 시간동안 한가하게 앉아 뉴스를 볼 수 없는 사람들을 위한 것"이라고 밝힌다.

변화의 내용을 잠깐 살펴보자. 헤드라인뉴스의 24시간 뉴스는 6시간 단위로 4개로 쪼개진다. 4개

<사진 25> CNN 뉴스

의 단위는 각각 다른 색상을 할당했다. 4개의 다른 시간대에서 4개의 다른 뉴스를 볼 수 있다. 다른 프로그램에서 방송된 뉴스는 방송하지 않을 방침인 것으로 알려졌다. 뉴스기사를 짧게 해 많은 뉴스를 전달하기 위한 포맷으로 바꾼다. 동일한 뉴스장르를 연속적으로 다루지 않는다. 채널이 돌아가는 것을 막기 위해서다. 뒤이어 방송될 2개의 뉴스기사 항목을 왼쪽상단에 보여준다. 'Week at a Glance'는 일요일 밤과 월요일 아침에 방송해 시청자들이 한 주간을 준비할 수 있도록 도와준다. 'Best Bets'라는 신설 프로그램은 각 경제전문 잡지와 제휴해 주말에 경제뉴스를 강화한다. 인터넷 뉴스 시대에 발맞춰 'cnnheadlinenews. com'도 내용을 개선해 새롭게 단장시키고 있다.

(3) 공영 PBS 뉴스강화

밤 11시에 뉴스시간대를 신설해 양질의 뉴스를 전달하겠다는 계획이다. 뉴욕타임즈와 맥닐레르 프로그램 제작사가 뉴스를 만들어 PBS를 통해 공급하게 된다. "11시경 TV채널을 돌려 당신의 지성에 모욕을 주지 않는 뉴스프로그램을 찾아봐라. 그 시간에 진지하고 중요한 정보를 찾기란 힘들다." 라고 뉴스 추진팀은 11시대 뉴스 출범의 원인을 밝힌다. 뉴스는 많지만 뉴스다운 뉴스가 없어 여전히 새로운 뉴스가 필요하다는 주장이다. 주요 뉴스를 10분 정도하고, 경제뉴스를 3~4분한 뒤 해설자가 하나의 주제를 심층분석하는 형식을 취한다. 여기에 지역방송사들을 위해 지역 날씨와 스포츠 소식을 전할 수 있는 시간도 중간에 할애한다. 벌써 12개이상의 지역방송사들이 프로그램을 받기로 가입신청을 했다. 미국이란 상업풍토에서 이름뿐인 공영방송의 고급 심야뉴스가 성공할 수 있을지 두고 볼일이다.

2. 국내 뉴스 변화

1) SBS의 변화추구

(1) 뉴스PD 시스템

1991년 TV를 출범하면서 초창기 PD시스템을 도입했다. 뉴스PD는 말이 PD지 실제로는 뉴스를 만드는 기자를 말한다. SBS에서 뉴스PD제를 도입했을 때 경험많은 고참기자들이 뉴스PD역을 맡았다. 미국의 PD시스템이다. 취재는 기자들이 현장에서 열심히 한다. 그러나 제작은 뉴스PD들이 따로 한다. 우리는 취재와 제작의 역할을 기자 혼자 하지만 이를 기자와 PD가 나눠서 한다. 어쨌든 우리방송 뉴스사에서는 SBS가 출범과 함께 도입했다가 실패했다.

(2) PD기자 협업

다큐멘터리나 교양프로그램을 만드는 제작국 소속 프로듀서들이 기자들과 호흡을 맞춰 함께 뉴스를 만드는 시스템이다. 1996년 주말뉴스를 이렇게 제작했다. 그래서 앵커도 PD출신 간부가 맡고, 뉴스제작도 일반 발생이나 사건은 기자들이 맡지만, 기획뉴스는 PD와 기자가 함께 하는 형식이었다. 이 역시 얼마 뒤 프로그램 개편 때 사라졌다. 그러나 PD가 뉴스에 참여하는 전통은 계속 이어졌다. 1998년 SBS 8시 뉴스는 편집부장에 PD출신을 기용했다. 40분 뉴스 전체를 하나의 작품으로 보고, 짜임새 있게 구성하자는 취지다. 시청자들의 관심을 계속 유도할 수 있도록 뉴스 아이템을 배치하고 있다. 정치, 경제하는 식의 나열식, 또는 무조건 중요도만 따져 순서를 정하는 건조한 뉴스전달의 탈피를 꾀하는 시도다. 제작의 개념에서 접근하는 것이다. 또 8시 뉴스 '박병일 기자의 현장출동' 코너는 PD들이 보도국으로 파견돼 박병일 기자와 공동으로 만들었다.

(3) 전문대기자제

1997년 전문대기자제도를 추진했다. 10년차 전후의 기자들을 상대로 신청을 받았다. 승진에 관계없이 자신의 특정 분야를 정해 그분야만 중점적으로 취재해 전문가 수준에서 리포트를 계속하는 것이다. 외교, 국방, 과학, 환경…. 그러나 곧 흐지부지됐다.

(4) 대표 리포트제

같은 시기 대표 리포트제라는 것도 나왔다. 지금 방송기자들은 수습기자로 들어와 6개월의 기본 교육을 받고, 현업에 들어가 바로 방송뉴스를 만들어 시청자와 상대한다. 아직 현실을 정확히 파악하고, 분석해 뉴스를 전달할 능력이 있겠느냐는 우려가 많다. 물론 수습기자가 10년, 20년 된 기자보다 뉴스를 더 잘할 수도 있다. 10년 20년 지나도 방송뉴스를 제대로 만들지 못할 수 있다. 기자에 따라 많은 차이가 있지 않나 싶다. 어쨌건, 방송뉴스를 보면서 참 어색하게 리포트하는 기자들이 있는 것은 사실이다. 시청자들도 어느 기자가 뉴스를 하면 속이 시원한데 어느 기자가 뉴스하면 답답하다고 말한다. 이런 현상을 고쳐보기 위해 제작 경험이 많고, 제작능력과 전달능력이 뛰어난 대표 기자에게 리포트를 맡기라는 취지였다. 다른 기자들은 취재에 주력해 좋은 소재를 찾아낸다. 그러나 이 방안 역시 시행하지 않았다.

(5) 아나운서 활용

1997년 아나운서를 뉴스에 활용했다. 아나운서들은 방송뉴스의 생명인 음성과 발음이 좋아 뉴스 전달력이 뛰어나다. 시청자들에게 호소력 있게 다가설 수 있다. 그러니까 취재와 기사쓰기는 기자가 하되, 읽기는 아나운서에게 맡긴 것이다. 현장성이 강한 뉴스는 기자들이 계속 제작한다. 그러나 발표성 정보제공 뉴스는 아나운서의 정확한 전달력을 높이 살 필요가 있다고 판단했다. 그러나 곧 폐지했다.

(6) 뉴스모니터 회의

8시 종합뉴스가 끝나는 시간은 밤 8시 40분. 이때부터 30분간 보도국에서 매일 회의가 열린다. 국장이나 부장, 차장이 돌아가면서 주재한다. 참석자는 각부서의 기자 1명씩. 영상취재는 물론 영상편집, CG실까지 참여한다. 당일 뉴스에 대한 평가회의다. 좋았던 점, 개선의 여지가 있는 점에 대해 의견을 교환한다. 그리고 회의결과를 컴퓨터 공용 정보란에 올려 전체 기자들이 읽고, 참고할 수 있도록 한다.

(7) 뉴스시간대 변경

8시 메인뉴스를 1997년 3월, 9시뉴스로 변경했다. 시청자들이 저녁뉴스하면

9시를 주시간대로 생각하고 있다는 판단에서다. 아무리 뉴스를 잘 만들어봐야 8시를 뉴스시간대로 인정해 주지 않는다고 결론 지었던 것으로 보인다. 그러나 넉 달하다가 다시 8시로 환원했다.

(8) 심층뉴스 강화

1998년 3월 심층고발뉴스인 '기동취재 2000'을 신설했다. 기존에도 간헐적으로 고발뉴스팀을 운영했지만 본격적으로 부서체제를 갖추고 출범했다. 기동취재 2000외에 1998년 가을 기자와 PD가 공동으로 만드는 '현장출동'을 별도 고발뉴스 코너로 신설했다. 2000년 봄개편 때 '현장출동'은 문을 내렸지만 기획취재부에서 집중취재형식의 심층 취재물 제작에 나서고 있다. 방송뉴스는 1분30초안에 모든 것을 말해야하기 때문에 심층성이 떨어진다. 사회가 복잡해지고 전문화될수록 깊이 있는 내용을 다룰 필요가 있다. 시의적절한 집중취재를 강화해 TV뉴스의 약점을 보완하려는 의도다.

(9) 조직개편

인터넷 뉴스를 강화하기 위해 인터넷 뉴스부를 신설했다. 정보통신분야의 비중이 커짐에 따라 정보통신 인터넷 업계 벤처업계를 담당할 과학부를 신설했다.

2) KBS변화 추구

(1) KBS 2TV 8시 뉴스

1999년 5월 3일자로 KBS가 제2TV 뉴스에 큰 변화를 보였다. 전통적으로 경직된 분위기의 뉴스를 전달하던 KBS가 지금까지의 뉴스이미지에서 탈피해 미래감각의 젊은 뉴스를 선언했다. '뉴스 투데이'란 이름으로 SBS 8시뉴스에 맞대응해 편성했다. 가장 큰 특징은 SBS가 도입한 PD의 뉴스참여다. '일요 스페셜'이나 '정범구의 세상읽기' 같은 교양프로그램은 물론 쇼나 오락을 만들던

PD들이 10명이나 파견돼 기자들과 호흡을 맞춰 뉴스를 만들고 있다. '뉴스 투데이'가 탄생한 배경은 무엇일까? 광고를 하는 KBS2TV의 8시대는 취약시간대였다. 공익성을 확보하면서 시청자를 끌어 모을 수 있는 방안을 모색했다고 볼 수 있다. 1998년 10월부터 8시대에 뉴스를 편성했지만 성공하지 못했다. 기존의 종합뉴스틀을 그대로 답습한 것이다. 그래서 새롭게 변신을 꾀한 것으로 풀이할 수 있다. 내용의 연성화, 편집의 다양화로 승부를 걸었다. 우선 정치 등의 딱딱한 소재보다 생활과 밀접한 소재에 주력한다. 경제도 어려운 정책보다는 실물 경제에서 시청자의 삶과 경제생활과 관계가 있는 소재를 우선시 한다. 기존의 뉴스가치에 얽매이지 않고 흥미를 끌 수 있는 소재를 과감히 주요뉴스로 부각시키고 있다. 또 투데이 초점, 시사기획, 밀착취재 등 섹션화와 기사시간의 길이에 제한을 두지 않는 편집의 다양화를 추구한다. 문화뉴스의 강화를 눈여겨볼 수 있다. 앵커도 딱딱한 분위기를 벗고, 자연스럽게, 배경도 좀 고풍스럽고 고급스럽게 했다. 크게 이를 정리해보면 '뉴스투데이'는 ① 소재차별화, ② 편집 차별화, ③ 제작방식의 차별화다.

(2) KBS 1TV 9시뉴스

KBS는 1999년 하반기 뉴스개선위원회를 가동했다. 보도국의 간부와 기자 10명으로 구성했다. 이들이 모임을 가지면서 새천년의 뉴스 개선안을 마련했다. 시청률 경쟁을 하지 않는다는 원칙을 확인했다. 사건사고를 줄이고 기획탐사보도를 강화한다는 결론을 냈다. 젊은 사건기자들의 어설픈 기획을 지양하기로 했다. 이를 바탕으로 1999년 12월 9시뉴스에 큰 변화를 시도했다. 부장급이나 팀장급이 참여하는 대표 리포트제, 과감한 해외현지 취재, 심층취재 강화, 출연강화, 기타 제작기법상의 변화를 보이고 있다.

- 대표 리포트제

사회적으로 민감하거나 중대한 사안에 대해 평기자들이 리포트하지 않고 부서를 책임지는 부장이나 팀의 팀장이 직접 리포트한다. SBS가 추진하려다 중단한 제도다. 경제부장이나 문화부장, 법조팀장 등이 직접 얼굴을 내보이며 뉴스를 전달한다. 시청자들에게 좀더 무게 있고, 신뢰감을 더해주는 인상을 줄 수 있다. 젊은 기자들이 주는 참신성과 박진감을 무기로 뉴스를 전할 수도 있지만 경험 많은 대표리포터가 안정감 있는 뉴스로 더 큰 호소력을 줄 수도 있다.

- **해외취재**

사상 유례없는 대흑자 속에 예산사용에 구애받지 않는 KBS특유의 장점을 살려 해외 현지취재를 대폭강화하고 있다. 특파원이 나가있지 않는 세계 곳곳을 직접 기자들이 현지에 가서 취재해 방송한다. 지구촌 소식을 좀더 생생하게 전달한다. 방송사의 해외취재는 많은 경비가 들어간다. 공영방송의 장점이라고 볼 수 있다. 해외 취재할 가치가 있겠느냐의 논의를 떠나 시청자들은 일단 생생한 세계소식, 다양한 뉴스를 접할 수 있다.

- **심층취재**

사회적인 이슈에 대해 심층적으로 진단하거나 집중적으로 취재하는 기획뉴스를 강화하고 있다. 1분 30초로 획일화돼 있던 뉴스시간의 길이를 비중에 따라 늘리거나 여러 꼭지로 나눠 전달하는 등 심층보도에 주력하고 있다.

- **출연강화**

대표 리포트제와 함께 기자들의 출연뉴스를 강화했다. 중요 이슈에 대해 직접 스튜디오에 출연해 앵커와 대화를 주고받으며 사안을 설명하는 뉴스전달방법을 택했다. 물론 중견기자들이 출연하고 있다.

- **제작기법 변화**

사소하지만 제작현장에서도 품질향상을 위한 노력의 일환으로 스탠드업을 할 때 핸드마이크를 쓰지 않고 핀마이크를 쓰는 등 변신을 꾀하고 있다.

- **조직개편**

뉴스의 장기발전전략을 개발하고 뉴스포맷을 개발하는 뉴스기획팀을 신설했다. 뉴스변신추구를 한 번 하고 마는 게 아니라 지속적인 과제로 추진하겠다는 뜻이다. 인터넷 뉴스시대를 맞아 인터넷 뉴스를 전담하는 부서를 신설했다.

3) MBC 변화

MBC는 1999년 3월 24일부터 9월 30일까지 6개월간 '뉴스개선팀'을 가동했다. 엄기영 보도국장은 "방송은 70년을 넘는 역사를 갖고 있다. 그러나 뉴스제작 조직체계는 일제시대를 답습하고 있다. 신문과 방송이 똑같은 직제체제를 갖고 움직인다. 무엇이 변해야 하는지, 어떻게 변해야 하는지 검토해보자는 취지"라고 뉴스개선팀의 존재의의를 설명했다. 기자, 방송기술자, 방송전문가, 시청자 등을 만나 여론을 수렴했다. 보도국의 차장 2명, 보도제작국의 차장 1명, 영상취재 차장 1명 등 4명으로 구성했다. 미국과 영국으로 출장까지 다녀온 뉴스개선팀이 추진하는 방향은 크게 3가지로 잡혔다.

① 뉴스 품질 개선. ② 제작과정의 문제 개선. ③ 시스템 개선. 특히 영국에서 2년간의 시청자 조사로 1999년 5월부터 시작한 '새로운 포맷의 뉴스'에 큰 영향을 받은 것으로 보인다. 일단 스포츠 뉴스를 메인 9시뉴스의 한 코너로 꾸며 방송하는 뉴스편집의 변화전략을 선보였다. 상대적으로 스포츠 뉴스가 KBS에 비해 밀리고 있는 현실을 타개하기 위한 노력으로 보인다. 인터넷 뉴스에서 쌍방향, 심층코너를 만들어 인터넷 뉴스를 강화하는 노력도 시도하고 있다. 9월 30일 '뉴스개선팀'의 시한제 활동이 끝나고 뉴스 개선책을 내놨다. 1999년 말부터는 달라진 뉴스를 선보이고 있다.

(1) 뉴스내용변화
국제뉴스를 강화하고 해외현지취재를 강화하는 것은 KBS변화와 같다. 또 문화뉴스를 늘리고 인터넷 벤처 정보관련 뉴스를 강화한다.

(2) 포맷변화
2000년 4월부터 아침뉴스의 포맷을 완전히 바꿨다. SBS식으로 기자와 PD를 섞어서 교양정보프로그램을 만든다. 시사정보국을 만들고 기자와 PD의 동거체제를 가동하고 있다. 2000년 5월부터 방송을 시작했다. '피자의 아침', 피디

(PD)와 기자들이 함께 만드는 아침프로그램이라는 뜻이다. 아침 6시부터 오전 9시까지 무려 3시간을 방송한다. 과거 SBS가 시사교양국을 만들어 기자와 PD가 함께 뉴스프로그램을 만들던 모습에서 한 단계 발전시킨 형태로 볼 수 있다.

(3) 출연 강화

사회적인 관심사를 뉴스로 전할 때 중견기자들이 출연하는 방법을 사용한다. 경제나 정치 사회 이슈를 나와서 풀어준다는 취지다. KBS와 역시 마찬가지다. KBS보다 출연을 더 자주 활용하고 있다.

(4) 생방송 강화

중계차를 활용해 현장에서 뉴스한다. 방송을 잘하는 고참기자들이 스튜디오에 출연하는 것 외에 관심이 집중된 현장에서 직접 전달하는 방법이다. MBC는 현장 생방송 강화를 위해 중계차에서도 쓸 수 있는 프롬프터를 사들였다. 떨지 말고 글자를 보면서 편안히 뉴스하라는 얘기다. 역시 인터넷 뉴스 강화를 위해 라디오 뉴스 편집팀을 라디오&인터넷 뉴스팀으로 바꿨다.

(5) 뉴스가치 변화

전통적인 사건사고뉴스는 크게 줄였다. 사건사고 단신을 모아 전달한다. 대신 국제뉴스와 문화뉴스의 비중을 높이고 있다.

2. 뉴스취재, 제작의 변화

1. CAR

1) 개념

CAR(Computer Assisted Reporting). 컴퓨터를 활용한 리포트란 뜻이다. 취재기자에게 모두 컴퓨터가(노트북) 보급돼 있다. 컴퓨터를 활용해 각종자료를 찾는다. 인터넷이라는 엄청난 정보의 바다를 누비며 각종 자료와 소재, 정보를 찾는다. 기사나 정보를 작성하고 교환한다. 뉴스제작에 컴퓨터는 필수다. 좁은 의미로 단순히 '온라인 취재'라는 뜻으로 쓴다. 온라인상에서 자료를 찾고 도움을 얻어 뉴스한다는 뜻이다. 이와 달리 넓은 의미로 CAR을 보자는 주장이 있다. 꼭 온라인 취재가 아니더라도 취재나 기사작성 등에서 컴퓨터의 도움을 얻었다면 컴퓨터 활용취재 즉, CAR이라고 보는 시각이다. 앞으로는 이 말이 진부해질 수도 있다. 컴퓨터는 결국 인터넷으로의 연결에서 큰 의미를 갖는다. 앞으로는 인터넷 활용보도(Internet Assisted Reporting)가 더 적합한 말일 수도 있다.

2) 정보의 바다

무엇보다 CAR은 시간과 노력을 줄여, 효율성을 높여준다. 일일이 도서관으로 자료실로 쫓아다니면서 자료를 찾던 아날로그 시절의 불편함과 시간적인 지체를 대부분의 기자들이 이제 잊어가고 있다. 클릭 몇 번으로 다양한 관련 자료를 낚아 올린다. 효율적으로 일을 마무리하고 새로운 일을 시작할 수 있게 해줌으로써 취재와 기사작성의 능률을 극대화 할 수 있다. 멀티미디어 방송환경에서 가장 중요한 뉴스의 특징들은 세계화와 속보화다. 세계가 취재대상이고 취재내용은 세계로 나간다. 그러다 보니 지구상의 모든 언론기관이 경쟁대상이고 그만큼 발빠르게 취재보도하는 언론기관만이 살아남을 것이다. 일본에서 화산이 폭발했다. 북한이 대포동 미사일을 발사했다. 미사일이나, 대륙간 탄도탄, 로켓 같은 보통명사에서부터 북한의 개발현황의 구체적인 내용까지. 또 화산활동이라는 일반명사에서 일본의 화산활동 역사와 우리 나라의 영향까지. 누가 빨리 정보의 바다를 뒤져 풍부한 자료로 빠르게 뉴스를 만들어내느냐에 언론사의 성패가 달렸다고 해도 과언이 아니다. 이런 의미에서 인터넷을 활용한 CAR의 중요성은 갈수록 더 위력을 발휘할 전망이다.

3) 타매체 기사활용

인터넷을 통해 타매체의 기사를 찾는 경우는 2가지다.

(1) 보충자료

하나는 자신의 취재에 보충자료로 참고하기 위해서다. 필자의 경우 1999년 7월 경부고속전철의 물새는 현장을 취재, 보도한 적이 있다. 남서울 역사가 들어서는 경기도 광명시 안양천의 지하공사현장이다. 현장은 우리취재팀만이 잡았다. 그러나 보도에 앞서 고속철에 관한 다른 일반적인 정보 다시 말해 구간이나 공법, 공기 등에 관한 자료를 찾기 위해 다른 언론사의 자료를 많이 찾아보았다. 이런 경우에 해당한다.

(2) 기사가치 판단

기사가 결국은 돌고 돈다. 그러나 고발이나 기획 등은 다른 언론사에서 다루지 않았던 것을 다뤄야 신선미가 있고 기사가치가 있다. 이럴 때 다른 언론사에서 혹시 다뤘는지 여부가 불분명할 때 인터넷을 통해 다른 언론사의 기사를 검색해 파악할 수 있다. 미군이 운영하는 서울 송파구의 골프장에서 슬롯머신을 한국인들이 이용한다는 내용을 취재 보도했다. 그런데 미군시설에서 슬롯머신을 한다는 얘기는 많이 들어본 것 같았다. 기사를 검색했다. 용산의 미8군 영내에서 슬롯머신을 한다는 기사가 많이 있었다. 그러나 교외의 한적한 골프장에서 대낮에 내국인이 슬롯머신을 하며 달러를 낭비한다는 기사는 없었다. 그래서 취재에 나섰다.

4) 취재 공용정보

자사 동료기자들이 썼던 기사와 동료들이 기사이외의 오프더 레코드나 정보용으로 기록한 모든 내용을 컴퓨터를 통해 공유한다. 사내 LAN을 활용해 기자들 누구나가 똑같은 정보를 갖는다. 큰 도움이 된다. 사회의 흐름이나 정국의 흐름을 이해할 수 있다. 균형감각을 갖고 취재할 수 있다. 기자들은 부분만 취재한다. 그러다 보면 전체를 놓친다. 보도국내 많은 취재기자들은 정치, 경제, 국제, 문화, 과학, 지방에 걸친 다양한 정보를 습득해 기록하고 나눈다. 늘 뉴스의 중심에 누가 어떤 일이 있는지 알 수 있다. 전국의 지국이나 계열사 제휴사 등과도 원활한 연락체계가 갖춰져야 효율적인 취재활동을 벌일 수 있다. SBS의 경우 제휴관계를 맺고 있는 지역민방들과 '인터넷 보도정보 공유시스템'을 개발해 활용하고 있다.

5) 인터넷 제보

(1) 방송사 홈페이지 제보

시청자가 방송사로 제보할 때 전화로 할 수도 있고, 또 우편물을 보낼 수도 있다. 물론 직접방문이 가장 큰 효과를 낼 때도 있다. 그러나 요즘은 컴퓨터를 많이 활용한다. 방송사 홈페이지에 시청자의 제보를 받는 난이 있다. 주로 고발소재 제보이다. 홍

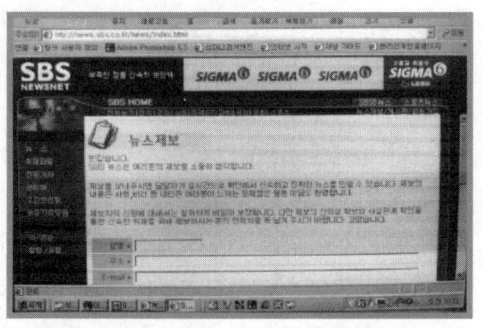

<사진 26> 인터넷 제보

보성 소재도 많다. 다양한 뉴스거리를 제보한다. 최근 들어 컴퓨터, 인터넷 인구가 급증하면서 홈페이지를 통한 인터넷 제보가 급증하고 있다. 내용 역시 충실한 경우가 늘고 있어 뉴스제작에 큰 도움을 준다.

(2) 기자 e-mail 제보

방송사 홈페이지로 제보를 하지 않고 특정기자 개인에게 제보하는 경우도 많다. 방송사 뉴스에서 눈여겨봐 두었던 기자의 e-mail 주소는 방송사 홈페이지에서 쉽게 알 수 있다. 알아낸 e-mail 주소로 제보를 한다.

(3) 고발 홈페이지

많은 사회고발 사이트들이 있다. 시청자들이 이런 고발사이트를 활용해 평소 느꼈던 부조리나 부정 등을 고발한다.

6) 인터넷 취재

취재상 꼭 필요한데 만나기 어려운 상대가 있다. 외국에 있거나 멀리 떨어져 있거나 전화연결이 쉽지 않은 경우다. 이럴 때 가장 편한 방법이 e-mail로 대화를 나누며 취재하는 방법이다. 내용을 확인하고 자세한 내용을 알고 싶을 때가 있다. 이럴 때도 필요하고 꼭 상대의 멘트를 들어 기사에 반론권 비슷하게 반영해야하는데 만나기 어려운 경우가 있다. 1998년 미국에서 의사당 총격사건이 있었다. 저널리즘 교수이자 뉴욕타임즈 비상근 기자인 빌 데드맨(Bill Dedman)은 e-mail을 이용해 취재를 마친 적이 있다. 일리노이 출신 범인의 심리적 동기를 취재했다. 마땅한 전문가를 만날 수 없었다. 데드맨은 인터넷을 통해 전직 재무부 비밀 검찰국 직원이었고, 현재 보안컨설턴트로 일하는 사람을 만나 밤에 e-mail 교신을 했다. 이를 통해 암살자의 심리상태에 대해 자세한 취재를 할 수 있었다.

필자가 속해 있는 기동취재 2000에서 북한의 핵문제를 다룰 일이 있었다. 이를 다루던 동료기자는 국내에서 핵에 대해 취재할 대상을 찾지 못해 국제원자력 기구와 통화해 e-mail로 취재를 한 적이 있다. 필자도 고발뉴스를 하면서 인터넷으로 제보를 해온 경우 인터넷으로 추가사항을 문의해 답을 얻고 있다. 전통적으로 전화나 핸드폰, 호출기 등으로 방송사내 간부와 일선의 기자들이 연락을 주고받았다. 그러나 이젠 호출하거나 전화할 필요도 없다. 기자들이나 선배나 후배, 동료에게 취재와 관련해 알리고 싶은 공지사항이 있을 때 e-mail 로 띄운다. 회사에 들어와 있지 않더라도 컴퓨터를 연결해 지시를 보고 취재할 수 있다.

7) 기사작성과 전송

기자나 보도국하면 담배피워 물고 진한 연기 뿜어내면서 이맛살을 누비고 볼펜이나 만년필을 움켜쥔 채 원고지에 기사를 써내려가는 모습을 연상할 수 있다. 90년대 초·중반까지만 해도 원고지에 기사를 쓰는 게 자연스러웠고 대세였다. 그러나 이제 원고지에 기사쓰는 아날로그 언론사는 없다. 무슨 기사를 이따위로 쓰냐면서 부장이 집어던진 원고지가 편집국이나 보도국의 뿌연 담배 연기 사이로 자유비행하던 모습을 쓰라린 가슴으로 하릴없이 바라보던 일은 이제 추억의 몫이다. 원고지로 기사쓰고 팩스로 넘기던 풍경도 다시 접하기는 어려울 것이다. 노트북을 갖고 다니며 기사를 컴퓨터에 치고 전송하기 때문이다. 노트북 컴퓨터로 기사를 작성하고 난 뒤에도 전화선을 확보하느라 전쟁을 치르기 일쑤였다. 특히 마감시간이 임박한 시간이거나, 대형사건이 터져 서로 동시에 기사를 전송하려 할 때 더욱 심했다. 그러나 핸드폰과 노트북 컴퓨터를 연결하는 장치, 또 아예 무선으로 노트북을 인터넷에 연결하는 장치까지 나왔다.

공비사건이 터지든지 홍수나 수해가 나든지 할 때 현장에 나가서 답답한 심정을 기억할 것이다. 전화도 없고 이동전화도 안터진다. 노트북에 쓴 기사를 본사로 보내야 하는데…. 그래서 현장 근처 가게나 식당은 늘 아지트였다. 쓸데없는 과자도 사먹고, 음료수나 맥주도 마시고, 아니면 밥도 지정해서 먹으면서 편의를 봐달라고 한다. 사용량이 적으면 부탁을 하고 많을 때는 별도로 요금을 지불하기도 했다. 이런 불편을 말끔히 해소했다.

8) 인터넷 리포트

인터넷을 통해 기자의 음성을 보내는 방법이다. 보통 지방지국이나 현지 해외 등에서 기자의 목소리는 전화로 녹음을 하거나 ENG카메라로 담아서 마이크로 웨이브 혹은 위성을 활용해 송출한다. 그러나 전화를 쓸 경우 급한 경우가 아니면 음성의 감이 좋지 않아 세밀한 전달이 어렵다. 해외에서 위성을 활용하거나 현장에서 SNG를 활용할 경우 비싼 위성사용료가 장애요인이다. 이럴때 손쉽게 인터넷을 통해 기자의 목소리를 전송할 수 있다. MP3 화일을 이용해보낸다. 수신측에서 e-mail을 열어 MP3 화일을 작동시켜 기자의 음성을 재생한다. 선명하고 생생한 깨끗한 음질의 오디오를 전송 받아 뉴스에 활용한다. 물론 지금은 전송속도 등에 문제가 있어 화상을 전달하지는 못하지만 기술개발이진행될 경우 음성뿐 아니라 기자의 모습과 촬영화면을 인터넷으로 전송할 수있을 것이다. 이렇게 될 경우 막대한 비용을 들여 위성을 청약하거나 하는 등의불편을 없애고, 경비를 덜 수 있다. 파격적인 변화를 예상해 볼 수 있다.

2. 디지털 제작

방송종사자나 관계자들이 가장 궁금해하는 대목이다. 멀티미디어시대 뉴스제작방법은 어떻게 바뀌는 것인가? 전통적인 방법과 디지털 밀티미디어 환경의 새로운 방법을 알아본다.

1) 아날로그 시대 방식

기존 뉴스제작 방법의 특징은 역할 구분이다. 취재, 촬영, 편집, 송출의 업무가 정확히 나뉘어 있고, 담당인력도 별도로 존재한다.

(1) 내용취재

취재기자 몫이다. 취재원을 섭외하고 만나서 내용을 파악하는 모든 내용을 취재기자가 담당한다.

(2) 영상촬영

영상을 취재하는 카메라기자와 오디오맨이 있다. 이들은 취재기자와 함께 또는 취재기자 없이 취재부서에서 정해준 현장에 나가 뉴스에 쓸 영상을 촬영해 온다. 영상취재팀은 베타 테이프에 현장을 촬영한 뒤 테이프를 영상 편집부서에 넘긴다.

(3) 영상 편집

영상 편집만 담당하는 인력이 따로 있다. 취재기자가 쓴 기사에 맞춰 카메라기자가 촬영해온 테이프를 갖고 영상 편집을 한다. 영상 편집부서가 쓰는 기존의 비디오 편집기는 1 대 1 편집기. 촬영해온 원본 테이프를 '플레이어' 쪽 편집기에 넣는다. 그리고 기자의 음성이 담겨 있으나 아직은 영상을 입히지 않은 편집본 테이프를 '레코더' 쪽 편집기에 넣는다. 기자음성의 내용에 맞게 필요한 영상을 플레이어 쪽 테이프에서 찾는다. 그리고 레코더 쪽 편집기 편집테이프의 음성 위에 영상을 덮는다. 이런 방식이 1 대 1 편집이다. 리포트는 취재기자와 공동으로 진행하고 스트레이트 뉴스나 전화연결 리포트, 생방송용 화면 등은 영상편집자 단독으로 한다.

(4) CG등 특수작업

테이프에 촬영해온 영상자료만으로는 뉴스화면을 구성하기 어렵다. CG(Computer Graphic)을 활용한다. 별도로 CG를 만드는 인력이 있다. 취재기자는 이들 CG인력에게 CG제작을 의뢰하고 CG제작이 끝나면 가져다가 영상편집자에게 넘겨 편집한다. 와이퍼나, 오버랩, 디졸브 등의 특수 편집은 영상편집자가 담당한다.

(5) 송출

영상편집이 끝난 테이프를 방송시간에 맞춰 송출한다. 송출은 뉴스센터의 엔지니어들이 담당한다.

(6) 진행

뉴스진행은 보도국 편집부 기자(뉴스 PD)가 뉴스센터에서 진행한다. 편집회의에서 정한 뉴스진행 순서표인 큐시트(Cue Sheet)가 있다. 기존의 뉴스에서는 이 Cue-시트를 보고 뉴스PD(보도국 편집부기자)가 진행한다. 뉴스 PD의 지시에 따라 테이프를 송출한다. 뉴스 아이템 하나에 1개의 베타테이프가 있다. 당일 8시 종합뉴스의 리포트나 단신 아이템이 25개라면 25개의 테이프가 있다. 이를 직접 넣고 빼는 역할은 VCR맨이라고 별도의 인력이 편집부 소속으로 있어 이들이 직접 다룬다.

(7) 저장

뉴스가 끝나면 촬영해온 원본테이프는 영상편집부에서 보관한다. 언제든 필요한 화면으로 다시 활용해야하기 때문이다. 그리고 뉴스에 나간 화면 그대로는 방송사 데이터 정보부에서 보관한다.

2) 디지털 시대 방식

디지털 기술의 가장 큰 특징은 업무통합이다. 영상이나 음성 등 모든 정보를 0과 1로 나눠 보관, 처리할 수 있기 때문이다. 통합은 구체적으로 업무영역을 파괴한다. 업무담당 인력구조를 뿌리부터 뒤흔든다. 아직 지상파 방송현장에서조차 디지털 시대 방송뉴스제작에 어떤 변화가 오는지 정확히 알지 못하는 경우가 있다. 디지털 시대의 구체적인 뉴스제작방법을 알아본다.

해외에서는 미국이나 일본 그리고 유럽의 선진방송사 몇 군데만이 부분적으로 디지털 체제의 제작과 편집, 송출, 저장 시스템을 운영하고 있다. 국내에서는 케이블과 위성채널을 운영하고 있는 아리랑TV가 유일하게 디지털 시대의 촬영, 편집, 송출, 저장의 시스템을 갖춰 놓았다. 국내 지상파TV들은 이제 부분적으로 갖추고 시험방송을 시작했다. 2001년부터는 본방송을 실현한다. 전면적인 시행에는 상당기간 시간이 걸릴 전망이다. 많은 예산에 인력구조변혁 등의 구조적인 문제를 안고 있기 때문이다. 아리랑TV는 96년 방송사 출범과 함께 디지털 시스템을 갖췄다. 인력을 이에 맞춰 확보할 수 있었다. 작은 방송국을 구현했다. 국내는 물론 세계수준에서도 앞서가는 디지털 편집, 송출, 저장 시스템을 마련했다. 아리랑TV의 디지털 제작 시스템을 중심으로 살펴본다.

① 취재 : 변함이 없다. 취재기자가 취재한다.

② 촬영 : 변화가 있다. 카메라기자가 촬영을 담당하기도 하고 취재기자가 6mm 테이프 카메라나 디지털 카메라를 들고 나가 직접 한다. VJ가 할 수도 있다. 누구든 간편하게 6mm나 디지털 카메라를 들고 나가 현장만 촬영하면 된다.

③ 컴퓨터 입력 : 디지털 카메라로 촬영한 내용은 바로 컴퓨터에 입력한다. ENG는 베타테이프이기 때문에 디지털로 바꿔 컴퓨터로 입력한다. 6mm도 마찬가지다. 촬영한 모든 영상과 음성, 음향신호를 모두 디지털의 0과 1 정보로 바꿔 컴퓨터에 저장한다.

④ 편집 : 컴퓨터가 편집기다. 데스크톱이나 노트북 컴퓨터에서 편집을 한다. 자료를 입력한 주컴퓨터는 LAN으로 사내의 모든 컴퓨터와 연결돼 있다. 기사 역시 마찬가지다. 기자가 기사를 읽은 오디오도 함께 들어 있다. 컴퓨터 화면으로 오디오를 불러낸다. 다음 저장된 영상정보를 불러내 컴퓨터화면상에서 오디오에 입히며 편집한다. 편집기도 필요없고, 별도의 모니터도 필요없다. 컴퓨터 한대로 뉴스를 편집할 수 있다.

⑤ 특수화면작업 : 기존에 외부에서 별도로 하던 와이퍼나, 디졸브 등의 특수화면처리 작업이 편집중인 컴퓨터 1대에서 가능하다. 편집을 끝낸 뉴스는 뉴스센터에 있는 주컴퓨터(서버)에 순서대로 입력한다.

⑥ 진행, 송출 : 기존의 뉴스에서는 Cue-시트를 보고 뉴스PD가 진행했다. VCR맨이 테이프를 넣고 뺀다. 디지털에선 Cue-시트가 역시 컴퓨터에 들어있다. 뉴스센터에서 진행 PD나 엔지니어 누구든 컴퓨터상의 Cue-시트대로 클릭만 하면 저장돼 있던 해당뉴스가 빠져나와 자동으로 송출된다.

⑦ 저장 : 편집이 끝났거나 송출이 끝난 뉴스는 대형 컴퓨터인 서버에 그대

로 보관한다. 실제 사용하는 1대와 백업용 1대 이렇게 2대가 있다. 편집용 컴퓨터는 수십, 수백 얼마든지 가능하다. LAN으로 연결하기 때문이다. 기자들 노트북이 모두 편집 컴퓨터다.

⑧ 부가방송 : 뉴스에 들어가는 동시에 캡션방송을 위한 자막방송이 자동으로 진행된다. 문자다중방송도 실현할 수 있다. 캡션과는 다르다. 캡션은 단순히 뉴스내용을 그대로 문자로 옮겨 놓은 것이고, 문자다중방송은 Teletext 서비스다. 단순히 뉴스기사만 전달하는 게 아니라 뉴스내용을 별도의 정보로, 즉 내용을 요약하거나 바꾸고, 도표나 그래프도 넣어서 방송한다. 인터넷으로는 자동으로 전송돼 인터넷 뉴스로 생방송 진행한다.

⑨ 데이터 베이스화 : 뉴스가 끝난 화면은 CD-롬보다 발전한 DVD로 저장한다. 컴퓨터를 통해 언제든 검색할 수 있다. 밖에서 노트북으로도 검색이 가능하다. 방송사에 무슨 화면이 있는지 밖에서 취재도중 노트북으로 연결해 화면 소유여부를 확인하고 없을 때는 촬영한다. 또 언제든 검색해 필요한 화면을 다운로드 받을 수 있다. 편집 컴퓨터 앞에 앉아서 자리이동 할 것 없이 필요화면을 검색한 뒤 다운로드 받아 그 자리에서 편집에 이용한다.

3) 외국 예

우리 나라 아리랑TV가 디지털 시스템을 갖추고 방송하지만 미국의 CNN일부부문, 일본 등의 일부 방송사도 디지털 시스템을 갖춰 나가고 있다. 일본의 예를 보자. 일본의 도쿄도청과 도쿄신문 등이 출자한 도쿄지역 민간방송 메트로 폴리탄 텔레비전(MXTV). 모든 취재와 제작시스템을 디지털화했다. 24시간 종일 방송이지만 직원은 겨우 110명. 원맨주의 원칙. 기자 혼자서 촬영하고, 기사쓰고, 편집하고, 송출까지 한다. 스튜디오는 단 하나. 뉴스나 좌담 등을 할 수 있는 다목적 스튜디오다. 편집의 경우 디지털 비선형 편집으로 일체 테이프를 쓰지 않는다. 편집이 끝난 기사는 단말기만 있으면 어디서든 주조정실로 이송할 수 있다.

4) 파급효과

이런 디지털 시스템의 도입은 구체적으로 어떤 결과를 가져오는지 살펴본다.

(1) 테이프 없는 방송

방송국에 테이프가 없어진다. 촬영할 때만 필요하다. 촬영이 끝나 방송국으로 온 뒤부터 테이프의 역할은 끝이다. 물론 촬영장비의 디지털화가 완전히 이뤄질 경우 아예 촬영단계부터 테이프를 쓰지 않는다. 넓은 지역을 차지하는 테이프 보관실도 자취를 감춘다. 방대한 양의 원고나 테이프 등은 이제 찾아볼 수 없다

(2) 편집실 없음

편집실이 따로 없다. 각 부서별로 아니면 아무 장소에서나 데스크톱이나 노트북 컴퓨터로 편집한다.

(3) 인력절감

그러니 우선 VCR맨이 사라지고 영상편집인력이 줄어든다. 테이프를 들고 다닐 일도 없고, 취재기자나 카메라기자가 직접 편집을 하기 때문이다. 카메라기자의 역할도 줄어든다. 취재기자나 VJ, AD들이 직접 촬영한다. 아리랑TV의 보도국과 뉴스센터는 조용하다. 지상파 방송사의 영상편집실과 뉴스센터가 뉴스시간이 임박할 경우 사람들로 가득 차 열기를 내뿜는 것과는 사뭇 다르다.

(4) 시간단축

모든 관련자료가 컴퓨터 한대로 다 연결이 돼있어 자리를 옮겨 자료를 찾거나 할 필요가 없다. 정보나 참고자료, 기사, 영상자료를 모두 컴퓨터에서 찾는다.

(5) 뉴스질 확보

테이프처럼 보관했다가 편집시 재사용하는 게 아니라 변하지 않는 디지털로 보관해 놓고 언제나 새 것처럼 불러쓰기 때문에 화질이 떨어지지 않는다.

5) 디지털 시대 영상자료 보관

사실 디지털로 자료를 보관하는 문제는 방송사의 새 과제다. 필자가 근무하는 SBS의 경우도 막대한 양의 뉴스 영상자료가 매일매일 쏟아진다. 버릴 수도 없고, 테이프로 보관하자니, 영상편집부 사무실 공간은 하루하루 좁아지고 있다. SBS 보도국엔 베타 테이프 20분 짜리가 하루에 50여 개 이상씩 쌓인다. 일단 당일 뉴스에 사용한다. 그리고 뉴스의 속성상 관련된 뉴스가 계속 이어서 나가는 경우가 많으므로 일단 한 달 정도는 영상편집부가 보관한다. 한 달 정도 뒤 회사 데이터 정보부가 테이프를 가져간다. 그리고 불필요한 자료는 폐기 처리한다. 필요한 자료는 테이프 원본째, 혹은 필요한 부분만 편집해 보관한다. 도서관처럼 보관하며 필요한 경우 검색해 빌려다 활용한다.

이런 테이프 보관상의 난제를 해결하기 위해 일본의 SONY사와 미국의 IBS사는 공동으로 영상자료 디지털화 사업을 벌이기로 했다. 1999년 5월 두 회사가 이 같은 협정에 합의했다. 디지털 자료를 보관하고 재사용하는 효율적인 방법을 모색한다는 취지다. 명칭은 '미디어 자산관리사업'. 디지털로 자료를 보관할 경우 엄청난 양의 자료를 보관할 수 있을 뿐 아니라 자료의 질도 훼손하지 않고 보관할 수 있다. 첫 고객은 방송사 2군데. 미국의 미디어 오락전문기업 타임워너사 산하의 뉴스전문 채널과 CNN인 것으로 알려졌다. CNN은 현재 10만 시간 이상의 막대한 양의 뉴스자료를 보관하고 있는 것으로 알려져 있다. 세계 가구의 분쟁, 사건, 사고, 희기한 뉴스영상 등. 이를 테이프 상태로 보관하는데는 한계가 있다. 디지털로 보관해 놓고, 뉴스로 재활용하고 싶을 때 언제든 다시 활용할 수 있도록 한 시스템을 SONY와 IBS가 제공하는 것이다. SONY와 IBS의 이 사업은 앞으로 각광을 받을 전망이다. 각방송사마다 겪고 있는 공통의 과제이기 때문이다.

3. 가상 스튜디오

1) 가상 스튜디오(Virtual Studio)

(1) 개념

기존의 크로마키(Chroma Key) 기법을 발전시킨 새로운 방송기법이다. 가상 스튜디오를 위한 공간은 푸른색 배경화면을 갖는다. 기자나 출연자가 움직일 수 있는 크기면 좋다. 여기에 애니메이션으로 만들어진 동영상, 생중계화면, 특수영상효과 등이 세트디자인이다. 출연자는 아무 것도 없는 청녹색 크로마(Chroma)판 앞에서 실제 뭔가가 있는 것처럼 행동한다. 이때, 스튜디오의 카메라와 크로마 세트, 컴퓨터그래픽의 가상세트가 하나로 합성돼 출연자가 실제 공간에서 행동하는 듯한 효과를 내준다. 실제로 있지도 않은 공간이 생기고, 기자가 공간을 마음대로 움직이며 뉴스를 전한다.

(2) 방송적용

가상 스튜디오는 현장감과 박진감을 무기로 삼는 영화에서 먼저 도입했다. 1970년대 영화 스타워즈를 비롯하여 최근의 터미네이터, 쥬라기공원 등에서 선보여 탁월한 효과를 입증했다. 방송에서도 쓰임새는 너무 다양하다. 뉴스, 스포츠, 날씨 등에서 뉴스의 전달효과를 높여주고 있다.

우리 나라에서 가상스튜디오의 출발은 1988년. 서울 올림픽을 중계했던 일본의 NHK가 HDTV인 하이비전(Hi-Vision)으로 방송하기 위해 가상스튜디오 시스템을 선보였다. 1991년 NHK는 이때의 기술을 'nano space'라는 다큐멘터리로 만들어 기술을 소개했다. 이후 SGI사가 1993년 Reality Engine2 그래픽 가속기를 시판하면서 방송의 가상스튜디오 기술 개발 연구가 유럽을 중심으로 활발히 진행됐다. 우리 나라에서는 1996년 총선에서 방송사 뉴스 앵커들이 선거결과를 분석하면서 뉴스에 활용했다. 기자나 앵커가 그래픽 위에 나타나거나 그래픽을 손으로 만지면서 설명하는 등 가상의 스튜디오에서 생방송을 진행하는 모습은 2000년 총선을 거치면서 방송과 뉴스의 새로운 영역으로 자리를 잡았다. KBS와 MBC는 상설 가설스튜디오 까지 갖췄다. KBS의 경우 매주 토요일 '역사 스페셜'이라는 다큐멘터리에서 가상스튜디오의 세계로 시청자를 초대한다. 역사유적을 복원해 놓고 진행자가 자유자재로 가상공간에서 역사유적 사이를 오가며 실감나게 상황을 설명한다.

(3) 전망

방송이나 뉴스에서 가상스튜디오 적용이 크게 확대될 전망이다. 그 동안 방송국들은 스튜디오 확보에 많은 애를 먹었다. 예산부족이나 공간부족으로 어설픈 세트를 만들어 방송할 수밖에 없었다. 소규모 방송국이나 케이블TV 등은 이제 가상 스튜디오 기술로 거대방송과 대등하게 프로그램 경쟁을 할 수 있는 조건을 갖출 수 있다. 이제 가상 스튜디오로 새로운 분위기를 연출하며 뉴스진행을 시도해 봄직하다. 방송의 부익부 빈익빈 현상을 깨는데 큰 도움을 줄 전망이다. 실제로 싱가포르에서는 건물의 한 개 층만 쓰는 방송국이 생겼다고 한다. 이 방송국은 가상 스튜디오 시설을 운영하는 컴퓨터 2세트(1대는 백업용)를 갖고 간단한 주변기기를 이용해 24시간 일기예보를 내보낸다. 그야말로 초미니 방송국의 등장이다.

앞으로 인터넷 방송 등 사이버 공간상의 방송국이 다수 등장할 것이다. 이들 방송은 대부분 개인이나 단체 등 소규모 단위의 방송국 형태다. 이들에게 가상 스튜디오 기술은 신이 내려준 최상의 선물이 될 것이다. 물론 가상 스튜디오에도 아직 극복해야할 점은 있다. 시스템 구성에 많은 비용이 드는 점, 완벽한 현실감을 주지 못하는 점등이다. 그러나 다양한 응용 소프트웨어의 개발로 이를 해결할 수 있을 것이다. 영화에서는 이제 은막에서 사라진 배우까지 등장시켜 영화를 만든다. 과거의 명 앵커를 다시 복귀시킬 수는 없겠지만 기술개발의 여지는 무궁무진하다.[66]

---

66) 고희동(한국 과학기술원 영상미디어 센터 책임연구원), 「디지털 가상 스튜디오 구축기술」, PC WEEK, 1999. 5. 5.

2) 가상 현실(Virtual Reality) 체험

(1) 개념

가상스튜디오를 구현해 방송의 화면으로 보는 것과 달리 직접 장비를 갖추고 가상의 현실 속으로 들어갈 수 있다. 가상현실의 공간 속으로 들어가기 위해서는 인공지능이 창조해낸 특수고안장치가 필요하다. 가상현실의 체험은 크게 3단계로 나뉜다.

- 몰입(Immersion)

가상 현실로 끌려 들어가는 단계다. 영화를 보다가 비행기가 계곡으로 급강하할 때 보는 사람 자신이 계곡으로 추락하는 느낌이다.

- 탐험(Navigation)

컴퓨터가 만들어낸 가상공간(Cyberspace)속에서 여러 방향으로 이동한다. 화성을 탐사한다든가 미래의 어느 시점에 가서 변화된 지구도시를 탐험한다. 사용자가 직접 돌아다니는 느낌을 준다.

- 상호작용(Interaction)

사용자가 정보를 외부로부터 받기만 하는 게 아니라, 가상현실로 직접 정보를 보내 피드백을 받는 등 상호작용을 한다.

(2) 기술

가상현실에는 다양한 기술이 필요하다. 입체영상과 입체음향, 음성인식기술, 홀로그래피 등이다. 홀로그래피(Holography)는 레이저로 대상을 촬영해 필름으로 인화해서 현상한 뒤 다시 필름에 레이저를 쏘아서 대상의 모습을 재생하는 기술로 3D(3Dimension) 디스플레이 중 가장 발달한 형태다. 가상현실을 위한 주변장치는 HMD(Head Mounted Display), 장갑(Glove), 마우스(Mouse), 데이터 수트(Datasuit), 왈도(Waldo) 등이 있다. HMD는 머리에 착용하는 타입의 디스플레이어다. 머리의 움직임을 측정하는 센서와 3차원의 영상을 보여주는 액정화면으로 돼있다. 디스플레이를 눈앞에 설치해 최대의 화면크기로 현실감을 높인다. 장갑(Glove)은 여러 가지 명령을 입력할 수 있는 특수장갑이다. 광파이버, 자기, 초음파를 이용한 센서들이 연결돼, 손이 움직이는 대로 가상공간에 있는 사물을 조작할 수 있다. 데이터 수트(Datasuit)는 몸 전체의 움직임을 검출하는데 쓰는 특수복장이다. 왈도(Waldo)라는 특수장치를 얼굴에 쓰고 갖가지 표정을 지으면 컴퓨터 모니터에 리얼타임으로 그 표정이 나타난다.[67]

4. 생방송 기술의 발전

방송뉴스의 두드러진 특징으로 나타나는 것이 생방송뉴스다. 뉴스의 속보화, 현장화로 생방송이 점점 더 뉴스의 중심으로 자리를 잡아가고 있다. 생방송이야말로 방송이 신문 등의 인쇄매체를 누르고 최고의 매스미디어로 자리잡을 수 있는 토대였다. 특히, 멀티미디어 디지털 사회의 리얼타임시대로 가면서 실감 있게 현장을 전달할 수 있는 생방송의 중요성은 더욱 커진다. MBC는 중계차에까지 프롬프터(카메라 밑에 설치하는 문자 발생기)를 달 정도로 생방송뉴스에 전력을 기울인다. 방송기술의 발전에 따라 뉴스를 전달하는 생방송 방법도 달라진다. 공간적인 제한이 없어지고, 비용을 절감하는 방향으로 나가고 있다. 생방송의 원리와 발달과정을 살펴본다.

1) 방송의 원리

방송사의 방송신호(음성, 영상)는 여의도에 있는 KBS나 MBC, SBS방송국 본사 주조정실에서 송출한다. 그러나 여의도의 방송사 방송탑에서 전파를 송출해봐야 주변의 고층건물에 걸려 전국으로 방송신호가 갈 수 없다. 전파는 장애물을 만나면 방해를 받는 직진성이기 때문이다. 그래서 방송사들은 서울에서 가장 높은 남산(나중에 관악산에도 만듦)에 송신소를 만들었다. 멀리까지

---

67) 『멀티미디어』, 한국 언론 연구원, P. 98

방해받지 말고 가라는 뜻에서 높은 곳에 만든다. 방송사 주조정실은 모든 방송신호를 방송사 옥상에 마련한 방송탑을 통해 이곳 남산이나 관악산의 송신소(중계소)로 보낸다. 송신소는 방송신호를 가시청권 대상지역으로 송출한다. 지역방송은 해당지역에 송신소가 있다. 이 전파를 각 가정의 TV가 받아서 시청한다.

2) 중계차 생방송

방송국에서 생방송을 할 때는 특별한 시설이 필요 없다. 위와 같은 방송의 원리대로 하면 된다. 그러나 사건, 사고현장에서 생방송 할 경우에는 문제가 생긴다. 현장에는 방송시설이 없으니 말이다. 그래서 필요한 것이 움직이는 방송국. 중계차(Electronic News Vehicle)다. 트럭형 차량에 방송에 필요한 장비가 모두 실린다. 비디오신호를 조작하는 스위처(VMU ; Video Mixing Unit). 오디오 신호를 조작하는 콘솔 [Console, AMU(Audio Mixing Unit)라고도 한다], 카메라, DVE(Digital Video Effect), 전파 송수신에 필수적인 M/W장비 등이 실려 있어 방송국의 역할을 완벽하게 수행한다.

(1) 남산 송신소 활용

중계차를 활용하는 생방송 뉴스도 일반 방송의 송출원리와 같은 과정을 거친다. 파주지역의 수재를 취재한다고 가정하자. 이때 중계차가 자리잡고 뉴스를 전하는 장소는 남산과 사이에 장애물이 없어야 한다. 현장의 중계차와 남산의 송신소를 직진으로 연결해야 하기 때문이다. 남산의 송신소에서는 중계차가 보내온 현장의 방송신호 즉 기자가 말하는 모습을 방송사로 보내준다. 방송사에서는 이를 받아 뉴스센터에서 방송에 필요한 수퍼(자막)작업을 한다. 다시 말해 기자가 나오는 장면에서 '파주 수해현장, 김문환 기자' 등의 자막이다. 이런 수퍼 작업을 거친 방송신호(방송화면)는 주조정실을 거쳐 다시 남산 송신소로 보낸다.

이곳에서 가시청권내로 송출한다. 이 화면을 각 가정에서 받아 시청한다. 전파는 빛의 일종이다. 1초에 30만㎞를 간다. 수해현장-남산-방송국-남산-각 가정에 이르는 복잡해 보이는 과정이 거의 순식간에 일어난다.

(2) 지방 중계소 활용

그러나 지방에서 생방송 뉴스를 할 때는 남산이 안보여서 어떻게 할까? 문제가 생긴다. 이를 위해 한국통신은 전국의 주요 산꼭대기에 중계소를 설치했다.

이들 중계소들은 서로 전파를 주고받을 수 있다. 남산을 중심으로 전국의 중계소들이 거미줄처럼 연결돼 있다. 마치 전래의 봉화제도와 같다. 남산에 병조 관할의 중앙 봉수대를 세운다. 그리고 전국의 주요 산에 봉수대를 만들어 서로 연기나 불을 올려 이어달리기를 하듯이 정보를 전한다. 전파의 송수신도 마찬가지다. 남산에 최초, 최종의 송수신소를 만들고 전국의 주요 산에 중계소를 만들어 중계한다. 지방의 한국통신 중계소를 이용할 때 최종 종착지는 남산 중계소다.

3) SNG 생방송

지금까지 생방송 뉴스는 위에서 설명한 방법대로 중계소를 이용했다. 그러나 남산이나 전국에 퍼진 한국통신의 중계소가 직선으로 보이는 장소가 아니면 생방송을 할 수가 없는 큰 단점을 갖고 있다. 그러나 기술 발전은 이를 극복해 줬다. 위성을 활용한 생방송이다. SNG(Satellite News Gathering). SNG는 장소에 구애를 받지 않는다. 이유는 중계소나 송신소를 거치지 않고 하늘에 떠 있는 위성을 통해 방송사 옥상의 방송탑과 바로 영상을 송수신하기 때문이다. 사막이든 깊은 산 속이든 아무런 관계가 없다. SNG에는 위성과 교신할 수 있는 송신기와 수신기 그리고 위성을 찾아 360도 조절이 가능한 파라볼라 안테나를 갖추고 있다. SNG를 이용한 생방송 뉴스의 방법은 2종류다.

(1) 차량 탑재형 SNG

위성과 송수신할 수 있는 기기와 안테나를 중계차에 접목한 형태다. 거꾸로 쉽게 설명하면 중계차에 파라볼라 안테나와 위성송수신 장치를 부착한 형태다. 중계차는 앞에서 설명했듯이 미니방송국. 따라서 차량탑재형 SNG를 활용하면 차가 들어갈 수 있는 공간이면 어디든지 달려가서 생방송 뉴스를 전달할 수 있다. 외국에서는 80년대부터 방송에 활용했다. 우리 방송사에서는 1990년대부터 방송에 투입했다.

(2) 포터블(휴대용) SNG

그런데 차량 탑재형 SNG에도 문제가 있다. 차량접근이 가능한 지역만 생방송을 할 수 있는 것이다. 차가 들어갈 수 없는 현장에서는 여전히 생방송을 할 수 없다. 산악지대같이 지형적으로 차가 들어갈 수 없는 현장에는 무용지물인 셈이다. 이를 위해 포터블(Portable) SNG를 만들었다. 손으로 들고 이동할 수 있는 휴대용 SNG다. 여기에는 중계차가 빠진다. 순전히 위성송수신만 할 수 있는 기기와 파라볼라 안테나로만 구성돼 있다. 이 장비는 평소에 접어서 상자에 보관해 휴대하고 다니다가 현장에서 조립해 사용한다.

우리 나라에서는 걸프전당시 MBC에서 처음으로 취재기자와 카메라기자가 들고 다니며 활용했다. 홍수나 수해지역, 차량접근도 어려운 지역에서 유용한 생방송 수단이다. 휴대용이라고 하지만 1.2m안테나에 위성송수신기가 포함돼 덩치도 크고 무게도 100kg이 넘어 혼자서는 운반이 불가능하다. 연평도 앞 바다에서 남북한 해군함정이 총격전을 벌일 때 신속하게 연평도로 들어간 것은 포터블 SNG다. 차량 탑재형은 너무 커서 취재진을 실어 나르는 해군함정이 신지 못했다. 포터블의 강점을 유감없이 살린 것이다. MBC만이 바로 포터블을 가져가 연평도에서 1신을 날릴 수 있었다. 사건현장은 취재전쟁. SNG를 먼저 치고 들어가는 쪽의 승리다.

그러나 차량탑재형이든 포터블이든 SNG는 생방송 상에 약간의 문제가 따른다. 높은 하늘에(정지궤도 3만6천㎞ 상공에 떠있는 위성) 떠있는 위성까지 전파가 갔다오는 시간의 딜레이가 있어 송신소를 활용하는 생방송보다 0.5~1 초의 시간차가 생긴다. 위성방송을 보면 이런 현상을 확인할 수 있다. KBS지 상파와 위성방송뉴스가 동시에 방송되는데 위성방송이 0.5~1초 정도 늦다. 위성에 갔다오는 시간차다. 빛은 1초에 30만㎞를 간다고 한다. 정지궤도까지 왕복은 7만㎞. 이론적으로는 4분의1, 0.25초의 딜레이만 있어야 하는데 실제로는 더 벌어진다.. 현장에서 생방송하는 기자는 이점을 알아둘 필요가 있다.

4) 광단말기 IPTeck

광섬유를 전제로 한다. 한국전력이 전국에 걸쳐 광섬유 케이블을 깔아 놓았다. 그리고 군데군데 광단자를 만들어 놓았다. 인젝션 포인트(Injection Point)라고 부른다. 취재기자들은 휴대용 광단말기를 들고 사건현장으로 간다. 그리고 취재를 마친 뒤 현장에서 가장 가까운 광단자가 있는 곳으로 간다. 이곳에 광단말기를 꽂고, 촬영한 테이프를 송출한다. 영상과 음성신호가 광섬유를 타고 전송된다. 중계차나 SNG를 이용할 때 전파를 타고 전송되는 것과 다르다. 방송사에는 광케이블이 연결돼 있다. 중계차나 SNG가 가서 생방송을 할 수는 없지만 꼭 현장 상황을 전하고 싶을 때 이를 이용한다. 카메라 1대와 함께 현장으로 가서 비디오와 오디오 입력을 넣으면 바로 그 자리에서 생방송을 할 수도 있다. 단점은 광단자가 있는 인젝션 포인트여야 가능한 점이다. 이는 사건현장과 떨어진 경우가 많다. 그래서 생방송을 할 수도 있지만 생방송보다는 꼭 필요한 현장의 화면을 송출해 주는 기능에 멈추는 경우가 많다.

(1) 기본형

기본형은 생방송이 가능한 다시 말해 신호가 방송사에서 내려오고 또 현장에서 방송사로 올라가는 것이 가능한 형태다.

(2) 간이형

그러나 생방송은 앞에서도 얘기했듯이 별로 효용성이 없는 점을 감안해 촬영화면만 송출할 수 있도록 간소하게 제작한 형태를 쓴다.

5) 영상 전화기

아주 첨단적인 형태다. 이동전화기에 카메라를 내장해 전화가 터지는 장소는 어디든지 가서 생방송을 진행할 수 있다. 우리 나라에서는 1996년 대선에서 영상 전화기를 활용해 생방송을 시도했다. 2000년 4월 총선에서도 사용했다. 당선자의 즉석 인터뷰 등을 할 때 유용하다. 특히 중계차나 SNG를 쓸 경우 비용이 많이 들기 때문에 제작비 절감이 중요한 소규모 방송사나 케이블TV 지역국 등에서 간편하게 현장을 전하는 용도로 활용이 촉진될 전망이다. 그러나 아직까지는 전송속도 등의 문제로 화질이 좋지 않아 추가적인 기술개발이 필요하다.

5. 공동 제작

1) 방송사간 협력

미국의 4대 지상파TV 가운데 NBC를 제외한 CBS, ABC, FOX TV는 2000년 1월 공동회사를 설립했다. 회사 이름은 NNS(Network News Service). 시청률이 가장 높은 NBC는 빠졌다. 3사가 500만 달러씩 1천500만 달러를 출자했다. 이 회사는 3사로부터 뉴스화면을 수집해 전국 네트워크에 공급한다. 또 직접 영상을 촬영해 3사가 공동으로 사용하도록 해준다. 뉴스영상확보에 들어가는 비용을 획기적으로 줄일 수 있을 것으로 전망하고 있다. ABC뉴스의 밥 머피 수석 부회장은 "뉴스영상을 아웃소싱할 경우 다양한 관점의 화면을 얻을 수 있다"고 말했다. CBS뉴스의 앤드루 헤이워드 회장은 "특종보다 뉴스의 차별화된 편집, 그리고 질적 경쟁을 도모할 수 있다"고 설명한다. NNS의 출범으로 CNN은 타격을 입게 됐다. 그 동안 CNN이 각 지방에서 발생한 사건사고 등의 화면을 지상파 방송에 공급해왔기 때문이다. CNN 의존도가 높았던 FOX는 가장 큰 수혜자다. 방송사들이 출혈 경쟁을 자제하고 공동보조를 취해 경영수지도 개선하고 더 많은 영상을 확보할 수 있을 것으로 보인다. 이런 공동 보조의 기원은 1999년 7월 존 F. 케네디 2세의 장례식. CBS와 ABC는 공동화면을 내보냈다.

2) 신문방송의 협력

신문과 방송의 제휴도 가능하다. 미국의 ABC방송과 뉴욕타임즈는 뉴스협력협정을 체결했다. 양 사 기자들이 공동으로 인터넷 뉴스프로그램을 제작한다. 두 회사 모두의 인터넷 뉴스에 띄운다. 뉴욕타임즈 기자들이 ABC방송의 뉴스프로그램에 출연해 뉴스를 전한다. 이에 앞서 워싱턴 포스트와 NBC도 비슷한 협정을 체결했다. 치열한 경쟁구조에서 비용을 줄이고 품질을 높여 살아남자는 노력의 일환이다. 앞에서도 살펴봤듯이 독일의 공영방송들은 어느 한 회사가 제작한 뉴스를 다른 회사가 동시에 방영하고 있다.

3) 국제 협력

국제적인 제휴협력도 가능하다. 프랑스의 르몽드, 독일의 프랑크프르트 알게마이너, 스페인의 엘파이스는 공동으로 기사를 취재해 게재한다. 나아가 공동 판매망도 운영하고 있다. 르몽드의 아시아 특파원은 도쿄와 북경, 방콕에 있다. 스페인의 엘파이스는 이 지역에 특파원이 없다. 르몽드는 엘파이스에 이들 아시아 지역의 뉴스를 제공한다. 엘파이스는 스페어권인 남미에 특파원을 둔다. 엘파이스는 르몽드에 남미권의 뉴스를 제공한다. 서로 제휴함으로써 특파원수를 줄이면서도 더 많은 지역의 뉴스를 다룰 수 있다. 르몽드는 월간지 '르몽드 디쁠로마띠끄' 일부를 영국 신문 가디언의 도움을 받아 영어판으로 제작한다. 또 가디언은 르몽드 기사를 영어판으로 게재하는 섹션을 발행한다.

3. 바뀌는 기자상

기자직엔 충분조건이란 게 없다. 그러나 몇 가지 갖추면 좋은 조건이 있다. 충분조건은 아니지만 필요조건은 있다는 얘기다. 그 필요조건은 전통적으로 냉철한 판단력, 기사를 잘 쓰는 필력, 여기에 방송기자들은 영상작품 구성능력이다. 술을 잘 마셔야하고 밤새도 힘든 줄 모르는 육체적인 조건도 따라붙는다. 그러나 멀티미디어 환경에서 기자들에게 몇 가지 필요조건이 더 생겼다. 달라지는 방송환경과 뉴스제작 여건에서 방송기자들이 어떤 조건을 갖춰나가야 할지 살펴본다.

1. 다기능 (1인 다역)

1) 취재, 촬영역할 통합

한마디로 1인 다역의 시대가 온 것이다. 전통적인 방송기자는 기사취재만 하는 취재기자, 카메라 촬영만 하는 카메라기자(영상취재기자)로 역할이 나뉘었다. 카메라기자에게는 장비를 도와주는 오디오맨이 따라붙었다. 오디오맨이란 카메라기자가 촬영할 때 카메라의 오디오등을 체크해 주고 조명을 담당하며 각종 장비를 관리하는 인력이다. 이렇게 3인이 운전기사와 함께 현장에 나가 취재한다. 취재가 끝난 뒤 취재기자가 기사를 쓰고 그 기사에 맞춰 화면을 편집하는 편집자는 따로 있다. 운전기사까지 5명이 붙어서 뉴스 한편을 만들어냈다. 여기에 변화가 찾아왔다. 뉴스의 속성 변화와 기술의 발달 2가지 변화다. 전통적인 홍보성, 정책 소개성, 상황 전달성 뉴스에서 고발뉴스나 심층 기획뉴스로 뉴스의 흐름이 변한다. 고발뉴스나 심층기획은 카메라기자의 영상촬영보다 내용 취재, 내용 확보가 중요하다. 기자나 PD, AD 등이 스스로 카메라를 들고 취재에 나선다. 촬영장비의 발전도 한몫 거들었다. 방송장비가 소형화되고,

고성능화 돼 간편하게 혼자 들고 다니며 일할 수 있는 여건을 만들어줬다. 1995년 일본의 소니와 파나소닉이 디지털 카메라를 개발하면서부터 화질을 담보할 수 있게 됐다. 디지털화에 따른 뉴스제작 송출 저장시스템의 발달은 눈부시다. 디지털은 인력을 파격적으로 절감시킬 수 있다.

2) 통합의 실례

(1) 미국

CNN은 VJ(Video Journalist) 개념을 만들어 냈다. 혼자서 취재하고 촬영해서 제작하는 1인 3역의 인력이다. 저널리스트 다시 말해 기자, 취재기자인데 비디오까지 같이 책임지는 뜻이다. 뉴욕 최초의 24시간 뉴스채널인 NY1 역시 카메라기자, 오디오맨, 영상편집자, 취재기자 이 네 가지 역할을 한데 묶어 일하도록 20명의 젊은 인력을 뽑았다. 그리고는 '비디오 저널리스트'라는 이름을 붙여주었다.

캐나다의 예를 보자. CBC(Canadian Broadcasting Corporation)는 1990년 구조조정을 했다. 백 명 이상의 기자, 카메라기자, 영상편집자, 기타 사원들을 감원했다. 이후 기자들이 자신의 기사자료를 스스로 촬영할 수 있도록 교육받았다. 카메라기자는 기사 쓰기와 보도기법을 교육받았다. 영상편집자들은 디지털 기술 재교육을 받았다. 전체 직원이 24명으로 줄었다.[68]

(2) 한국

케이블TV 뉴스채널인 YTN은 일부부문에서 오디오맨을 없앴다. 카메라기자가 오디오맨의 역할까지 수행한다. 때론 취재기자나 운전기사가 도와준다. 무엇보다 카메라기자의 일이 힘들어졌다. 영어채널 아리랑TV 보도국도 인력 통합을 시도했다. 뉴스를 담당하는 보도국은 27명. 3교대 근무를 한다. 새벽 5

---

68) 『텔레비전 뉴스』, 15장. 다중기술, 방송진흥원

시. 오전 9시. 오후 2시 반. 각 시간대별로 원칙적으로는 9시간 근무하고 퇴근한다. 그러나 퇴근이 마음대로 안 된다. 일반 지상파나 다른 케이블 채널 뉴스와 달리 취재기자는 자기가 취재한 내용을 기사로 쓰고, 편집까지 한다. 카메라기자가 있기는 하다. 그러나 취재기자가 6mm로 촬영까지 직접하는 경우가 종종 있다. 아리랑TV의 경우 사실은 조금 예외적인 케이스다. 영어 기사를 들으면서 거기에 맞는 화면을 편집하기 때문이다.

케이블TV 지역국(SO)이 인력 절감에는 가장 적극적일 수밖에 없다. 케이블TV 지역국 (SO)이 운영하는 뉴스시스템은 본격적인 VJ뉴스를 시도하고 있다. 무엇보다 인건비 절감이 당면과제인 SO들은 어떻게 하면 효율적으로 인력을 활용할까에 사활을 걸고 매달린다. 취재기자와 카메라기자의 구분은 있다. 그러나 취재부터 촬영 편집을 혼자서 할 수도 있고, 취재와 기사 쓰고, 편집까지 기자가 할 수도 있다. 앵커도 직접 취재하고 뉴스한다. 뉴스 진행도중 자신의 리포트를 소개하기도 한다. 스스로 취재하고 편집한 것이다. 아예 외부인과 VJ 계약을 하거나, 다큐멘터리 10분 짜리 1주일에 한편씩 한 달에 얼마 하는 식으로 계약을 맺고 뉴스를 운영하기도 한다.

2. 컴퓨터 능력

1) 중요성

컴퓨터에 대한 심층적인 이해만큼 기자들에게 중요한 것은 없을 것이다. 컴퓨터는 정보의 바다 인터넷에 연결해주는 지도와 나침반이다. 기자 선발 시 인터넷으로 접수하고 답안도 인터넷으로 작성한다. 최근 나타난 변화다. 그러나 이 정도는 아무 것도 아니다. 앞으로는 컴퓨터를 다룰 수 있는 능력이 기자의 능력을 좌우한다. 지금까지는 발로 뉴스를 제작했지만 컴퓨터로 제작하는 경우가 더 많아지기 때문이다. 아날로그 시절 더 많은 정보를 안다는 것은 출입

처 등에서 더 많은 사람을 아는 것을 의미했다. 술 잘 마셔 이들과 교류하며 좋은 관계를 유지하는 게 정보를 쉽게 구하는 방법이었다. 또 사건이나 기획기사는 발로 현장을 샅샅이 뒤지는 경우에 더 많은 정보를 구할 수 있었다. 이제는 많은 정보를 안다는 것이 그만큼 컴퓨터를 능란하게 활용해 정보의 바다에서 더 많은 정보를 캔다는 것을 의미한다. 정보나 자료수집차원을 떠나서 각종 업무, 제작 등에 있어 컴퓨터가 연결되지 않는 것이 없다.

물론 사람이 하는 일인만큼 아날로그 시절의 가치관도 존재한다. 그리고 일정부분 그대로 남아 있을 것이다. 현장도 부지런히 뛰면서 컴퓨터까지 잘 활용한다면 금상첨화다. 그러나 발로 뛰어선 기능적인 기자밖에 될 수 없다. 제한된 경험을 가진 몇 사람 만나는 것에 불과할 뿐이다. 교통체증, 의례적인 만남… 너무 많은 시간을 앗아간다. 인터넷을 통한 정보수집에는 불필요한 시간 낭비가 없다. 세계 누구와도 바로 만나 e-mail로 궁금한 것을 얼마든지 알아낼 수 있다. 또 한 두 사람 만나는 것도 아니다. 여러 전문가를 다양하게 만날 수 있다. 한 가지 현장 사례만 수집하는 게 아니라 유사한 수많은 세계 각국의 시청자, 제보자 전문가, 사례와 만난다. 인간관계도 e-mail 등으로 개선해 취재원이나 정보원을 관리할 수 있다.

2) 언론사 적용

(1) 활용사례

국내의 한 신문사는 1999년부터 수습기자들에게 인터넷 교육을 7주씩 시킨다고 한다. 인터넷에 들어가 기사거리를 찾는 교육이다. 여기서 수습기자가 18년만에 누명을 벗은 미국의 한 흑인 죄수 이야기를 찾아내 기사화 했다고 한다. 앞으로 인터넷이 취재에 어떤 영향을 미칠 것인가를 암시하는 중요한 에피소드라고 생각한다. 1999년 우리 나라 정보 당국은 북한이 위성방송을 하고 있다는 정보를 입수했다. 어떻게 방송을 수신할 것인가? 정보 당국은 방송사에 수신을 부탁했다. 국내에서 이를 처음 수신한 모 방송국의 기술부장이 있다.

이 사람은 인터넷을 샅샅이 뒤졌다. 새로 시작되는 위성방송 안내 사이트에서 이를 찾아냈다. 그래서 위성의 각도, 위치 등 위성정보와 북한방송의 방식 등을 모두 인터넷에서 찾아서 안테나를 전환시켜 위성방송 수신에 성공했다.

(2) 교육

한국언론재단은 1999년 여름 기자들을 상대로 CAR교육을 실시했다. 한국일보가 250명, 한겨레신문 140명, 동아일보 150명이 참석해 2주간 교육을 받았다. 입사 10년 차 이상의 중견기자들이 교육을 받았는데 호응이 너무 컸다고 언론재단측은 밝히고 있다. 교육을 마친 기자들은 한결같이 인터넷에서 자료를 찾고 활용하는데 큰 보탬이 됐다고 입을 모은다. 기획취재가 붐을 이루면서 컴퓨터 취재 역시 급속도로 확대되고 있다. 일부 언론사는 사내 연구 모임까지 생겼다. 한겨레신문의 경우 '미래를 대비하는 연구 모임'이 있다. 편집국의 정보화 역량을 강화한다는 취지로 CAR과 관련한 연구를 펼친다. 내부강사 양성과 학습 지원, 기사 집·배신 체제 개선과 활용도 제고 방안을 마련하고 있다.

(3) 전자 통신원

국제문제를 담당하는 기자나 경제, 과학 분야를 담당하는 기자들은 인터넷상으로 국내는 물론 세계 각국의 요충지에 사이버 정보요원을 둔다. 현지의 기자나 관련 전문가들을 통신원으로 활용해 e-mail로 각종 최신 자료를 공급받는다. 거꾸로 자신은 상대 나라로 우리 나라의 소식을 같은 방법으로 전해줄 수 있다. 상부상조하면서 자료를 교환한다. e-mail이라고 하는 편리한 미디어를 통해서다. 언론사 차원에서는 각국에 특파원을 보낸다. 그래서 그 나라나 지역의 정보를 상황을 빠르게 접할 수 있다. 아니면 현지에 거주하는 유학생이나 현지에 있는 국내 관계자들을 통신원으로 둔다. 이들을 적은 보수로 활용해 새로운 정보를 습득해 시청자나 독자에게 제공한다. 이는 언론사 차원이다. 기자 개인이 얼마든지 할 수 있다. 개인적으로 현지 언론인이나 전문가와 교류를 튼다. 서로 최신소식을 주고받는다. 1999년 신유고의 코소보 사태 때 국내 신문사들 가운데는 현지에 특파원이나 통신원도 없으면서 현지 소식을 전했다. 물론 통신원이 있었다. 전자 통신원. 현지 언론인들과 교류를 통해 인터넷으로 현지상황을 그대로 전달받은 것이다. 인터넷을 통해 제보를 받는 것과 마찬가지다. 세계로 범위가 확대되는 것이다.

3. 영어구사

지금까지는 영어를 잘해야하는 이유는 입사시험을 잘 치르기 위해서였다. 그래서 말도 많았다. 도대체 영어 잘하는 사람이 취재를 잘하는 것이냐? 그러나 이제 그런 소리를 할 수 없다. 인터넷의 바다를 항해하기 위해 필수조건이 영어이기 때문이다. 대부분 영어자료다. 세계 공용어가 되고 있는 영어로 다른 지역사람들과 대화할 수 있고 취재할 수 있다. 심층적인 취재를 원할 때 인터넷의 활용은 필수고 영어의 구사능력은 핵심 조건이다. 물론 정보의 바다 인터넷에 들어가면 한국어만 갖고도 많은 자료를 얻어낼 수 있다. 또 영어 이외의 외국어 자료나 기사도 있다. 기술 발달로 한국어로 입력해도 많은 외국어 자료를 접할 수 있는 시절도 왔다. 그러나 근간은 영어다. 인터넷 웹 페이지에 오르는 정보의 82.3%가 영어다. 2위인 독일어는 고작 4.3%. 일본어 1.6%, 프랑스어 1.5%, 스페인어 1.1% 순이다. 정보의 영어 편중 현상을 보여주는 수치다.[69]

4. 전문성

기자도 자기전문 분야가 있어야 한다. 자기 전문분야를 갖고 취재하는 기자들만 살아남는다. 얼마 전부터 신문사 등에서 의학이나 과학, 경제, 조사 등에

---

69) 『New York Times』, 1997. 11. 25.

서 박사학위를 소지한 전문기자들을 모집해 활용하고 있다. 전문기자를 아예 별도로 뽑은 것이다. 또 기존의 기자를 전문기자로 육성하기도 한다. 외부선문가를 객원기자로 위촉할 수도 있다. 방송사도 전문기자 육성에 눈을 뜨고 있다. 전문기자를 육성해야 하는 몇 가지 이유가 있다.

1) 무한경쟁

방송뉴스시장에 큰 변화가 생긴다. 새로운 뉴스매체의 등장이 원동력이다. YTN, MBN이라는 케이블TV 뉴스방송 등장에 이어 통합방송법 통과로 위성 TV뉴스가 곧 등장한다. 위력을 보이지 못했던 케이블TV 뉴스와 달리 위성 TV에는 신문사들이 참여한다. 신문사와 신문기자들의 노하우가 위성 뉴스에 녹아든다. 안방을 파고드는 외국 방송의 위력도 점점 거세질 전망이다. 영어를 이해하는 인구수가 점점 더 늘어나면 외국뉴스로 발길을 돌리는 수가 더 늘어날 것이다. 또 외국 자본의 위성 뉴스들이 한국어 방송으로 뉴스시장을 잠식할 수도 있다. 전세계의 신문 방송이 제공하는 인터넷 뉴스 역시 강력한 경쟁자로 등장할 전망이다. 경쟁이 격화되면 당연히 품질이 문제다. 지금까지 몇몇 방송사가 독점하던 시대에는 뉴스의 품질과 관계없이 돌려볼 뉴스가 부족해 시청자들은 마음에 들지 않아도 시청할 수밖에 없었다. 또 시청률이 낮아도 광고주 입장에서는 다른데 광고할 매체나 채널이 없어 그냥 광고를 할 수밖에 없었다. 이제는 뉴스의 문구 하나, 화면 하나에 품질이 담기고 시청률이 결정된다. 정밀한 취재와 심층적인 분석, 전망이 담겨 있지 않으면 금방 다른 뉴스와 차이가 드러나 외면 당한다.

2) 심층

정보화 사회에서는 다수가 많은 정보를 공유한다. 피상적인 정보로는 한계를 갖는다. 깊이 있는 정보가 필요하다. 관련 지식이 풍부한 전문기자들이 참여하는 게 뉴스내용의 질을 더 보장할 수 있다. 인터넷 뉴스에 TV 메인뉴스에서 다루지 못한 다양한 배경과 뒷얘기, 전망 등을 담아 전달할 수 있다.

3) 쌍방향

인터넷 뉴스의 최대 장점은 쌍방향이다. 시청자의 궁금증에 대답해 준다. 가십은 물론 전문적인 내용도 들려준다. 전문기자들이 시청자와 쌍방향의 대화를 주고받으면서 현상을 분석하고 정책대안을 제시하는 매체로서의 기능을 다할 수 있다.

4) 생방송

생방송의 강화도 전문적인 소양의 기자를 필요로 한다. 특히 정치나 경제 사회 전반에 걸쳐 긴급한 상황이 발생했을 때 더욱 그렇다. 현장화면 보여주는 것은 한계가 있다. 화면에 어울리는 설명이 필요하다. 평소 당면분야에 정통하고, 많은 자료를 갖고 있는 전문기자가 생방송뉴스를 할 때 뉴스의 품질을 보장할 수 있다. 그때그때 말솜씨로 화면설명이나 해 가지고는 경쟁할 수 없다.

5) 전망

앞으로 기자 연봉제 시대가 오면 인터넷에서 접속건수가 높은 리포트를 만든 기자가 더 좋은 대우를 받을 것이다. 자신이 만든 뉴스만 올라가는 게 아니다. 자신의 고정코너를 만들고 기사와 정보를 올린다. 의학이나 과학, 환경, 경제, 문화, 정치, 스포츠 등을 담당하는 기자들은 더욱 유리하다. 자신만의 코너 외에 별도로 자신 있는 기자들은 홈페이지를 별도로 만들 수도 있다. 지금도 SBS의 김기성 기자는 자신의 홈페이지를 운영한다. 경제만을 오래 취급해 온 김기자의 홈페이지는 'Say Money'다.

<사진 27> SBS 김기성 기자 홈페이지

5. 기자 채용 개선

1) 미국

우리 나라의 신문을 보다보면 가끔 '수습기자 모집' 하는 신문사의 기자모집 광고를 볼 수 있다. 기자를 공개 시험을 통해 채용하는 방법은 우리 나라에 일반화돼 있는 방법이고 미국은 작은 언론사에서 역량을 인정받은 기자를 스카우트하는 방식이다. 작은 언론사에서 큰 언론사로 먹이사슬을 이루며 기자를 뽑는다. 그러다 보니 중앙의 정점에 있는 거대 언론사는 명예와 많은 보수로 인기 있다. 또 실력을 작은 언론사에서 검증 받은 기자들만 먹이사슬 식으로 스카우트 하니까 항상 중앙의 대 언론사들은 전문가들의 집합체다. 수습기자란 없다. 아래에 있는 작은 언론사들은 기자를 구하기가 무척 어렵다. 많은 보수를 줄 정도로 여유가 없기 때문이다. 기자사관학교로 풋내기 기자를 잘 양성해 큰 언론사로 스카우트 당하는 악순환에 시달린다. 작은 언론사들의 기자 초임은 연봉 2만여 달러가 채 안 된다. 우리 나라 돈으로 2천400여만 원. 5만 달러는 돼야 중산층의 밑자리를 차지하는 미국현실에서 이만저만한 저임금이 아니다. 다양한 경로를 통해 일 잘하는 기자를 뽑는 유연한 제도다. 자유로운 언론사 이동으로 자질을 갖춘 기자들은 보다 큰 언론사나 자신의 성향에 맞는 언론사에서 일할 수 있다. 기자의 개성과 철학을 지킬 수 있다.

2) 우리의 기자채용 방식

(1) 공개 수습기자 채용

위에서 말한 대로 우리는 IMF 이전에는 1년에 한번씩 5~10명씩의 수습기자를 모든 언론사가 공채라는 방법을 통해 일제히 선발했다. IMF 이후 인력감축으로 언론사들이 기자채용을 자제하고 있다. 아마 과거와 같이 일률적으로 1년에 몇 명씩 뽑는 제도는 사라질 수도 있다. 뽑기는 뽑되 필요할 때마다로 바뀔 것이다.

(2) 대학교육과 괴리

기존의 공채방식은 대학 언론교육을 완전히 무력화시킨다. 우리 나라는 세계에서 미국다음으로 언론관련학과 수가 많다고 한다. 전국의 60개 대학에서 개설하고 있다. 신문방송학은 실용적인 학문의 성격이 크다. 그리고 신문방송학에 진학하는 학생의 상당수가 언론사에 입사할 마음을 먹고 입학한다. 그리고 4년간 부지런히 신문이나 방송, 즉 언론의 역사와 이론 실무에 관해 집중적으로 교육을 받는다.

그러나 졸업할 때 언론사 입사시험은 4년간 학교에서 배운 것과 아무 관계가 없는 영어와 상식, 국어다. 기막힌 부조화다. 방송의 경우 영어나 상식과는 다른 영상의 측면이 강하다. 화면적응도, 발성, 영상작품에 대한 감각적 능력. 어느 하나도 입사시험과는 동떨어져 있다.

(3) 한 번 직장이 평생 직장

문제는 여기서 그치지 않는다. 우리는 한 번 들어가면 영원히 그 회사에서 몸을 바치는 경우가 많다. 언론사간 기자 이동이 없었다. 이런 체제아래서 끊임없이 자신을 계발하고, 전문화하는 기자가 양산될까? 아니면 안주하며 조직에 살아남기 위한 기자가 양산될까? 언론의 원칙에 충실하며 자신의 전문화에 힘쓰는 일은 오히려 조직에서 살아남기에 방해가 될 수도 있다. 우리 나라의 구조는 기자가 아니라 특정 언론사 소속 직원을 양성해낼 뿐이다.

3) 개선책

무엇보다 언론사간 자유로운 인재 이동이 가능해야한다. 기자는 열심히 취재하고 좋은 기사를 쓰고 뉴스를 만들어 수용자에게 봉사한다. 그런 기자를 잘 대우하는 언론사는 수용자를 확보해 살아남고 그렇지 못한 언론사는 도태하는 구조가 좋다. 그래야 정상적인 언론의 구조다.

지금 한국사회 언론의 최대 병폐는 극심한 자사이기주의다. 이는 사주의 몫이다. 기자들도 사주의 이익을 대변하는 친위단체가 된 인상을 지울 수 없다. 자신의 신분이 사주에게 달려 있기 때문이다. 스카우트 제도의 자유로운 활용이 필수적이다. 언론의 정도를 위해서다. 사주를 위해서도 마찬가지다. 치열한 경쟁구조에서 수용자 확보만이 살길이다. 친위단체로 수용자를 확보할 수는 없다. 대형 언론사의 경우 공채란 참 어리석은 일이다. 모든 기자들이 그 언론사에 못 들어가서 안달인데 기자로 성공할지 실패할지도 모르는 수습기자를 뽑다니 말이다. 최근 국내 최고라고 주장하는 일부 신문사들이 기자스카우트에 나서 몇 명의 기자를 스카우트하고 있다. 진정한 변화의 바람이 부는 것인지. 이제 신문이든 방송이든 실력 없는 뉴스는 퇴출이다. 스카우트할 때 자기 사람 심기나 부탁받아 사람을 뽑는 부작용이 있다. 그러나 이런 언론사는 앞으로 엄청난 경쟁아래 퇴출 1호 대상이다.

4) 고용변화

고용관계도 엄청난 변화가 올 것이다. 지금까지 기자들의 임금은 신문이나 방송, 우량, 중형 언론사에 관계없이 중앙 언론들은 비슷했다. IMF를 겪으면서 언론사별로 천차만별이 됐다. 언론사끼리 비교가 무의미할 정도로 차이가 난다. 또 하나의 변화가 기다린다. 지금까지 같은 언론사에서 기자들의 임금은 비슷했다. 이제 같은 회사에서도 임금은 크게 달라진다. 실력의 유무, 고생의 유무에 따라 임금이 달라진다.

"텔레비전 뉴스 종사자들에게 있어서 다가올 미래는 흥미진진한 가능성과 위험성을 함께 의미한다. 저널리스트라는 고용인의 삶이라는 직업적인 희망은 이제 낡은 사고가 됐다. 미래의 변화된 방식은 저널리스트라는 말을 새롭고 넓은 개념으로 빠르게 변화시킬 것이다."70)

---

70) 『텔레비전 뉴스』, 15장. 다가올 미래의 형상.

6. 기자 교육

1) 수습 교육

우리의 언론사들은 국어, 영어, 상식으로 기자를 뽑은 뒤 6개월 정도 수습교육이라는 것을 시킨다. 회사에 대한 기본 오리엔테이션을 받고, 보도국이나 편집국의 각 부서를 돌면서 기본적인 부서별 특성을 익힌다. 그리고 사회부에 소속돼 경찰취재를 하며 기사를 쓰고 뉴스를 만드는 기본을 배운다. 신문사를 포함해 대부분 언론사의 특징이 사회부에서 사건 사고 취재로 수습의 대부분을 보낸다. 사건이나 사고기사가 기사의 기본이기 때문에 그렇다는 측면도 이해가 간다. 그러나 이는 자칫 사건 사고 지상주의로 기자들을 세뇌할 수 있다. 작은 것을 큰 것으로 침소봉대하는 기본을 여기서 익힌다. 국가적이고 세계적인 경제, 정치, 외교의 중요문제는 뒷전이다. 케이블TV 지역국(SO)이 해야할 뉴스를 지상파 방송사가 주요뉴스로 한다. 수습시절부터 세뇌된 결과다. 시청자 평계는 그만 했으면 좋겠다. 시청자가 태어날 때부터 사건 사고 뉴스를 본 것은 아니다. 시청자 역시 TV뉴스를 접할 때부터 그것만 봐서 그렇다. 바꾸면 바뀐다.

2) 기성기자 재교육

(1) 언론대학원

개인적으로 각 대학이 개설한 언론대학원에 다닌다. 일반 기자업무를 하면서 다니다 보니 내실 있는 교육이 어렵기는 하다. 그러나 필자도 다녀본 결과로는 아주 꼭 필요한 교육이란 점이다. 특히 신문방송학을 전공하지 않은 기자들은 배우고 느끼는바가 많다. 신문과 방송에 대한 기초를 알 수 있을 뿐 아니라 세계 언론과 방송의 변화를 읽을 수 있어 많은 도움이 된다. 현장에서 뛰어다닐 때 미처 생각하지 못했던 것을 깨우쳐 주는 고귀한 시간이다.

(2) 일반대학원

본인이 원하는 분야의 전문분야를 탐구하기 위해 경영이나 경제, 국제정치 문학 등을 전공하는 기자들도 다수 있다. 전문기자화 시대를 대비해서도 아주 바람직한 일이라고 본다. 회사에서 경제나 국제 정치, 문화부 등에서 통일, 외교, 경제정책, 실물 경제, 환경 등의 분야를 전문적으로 다루기 위해서도 유용한 재교육 방법이란 생각이다.

(3) 해외연수

회사나 언론재단 등의 지원으로 1년 정도 외국에 나가 현지 언어와 언론, 그리고 전문분야를 공부하는 기회도 있다.

그러나 이런 언론대학원이나 일반대학원, 해외연수는 현실적인 문제가 있다. 대부분을 기자 개인의 몸부림으로 실현해야 한다. 기자 재교육은 기자의 발전뿐 아니라 소속 언론사 나아가 언론 전체, 사회를 위해 필요하다. 좋은 뉴스는 좋은 기자로부터 나온다. 필자는 소속사인 SBS 지원으로 언론대학원을, 프레스센터와 대기업이 운영하는 언론재단 지원으로 저술지원 기회를, 역시 대기업운영 언론재단으로부터 프랑스 연수 기회를 얻었다. 그러나 죄짓는 사람처럼 숨어서 대학원을 다니고 책을 썼다. 그렇다고 취재업무를 소홀히 한 것은 없다. 내근부서에 있는 기자를 부러워하면서 뼈저리게 느낀 게 있다. 기자재교육은 당위란 점이다. 여성 근로자가 출산을 위해 휴가를 얻듯 품질 높은 뉴스 생산을 위해 재교육은 당연한 근무의 연장이라고. 기자는 순환 근무한다. 편집부나 국제부, 심의부처럼 회사 일과 재교육의 과제를 명확히 구분할 수 있는 부서로 배치한다. 이때 마음놓고 대학원 다니고, 책 쓰고, 해외연수 할 기회를 줘야 한다. 제도적 장치마련과 투명한 관리가 가능하다고 본다. 지금처럼 대학원공부나 저술이나 해외연수가 도적질이나 특혜로 인식되는 풍토에서 전문적 소양을 갖춘 기자육성과 경쟁력 있는 언론확립은 요원하다. 품질 높은 뉴스를 위해 인식전환이 시급하다.

1997년 신문의 날을 맞아 오세정 교수가 어느 일간지를 통해 언론에 던진 지적을 깊게 되새겨 볼 필요가 있다.

　"언론과 대학이 부끄럽게 몇 가지 점에서 공통점을 갖고 있다. 우선, 생산품의 품질이 수준미달이다. 둘째, 미달상품을 갖고도 대한민국 사회에서 살아남을 수 있다. 셋째, 자신들의 문제점을 고치는데 인색하다."

2   뉴스 수용의 변화

1. 수용의 변화

그 동안 수용자(Audience)는 수동적인 개념이었다. 그러나 멀티미디어시대에는 능동적으로 정보를 찾아 이용하고, 생산과정에 참여하기도 한다. 변화하는 수용자의 모습과 수용 실태를 알아본다.

1. 실내 활동

"TV도 라디오도 없었다. 전기도 전화도 없었다." 첫 문장이 이렇게 시작되는 소설이 있다. '요람기'라는 제목이다. 2~30년 전 중학교에서 국어 책을 통해 누구나 배웠을 것이다. 한 소년이 사춘기를 거쳐 어른으로 성장하는 과정을 그린 통과의례적인 작품이다. 봄부터 겨울까지 1년간의 소년생활을 통해 꿈과 연민의 성장사를 그려냈다. 한국농촌의 분위기와 정서에 맞게 잘 묘사한 단편이다. 간결하고 잔잔한 필치로 전개한 이 소설에서 실내 장면은 하나도 없다. 모두가 야외에서 벌어지는 에피소드로 엮었다. 작가가 일부러 실내의 문명생활을 혐오하거나 자연생활을 동경해 쓴 것은 아닐 것이다. 이 작품이 쓰여진 시기는 아직 한국 사회가 공업화로 들어가기 전이기 때문에 작가가 그런 생각을 할 정서적 배경이 없을 때다. 삶을 위한, 문화생활을 위한 모든 활동이 야외의 자연 속에서 벌어졌기 때문이다. 실내생활이란 먹고 자는 일뿐. 거의 모든 인간의 활동과 욕망을 자연 속에서 해결했다. 그러나 문명이 발달하면서 하나 둘 자연활동이 실내 활동으로 옮겨왔다. 우선 생존을 위한 활동이 실내로 들어왔다. 공장이나 사무실이다. 생존뿐 아니다. 문화도 실내로 들어왔다. 종교적 주술 활동도 옥내 장소로 바뀐다. 학문도 마찬가지다. 스포츠, 오락… 여기에 결정적 주역인 TV가 나타난다. TV가 나오면서 인간의 오락은 실내로 좁혀졌다. 멀티미디어 환경의 수백 개 채널과 인터넷은 이를 더욱 고착화시킨다.

2. 개인수용

실내 생활은 더욱 좁아져 개인만의 세상이 되고 있다. 인터넷이 보편화되면서부터다. 필자는 중학교 1학년 때 집에 TV를 모셨다. 이전까지 생활은 밖에서 동네 아이들과 뛰노는 것이 대부분이었다. 야외란 넓기도 하지만 혼자 놀 수가 없다. 모든 놀이를 여럿이 어울려 함께 했다. 그러나 TV를 모신 뒤로 바뀌었다. 필요한 욕구를 집에서 TV로 대신했다. 친구들과 만나는 일도 많이 줄 수밖에 없다. 그러나 TV는 가족끼리라도 함께 하는 특성을 갖고 있다. 동네 차원의 공동체는 흔들리지만 가족 차원의 공동체는 실내에서 유지시켜 줬다. 그러나 멀티미디어 인터넷 시대는 정보의 홍수에 빠진다. 컴퓨터는 함께 할 수 없다. 물론 게임은 가능하겠지만 이 역시 대면하는 일은 없다. 다시 말해 인터넷 환경의 멀티미디어는 가족단위의 실내 활동을 개인 수용활동으로 변화시키고 있다.

3. 능동 창조

시청자는 그 동안 무기력한 수동적인 수용자에 불과했다. 미디어가 주면 받아먹는 게 전부였다. 그러나 미디어가 수용자 위에 군림하면서 수용을 강요하던 시대는 지나갔다. 시청자가 적극적인 뉴스 시청의 행위자로 선다. 일방적으로 전달받는 게 아니다. 능동적으로 참여한다.

자신이 필요한 뉴스만 선택해 보는 NOD가 있다. 궁금증을 푸는 쌍방향 교신이 있다. 인터넷 뉴스에서 주로 일어난다. 궁금한 점을 e-mail로 질문하고 역시 기자로부터 심층정보나 뒷얘기를 e-mail로 답을 얻는다. e-mail을 통한 제보 등의 활성화로 시청자가 뉴스를 전달받는 객체에서 뉴스의 제작, 전달과정에 참여하는 주체로 바뀐다.

4. 수용자 위상강화

수동적인 시청자에서 능동적인 참여자로 바뀌면서 당연히 수용자의 지위가 올라간다. 뉴스로 국한해 얘기해 보자. 디지털 저널리즘. 앵커가 진행하는 뉴스를 보는 것이 아니다. 인터넷을 통해 필요한 뉴스를 뽑아본다. 뉴스의 전달방식, 포맷이 달라진 것이다. 앵커가 차지한 자리에 컴퓨터가 인터넷이 들어가 앉아 있다. 뉴스의 가치와 경중을 방송사가 일방적으로 정해 전달했다. 그러나 멀티미디어 환경의 전자 저널리즘에서는 수용자가 뉴스를 선택한다. 뉴스에 대해 기자와 교신한다. 질문과 대답 속에 기자를 해당 언론사를 이해하게 된다. 방송사나 기자는 긴장하지 않을 수 없다. 바닥이 드러나면 안되니까, 뉴스의 우월적인 지위가 방송사에서 수용자로 옮아간다.

20여 년간 AP통신과 방송에서 활동한 크리스토퍼 하퍼(Christopher Harper)는 그의 최신 저서 『And That's the Way It will Be : News and Information in a Digital World』에서 달라진 뉴스의 수용자 지위를 3가지로 정리한다. 우선 디지털 저널리즘에서 수용자는 기자들의 어깨너머를 볼 수 있다. 지금까지 단순한 TV뉴스와 달리 인터넷 상황에서 많은 기사이면의 정보를 접할 수 있다. 둘째, 지금도 실현되고 있지만 기자들 누구에게도 수용자는 e-mail을 보내 자신의 의견을 표시하고 대화를 나눌 수 있다. 기자들이 수용자의 의견에 귀를 기울이지 않을 수 없다. 셋째, 뉴스를 제공하는 공급자가 이런저런 이유로 마음에 안 들면 이를 언제든 바꿀 수 있다. 대안이 무수히 많기 때문이다.[71]

---

71) 『mediainfo.com』, 1999. 4.

5. 다양한 소량 수요

공급자가 의지대로 정보를 생산 공급할 때는 정보 생산과정에 다른 요인이 개입하지 않는다. 따라서 자신의 의지대로 일률적으로 정보를 생산했다. 또 수용자가 전달받는 방법도 한가지로 정해져 있기 때문에 대량생산해 뿌리면 그만이었다. 그러나 멀티미디어 시대에는 정보의 생산, 전달방법이 너무나 다양해 졌다. 공장에서 똑같은 제품을 대량으로 찍어내듯 해서는 소비가 안 된다. 다양한 유형의 정보를 생산해 미디어의 특성에 맞게 수용자 입맛대로 제작해야한다. 상품으로 얘기하면 다품종 소량 생산인 셈이다.

간단히 방송뉴스를 예를 들어보자. 기존에는 TV뉴스를 만들어 테이프 상태로 보관하다가 송출해주면 된다. 그러나 이제 TV로 나가는 뉴스내용을 ① 인터넷을 통해 리얼타임으로 동시 중계한다. ② 서버에 저장해 소비자들이 원하면 인터넷에서 언제든 꺼내볼 수 있게 NOD서비스를 준비한다. ③ 비디오나 CD-롬 등으로 판매할 수 있게 제작할 수도 있다. ④ 뉴스내용에 대한 심층적인 분석이나 해설, 뒷얘기 등을 기자가 직접 적어 인터넷 쌍방향 서비스란에 띄운다 ⑤ 그리고 시청자들로부터 문의가 e-mail로 오면 역시 e-mail로 답해준다. ⑥ 캡션방송이나 문자 다중방송 같은 텔리텍스트 서비스를 병행한다. ⑦ 위성이나 케이블 채널에도 병행 서비스한다. ⑧ 데이터 베이스에 남겨 수용자들이 훗날 언제든 이용할 수 있도록 디지털로 저장한다. 이렇게 다양한 서비스로 분화한다. 그리고 수용자 역시 꼭 TV나 라디오 앞을 지키고 있지 않아도 뉴스를 접하거나 정보를 구할 방법이 늘어나므로 이용인구는 분산된다. 일률적 대량수용이 다양한 소량수용으로 바뀌는 것이다.

2. 새로운 문제

멀티미디어시대 방송뉴스는 비약적인 기술발달로 양적인 성장을 이룬다. 많은 매체를 통해 보다 손쉽게 뉴스를 접하고 새로운 정보와 지식을 얻을 수 있다. 그러나 달라진 환경에서 새로운 문제점도 나타난다.

1. 상업주의 뉴스

1) 언론사명의 훼손

지상파TV 전성기, 독점기에는 뉴스는 공영성을 가장 큰 가치로 삼았다. 뉴스는 돈이 안 되는 프로그램이었다. 공영방송이 아닌 민영방송이라 해도 뉴스해서 돈을 벌겠다는 생각은 없었다. 많은 다른 프로그램에서 유익한 오락 등을 제공하고 돈을 번 뒤 뉴스는 시청자에 대한 정보제공의 서비스 개념이었다. 돈쓰는 분야였다. 1980년 케이블TV CNN의 출발은 그래서 새롭다. 뉴스만 해서 돈벌겠다는 생각이었기 때문이다. 예상을 뒤엎고, CNN은 급성장한다. 시청자들은 원하는 정보를 수용하기 위해 돈을 낼 준비가 돼있었던 것이다. 너도나도 뉴스로 돈을 벌겠다고 뛰어들 수밖에 없다. 방송기술의 발달은 이들의 욕구를 실현해줄 토대였다. 위성을 활용한 직접위성방송, 케이블TV, 디지털 기술에 따른 정보전송의 발달… 멀티미디어환경의 다매체, 다채널 시대에는 뉴스도 상업적인 수단으로 완전히 탈바꿈했다. 뉴미디어에만 적용되는 게 아니다. 기존의 매체도 마찬가지다. 경쟁이 심해져 경영 여건이 악화된 상황에서 서비스의 영역으로 남을 수는 없는 노릇이다.

시장논리의 확대, 상업성의 증가는 뉴스의 본질을 왜곡할 수 있다. 정치 권력에서 벗어난 자유로운 시장논리가 진정으로 자유 언론일 수 있다고 주장하기도 한다. 그러나 이윤추구라는 시장의 논리와 민주주의 수호라는 언론의 사명이 늘 같은 궤도를 달리지는 않는다. 뉴스와 방송사의 경제적 이윤이 충돌했을 때 공영성을 우선한다면 당연히 뉴스를 해야한다. 그러나 앞으로도 그럴지는 두고 볼 일이다. 뉴스에 매달리느라 경제적 손해를 감수할 간부나 경영진은 많지 않을 것이다. 언론의 사명에 앞서 경제적 현실을 고려하는 추세가 확대될 전망이다. 이 과정에서 언론의 사명을 해치는 언론과 뉴스가 나올 것임도 의심할 여지가 없다.

2) 지나친 시청률 경쟁

시청률이 높아야 광고가 많이 붙는다. 광고가 많이 붙어야 돈을 벌고, 돈이 있어야 뉴스를 만들 것 아닌가라는 주장이다. 우리는 다르지만 외국의 대부분의 방송사들은 뉴스를 만드는 보도국이 별도의 예산과 인사권을 갖는다. 많은 민영방송사들은 물론이고 뉴스만을 목표로 탄생한 채널들은 뉴스 책임자가 모든 문제를 다 떠맡아야 한다. 올바른 뉴스도 해야하고, 광고도 협찬도 많이 붙여 안정적인 수익 기반을 확보할 필요가 있다. 그리고 비용을 줄여 보도국 전체, 뉴스채널 전체의 경영수지를 맞춰야 한다. 우리 나라의 지상파 방송사 보도국은 그 동안 참 호시절이었다. 뉴스의 사명과 뉴스의 나갈 길에 대해서만 고담준론을 나누면 됐다. 예산이니 비용이니 하는 얘기를 꺼내면 하대 받거나 사이비 소리를 듣기에 꼭 알맞았다. 그러나 이제 우리 나라 방송사도 서서히 보도국이 전적으로 인사와 예산권을 쥐고 수지타산을 맞춰야하는 시절이 왔다. 시청료로 운영하는 공영 KBS를 제외한 나머지 채널들의 운명은 불을 보듯 명확하다.

3) 열악한 근무환경

상업주의 뉴스는 또 기자들을 열악한 환경으로 몰고 간다. CNN은 코소보 사태 때 직원들이 12시간씩 맞교대하며 뉴스 룸을 지켰다고 아우성이다. 우리는 재해방송이 터지면 24시간 맞교대 인데. 현장에서는 그것도 쉽지 않을 수 있다. 뉴스와 시청률로 광고와 이익이 갈리는 현실에서 누가 이의를 제기할 수 있을까? CNN 뉴스그룹의 사장 톰 존슨(Tom Johnson)의 책상에는 코소보 사

태 때 취재 중 파손된 차량 유리 창틀과 피 흘리며 결박당한 기자 데이비드 올
브라이트(David Albright)의 사진이 걸려 있다고 한다.72)

2. 시청자 우선의 함정

시청률 지상주의가 기자들의 희생 속에 좋은 뉴스만을 가져온다면 기자들은
볼멘소리를 할 수 있어도 방송뉴스 자체와 시청자들을 위해선 나쁠 게 없다.
문제는 시청률 지상주의가 가져올 뉴스의 내용이다. '시청자들이 원하는데, 시
청자들이 이런 뉴스를 찾는데' 라면서 시청자의 취향을 따라갈 것을 강요받을
수밖에 없다. 시청률 표를 보면 40분이나 50분 뉴스시간동안 분단위로 시청률
이 왔다갔다 바뀌는 모습을 엿볼 수 있다.

SBS 김진원 보도국장은 이를 "시청자를 놓고 방송사들이 치열한 접전을 벌
이고 있는 모습을 생생하게 확인할 수 있다"고 뉴스평가 회의에서 말한다. 특
히 그 시간대는 "SBS 8시뉴스의 경우 15분이 지나고 15분에서 25분사이다. 10
여분동안 채널은 갈피를 못 잡고 이때 SBS뉴스 쪽으로 온 시청자들이 도대체
무슨 뉴스 때문에 왔는지 면밀히 검토해 그런 뉴스를 발굴해야 한다"고 역설한
다. 결국, 시청자들이 요구하는 방향의 뉴스를 해야한다는 취지다. 어차피 시청
률이란 방송사 보도국과 시청자들의 흥정의 결과다. "우린 이런 뉴스를 만들었
다" 라고 방송국이 뉴스를 내놓으면 "그래? 우린 그 뉴스를 이 값에 쳐줄게. 자
8.5%. 자 12.5%…" 뭐 이런 것 아닌가. 그래서 보도국에선 예상치를 넘으면 장
사해 남은 것이고 밑돌면 밑진 것이다.

시청자가 원하는 뉴스가 필요한가, 방송국이 전달해야 할 뉴스가 필요한가.
과거에도 시청률에 연연했지만 지금처럼 과열적 수준에 이른 단계에서 점점
시청자가 원하는 방향으로 저울추가 기울어질 수밖에 없을 것이다. 시청자가

---

72) 『Broadcasting & Cable』, 1999. 4. 12.

원하는 뉴스. 시청자가 원하는 뉴스라고 다 그런 것은 아니지만, 혹시 뉴스가 치가 흥미위주의 비정보성으로 흐르는 것은 아닌지 돌아볼 일이다. 언론학자 짐 윌리스(Jim Willis)는 이점을 예리하게 경계하고 있다. "미디어는 이제 더 이상 자신이 하는 일로 정의할 수 없다. 시청자가 원하는 것으로 정의된다. 소 비자의 흥미를 유발할 수 있는 내용과 형태로 보도한다."[73]

3. 연성화

시청자를 의식하는 시청률 지상주의가 또 다른 형태로 나타나는 것이 뉴스 의 연성화이다. 서강대 최창섭 교수의 정의를 보자. "뉴스를 연성과 경성으로 구분할 때 연성뉴스는 시청자에게 즉각적인 보상을 제공한다. 위협적인 현실 로부터 도피해 꿈의 세계로 후퇴할 수 있도록 해준다. 경성뉴스는 시청자에게 즉각적인 보상을 주기보다는 근심과 우려 같은 위협적 가치를 주지만 지성적 인 현실인식을 제공해준다."

다시 말해 연성뉴스는 시청자가 복잡한 현실 따지지 않고, 화면의 영상과 내 용 속으로 빨려들어 그 자체에 함몰돼 버리는 것이다. 자극적이거나 흥미유발 적인 경우가 많다. 경성뉴스는 뉴스가 전달하고자 하는 메시지를 중요시한다. 메시지를 통해 시청자는 현실문제를 인식하고, 이성적인 합리적인 대안을 생 각한다. 화면이나 내용 뒤의 본질 문제를 거론하는 경우가 많다. 다른 표현으 로 간단히 정리하면, 경성뉴스는 언론의 본래 사명 즉 공익적 성격이 강하고, 연성뉴스는 시청자확보의 상업적 성격이 강하다. 단국대 윤태진 교수의 설명 에서 이를 확인할 수 있다. "공익성은 단기적으로 측정 가능한 결과가 아니다. 상업성은 시청률을 통해 시시각각 뉴스 담당자에게 전달된다. 자연히 재미있 는 뉴스를 만들어 시청률을 올리려는 노력을 강조한다."[74]

---

73) Jim Willis, 『The Age of Multimedia and Turbonews』, p. 3.
74) 『방송과 시청자』, 1999. 7.

영국의 BBC는 최근 시청자 위주의 2000년대 전략을 발표했다. 연성화 내용이 많다. 최근 SBS뉴스도 많은 변화를 거듭하고 있다. 화면이 좋은 고발성소재, 휴먼 스토리, 스포츠 뉴스의 통합, 제작 구성 능력이 뛰어난 PD들의 뉴스 참여…. 이런 노력들은 한마디로 시청자 옆으로 뉴스가 좀더 가깝게 다가서자는 의도다. 쉽고 편한 뉴스를 무거운 주제라도 쉽게 풀어 시청자가 편하게 받아들이도록 하자는 취지를 나쁘게 볼 수는 없다. 필자도 개인적으로 쉬운 뉴스, 편한 뉴스를 선호한다. 뉴스를 만들 때 이를 금과옥조로 삼고 제작에 임한다. 그러나 지나친 연성화가 뉴스의 본질을 흐리는 것은 아닌지 되새기는 일 역시 결코 잘못된 일은 아니다. 방법을 편하게 해야지 내용을 의미 없이 전달만 하다 마는 것은 경계해야하기 때문이다.

4. 정보과잉

멀티미디어 환경에서 뉴스의 특징은 뉴스의 홍수, 다시 말해 정보과잉이다. 시청자는 과도한 정보에 노출된다. 자칫하면 대부분 흘려버릴 우려가 있다. 케이블, 위성, 지상파를 합해서 순수 국산으로만 40여 개의 채널이 있다. 본격 위성방송이 시작되면 간단히 100여 개 채널을 넘는다. 외국 위성방송을 합하면 헤아릴 수 없다. 여기에 인터넷 정보 바다를 합치면 이제 홍수 피해 수준에 이른다. 스스로 정보의 뉴스의 게이트키퍼가 돼야하는 수용자들이 얼마나 필요한 정보만 골라 선택할 수 있을지 장담할 수 없다.

언론학자 짐 윌리스는 이점에 대해 "시청자들은 일상 생활의 스트레스를 해소하는 방향에서 언론매체에 의존해 왔다. 그러나 이제 매체로부터 일상탈피를 추구할 수 없게 됐다. 시청자들은 뉴스로부터 감당할 수 있는 것보다 더 많은 스트레스를 받고 있는지도 모른다."[75] 아주 예리한 지적이 아닐 수 없다.

---

75) Jim Willis, 『The Age of Multimedia and Turbonews』, p. 3.

5. 오보 증가

정보과잉의 하나가 무슨 사건이나 이슈가 생겼을 때 찾아오는 속보나 생방송이다. 상황은 불확실하다. 상황은 끊이지 않고 어떤 모습으로 바뀔지 모른다. 그러나 뉴스는 상황이 종료되기를 기다릴 수 없다. 제한된 자료밖에 없지만 일단 뉴스를 한다. 뉴스시간은 정해져 있고, 값비싼 장비는 나가있고, 뭔지 진실은 모르지만 눈앞에 자료는 있으므로 뉴스로 전한다. 오보는 뒷전이다. 인터넷 뉴스가 활성화되면서 오보의 위험성은 더욱 커지고 있다.

1) 강릉 무장 간첩 침투

1996년 강릉에 대규모 공비 침투 사건이 발생했다. 북한군이 잠수함을 이용해 침투 작전을 벌인 것이다. 그러나 25인승 잠수함임에도 불구하고, 처음 상황이 발발한 오전 7시부터 오후 2시까지 잠수정이라고 보도했다. 잠수정은 10인승 안팎의 소형 잠수 선박이다. 그러나 군의 통제로 잠수함이 좌초된 지역에 갈 수 없는 상황에서 정부의 발표만 의지해 보도를 하다보니 오후 2시 현장을 공개할 때까지 계속 오보를 내보냈다. 당일 4시 30분. 오후에 근처 산에서 시신 12구를 발견했다. 일제히 12구의 시신이 발견됐고, 침투원 전원이 자결했다고 보도했다. 오후 5시부터 한 30분간은 좋았다. 상황이 끝난 줄 알고 철수하려했다. 그러나 오후 6시 이후 더 있다는 소식이 전해졌고, 최종 작전이 끝나기까지는 2달을 기다려야 했다. 필자는 3주 이상 강릉에 더 머물러야 했다. 생방송이 강조되고, 속보에서 오보는 피할 수 없는 숙명이 되고 있다.

2) 코소보 사태 보도

1999년 코소보 때 각국의 방송이나 신문은 NATO사령부나 유고정권의 주장을 일방적으로 보도하다가 많은 오보를 냈다.

일례를 보자. 코소보전에서 난민차량에 대한 NATO측의 폭격이 있었다고 세르비아가 주장했다. NATO측은 아니라고 반박했고, 서방의 대부분 언론들은

NATO발표를 따랐다. NATO측은 세르비아가 피난민 수송차량을 공격한 것이라고 반박했다. 세르비아 지상군이 공격했다고 까지 주장했다. 증거 테이프를 보여주겠다고 까지 발표했다. 그러나 나중에 밝혀졌지만 테이프란 것은 있지도 않았고, NATO측이 공습한 것으로 밝혀졌다. 대부분 서방언론은 오보였다.

프랑스는 자국군을 파견했음에도 시청률이 가장 높은 민방 TF 1은 이런 확인할 수 없는 속보를 완전히 거부했다. 공영인 France 1 채널도 속보를 거의 하지 않았다. "비록 늦더라도 정확한 뉴스를 하겠다."고 선언했다. TF 1은 실제 밀로세비치와 알바니아 대표 루코바가 대화를 나누는 장면을 입수했다. 그러나 방송하지 않았다. 루코바인지 아니지를 확인하지 못했기 때문이다. 결국 누군가가 확인했고 그 뒤에야 방송에 내보냈다. "할말이 없으면 입을 다물라"는 TF 1의 보도원칙이었다. 충분한 시간을 갖고 모든 자료를 검토한 뒤 확인한 것만 보도했다.

속보 경쟁시대 프랑스 TV의 교훈을 되새길 필요가 있다.

3) 인터넷 뉴스 오보

미국의 뉴욕타임즈는 2000년 4월 월스트리트 저널 인터넷 뉴스를 호되게 비판했다. 월스트리트 저널 인터넷 뉴스가 오보를 했기 때문이다. 월스트리트 저널 인터넷 뉴스는 "MS가 정부의 요구대로 익스플로러의 프로그래밍 코드를 공개할 것"이라고 보도했다. 이어 로이터통신 등이 이를 받아서 세계 각국에 타전했다. 그러나 MS측은 월스트리트 인터넷 뉴스가 오보라고 반박했다. 몇 시간 뒤 월스트리트 저널은 "MS 관련뉴스는 유감"이라면서 슬그머니 인터넷 뉴스에서 관련기사를 삭제했다. 뉴욕타임즈는 이번 오보 사건이 "속보에 대한 압력으로 기사의 생명인 정확성이 훼손됐다"면서 "인터넷 뉴스도 정확성이라는 언론 고유의 책임에서 자유롭지 않다"고 강조했다. 인터넷 뉴스야말로 가장 속보압력이 큰 매체다. 인터넷 뉴스는 마감시간이 없다. 따로 예정된 방송시간도 없다. 기사거리가 들어오는 대로 올린다. 충분한 사실확인에 미흡할 수밖에 없는 환경이다.

4) 명예훼손증가

얼마 전까지 기자들은 명예훼손이란 단어에 익숙하지 않아도 됐다. 그저 현장을 빠르게 보도하기만 하면 된다는 생각을 갖고 있을 뿐이다. 그러나 상황이 바뀌었다. 시청자들이 자의식의 성장으로 자신을 취재용 자료로 방치하지는 않겠다는 뜻으로 해석할 수 있다. 시청자 주권이 강해지면서 이런 현상은 더욱 거세질 전망이다. 시청자들의 반론권이 속보시대 새로운 과제로 떠오르고 있다. 시청자 확보를 위해 더 생생한 뉴스를 추구한다. 충분한 검토를 거칠 시간적인 여유 없이 바로 취재내용을 방송하거나 입수화면을 방송한다. 초상권 등 사생활 침해가 있는지, 반론권을 줘야하는지 검토하는 것은 다른 방송사 뉴스보다 시간적으로 뒤지는 것을 의미한다. 속보전에서 진다는 얘기다. 속보위주 구조에서 명예훼손과 반론보도 요구는 더욱 늘어날 것이다.

6. 뉴스 악용

뉴스가 선전전에 악용되는 경우다. 매체를 선전으로 활용할 기회가 더욱 많아졌다. 첫째, 매체와 방송기술의 급격한 발전으로 지구상 어느 곳이라도 연결해 언제라도 원하는 시간에 뉴스할 수 있다. 둘째, 매체 폭증으로 매체간 경쟁이 그만큼 심해졌다. 시청자를 끌고, 시청률을 높이기 위해 유례없는 특종 경쟁에 나선다. 한 방송사는 다른 방송이 구할 수 없는 자료를 제공받을 때 쉽게 유혹에 넘어가 나팔수의 역할을 할 기회가 더 많아진다. 언론사가 특종이라며 흥분 속에 방송하는 내용이 사실은 불순한 의도를 지닌 특정 집단이 슬쩍 제공한 자료인 경우가 종종 있다.

1991년 걸프전 당시 미국이 CNN의 미동부지역 저녁 뉴스시간에 맞춰 공격을 개시했다는 주장은 그 동안 여러 번 제기돼 왔다. 미국은 한나라지만 동서부간 3시간의 시차가 난다. 정책결정기능이 워싱턴과 뉴욕이란 동부에 있으므로 동부의 저녁시간에 맞춰, 공격을 개시하고 이를 CNN을 통해 생중계했다는 주장이다. 이 주장이 사실이라면 CNN은 특종이 아니라 그냥 미국정부의 선전전에 충실히 복무했을 뿐이다. 속보화, 지나친 경쟁 우선 시대. 뉴스가 선전전에 이용될 가능성이 그만큼 높다는 사실은 명심할 대목이다.

7. 돈이 정보력

멀티미디어시대 수없이 늘어난 TV채널 가운데 일부는 돈을 내는 시청자만 제한적으로 시청할 수 있다. 정보 수혜의 차별화가 생긴다. 케이블TV도, 직접위성TV도 오락성이 강하거나, 정보가치가 큰 채널이나 프로그램은 모두 이용료를 내야한다. 인터넷은 어떤가? 기본적인 서비스가 워낙 많아 특별한 이용료를 내지 않고 정보의 바다를 항해하며 필요한 것을 건져 올릴 수 있다. 그러나 컴퓨터에 월 인터넷 이용료까지. 기본 서비스만 받더라도 적은 비용이 아니다. 여기에 고급정보는 부가 이용료를 내야한다. 정보는 폭증했다. 정보를 이용할 수 있는 매체도 다양하게 늘어났다. 이용료를 내야 고급정보나 자신이 원하는 정보를 활용할 수 있다.

일본의 예를 통해 정보화시대 정보관련 지출이 늘어나는 실태를 보자. 1999년 여름 NHK가 여론조사를 실시했다. 각종 정보매체를 수용하는데 얼마나 많은 지출을 하고 있는 가이다. 가구당 1만2천 엔(한화 12만 원). 신문구독료, 케이블TV, 위성방송, NHK 수신료, 전화료. 물론 전화비가 제일 많겠지만 만만한 금액이 아님을 알 수 있다. 개인적으로 지출하는 비용은 별도로 있다. 핸드폰, 호출기, 책, CD, 비디오. 1인당 7천600엔(한화 7만6천 원)이 별도로 들어간다. 그렇다면 4인 가족의 정보비가 얼마인지 따져보자. 1가구(12만 원) + 식구합계 [32만4천 원(4명×7만6천 원)] = 44만4천 원. 앞으로 인터넷의 활성화에 따라 추가 정보 지출비는 더욱 늘어난다. 정보화 사회는 돈이라는 지적에 왜 일리가 있는지 알 수 있는 조사내용이다.

8. 뉴스의 사명

인터넷의 보급확대와 다채널이 가져온 멀티미디어 환경에서 매스미디어의 역할은 무엇인가? 수용자들이 원하는 뉴스를 다른 언론사보다 빠르게 전달하는 것으로 끝낼 수 있다고 생각하면 곤란하다. 자기언론사만 존재하기 위한 이기주의에 불과하다. 다시 말해 상업주의 언론이다. 수용자 입장에서는 사회전체를 위한 언론사가 필요한 것이지 특정언론사 스스로만을 위하는 상업주의 언론사는 있어도 그만, 없어도 그만이다. 다매체시대다. 누구나 언론의 주체가 될 수 있다. 수용자가 원하는 다양한 뉴스, 상업주의 뉴스는 분야별로 많은 뉴 미디어들이 대행할 수 있다. 전통의 매스미디어. 다시 말해 지상파 방송사나 대형신문사들은 본연의 길을 가야한다. 민주주의 확대와 인류사회 공동번영이다. 한 일본 중견 언론인의 지적은 언론인 모두의 가슴에 와 닿는다.

"다(多)미디어의 시대가 진전될수록 저널리즘의 원점에 설 필요가 있다. 범람하는 홈페이지 미디어는 저널리즘이 아니라 상업성에 충만한 비즈니스다. 신문은 사건의 본질을 꿰뚫는 논평, 비판정신이 번뜩이는 고발, 부정과 사회악에 대한 감시가 필요하다." 아사히신문 종합연구센터 주임연구원인 야노 나오아키(矢野直明)의 지적이다.76) 신문 출신인 관계로 신문의 사명을 거명 했지만 지상파 방송의 뉴스 역시 같은 범주에 넣어도 무리가 아닐 것이다. 인터넷 언론의 천국 미국에서도 최근 「21세기 뉴밀레니엄 시대의 미국언론」이라는 세미나가 열렸다. 여기서도 역시 민주주의를 지키는 언론의 전통적인 역할을 강조했다.

9. 기자의 사명

1) 통찰력과 용기
아무리 기술이 발달해 환경이 바뀌어도 뉴스를 만드는 것은 사람이다. 기자

---

76) 『동아일보』 인터뷰, 2000. 3. 4.

가 얼마나 올바른 가치관을 갖고 있는가에 달려 있다. 자료가 많고 정보는 쏟아진다. 어느 것이 뉴스인지 아닌지에 대한 정확한 판단, 즉 통찰력이 있어야 한다. 이는 왜 뉴스를 해야하는지에 대한 정확한 철학이 선행 돼야한다. 무엇 때문에 뉴스를 만드는지 생각한 뒤 소재를 고르고, 적당한 취재자료와 취재원을 찾는다. 그렇지 않으면 하나마나한 뉴스를 양산한다. 멀티미디어시대 정보는 지천으로 널렸다. 엉터리 뉴스로 화면을 어지럽힐 수 있다. 섣부른 뉴스는 많은 시청자를 실망시키고 이들을 TV와 뉴스에서 떼 놓는다.

다음은 용기다. 멀티미디어시대에는 시간적인 특종은 의미가 없고 내용적인 특종이 더 큰 위력을 발휘한다. 내용적인 특종은 주로 기획기사다. 기획기사의 대부분은 잘못된 현상, 제도, 관행, 법, 인물… 이런데 초점을 맞춘다. 온갖 장애 요인이 나타난다. 내적인 장애요인 외적인 장애요인. 이를 극복하고 해야할 뉴스를 할 수 있는 용기가 통찰력만큼이나 중요하다. 아무리 통찰력 있게 뉴스를 골라 만들면서도 다양한 과정의 게이트 키핑에 밀려 뉴스를 내보낼 수 없다면 의미 없는 일이다. 뉴스에 대한 용기가 이를 해결해 준다.

2) 보편주의

멀티미디어시대 뉴스는 하나의 사회나 국경 안에 머물지 않는다. 전세계와 모든 인류를 상대로 한다. 다음의 원칙을 되새길 필요가 있다.

(1) 국가 차별 없음

어느 나라 사람이 들어도 객관적인 가치기준을 담고 있어야 한다. 어느 특정 국가의 가치관에 얽매이는 뉴스여서는 곤란하다. 국가사회에서 선과 악은 없다. 선한 국가와 악한 국가로 나누면 곤란하다. 공정하게 객관적인 가치를 국제사회에서 견지하면서 국가간 차별 없이 뉴스 해야한다.

(2) 민족 차별 없음

어느 민족이 들어도 타당성 있는 객관적인 보도자세가 필요하다. 하나의 특정 민족을 치켜세우거나 폄하해서는 안 된다. 한 민족 안에서는 선이지만 다른 민족에게는 악일 수 있다는 중립적 가치의 평등주의를 지녀야 한다.

(3) 종교 차별 없음

모든 종교에 똑같은 자세로 임해 뉴스를 만들어야 한다. 종교에 우열이란 있을 수 없다. 종교란 근본적으로 기복신앙의 범주를 벗지 못한다. 무슨 일이건 기도하지 않는가? 잘되게 해달라고. 서로 다른 신에게 빌고 있지만 양자의 입장은 같다. 모두의 종교와 믿음을 존중한다.

(4) 문화 차별 없음

어느 나라든지 민족이든지 독특한 문화를 갖는다. 삶의 양식인 문화에도 역시 우열은 없다. 자기와 다른 문화라 해서 부정적으로 바라보는 뉴스는 있을 수 없다.

지금 세계의 분쟁이나 악은 대부분 국가, 민족, 종교, 문화, 번영의 이름으로 자행되고 있다. 뉴스는 인류의 공동선을 증진시키기 위해 존재한다.

金 文 煥

- 1965년 경기도 이천 출생
- 장호원 초 · 중 · 고 졸업
- 고려대학교 정치 외교학과 졸업
- 고려대학교 언론대학원 방송전공
- 매일경제신문 기자(1987.12 ～ 1991.11)
- 현 SBS 보도국 기자(1991.11 ～ 현재)
- 저서 :「TV뉴스의 이론과 제작」
　　　　「TV고발뉴스 제작의 실제」

멀티미디어 시대 방송과 뉴스

초판2쇄 발행일/2001년 1월 10일

지은이/ 김문환

펴낸이/ 전의식

펴낸곳/ **다인미디어**

출판등록/1997년 10월 10일, 제1-2233호

주소/ 서울시 종로구 운니동 65-1 월드오피스텔 603호

전화/ (02) 742-9183

팩스/ (02) 743-7615

e-mail dynemedia@hanmail.net

ISBN 89-87957-22-5

값 16,000원

· 잘못된 책은 구입한 서점이나 본사에서 바꾸어 드립니다.
· 이 책은 SBS문화재단의 방송인 저술지원기금을 받아 출판했습니다.